PETER MÜLLER

„VERSTEHST DU AUCH, WAS DU LIEST?"

D1662577

PETER MÜLLER

„VERSTEHST DU AUCH, WAS DU LIEST?"

Lesen und Verstehen im Neuen Testament

WISSENSCHAFTLICHE BUCHGESELLSCHAFT

DARMSTADT

© 1994 by Wissenschaftliche Buchgesellschaft, Darmstadt
Gedruckt auf säurefreiem und alterungsbeständigem Offsetpapier
Satz: Setzerei Gutowski, Weiterstadt
Druck und Einband: Wissenschaftliche Buchgesellschaft, Darmstadt
Printed in Germany
Schrift: Linotype Times, 9.5/11
Sonderausgabe 2010
gedruckt von BoD, Books on Demand

Meiner Mutter
und dem Andenken meines Vaters.
Sie haben mich zum Lesen angehalten.

INHALT

VORWORT

Lesen und Schreiben sind die beiden Seiten derselben Münze. Beim Schreiben über das Lesen bin ich selbst zum Leser vieler Texte geworden, bevor ein neuer entstand. Stellvertretend für die vielen (von denen das Literaturverzeichnis am Ende des Buches Rechenschaft gibt) stelle ich einige Kostproben an den Anfang. Für mich waren diese Textstücke hilfreich, um mir durch die Vielfalt der Meinungen einen Weg zum eigenen Verstehen zu bahnen:

„Suche Billigbücher, ca. 4 m, mit brauchbaren Rücken. Inhalt ist wurscht."[1]
„Der Leser, der König ist, kann auch ein Dummkopf sein."[2]
"Reading ... makes me want to ask a range of questions."[3]
„Wir alle sind, was wir gelesen."[4]
„Lesen macht nicht selig, aber es schließt an große Erfahrungen an."[5]
„Ein Buch ist für mich eine Art Schaufel, mit der ich mich umgrabe."[6]
„Wozu stünden die Worte da, wenn nicht um einen Sinn auszudrücken?"[7]
„Wie lange
Dauern die Werke? So lange
Als bis sie fertig sind.
So lange sie nämlich Mühe machen
Verfallen sie nicht.
Einladend zur Mühe
Belohnend die Beteiligung
Ist ihr Wesen von Dauer, so lange
sie einladen und belohnen."[8]
Wir sollen das Bibelwort „treyben und reiben, lesen und widerlesen".[9] Die Bibel enthält „nicht Lesewort ..., Sondern eitel Lebewort ..., die nicht zum speculiren und hoch zu tichten sondern zum leben und thun dargesetzt sind".[10]

Manches andere könnte ich auch noch nennen, aber ich will es fürs erste dabei bewenden lassen. Kostproben sollen ja Appetit machen, nicht sättigen.

Ein erster, kurzer Entwurf dieser Untersuchung lag im Sommersemester 1991 dem Probevortrag zugrunde, den ich im Rahmen meines Habilitationsverfahrens an der Evangelisch-Theologischen Fakultät der Universität München gehalten habe. In der sich daran anschließenden Diskussion gaben mir die Mitglieder der Habilitierungskommission verschiedene Hinweise zur Weiterarbeit, denen ich gerne nachgegangen bin. Mein Lehrer, Prof. Dr. Ferdinand Hahn, hat das weitere Entstehen der Untersuchung mit persönlichem Interesse und vielfältigem Rat begleitet. Für beides bin ich ihm dankbar, ebenso auch für die Möglichkeit zur Diskussion verschiedener Vorarbeiten in seinem Doktorandenkolloquium. Frau stud. theol. Natalie Ende hat bei der Sichtung von Literatur und der mühsamen Tätigkeit des Korrekturlesens geholfen. Für mich selbst war das Schreiben dieses Buches eine Gelegenheit, mich mit der Tätigkeit genauer zu befassen, die einen wesentlichen Teil wissenschaftlicher Arbeit ausmacht: mit dem Vorgang des Lesens.

Das fertige Buch wendet sich nun an alle, die am Lesen und am Neuen Testament Interesse haben. Ich stelle mir Theologen als Leser vor, das legt sich ja vom Hauptteil des Buches her nahe; aber ich denke darüber hinaus an alle, die viel lesen, gerne lesen und dem einmal nachgehen wollen, was Lesen und Verstehen in Antike und Gegenwart bedeuten.

Kronberg, September 1993   Peter Müller

1. EINFÜHRUNG

Lesen im Neuen Testament (NT) – der erste Anstoß, mich mit diesem Thema zu beschäftigen, es überhaupt als Thema zu entdecken, war ein Vers aus dem Markusevangelium. Es handelt sich um den Satz in Mk 13,14: „Wer liest, merke auf!" Unscheinbar ist er nur auf den ersten Blick. Genauer betrachtet handelt es sich bei dieser direkten Anrede der Leser[1] durch den Verfasser des Evangeliums um eine besondere Art der Kommunikation. Der Autor deutet in 13,14 ein kommendes Ereignis an, den „Greuel der Verwüstung". Die Art, *wie* er davon spricht, und die direkte Anrede zeigen: er sagt nicht alles, was er weiß, und er geht davon aus, daß auch seine Leserinnen etwas davon wissen und dieses Wissen mit seinen Worten verbinden können. Vermutlich trifft dies nicht auf alle zu, die das Evangelium lesen. Aber der Verfasser will offenbar gerade die Aufmerksamkeit dafür wecken, daß mehr in seinem Text ist, als die Worte sagen. Dazu tritt er gleichsam aus dem Text heraus und macht alle, die an diese Stelle kommen, auf ihre besondere Bedeutung aufmerksam.

Dieser Vers hat auch mein Interesse geweckt, und von ihm ausgehend habe ich angefangen zu fragen. Gibt es andere Stellen im NT, die vom Lesen sprechen, und in welcher Weise tun sie es? Mit Hilfe der Konkordanz sind die Stellen schnell herausgesucht. Dabei fällt schon beim ersten Überblick auf, daß in den synoptischen Evangelien die Wendung „Habt ihr nicht gelesen?" häufig vorkommt. Außerdem ist vom Lesen mehrfach in zwei sehr bekannten Erzählungen die Rede, in der sogenannten „Antrittspredigt" Jesu in Nazareth (Lk 4,16–30) und der Bekehrungserzählung des „lesenden Äthiopiers" in Apg 8,26–40. In beiden scheint dem Lesen eine besondere Bedeutung zuzukommen.

Dies wird in den einschlägigen Lexikonartikeln allerdings nur wenig berücksichtigt. Der Artikel ἀναγινώσκω (lesen) im ›Theologischen Wörterbuch‹[2] umfaßt nur eine halbe Seite; ähnlich knapp ist auch der Artikel im ›Exegetischen Wörterbuch‹.[3] Über die Inhaltsangabe der entsprechenden Stellen hinaus erfährt man kaum etwas. Nur wenig ausführlicher ist der Abschnitt zum Lesen im ›Theologischen Begriffslexikon‹.[4] Von diesen Artikeln her geurteilt gibt das Thema Lesen offenbar nicht viel her. Die Kommentare zu den entsprechenden Stellen

informieren zwar detaillierter, auf die Bedeutung des Lesevorgangs
selbst aber gehen sie nur am Rande ein.

   Ganz anders sieht das Bild aus, wenn man die neuere exegetische Literatur betrachtet. Hier findet man eine ganze Reihe von Büchern und Aufsätzen, in denen das Lesen oder Leser und Leserin
bereits im Titel vorkommen. Ich greife beispielhaft einige Veröffentlichungen heraus: Petersen befaßt sich mit ›The reader in the
gospel‹, Vorster schreibt über ›The reader in the text‹, McKnight
veröffentlicht ein Buch mit dem Untertitel: ›The emergence of
reader-oriented criticism‹ und ist außerdem Herausgeber eines Sammelbandes mit dem Titel ›Reader perspectives on the New Testament‹ (Semeia 48 [1989]). Vier Jahre zuvor ist in dieser Reihe (Band
31) bereits ein vergleichbarer Titel erschienen: ›Reader response
approaches to biblical and secular texts‹. Crosman fragt: ›Do readers make meaning?‹ Auch Schenk überschreibt seinen Aufsatz mit
einer angedeuteten Frage: ›Die Rollen der Leser oder der Mythos
des Lesers?‹ Zwei Aufsatzbände wollen Impulse geben für eine
›Theologie des Lesens‹ oder ›Für eine christliche Lesekultur‹.[5]
Wenn ich diese Titel bedenke, scheint das Thema Lesen doch *en
vogue* zu sein.

   Beim näheren Betrachten dieser Arbeiten fallen zwei Gemeinsamkeiten besonders auf. Obwohl sich alle Arbeiten mit dem Lesen und
dem NT befassen, spielen die Stellen, an denen ausdrücklich vom
Lesen die Rede ist, keine große Rolle. Mk 13, 14 wird dann und wann
erwähnt, überhaupt finden das Markusevangelium und „sein Leser"
starke Beachtung; die übrigen Stellen begegnen einem dagegen nur
selten. Es geht in diesen Arbeiten offensichtlich eher um das allgemeine Thema Lesen, um ein Konzept vom Lesen als um die konkreten
„Lesestellen". Die zweite Beobachtung schließt sich an: In allen Arbeiten wird auf die Literaturwissenschaft Bezug genommen, besonders auf die Rezeptionsästhetik und neuerdings die Debatte um die
Intertextualität. Die dort geführte Auseinandersetzung mit der werkästhetischen Betrachtung von Literatur wirkt stark auf die exegetisch-
theologischen Arbeiten ein.

   Aufgrund dieser Beobachtungen habe ich mich mit der neueren
Literaturwissenschaft beschäftigt. Dort erscheint das Thema Lesen in
geradezu uferloser Variation. Für den Nichtfachmann ist schon die
Terminologie verwirrend. Was es alles für Leser gibt: informierte, intendierte, implizite, abstrakte und (bei zunehmender Lektüre findet
man das immer erstaunlicher) solche „aus Fleisch und Blut"![6] Als ich
dann bei Holub den Satz gelesen habe:

"The point ... is that recent theory has occupied itself with such minute distinctions, producing a seemingly endless stream of increasingly 'refined' reader concepts, which differ from each other only by nuances",[7]

war ich erleichtert. Und besonders hilfreich fand ich diejenigen Arbeiten, die nicht komplizierte Sachverhalte durch eine kryptische Sprache noch komplizierter machen, sondern sich um Verständlichkeit bemühen. Das ist natürlich nicht immer leicht, weil die Dinge, um die es geht, tatsächlich nicht einfach sind. Um so wichtiger aber ist das Bemühen um eine klare Sprache. Auf jeden Fall: es stellt sich schnell heraus, daß eine Beschäftigung mit dem „Lesen im Neuen Testament" ohne eine Berücksichtigung der literaturwissenschaftlichen Fragestellungen nicht auskommt.

1.1 Die Komplexität des Lesevorgangs

Auf den ersten Blick könnte man meinen, das Lesen sei eine Selbstverständlichkeit. Zumindest in unserem Kulturkreis ist Lesen-Können überall fraglos vorausgesetzt.[8] Natürlich gibt es verschiedene Leseformen: ein Fachbuch über Biliotheken in der Antike oder einen Kommentar zu Mk 13,14 lese ich anders als einen Roman vor dem Einschlafen, als die Zeitung oder einen Brief. Dennoch mache ich mir die unterschiedlichen Lesevorgänge in der Regel nicht bewußt, schon gar nicht diejenigen, die ganz automatisch ablaufen: das Lesen der allgegenwärtigen Werbebotschaften, des Fahrplans oder des Beipackzettels eines Medikaments. Das Lesen hat offenbar einen werkzeugartigen Charakter.[9]

Allerdings: so einfach und aufgrund allgemeiner Praxis selbstverständlich ist das Lesen bei genauerer Betrachtung wohl doch nicht. Nach einer Definition von Giehrl ist Lesen zunächst ein Erfassen von Schriftzeichen, aus dem das Erkennen ganzer Wörter und Sätze wird, und dies wiederum führt zur Wahrnehmung von „Wortkörpern mit bestimmten Bedeutungsinhalten".[10] Die hier verwendeten Begriffe „Erfassen – Erkennen – Wahrnehmen" sind, so einfach sie sich zunächst anhören, doch äußerst vielschichtig und ragen in verschiedene Wissenschaftsbereiche hinein (Philosophie, Kommunikationstheorie, Psychologie). Kein Wunder, daß Lesen-Lernen gar nicht so einfach ist und keineswegs immer erfolgreich. Ausgehend von den pädagogischen Anstrengungen im Blick auf das Lesen-Lernen[11] und den faktischen Erfahrungen damit weist Franzmann darauf hin,

„daß es sich bei diesen ‚Kulturtechniken' um höchst komplizierte und für vielerlei Störfaktoren anfällige Vorgänge handelt".[12]

Und Giehrl selbst meint:

„Das Erlebnis des Lesens setzt … eine hochentwickelte geistige Technik voraus, die stets ein bemerkenswertes Maß an seelisch-geistigen, aber auch physischen Kräften verlangt."[13]

So einfach ist es mit dem Lesen also offenbar nicht. Die allgemeine und weitgehend automatisierte Fähigkeit stellt sich vielmehr als eine keineswegs selbstverständliche Selbstverständlichkeit dar.

1. Betrachtet man sich den Lesevorgang genauer, stellt man fest, daß er ohne bestimmte andere Begriffe nicht denkbar ist. Zunächst gehört zum Lesen wesentlich ein lesendes Subjekt, also Leserin oder Leser. Ohne sie gibt es kein Lesen. Der Leser kann in verschiedener Weise eigenständig untersucht werden, etwa im Blick auf die gesellschaftliche Stellung, den Bildungsgrad oder bestimmte Leseerwartungen, um nur einige Möglichkeiten zu nennen. Hieraus ergeben sich die Lesesoziologie und -psychologie als eigene Forschungsbereiche innerhalb der empirischen Leseforschung.

Die empirische Leserforschung[14] untersucht das Leseverhalten mit statistischen Erhebungsmethoden im Blick auf Herkunft und Bildungsvoraussetzungen der Leserinnen, Lesehäufigkeit und soziale Vorgegebenheiten. Alle Ergebnisse zeigen, daß das Lesen kein in sich abgeschlossenes Geschehen ist, sondern sich in einem persönlichen, sozialen und gesellschaftlichen Umfeld ereignet, mit dem es auf vielfältige Weise verbunden ist. Deutlich ist allerdings auch, daß die empirische Leseforschung auf statistische Erhebungen angewiesen ist, die aber noch nicht allzu lange verfügbar sind, die aus der Antike so gut wie nicht vorhanden sind und bis ins letzte Jahrhundert hinein oft unzureichend bleiben. Wer hier zu Erkenntnissen kommen will, muß häufig Rückschlußverfahren anwenden, bei denen sehr auf methodische Sauberkeit zu achten ist. Andererseits ist für die Frage nach dem Lesen in der Gegenwart die empirische Forschung eine wesentliche Hilfe.

Sodann ist Lesen von Texten immer objektbezogen; es muß etwas vorhanden sein, das gelesen wird. Die Beschaffenheit der zu lesenden Objekte ist allerdings variabel (ich verweise nur z. B. auf das Fachbuch, die Zeitung oder auch ›Asterix und Obelix‹). Daß der Lesevorgang von der Eigenheit so unterschiedlicher Druckerzeugnisse beeinflußt wird, ist zu erwarten. Das Lese-Objekt kann nun ebenfalls im Blick auf Inhalt oder Form weiter untersucht werden. Allerdings bestehen in der Literaturwissenschaft größte Divergenzen darüber, wie dies durchgeführt werden kann. Das objekthafte Vorhandensein von

Texten fordert unterschiedliche Zugangsweisen jedoch geradezu heraus.

Ein zu lesender Text ist seinerseits nicht denkbar ohne Verfasser oder Autorin. Lesen und Schreiben sind Komplementärbegriffe. Auch das schreibende Subjekt kann in verschiedener Weise untersucht werden: es steht in einem sozialen gesellschaftlichen Kontakt, hat bestimmte Absichten, vertritt literarische Konzeptionen usw. Diese Untersuchung wird allerdings dadurch erschwert, daß Angaben zu Autor oder Autorin, insbesondere bei Texten aus der Vergangenheit, häufig überwiegend oder sogar ausschließlich nur den Texten selbst zu entnehmen sind.

Lesen ist demnach als komplexer Vorgang zu verstehen, bei dem Autor, Text und Leserin in Beziehung treten. Der Lesevorgang selbst ist als Zusammenspiel dieser verschiedenen Elemente zu begreifen. Man kann die einzelnen Elemente zwecks detaillierter Analyse zwar isoliert betrachten, man kann sie aber nicht voneinander trennen. Es gibt *notwendige* Querverbindungen zwischen ihnen. Die Art dieser Beziehungen ist allerdings verschieden. Eine unmittelbare Beziehung besteht zwischen Verfassersubjekt und Text, ebenso zwischen Text und Leser. Die Beziehung zwischen Leserin und Verfasser ist dagegen in der Regel eine mittelbare, durch den Text vermittelte.[15] Aufgrund dieser Konstellation bekommt der Text im Lesevorgang eine besondere Bedeutung.

2. Die Erkenntnis dieser Komplexität ist keineswegs neu. Bereits in der ›Poetik‹ des Aristoteles wird die Frage nach den Wirkungen von Texten, insbesondere der Tragödie, behandelt:

„Die Tragödie ist Nachahmung (μίμησις) einer guten und in sich geschlossenen Handlung von bestimmter Größe, in anziehend geformter Sprache, wobei diese formenden Mittel in den einzelnen Abschnitten je verschieden angewandt werden – Nachahmung von Handelnden und nicht durch Bericht, die Jammer und Schaudern hervorruft und hierdurch eine Reinigung (κάθαρσις) von derartigen Erregungszuständen bewirkt" (Poetik 1449 b).

Solche Wirkungen kommen nach Poetik 1452 a besonders dann zustande, wenn die Ereignisse unerwartet auftreten. Um sie zu erreichen, müssen die Dichter die Erwartungen des Publikums kennen und berücksichtigen.

„Die zweitbeste Tragödie, die von manchen für die beste gehalten wird, ist die mit einer zwiefach zusammengefügten Fabel … Sie gilt als die beste, weil sie der Schwäche des Publikums entgegenkommt. Denn die Dichter richten sich nach den Zuschauern und lassen sich von deren Wünschen leiten" (Aristoteles, Poetik 1453 b).

Daß sich diese Bemerkungen auf das Vortragen eines Werkes beziehen, kennzeichnet einen grundlegenden Aspekt des Lesens in der
gesamten Antike. Ich komme darauf später zurück. Hier geht es mir
zunächst um die Erkenntnis der Wechselbeziehung zwischen Dichter
und Publikum. Sie findet sich bei antiken Schriftstellern[16] ebenso wie
etwa bei Thomas von Aquin[17] oder am Beginn der Neuzeit bei Montaigne:

„Ein begabter Leser entdeckt oft in den Schriften anderer andere Vorzüge als
die, welche der Verfasser hineingelegt und bemerkt hat, und liest einen reich-
haltigeren Sinn und Ausdruck hinein."[18]

Sehr einprägsam ist diese Erkenntnis von Georg Christoph Lichtenberg formuliert worden, der aphoristisch-prägnant das Buch mit
einem Spiegel vergleicht:

„Wenn ein Affe hineinguckt, so kann freilich kein Apostel heraus sehen."[19]

Das ist auf den ersten Blick einleuchtend und gilt ohne Zweifel auch
umgekehrt. Natürlich kommt es bei diesem Bonmot nicht auf eine genaue Definition an, wer Affe und wer Apostel sei. Wichtig sind vielmehr die Perspektiven: Was ein Buch, was ein literarischer Text ist,
entscheidet sich nicht allein an diesem Text selbst, sondern auch an
denen, die ihn wahrnehmen, also an Leserin und Leser. Die beiden
Perspektiven des „Hineinblickens" und des „Herausblickens" gehören ganz wesentlich zusammen: eine wichtige Erkenntnis, für die
sich weitere Belege leicht anführen ließen.[20] Einmal abgesehen von
den jeweiligen Zusammenhängen, in die sie eingeordnet sind, belegen
sie die grundlegende Beziehung von Autor, Text und Leser zueinander. Wenn vom Lesen die Rede ist, handelt es sich um einen kom-
plexen Vorgang im Zusammenspiel dieser Elemente.

1.2 Der Gang der Untersuchung

Mit diesen verschiedenen Hinweisen ist nun ein immer größerer
Rahmen abgesteckt, in den das Lesen hineingehört und in dem ich
mich – ausführlich oder mehr am Rande – bewege. Innerhalb dieses
Rahmens will ich mein eigenes Thema eingrenzen. Das ausführlichste
Kapitel dieser Untersuchung beschäftigt sich mit dem Lesen im NT,
vor allem mit den Stellen, die in der bisherigen Diskussion m. E. zu
kurz gekommen sind, nämlich den „Lesestellen" selbst. Welche Erkenntnisse über den Lesevorgang und seine Bedeutung ermöglichen

die Abschnitte, in denen ausdrücklich vom Lesen die Rede ist? Wichtig ist dabei, die Texte zunächst als antike Texte wahrzunehmen, also auf dem Hintergrund der Lesebedingungen und -erfahrungen ihrer eigenen Welt im römisch-hellenistischen und jüdischen Umfeld. Andererseits bringe ich auch die heutigen Fragestellungen an die nt.lichen Texte heran. Das geht gar nicht anders. Wichtig ist aber, daß dies in methodisch abgesicherter Weise geschieht. Dies gilt auch für die oben angedeuteten Fragen, die die Literaturwissenschaft zum Thema Lesen beizutragen hat, und zwar gerade, weil es sich dabei um Fragen von grundlegender Bedeutung handelt, die zudem stark auf die biblische Exegese einwirken. Diesen Fragestellungen gehe ich deshalb ebenfalls in einiger Ausführlichkeit nach. Der methodischen Klarheit wegen wähle ich meinen Ausgangspunkt aber bei einem der nt.lichen Texte. Der Grund dafür ist einfach. In der neueren literaturwissenschaftlichen und der sich daran anschließenden exegetischen Diskussion habe ich manchmal den Eindruck, daß die Methoden und Theorien nicht an den Gegenständen selbst, eben der Literatur und den biblischen Texten, entwickelt werden, sondern daß umgekehrt die Vorgehensweisen in einer internen Theoriedebatte immer weiter spezifiziert werden und erst dann mit Texten in Berührung kommen. Das schadet m. E. beiden, den Texten und den Theorien.

Die Untersuchung hat also folgenden Aufbau: Nach diesen einleitenden Bemerkungen setze ich mit einem der nt.lichen Texte ein, in denen das Lesen ausdrücklich thematisiert wird, mit Apg 8, 26–40. Dieser Abschnitt führt zu verschiedenen Fragen, auf die ich im weiteren Verlauf der Untersuchung eingehe; Fragen nach den konkreten Lesebedingungen in der Antike und dem Zusammenhang von Lesen und Verstehen. Ihnen gehe ich im 3. Kapitel zunächst im Blick auf die römisch-hellenistische und jüdische Umwelt des NT nach, um damit den Rahmen der antiken Lesebedingungen und die Voraussetzungen für das Lesen im NT abzustecken. Im 4. Kapitel wende ich mich dann mit verschiedenen Einzeluntersuchungen den nt.lichen Lesestellen selbst zu. Das letzte Kapitel ist einerseits dem Vorgang des Lesens und Verstehens im Rahmen der neueren literaturwissenschaftlichen Debatte gewidmet, andererseits (auf dem Hintergrund empirischer Untersuchungen) dem Bibellesen in der Gegenwart. Dabei versuche ich, die Erkenntnisse aus beiden Bereichen mit den Ergebnissen in Beziehung zu setzen, die sich aus der Beschäftigung mit dem NT ergeben haben. Es geht also um die Frage, ob es vom Lesen *im* Neuen Testament etwas zu lernen gibt für das Lesen *des* Neuen Testaments.

1.3 Einige formale Hinweise zur Lektüre

Mit einigen formalen Angaben will ich die Lektüre des Buches erleichtern. Die Hinweise auf die Fachliteratur habe ich überwiegend in
den Anmerkungsteil gerückt, der dadurch zwar relativ groß geworden
ist, aber den Text von vielen Details entlastet. Da die Anmerkungen
am Ende des Buches zusammengefaßt sind, kann, wer dies will, leicht
darüber hinweglesen (wobei ich allerdings die erste Anmerkung in
diesem Kapitel zu lesen empfehle).

Ab und zu sind in den Text Exkurse eingefügt, die in kleiner Schrift
und mit kleinem Zeilenabstand erscheinen. Es handelt sich dabei um
Bemerkungen, die zwar nicht zum Haupttext gehören, die für die jeweils behandelten Fragen aber auch nicht ganz unwesentlich sind und
die ich nicht einfach beiseite lassen wollte.

Ebenfalls klein gedruckt sind die Zitate. Es sind relativ viele, und
zwar sowohl von antiken als auch von modernen Autoren. Sie gehören
in den fortlaufenden Text hinein, fallen durch den anderen Druck aber
deutlicher ins Auge. Die Anführungsstriche und der fehlende Einzug
am Anfang heben die Zitate formal von den Exkursen ab. Zitate antiker Autoren gebe ich in aller Regel in deutscher Übersetzung wieder.
Griechische oder hebräische Zitate (die hebräischen in Umschrift)
lassen sich allerdings nicht völlig vermeiden; in diesen Fällen füge ich
regelmäßig die deutsche Übersetzung hinzu (außer bei einigen Ta-
bellen, bei denen die Übersetzung drucktechnisch nur schwer unter-
zubringen wäre). Welche Übersetzungen antiker Autoren ich benutze,
geht zwar aus dem Text nicht hervor, wird aber im Literaturverzeichnis ersichtlich.

Die Abkürzungen für antike Werke richten sich nach den Regeln des
›Theologischen Wörterbuchs zum Neuen Testament‹ und, wo dies nicht
ausreicht, nach dem Abkürzungsverzeichnis im ›Lexikon der Alten
Welt‹. Moderne Literatur (Zeitschriften, Reihen usw.) wird nach dem
Verzeichnis der ›Theologischen Realenzyklopädie‹ abgekürzt. In den
Anmerkungen gebe ich für die verwendete Literatur jeweils den Verfasser und vom Titel das erste Substantiv an, außer bei Kommentaren,
die mit der Abkürzung des jeweiligen biblischen Buches nach den sogenannten ›Loccumer Richtlinien‹ zitiert werden. In den Anmerkungen
kürze ich die biblischen Bücher und ihre Autoren durchgehend ab. Das
Kürzel „ebd." benutze ich, wenn in aufeinanderfolgenden Anmerkungen derselbe Titel zitiert wird. Folgen allerdings einige Anmerkungen ohne diesen Titel, zitiere ich ihn der besseren Orientierung
wegen beim nächsten Vorkommen wieder mit dem ersten Substantiv.

2. „VERSTEHST DU AUCH, WAS DU LIEST?"
APOSTELGESCHICHTE 8, 26–40 UND DAS LESEN

Als der Verfasser der Apostelgeschichte – nennen wir ihn mit der Tradition Lukas[1] – diesen Abschnitt in den Rahmen seines Gesamtwerkes hineinstellte, hat er ihn für bestimmte Adressaten geschrieben. Wer heute die Apostelgeschichte liest, gehört sicher nicht zu diesem Adressatenkreis, also nicht zu denen, die sich der Verfasser ursprünglich vorstellte. Unabhängig davon aber handelt es sich bei denen, die heute den Abschnitt lesen, um reale Leserinnen und Leser.

Wir begegnen Philippus und einem offenbar hochstehenden äthiopischen Beamten, dessen Name unerwähnt bleibt. Auf Geheiß eines Gottesengels treffen sie sich auf der Straße von Jerusalem nach Gaza in einer einsamen Gegend. Die Einzelheiten zu beiden Personen sind im Rahmen der Missionserzählungen der Apostelgeschichte wichtig. Für die vorliegende Untersuchung kommt es mir darauf aber nicht in erster Linie an. Ich gebe deshalb nur einige Hinweise.

Bei Philippus wird man vom Duktus der Apg her an den Evangelisten Philippus denken (vgl. 6, 5; 21, 8), von dem bereits in 8, 4ff. die Rede war.[2] Der Äthiopier ist ein hoher Regierungsbeamter, zuständig für die Staatskasse des Reiches von Napata-Meroe, das im Bereich des heutigen Sudan anzusiedeln ist.[3] Dessen Königin trägt den Titel Kandake.[4] Der Mann selbst wird eingeführt als Äthiopier, Eunuch, Hofbeamter der Kandake, der äthiopischen Königin, und Aufseher über ihren ganzen Schatz. Auf die beiden Begriffe Eunuch und Hofbeamter (εὐνοῦχος, δυνάστης) kommt es an. Die Erläuterung „Aufseher über ihren ganzen Schatz" unterstreicht die gehobene Stellung des Beamten. Nun ist zwar in der Umwelt Israels wiederholt davon die Rede, daß Eunuchen hohe Regierungspositionen innehatten.[5] Hier ist Eunuch aber in der eigentlichen Bedeutung verwendet. Nach Dtn 23, 2–9 darf kein „Verschnittener" in die Gemeinde des Herrn aufgenommen werden. Die Aufhebung dieser Regelung wird von Tritojesaja erst für die Endzeit erwartet (Jes 56, 3–5). Auf diesem Hintergrund geht es hier um die Frage der Zugehörigkeit zur Heilsgemeinde und damit um den Fortgang der Missionsgeschichte. Die vorlukanische Tradition[6] scheint den Eunuchen als Heiden angesehen und die Begebenheit deshalb als Bekehrungsgeschichte tradiert zu haben. Innerhalb der Apostelgeschichte trat dies in Konkurrenz zur Bekehrung des Cornelius in Kapitel 10. Der religiöse Status des Äthiopiers bleibt deshalb hier in der Schwebe[7]; als Kastrat kann er nicht Jude werden, seine Reise nach Jerusalem und seine Lektüre weisen ihn aber als Freund des Judentums aus. Vor dem Hintergrund von Dtn 23, 2–9 ist deshalb die Bezeichnung Eunuch deutlich hervorgehoben und zugleich die Heilsperspektive dieses Bekehrungsvorganges betont. So gehört die Bekehrung des Äthiopiers in die Mission „bis an die Enden der Erde" (1, 8) mit hinein.

Mit Äthiopien geht es außerdem um ein zeitgenössisch interessantes Thema: Schon Homer hatte von den „fernen Aithiopen" (ἔσχατοι ἀνδρῶν, Od I, 23) gesprochen. 23 v. Chr. gab es eine erste römische Expedition in dieses Land, unter Nero (54–68) eine zweite zur Erforschung der Nilquellen. Äthiopien war in gebildeten Kreisen interessant.[8]

Die Erzählung gehört offenbar in den Fortgang der christlichen Mission, wie Lukas sie darstellt, an wichtiger Stelle hinein. Ich will aber besonders hervorheben, daß der Äthiopier *liest*. Er ist ein Leser innerhalb der Erzählung, einer, der lesend im Text selbst vorkommt. Verschiedene Aussagen werden über ihn gemacht. Er liest den Propheten Jesaja, von dem er sich offenbar eine Schriftrolle besorgen konnte (V. 28). Während er sich auf der Heimreise befindet, liest er den Prophetentext laut (V. 30); Philippus nämlich, der (auf Weisung des Geistes) hinzutritt, kann ihn lesen hören. Damit sind mit wenigen Sätzen schon einige wichtige Fragen im Hinblick auf das Lesen angesprochen: Was wird gelesen? Wer kann lesen und ist in der Lage, sich Literatur zu beschaffen? Auf welche Weise wird gelesen? Diese Fragen sind wichtig, und ich werde darauf zurückkommen.

Zunächst kommt es zu einem kurzen Gespräch zwischen Philippus und dem Äthiopier. „Verstehst du auch, was du liest?", fragt Philippus. Daß er mit dieser Eingangsfrage sozusagen mit der Tür ins Haus fällt – damit will ich mich nicht aufhalten. Dem Erzähler kommt es auf Begrüßungen offenbar nicht an. Die Frage selbst ist reizvoll formuliert. Im Wortspiel der Paronomasie[9] wird nicht nur die Stammverwandtschaft der beiden griechischen Verben verstehen und lesen (γινώσκω und ἀναγινώσκω)[10] deutlich, sondern zugleich ein Problem des Lesens angezeigt. Daß der Äthiopier lesen kann, ist vorausgesetzt; in Frage steht aber, ob er – wörtlich genommen – in den Buchstaben auch den Sinn erkennt, der darin steckt, ob er also das Gelesene auch versteht. Demnach gibt es auch ein Lesen ohne Verstehen. Das ist in dieser Erzählung eine weitere, wichtige Erkenntnis zum Lesen.

Der lesende Äthiopier nimmt die Frage des Philippus auf und nimmt sie an. „Wie könnte ich verstehen,[11] wenn mich nicht jemand anleitet?", fragt er – und weist damit Lesen und Verstehen in einen bestimmten Zusammenhang hinein. Wer lesend verstehen will, bedarf

der Führung, der Anleitung.[12] Offensichtlich erwartet der Äthiopier
eine solche Anleitung von Philippus und bittet ihn auf den Wagen.
So weit geht dieser erste, kurze Gesprächsgang. Nun schließt sich in
V. 32 f. ein Zitat an. Es handelt sich um den Abschnitt des Propheten
(Jes 53, 7 f. LXX), den der Regierungsbeamte gelesen hat. Die Kommentare weisen mit Recht darauf hin, daß die Erzählung in diesem
Zitat ihr Zentrum hat.[13] Auch ist es, nachdem der Geist Philippus mit
dem Reisenden zusammengeführt hat, wiederum nur als Einwirkung
des Geistes zu erklären, daß der Äthiopier gerade Jes 53 liest, diese
für die urchristliche Theologie ungemein wichtige Stelle.[14] Aber
achten wir auch hier wieder besonders auf das *Lesen*. Dabei fällt auf,
daß der genaue Wortlaut des Zitates sich aus dem bisherigen Verlauf
der Erzählung gar nicht notwendig erklärt: denn der reisende Beamte
weiß ja, was er gelesen hat, und Philippus hat es gehört. In beiden Aussagen (V. 28. 30) ist sogar angegeben, daß es sich um Jesaja handelt.
Keine der handelnden Personen im Text hat also die genaue Angabe
der Jesaja-Stelle nötig. Wer die Textstelle aber nicht kennt und diese
Angabe braucht, sind die Leser der Erzählung; diejenigen, für die
Lukas schrieb und die realen Leser heute. Wir haben es hier mit einem
Kunstgriff des Autors zu tun, mit dem er gleichsam einen Schritt aus
der Erzählung heraustritt und ihren Lesern eine zusätzliche Information gibt. Man kann auch umgekehrt formulieren: Mit diesem Zitat
nimmt der Autor seine Leser förmlich in die Erzählung mit hinein.

Es handelt sich um ein Zitat aus Jes 53, 7b–8, wobei der Schlußsatz von V. 8
ausgelassen ist. Der Text ist wörtlich der Septuaginta entnommen, die an
dieser Stelle nicht unwesentlich von dem hebräischen Text abweicht. Gerade
wegen dieser Abweichung konnte die Stelle aber in Anlehnung an das Schema
von Erniedrigung und Erhöhung christologisch auf Tod und Auferstehung
Jesu gedeutet werden.[15] Daß durch die Abgrenzung des Zitates die Hinweise
auf das Sühneleiden bei Jesaja wegfallen, ist zwar bemerkenswert,[16] sollte
aber nicht überbetont werden. Der Hinweis auf Tod und Auferstehung Jesu ist
hier für Lukas ausreichend als Ausgangspunkt für die nun folgende Jesusver-
kündigung. Es geht dabei ganz offensichtlich nicht um eine genaue Deutung,
sondern um den Anstoß, den die Propheten-Stelle gibt. Darauf weist auch die
Einleitung des Zitates „Der Wortlaut der Schriftstelle aber war dieser" hin.[17]
Dieser Wortlaut gibt Anlaß zum Nachfragen und hilft auf diese Weise zum Verstehen.

Nachdem nun auch die Leser über den gelesenen Text in Kenntnis
gesetzt sind, führt die Erzählung das Gespräch zwischen dem Äthiopier und Philippus weiter. Der Beamte fragt, auf wen sich der Jesaja-Text beziehe, auf den Propheten selbst oder auf einen ande-

ren. Daß sich diese Frage vom Zitat her gar nicht notwendig nahe-
legt, ist wiederholt hervorgehoben worden.[18] Es begegnet darin ja
in der Tat keine Ich-Aussage. Aber so, wie Lukas die Erzählung wei-
terführt, handelt es sich offenbar um eine „richtige", eine dem Prophetentext angemessene Frage.[19] Sie gibt dem Philippus Gelegenheit,[20] nun von dieser Textstelle aus Jesus zu verkündigen. Damit
leitet er zum Verstehen der Prophetenstelle an – und das Anleiten
wird seinerseits zum Verkündigen. Ein *verstehendes* Lesen des Jesaja-Textes ist offenbar nur möglich, wenn er mit Jesus in Verbindung gebracht wird. Wie dies genau zu geschehen habe, bleibt allerdings unbestimmt.

Auf diese Unbestimmtheit will ich besonders aufmerksam machen.
Die Frage des Äthiopiers, von wem der Prophet spricht, wird in V. 35
keineswegs exakt beantwortet, sondern eher allgemein mit dem Hinweis auf die „Verkündigung Jesu", und zwar ausgehend von dieser
Schriftstelle. Daß hier der Text „offen" bleibt, daß er Fragen geradezu
herausfordert, liegt auf der Hand. Nicht für den lesenden Äthiopier,
denn dessen Taufbegehren zeigt, daß er für sich eine Antwort gefunden hat. Aber offen bleibt die Erzählung für ihre Leserinnen. Je
nachdem, wer sie liest, werden die Fragen verschieden ausfallen:
christliche Leserinnen werden diese Unbestimmtheit zu füllen versuchen mit dem, was sie über Jesus und den Prophetentext schon wissen
oder werden weiter forschen und fragen; Leser, die noch keine Christen sind, werden einhaken und sagen: „Halt! *Wieso* spricht der Prophet hier von Jesus?"[21] Auf jeden Fall: die Anleitung zum verstehenden Lesen erschöpft sich nicht in der Erzählung, sondern weist über
sich selbst hinaus.

Daß das „Führen auf diesen Weg" den Äthiopier bewegt, zeigt der
Schluß der Erzählung. Am Weg findet sich ein Wasserlauf, und er bittet um die Taufe. Lesen und anleitendes Verkündigen führen zum verstehenden Handeln, zum handelnden Verstehen. Philippus tauft den
königlichen Beamten.[22] Nach der Taufe trennt der Geist die beiden
Männer, so wie er sie zusammengeführt hat. Der Äthiopier aber, wie-
wohl er seine Reise fortsetzt, hat doch zugleich einen neuen, fröhli-
chen Weg begonnen.[23] Ein allgemeiner Hinweis auf die weitere Wirksamkeit des Philippus schließt die Erzählung ab.

Jedoch: schließt sie ab? Für die handelnden Figuren im Text, für den
Äthiopier und Philippus, ist sie offenbar zu Ende; in Kapitel 9 wird
jedenfalls der Paulus-Faden aus 8,3 wiederaufgenommen,[24] der lesende Äthiopier begegnet über 8,39 hinaus nicht mehr. Die letzte
Notiz über ihn besagt, daß er auf dem Weg ist. Wie wird sein Weg

weiter verlaufen, den er ja nun als Getaufter geht? Wie wird er sich in
Äthiopien verhalten, diesem Land, das ohnehin das Interesse längst
geweckt hat? Der Schluß läßt Fragen offen. Und was ist mit den Leserinnen und Lesern der Erzählung? Mit der ausdrücklichen Zitierung
des Jesaja-Abschnitts hat Lukas sie ja in seine Erzählung mit hineingenommen. Sie sind Zeugen eines Lese- und Verstehensvorgangs geworden. Wie ist es aber mit ihrem eigenen Verstehen? Unausgesprochen zwar, aber deutlich, wird die Frage an den Äthiopier – „Verstehst
du auch, was du liest?" – am Ende weitergegeben. Der Text bekommt
Aufforderungscharakter; die Leserinnen können nicht nur, sie sollen
die Frage für sich selbst hören. Der Dialog zwischen dem Äthiopier
und Philippus öffnet sich zu einem Dialog zwischen ihnen und dem
Leser. Die Mittel, mit denen der Text dies erreicht (die ausdrückliche
Zitierung der Jesaja-Stelle und die Offenheit im Blick auf den weiteren Weg des Äthiopiers), weisen deutlich darauf hin, daß hier die
Wirkabsicht des Textes zu finden ist.

Ich breche hier ab. Auf weitere Details einzugehen wäre zwar reizvoll, aber mir kommt es ja auf das Lesen an. Im Blick darauf fasse ich
noch einmal zusammen, was sich bisher an Einsichten und an Fragen
ergeben hat:

– Der Äthiopier liest den Propheten Jesaja und bekommt ihn von
Philippus ausgelegt. Wenn im Neuen Testament sonst vom Lesen die
Rede ist – was wird gelesen?

– Die Erzählung setzt voraus, daß der Äthiopier laut liest. Welche
Bedeutung hat dieser Modus des Lesens in der Antike und für das
NT? Zugleich damit kann man nach den äußeren Bedingungen des
Lesens fragen, nach der Schrift, dem Schreibmaterial, seiner Verfüg-
barkeit etc. Wie wirken sich diese äußeren Bedingungen auf das Lesen
aus?

– Der Äthiopier wird als ein hochgestellter Beamter dargestellt,
der im Besitz einer Schriftrolle ist. Wer konnte sich Literatur überhaupt leisten? Was war an Literatur vorhanden, bei Privatleuten oder
in Gemeinden? Kann man die Hinweise auf die großen Bibliotheken
verallgemeinern? Es handelt sich hierbei um den sozialgeschichtlichen Aspekt des Lesens.

– Lesen und Verstehen sind offenbar nicht deckungsgleich. Zum
verstehenden Lesen bedarf es nach Apg 8,26ff. einer Anleitung.
Es geht nicht nur darum, *was* gelesen wird, sondern *wie* gelesen
wird. Und was hier dem Leser *im* Text widerfährt, zielt auf die Leser *des* Textes selbst. Wie hängen also Lesen und Verstehen zusammen?

Im weiteren Verlauf der Untersuchung gehe ich an diesen Fragen entlang. Zunächst beschäftige ich mich dabei mit den Rahmenbedingungen des Lesens in der römisch-hellenistischen und der jüdischen Umwelt des NT.

3. LESEN IN DER GRIECHISCH-RÖMISCHEN ANTIKE UND IM ANTIKEN JUDENTUM

Wer heute ein Buch liest, schlägt es auf, blättert die Seiten um und erfaßt den Text mit den eigenen Augen. Andere Druckerzeugnisse, Illustrierte etwa oder Zeitungen, sind zwar im Blick auf Format und Aufmachung verschieden, vom Material her aber vergleichbar: Papier als Beschreibstoff, Gliederung nach Seitenzahlen, beidseitig beschriebene Seiten, Faltung oder Heftung am linken Rand. Private Schriftstücke sind variabler, jedoch im wesentlichen ebenfalls vergleichbar. Lese-Situationen können dagegen unterschiedlich sein: Lesen begegnet als Freizeitbeschäftigung, als Studium von Fachliteratur, als beiläufiges Überfliegen von Texten, als Information über das aktuelle Tagesgeschehen etc. Allen diesen Formen des Lesens aber ist gemeinsam, daß es sich um leises Lesen handelt. Von wenigen Lese-Situationen (etwa der Vorlesung an der Universität) abgesehen wird das Lesen überwiegend als individuelle Tätigkeit angesehen und praktiziert.

Wer sich nun mit dem Lesen in der Antike beschäftigt, entdeckt sehr schnell, daß diese Lesebedingungen für die Antike so nicht zutreffen. Es wurde anders gelesen, und zwar sowohl im Blick auf Material und Form der Schriftstücke als auch auf den Lesevorgang selbst. Dabei zeigt sich, daß bestimmte äußere Voraussetzungen des Lesens mit nur geringen Modifikationen für die gesamte Mittelmeerwelt galten. Sie prägten den Lese- und Verstehensvorgang mit. Deshalb ist es notwendig, sich diese Lesebedingungen zu vergegenwärtigen.

Der erste Teil des Kapitels befaßt sich mit den Lesebedingungen und -modalitäten in der hellenistisch-römischen Antike. Besprochen werden die äußere Gestalt von Büchern, das laute Lesen, die Lesegemeinschaft und sozialgeschichtliche Aspekte des Lesens. Der zweite Teil ist dem Lesen im antiken Judentum gewidmet, das die äußeren Voraussetzungen mit der hellenistisch-römischen Umwelt teilt, vom Lesestoff her jedoch eigene Schwerpunkte setzt.

3.1   Lesen in der griechisch-römischen Antike

Zum antiken Buchwesen liegen viele Einzeluntersuchungen und etliche zusammenfassende Werke vor.[1] Im Blick auf die äußeren Lesebedingungen kann ich mich darauf beschränken, die wesentlichen Erkenntnisse zusammenzufassen.

3.1.1   Äußere Gegebenheiten

1. Papyrus war im Altertum insgesamt und auch in frühchristlicher Zeit der bei weitem gebräuchlichste Beschreibstoff. Wenn man von Inschriften auf Stein einmal absieht, spielen daneben nur noch das Pergament und die Wachstafel eine nennenswerte Rolle.

Pergament war als Beschreibstoff allgemein bekannt. Die von Plinius überlieferte Nachricht (Hist Nat XIII, 70), die Rivalität zwischen den Bibliotheken von Alexandria und Pergamon und eine daraus resultierende Papyrus-Knappheit unter Eumenes II. (197–159 v. Chr.) habe zur Erfindung des Pergaments geführt, ist zwar interessant zu lesen, historisch aber unzutreffend. Tierhaut (διφθέρα, membrana) war bereits lange vorher als Beschreibstoff bekannt (vgl. Herodot V, 58).[2] Die Bezeichnung pergamena hält aber vermutlich die Erinnerung fest, daß aus Pergamon besonders gut verarbeitete Tierhaut kam. Pergament wurde im Gegensatz zum Leder nicht gegerbt, sondern mit einer Kalklösung behandelt.[3] Gegenüber dem Papyrus wies es einige Vorteile auf: Es konnte überall hergestellt werden, war haltbarer und auf beiden Seiten gleich gut zu beschreiben. Trotz dieser Vorteile konnte das Pergament die überragende Bedeutung des Papyrus lange Zeit auch nicht annähernd erreichen. Erst ab dem zweiten Jahrhundert n. Chr. nehmen die Pergamenthandschriften allmählich zu und setzen sich ab dem vierten Jahrhundert gegenüber dem Papyrus durch, nicht zuletzt deshalb, weil es für die nun auch gebräuchlich werdende Buchform des Kodex geeigneter war. Ein Edikt des Diocletian aus dem Jahre 304 setzt amtliche Preise für das Beschreiben von Pergament fest (7, 38).
    Eine Besonderheit ist eigens zu erwähnen. Für jüdische Schriften galt die Vorherrschaft des Papyrus nicht in gleicher Weise. Die Qumran-Handschriften beispielsweise sind überwiegend Pergamente, und für die Tora-Rollen war Pergament sogar vorgeschrieben. Auf diesen Sachverhalt gehe ich weiter unten noch einmal ein.[4]
    Neben Papyrus und Pergament wurde auch auf Wachstafeln geschrieben.[5] Zur Herstellung wurde ein Holzbrettchen so ausgehöhlt, daß ein erhöhter Rand als äußere Begrenzung stehenblieb. In die Vertiefung wurde erhitztes Wachs gegossen, in das man nach dem Erkalten die Buchstaben mit dem Griffel (κάλαμος, stilus) einritzen konnte. Das andere, abgeflachte Ende des Griffels diente zum Glätten des Wachses.[6] Mehrere Tafeln konnten zu einem

Diptychon oder Polyptychon zusammengebunden werden. Das bekannte Porträt einer jungen Frau aus Pompeji[7] zeigt ein Polyptychon aus vier Tafeln. Wachstafeln werden in der gesamten Antike und im Mittelalter als Schultafeln oder für kurze Schriftstücke, Verträge, Notizen, auch für Liebesbriefe (vgl. Properz III, 23) benutzt. Für größere Texte waren sie aber zu unhandlich. Allerdings haben die Polyptycha den für das antike Buchwesen äußerst wichtigen Übergang von der Rolle zum Kodex aus gefalteten und zusammengehefteten Blättern wesentlich gefördert. Man kann dies daran gut erkennen, daß das Wort Kodex (caudex) einen etymologischen Zusammenhang mit den Holztafeln aufweist.[8] Notizbücher aus Pergament wurden mit dem römischen Wort membranae bezeichnet. Die Tatsache, daß es hierfür kein eigenes griechisches Wort gibt, weist darauf hin, daß es sich hierbei um eine römische Entwicklung handelt.[9] Im übrigen ist auch in 2 Tim 4, 13 von membranae die Rede, und beim Übergang von der Buchrolle zum Kodex ist die frühe christliche Literatur offenbar von Bedeutung. Darauf komme ich später zurück.[10]

Neben Wachstafel und Pergament war jedoch der Papyrus der bei weitem gebräuchlichste Beschreibstoff. In Ägypten ist er seit dem vierten Jahrtausend v. Chr. bezeugt; Ägypten blieb auch in der gesamten Antike bei der Herstellung von Papyrus-Blättern führend.[11] Früh lernten die Griechen[12] und von diesen die Römer den Gebrauch des Papyrus kennen. Aus dem Mark der Papyrusstaude (genannt βί-βλος, βύβλος)[13] geschnittene Streifen wurden in gegenläufigen Lagen übereinandergelegt und durch Klopfen und Pressen so lange bearbeitet, bis sich die Fasern durch den Pflanzensaft zu einem relativ elastischen Papyrus-Blatt verbunden hatten. Dieser Vorgang ist durch Plinius (Nat Hist XIII, 68–89) ausführlich beschrieben worden. Format und Qualität der Blätter variierten stark (XIII, 74 ff.). Sie wurden (mit Bimsstein) geglättet, aneinandergeklebt (XIII, 81 f.)[14] und so zusammengerollt, daß die Faserrichtung auf der Innenseite (recto) horizontal und außen (verso) vertikal verlief.[15] Fachgerecht ausgeführte Kleberänder stellten beim Schreiben kein wesentliches Hindernis dar. Beschrieben wurde zuerst die Innenseite; hier war das Schreiben wegen der waagrecht verlaufenden Fasern leichter. Der Text erscheint regelmäßig in Kolumnen.

Zum Lesen wurde die Rolle mit der rechten Hand gehalten, mit der linken auf- und beim Fortschreiten des Lesens wieder zusammengerollt.[16] Man hatte also beim Lesen das Buch „zwischen den Händen" (Tacitus, Dial 3, 1: librum inter manus habere) und mußte besonders bei umfangreicheren Rollen Vorsicht walten lassen, um Beschädigungen zu vermeiden. Zur Vereinfachung konnte man sich eines Lesepultes bedienen oder einen Sklaven beauftragen, die Rolle zu halten.[17] Nach dem Lesen mußte das Buch zurückgerollt werden, damit sich der Anfang wieder außen befand. Geschlossene Rollen wurden in Schränken oder eigens dafür angefertigten Behältern (capsae) aufbewahrt.[18] Ein kleiner, beschrifteter Streifen (syllabus, titulus) konnte zur Identifizierung an der Rolle angebracht werden.

2. Zu den äußeren Gegebenheiten gehört auch die Schrift. Bücher wurden in Großbuchstaben als scriptio continua geschrieben, d. h. ohne Worttrennung, Interpunktion oder Akzente.[19] Das ist nicht nur für heutige Forscher schwer zu entziffern. Kein Geringerer als Aristoteles klagt darüber, daß Heraklit schwierig zu interpunktieren sei und auch Probleme im Blick auf Worttrennung und Akzente aufweise (Rhet 1407 b). Wenn man sich bestimmte Homer-, Platon- oder Theophrast-Handschriften ansieht,[20] kann man das leicht nachvollziehen. Man muß außerdem berücksichtigen, daß die Qualität der Handschrift stark variierte und daß Berufsschreiber üblicherweise nach der Anzahl der geschriebenen Zeilen (στίχοι, daher das Fachwort Stichometrie) entlohnt wurden.[21] Die Handschriften waren aus diesen Gründen oft nicht leicht zu lesen. Im übrigen war das Korrekturlesen keine allgemein geübte Regel[22] (was leicht verständlich ist; selbst in der Zeit des Computer-Satzes bleibt es eine mühsame Angelegenheit). Daß solche Lesebedingungen das laute und akzentuierte Lesen förderten, liegt auf der Hand. Sie lassen, auch wenn ich hier viele weitere Aspekte antiker Buchproduktion beiseite lassen muß, doch erkennen, daß die Rollenform des Buches, der Papyrus als Beschreibstoff und die Art und Weise seiner Beschriftung nicht nur äußere Charakteristika des antiken Buches darstellen, sondern sich auch auf den Vorgang des Lesens auswirken. Hierauf gehe ich im folgenden näher ein.

3.1.2   Das laute Lesen

Lesen ist in der Antike ganz überwiegend lautes Lesen. Ich will diesen Sachverhalt zunächst mit Hilfe einiger Stellen belegen und im Anschluß daran auf die Gründe für diese Leseform zu sprechen kommen.

1. Für das laute Lesen als den bei weitem überwiegenden Modus des Lesens in der Antike führe ich einige Belege aus verschiedenen Jahrhunderten an. Platon läßt Sokrates sagen:

„... als ich einmal einen lesen hörte aus einem Buche (ἀκούσας μέν ποτε ἐκ βιβλίου τινός; Phaidon 97 b).

Im griechischen Text kommt das Verb lesen (ἀναγινώσκω) gar nicht vor; vielmehr „hört man aus dem Buch", hört also zu, wenn jemand vorliest. Das zeigt schon sehr deutlich, daß die moderne Vorstellung vom Lesen hier nicht zutrifft. In Platons Theaitetos (143 b. c) findet sich im Gespräch zwischen Eukleides und Terpsion der Satz:

„So laß uns dann gehen, und indes wir der Ruhe pflegen, mag uns der Knabe vorlesen" (ὁ παῖς ἀναγνώσεται),

und wenig später die Aufforderung:

„So nimm denn das Buch, Knabe, und lies" (λαβὲ τὸ βιβλίον καὶ λέγε).

Der „Knabe" (παῖς) ist ein Sklave, dessen Aufgabe das Vorlesen (deshalb Vorleser, ἀναγνώστης, lector) ist.[23] Plinius der Jüngere, dessen Briefe für die Fragen des Lesens in der Antike eine Fundgrube sind, beschreibt die herzliche Verbundenheit mit seinem Lektor:

„Mein Vorleser Encolpius (Encolpius, quidem lector), mein guter Geist in Ernst und Scherz, hat sich durch den Staub eine Halsentzündung zugezogen und Blut ausgeworfen. Wie traurig für ihn selbst, wie bitter für mich, wenn er, der seine ganze Beliebtheit meinen Studien verdankt, für die Studien untauglich wird! Wer wird alsdann meine Arbeiten so vortragen, so lieben? Wen werden meine Ohren so gern hören?" (epist VIII, 1).

Dieser Encolpius liest die Werke des Plinius offenbar vor einem Zuhörerkreis und wohl mit besonderer Begabung vor. Ob nun Literaturstudium oder Vortrag, in beiden Fällen wird laut gelesen. Auch zur Zerstreuung während des Essens tut der Vorleser seinen Dienst. In gespieltem Zorn macht Plinius dem Septicius, der einer Einladung nicht Folge leistete, die Rechnung für das verschmähte Essen auf, ebenso aber auch für die Komödianten, den Vorleser und den Lautenspieler (epist I, 15; vgl. IX, 36 u. ö.). Noch wichtigere Belege für das laute Lesen sind die häufigen und beiläufigen passivischen Formulierungen, daß aus einem Buch (vor)gelesen wird (liber legitur, legebatur; vgl. Plinius, epist IX, 36; III, 5). Plinius bestätigt aber auch das eigene laute Lesen. Wenn er nämlich selbst eine griechische oder lateinische Rede liest, dann tut er es „laut und deutlich" (clare et intente, epist IX, 36), wobei das intente im Sinne von „genau und betont" zu verstehen ist.[24] Vergleichbare Äußerungen über das Lesen im allgemeinen und das laute Lesen finden sich auch sonst häufig. Ohnehin förderte seit der klassischen Zeit Athens die anwachsende Buchproduktion mit einem sich entwickelnden Buchmarkt sowohl die Sammelleidenschaft[25] als auch die private Lektüre.

Im klassischen Athen sind die Belege für den Buchhandel zwar spärlich, aber doch vorhanden. Nach Platon, Apol 26, kann man die Werke des Anaxagoras „in der Orchestra" (vermutlich einem Teil des Marktplatzes) preiswert kaufen. Zunehmend ist von Bibliotheken die Rede; beispielhaft kann man die aristotelische Sammlung erwähnen, deren wechselvolles Schicksal bis in die römische Zeit belegt ist.[26] Die Großbibliothek des Museion (gegründet von Ptolemaios I. Soter, 305–283/2 v. Chr.) mit ihren bis zu 700000 Rollen (vgl. Gellius 7, 17, 3) begründete den Ruf Alexandrias als eines geistigen Zentrums der damaligen Welt. Der Gelehrte Kallimachos fand an der Bibliothek hervorragende Arbeitsbedingungen, seine Pinakes (das Bibliotheksverzeichnis) wurden zum grundlegenden Katalogwerk der griechischen Literatur. Die Bibliothek des Museion war wie die kleinere beim Serapeion einem Heiligtum zugeordnet, und auch andernorts wurde der bauliche Zusammenhang mit einem Heiligtum gewahrt. Große Bibliotheken sind auch aus Pergamon und Pella bekannt, daneben finden sich zunehmend Zeugnisse über Sammlungen an Philosophenschulen und bei Privatleuten. In Rom findet der Bibliotheksgedanke zunächst Aufnahme in Gestalt verschiedener Privatbibliotheken. Die erste öffentliche Bibliothek in Rom, die Palatina, wurde 28 v. Chr. von Augustus an den Apollontempel angeschlossen, eine zweite (griechisch-lateinische) nur wenige Jahre später ebenfalls von Augustus gegründet.[27] Wie öffentlich diese (und weitere) Bibliotheken tatsächlich waren, wie also Zutritt und Benutzungsbedingungen geregelt waren, ist allerdings nur wenig bekannt.

Neben dem Bibliothekswesen und der privaten Sammlertätigkeit ist auch der Buchhandel zu erwähnen. Aus römischer Zeit kennen wir Atticus, den Verleger Ciceros (vgl. Cicero, Att XIII 12, 2), ebenso sind die Verleger von Horaz, Martial oder Quintilian bekannt.[28] Die Verlegertätigkeit ist jedoch mit der heutigen nicht zu vergleichen. Die Aufgabe bestand darin, ein Werk in größeren Stückzahlen und möglichst unverfälscht zu veröffentlichen. Ein alleiniges Vertriebsrecht war damit jedoch nicht verbunden; der Autor konnte sein Werk erneut abschreiben lassen, ebenso auch jeder Besitzer des Buches. Ein Autorenhonorar wurde unter diesen Umständen nicht gezahlt. Ein seriöser Verleger konnte aber die Authentizität eines herausgegebenen Buches am ehesten gewährleisten.[29]

Es wurde also privat und öffentlich gelesen. Aristophanes führt in den ›Fröschen‹ (52f.) einen Leser an, der „für sich liest" (ἀναγινώσκειν πρὸς ἑαυτόν, vgl. Philostrat, Apoll Thyan V, 38)[30]; man las die Schriften der Alten, ein Dichter schickte seinem Mäzen ein Werk zum persönlichen Gebrauch, man kam zu einer (halb)öffentlichen Lesung zusammen. Die Schätze, die die Alten in ihren Schriften hinterlassen haben, öffnet und erklärt Xenophon gemeinsam mit seinen Freunden (Mem I 6, 14). Aber sowohl diese Lesungen als auch das private Lesen zum Zweck des Studiums, zur Zerstreuung während des Essens oder bei der Reise (vgl. Apg 8), alles geschah laut. „Ich unterhalte mich allein mit mir und meinen Büchern" (mecum tantum et cum libellis loquor, epist I, 9), schreibt Plinius. Daß man beim Lesen gerne auch auf- und abschritt,[31] unterstreicht dies noch.

Dementsprechend werden die Leser oft als Hörer angesprochen. Isokrates weist in Antidosis 11 f. darauf hin, daß er sich beim Schreiben ganz von der Suche nach der Wahrheit habe leiten lassen; mögliche andere Qualitäten seines Werkes aber überläßt er dem Urteil seiner Hörer; die Eröffnungswendung desselben Werkes spricht vom Wort, das (vor)gelesen werden wird. In einer Widmung an sein eigenes Brief-Buch wünscht Horaz, eine milde Sonne möge ihm einmal viele Zuhörer bescheren (epist I 20, 18).[32] Die Epigramme Martials müssen vor den attischen Ohren bestehen (epist 86). Einer der ertragreichsten Belege stammt aus späterer Zeit. Augustin berichtet in Conf VI, 3 darüber, wie Ambrosius sich in seine Bücher vertiefte:

„Tat er letzteres, dann ging sein Auge über die Seiten der Bücher hinweg, und sein Herz rang um das Verständnis des Sinnes, seine Stimme aber und seine Zunge ruhten. Oft, wenn wir bei ihm waren, trafen wir ihn an, wie er gerade schweigend in sein Buch vertieft war, nie anders. Und wenn wir dann lange vor ihm gesessen hatten, ohne ein Wort zu sprechen – denn wer hätte sich schon getraut, ihn bei seiner eifrigen Lektüre zu stören –, dann begaben wir uns wieder fort und dachten uns, er wolle sich durch nichts anderes ablenken lassen, wenn er sich für die geistige Entspannung auf kurze Zeit vom Lärm der Geschäfte frei machen konnte, die ihm die Sorge für andere Menschen auferlege. Vielleicht auch wollte er sich dagegen vorsehen, daß nicht etwa ein neugierig lauschender Gast, wenn er beim Lesen auf eine Unklarheit beim Autor stieß, von ihm eine Deutung verlangte oder ihn veranlaßte, auf irgendwelche schwierigen Probleme einzugehen. Bei der Kürze der Zeit, die ihm zur Verfügung stand, hätte er wohl auch sein vorgenommenes Lesepensum nicht erledigen können. Auch deshalb mag er es billigerweise vorgezogen haben, leise zu lesen, daß er seine Stimme schone, die sehr leicht heiser wurde. Doch, was immer ihn dazu veranlaßt haben mag, es konnte bei diesem Mann nur ein guter Grund sein."

Augustin versucht, das stille Lesen des Ambrosius mit verschiedenen Argumenten zu erklären. Wäre es die Regel gewesen, bräuchte er die Argumente nicht. Sie sind notwendig, weil es das stille Für-sich-Lesen zwar gab, aber eben nur als Ausnahme von der Regel. Diese Angaben sollen genügen. Sie belegen über die Jahrhunderte hinweg das laute Lesen als allgemein geübte Leseform.

2. Was sind nun die Gründe für diese Leseform? Ein erster Grund ergibt sich aus der bereits gewonnenen Erkenntnis, daß die antiken Buchrollen nicht viele Lesehilfen zur Verfügung stellten, sondern das

Lesen durch die scriptio continua, die bisweilen schlechte Schrift und das häufige Fehlen der Korrektur eher erschwerten. Auf diesem Hintergrund führte das laute Lesen zur besseren Erfassung des Geschriebenen, Sinnabschnitte konnten auf diese Weise leichter verstanden werden, die Verlautlichung diente als Lesehilfe. Außerdem machte die Lautierung das Lesen insgesamt langsamer und gab ihm einen stärker rezitierenden Charakter.

Neben diesen äußeren Gegebenheiten der Buchproduktion liegt ein weiterer Grund für das laute Lesen in der unterschiedlichen Bewertung des gesprochenen und des geschriebenen Wortes. Wiederholt findet man den Gedanken, daß gegenüber dem lebendigen und unmittelbaren Sprechen das geschriebene Wort als sekundär anzusehen sei. Hauptzeuge für diese Auffassung ist Platon. Er vergleicht im Phaidros (275 ff.) das geschriebene Werk mit dem Vortrag und dem Gespräch:

„Denn dieses Schlimme hat doch die Schrift, Phaidros, und ist darin ganz eigentlich der Malerei ähnlich: Denn auch diese stellt ihre Ausgeburten als lebend hin, wenn man sie aber etwas fragt, so schweigen sie gar ehrwürdig still. Ebenso auch die Schriften. Du könntest glauben, sie sprächen, als verstünden sie etwas, fragst du sie aber lernbegierig über das Gesagte, so enthalten sie doch nur ein und dasselbe stets. Ist sie aber einmal geschrieben, so schweift auch überall jede Rede gleichermaßen unter denen umher, die sie verstehen, und unter denen, für die sie sich nicht gehört, und versteht nicht, zu wem sie reden soll und zu wem nicht. Und wird sie beleidigt oder unverdienterweise beschimpft, so bedarf sie immer ihres Vaters Hilfe, denn selbst ist sie weder imstande, sich zu schützen noch sich zu helfen" (275 d–e). ... Phaidros stimmt zu 276a) und kommt antwortend zu der Unterscheidung „der lebenden und beseelten Rede des wahrhaft Wissenden, von der man die geschriebene mit Recht wie ein Schattenbild ansehen könnte".

Mit dieser Auffassung ist Platon für die gesamte abendländische Geistesgeschichte prägend geworden[33]: Was geschrieben ist, drängt aus sich selbst heraus zum Vortrag, zum Sprechen, zum Hören, selbst zum Sehen. Texte werden vorgetragen und gewinnen, indem zu den Worten der Ausdruck, die Mimik, die Gestik, die Lebendigkeit des Vortragenden hinzutreten, erst eigentlich ihre Wirkung.[34] Dementsprechend ist auch das Diktieren von Texten (etwa bei Plinius, epist IX, 36) nicht im modernen Sinn zu verstehen; dictare schließt vielmehr den schöpferischen und deklamierenden Aspekt mit ein.[35] Die Dichter sind „Sprecher der Götter" (ἑρμενῆς εἰσιν τῶν θεῶν), und es verwundert deshalb nicht, daß insbesondere Homer, der Gewährsmann schlechthin für die griechische wie für die römische Dichtung, wiederholt der „göttliche" (θεῖος) genannt wird.[36]

Daß Homer damit, wie auch andere sogenannte „göttliche Menschen" (etwa Seher oder Wundertäter),[37] in eine besondere Nähe zu den Göttern gerückt wurde, ist deutlich. Bei den Dichtern kommt diese Nähe durch die göttliche Inspiration zum Ausdruck, sie ist besonders bei Homer und Hesiod aber auch durch göttliche Abstammung gegeben. In römischer Zeit werden auch Wunder im Zusammenhang mit der Geburt Vergils berichtet. Vergil ist aber auch in einem anderen Zusammenhang wichtig. Bei ihm dient die Inspiration des Dichters dazu, in Aufnahme Homers und in einer Zeit, in der man historische Erwartungen erfüllt sah, ein Gesamtbild von Rom zu entwerfen, dem das Fatum Frieden und Beständigkeit zuspricht, die unter Augustus sich zu realisieren beginnen. Daß Vergil insbesondere mit der Aeneis, aber auch mit seiner 4. Ekloge, den Princeps verklärt und damit den Kaiserkult literarisch mit prägt, verleiht seinem Werk einen aus dem Üblichen herausgehobenen, für die römische Staatsauffassung in gewisser Weise heiligen Charakter. Allerdings war die Verlesung eines solchen Werkes nicht institutionalisiert, sondern auf gelegentliche halböffentliche oder öffentliche Vorträge beschränkt. Offenbar gab Vergil selbst Lesungen aus der Aeneis; Sueton erwähnt in Vita Verg 105–109 auch eine viertägige Lesung der Georgica. Ovid dagegen bedauert (Tristia 4. 10. 41–50), daß er einer Vergil-Lesung bisher nicht beigewohnt habe, auch Tibull habe er nicht gehört. Von einer regelmäßigen Lesung selbst eines so herausgehobenen Textes wie der Aeneis kann also keine Rede sein. Und die häufigen Lesungen, von denen Plinius der Jüngere am Ende des 1. Jahrhunderts n. Chr. berichtet, sind neue Werke jeweils unterschiedlicher Autoren.

Wie die Dichter die „Sprecher der Götter sind", so sind die vortragenden Rhapsoden dementsprechend „Sprecher der (göttlichen) Sprecher" (Platon, Ion 534e. 535a). Interessanterweise werden Dichter in Griechenland auch nicht als Schreiber bezeichnet.[38] Dichtung kommt darin zu ihrem eigentlichen Ziel, daß sie vorgetragen, rezitiert wird. Der geschriebene Text hat gewissermaßen die Funktion einer Partitur.[39] Dem Vortrag aber ist das Hören zugeordnet. Die Wirkung, die der Vortrag (für den Vortragenden wie für das Publikum) haben kann, beschreibt Ion dem Sokrates:

„Wenn ich etwas Klägliches vortrage, so füllen sich mir die Augen voll Tränen, wenn aber etwas Furchtbares und Schreckliches, so sträuben sich die Haare aufwärts vor Furcht, und das Herz pocht" (Platon, Ion 534c).[40]

Jahrhunderte später beschreibt wiederum Plinius in ganz ähnlicher Weise die stärkere Wirkung des Vortrags und bezeichnet damit den Vortrag zugleich als eigentliches Ziel einer Schrift:

„Zum Lesen hast du stets Gelegenheit, zum Hören nicht immer, überdies packt, wie man gemeinhin sagt, das lebendige Wort viel mehr. Denn mag treffender sein, was man liest, tiefer in der Seele haftet doch, was Vortrag,

Mienenspiel, Haltung und Gebärde des Redenden in sie senkt" (II, 3; vgl.
auch epist I, 20; II, 19).

Allerdings deutet sich in dieser gegenüber Platon sehr nüchternen
Auffassung zugleich ein Wandel im Verständnis von gesprochenem
und geschriebenem Wort an; denn das geschriebene ist genauer über-
legt und außerdem immer zur Hand. Darauf ist gleich noch einmal
zurückzukommen.

Die Hochschätzung des gesprochenen Wortes ist auf dem Hintergrund einer langen Geschichte der Rhetorik zu verstehen. Seit der
Zeit der Sophisten spielte die Rhetorik für die politische Willensbil-
dung in den antiken Demokratien eine bedeutende Rolle.[41] Von der
Prozeßrede in privatrechtlichen Angelegenheiten bis hin zu außen-
politischen Fragen reichte das Spektrum rhetorischer Betätigung. In
der Nachfolge des Isokrates war das Erziehungssystem sowohl der
klassischen als auch der hellenistischen Zeit auf die Ausbildung zu
einem umfassend gebildeten und alle sprachlichen Ausdrucksmittel
beherrschenden Redner ausgerichtet.[42] Sowohl der Niedergang der
griechischen Polis-Staaten als auch der Übergang der römischen Re-
publik zum Prinzipat führten aber zu einer Neuorientierung der Rhetorik. Aus ihrem öffentlichen und politischen Betätigungsfeld mußte
sie sich mehr und mehr zurückziehen, statt dessen wandte sie sich in
zunehmendem Maß dem Privatrecht, der Bildung und der Literatur
zu. Vor diesem Hintergrund wurde das Schreiben zunehmend gesell-
schaftsfähig und der Literaturvortrag, die recitatio, stark von den Ge-
setzmäßigkeiten der öffentlichen (Prozeß-)Rede, der declamatio, beeinflußt.[43] Daß die unter diesem Einfluß auf die öffentliche Wirksamkeit hin konzipierten Werke literarischen Ansprüchen nicht immer ge-
nügten, wird verschiedentlich beklagt.[44] Wichtig ist für die hier zu
erörternde Frage des Lesens zum einen jedoch die quantitative Zunahme literarischer Werke in der frühen Kaiserzeit und zum anderen
die Tatsache, daß das Lesen selbst unter dem langen und beständigen
Einfluß der Rhetorik als öffentliche Angelegenheit betrachtet wurde.

Anzumerken ist in diesem Zusammenhang allerdings ein Wandel in der Auffassung des Dichters, der gerade von der augusteischen Zeit an faßbar wird[45],
beispielsweise bei Horaz (vgl. Sat I 10, 77–83, wo dem Vielschreiber Lucilius
ein Bild des Dichters gegenübergestellt wird, der seine Worte wägt und seinen
Text ständig überarbeitet; ebenso Ars poetica 445 ff.). Begabung und Natur-
talent (und also auch die göttliche Inspiration), meint Horaz, machen den
großen Dichter allein noch nicht aus, wenn sie nicht durch Kunstverstand und
eifriges Bemühen ergänzt werden (Ars poetica 408 ff.). Und Sueton beschreibt
den Vergil ausdrücklich als Schreiber, der in seinen geschriebenen Text Arbeit

investiert (Vita Verg 90–94). Dieser Wandel in der Auffassung vom Dichter und vom Verhältnis des gesprochenen zum geschriebenen Wort ist gerade für die augusteische Epoche zu beachten. Der Literaturbetrieb selbst verändert sich dadurch aber noch nicht, im Gegenteil; es kommt, wie Plinius in seinen Briefen oder Martial in den Epigrammen verschiedentlich festhalten, zu einer gewissen Inflation der Lesungen. Hierauf gehe ich im folgenden noch näher ein.

3.1.3   Lesen als öffentliche Angelegenheit

Der Modus des lauten Lesens ist also sowohl in den äußeren Bedingungen des Schreibens als auch in der Auffassung begründet, daß das Geschriebene erst durch den lebendigen Vortrag seine Wirkung entfaltet. Das Lesen tendiert deshalb zur Öffentlichkeit, es wird zur öffentlichen Angelegenheit.[46] Man kann dabei verschiedene Arten des Vortrags unterscheiden: der des Dichters selbst im Kreis von Freunden (etwa Horaz, epist I, 19), die Rezitation im Rahmen eines „Dichterwettstreits"[47] oder der professionelle Vortrag im Sinne einer Aufführung.[48] Wiederum ist es der jüngere Plinius, der in einer Reihe anschaulicher Berichte die Öffentlichkeit des Lesens beschreibt. So wendet er sich in epist V, 17 an Spurinna:

„Ich weiß, wie sehr du den … Künsten gewogen bist, wie sehr du dich freust, wenn junge Leute aus guter Familie etwas ihrer Vorfahren Würdiges leisten. Um so eiliger melde ich dir, daß ich heute in einer Vorlesung des Calpurnius Piso gewesen bin",

eines jungen Dichters, den Plinius außerordentlich lobt („nach Beendigung des Vortrags habe ich den Jungen lange und herzlich geküßt"). Auch Vergilius Romanus erntet hohe Anerkennung:

„Gerade eben habe ich mir angehört, wie Vergilius Romanus einem kleinen Kreise ein nach dem Muster der alten Komödie gearbeitetes Stück vortrug, eine so vorzügliche Arbeit, daß sie über kurz oder lang selbst als Muster dienen kann … Kurzum, ich werde ihm das Buch aus den Händen reißen und dir zum Lesen oder vielmehr Auswendiglernen zustellen, denn zweifellos wirst du es nicht beiseite legen, wenn du es einmal in die Hand genommen hast" (VI, 21).

Im Blick auf den eigenen Vortrag scheint Plinius allerdings nicht immer nur Anerkennung (vgl. epist IV, 19) geerntet zu haben. Dies geht jedenfalls aus epist IX, 34 hervor (wo zugleich der Aufführungscharakter der Lesung dokumentiert ist). Plinius wendet sich bittend an Tranquillus:

„Hilf mir aus meiner Not! Angeblich trage ich schlecht vor, jedenfalls Verse ...
Ich gedenke also, es bei der kommenden Rezitation im vertrauten Freundes-
kreise mit einem meiner Freigelassenen zu versuchen. Auch das paßt nur für
den vertrauten Kreis, daß ich einen ausgewählt habe, der nicht gut, aber immerhin besser als ich vortragen wird, wenn er nur nicht befangen ist. Er ist
nämlich als Vorleser genauso neu wie als Dichter. Nun weiß ich nicht, wie ich
mich verhalten soll, während er vorträgt, ob ich stur und stumm dabeisitzen
soll, als ginge mich die ganze Sache nichts an, oder, wie manche es tun, seinen
Vortrag mit Flüstern, Blicken und Gesten begleiten soll. Aber ich glaube, ich
tauge zum Pantomimen ebenso wenig wie zum Vorleser" (IX, 34).

Mit dem Verhalten der Zuhörer, das offenbar manchmal zu wünschen übrigläßt, beschäftigt sich Plinius in I, 13:

„Eine reiche Ernte an Dichtern hat dieses Jahr geliefert; im ganzen Monat
April beinahe kein Tag, an dem nicht jemand vorgetragen hätte. ... freilich
kommt man nur verdrossen zusammen, um sie zu hören. Die meisten sitzen in
ihren Lokalen und vertun die Zeit des Vortrags mit Schnurrpfeifereien, lassen
sich von Zeit zu Zeit melden, ob der Vortragende schon eingetreten ist, ob er
die Vorrede gesprochen hat, ob er sein Manuskript schon zum größten Teil ab-
gerollt hat, dann erst kommen sie herein und auch jetzt noch zögernd und be-
dächtig, halten aber nicht durch, sondern verdrücken sich vor dem Ende, die
einen heimlich und verstohlen, einige offen und ungeniert."[49]

Im kleinen Kreis der Freunde war dies natürlich anders; hier kam
es auch zu Zwischenfragen und Diskussionen. In epist III, 5 erzählt
Plinius über ein Essen bei seinem Onkel, dem älteren Plinius, interes-
sante Details:

„Bei Tisch wurde etwas vorgelesen und Notizen gemacht, und zwar wie im
Fluge. Ich entsinne mich noch, wie einmal einer seiner Freunde den Vorleser
unterbrach, als dieser eine Stelle schlecht vorgetragen hatte, und verlangte, sie
zu wiederholen, und wie mein Oheim zu ihm sagte: ‚Du hattest es doch verstanden, nicht wahr?', und als der nickte: ‚Warum unterbrichst du ihn dann?
Mehr als zehn Minuten haben wir durch diese Störung verloren!' So sparsam
ging er mit der Zeit um."

Die Stelle belegt nicht nur, wie gut der ältere Plinius seine Zeit
organisierte, sondern ebenso, daß Lesungen auch während des Essens üblich waren und daß dabei die Gelegenheit zu Zwischenfragen,
Gesprächen und Diskussionen genutzt wurde. Noch einmal Plinius
(epist V, 3):

„Somit rezitiere ich, und zwar aus mehreren Gründen: erstens konzentriert
sich der Vortragende aus Respekt vor seinen Hörern bedeutend stärker auf
sein Werk; zweitens entscheidet er sich in Zweifelsfällen sozusagen auf Grund
eines Spruches von Gutachtern. Auch wird er von vielen Seiten auf dies oder

jenes aufmerksam gemacht, und wenn nicht aufmerksam gemacht, so merkt er doch an Mienenspiel, Blicken, Kopfbewegungen und Gesten, an Tuscheln oder Schweigen, was der einzelne denkt, lauter Zeichen, die ziemlich unmißverständlich ein ehrliches Urteil von glatter Höflichkeit scheiden. "

Und um noch einmal Augustin zu bemühen: an der Beziehung zu Freunden schätzt er unter anderem, daß man „gemeinsam gut geschriebene Bücher liest" (Conf IV, 8). Diese Beispiele mögen genügen. Sie belegen die besondere Bedeutung des Lesens als Vortrag und Rezitation und damit das öffentliche Ansehen, welches das Lesen genoß. Gewiß können literarische Werke privat studiert, miteinander verglichen, repetiert oder auch genossen werden – der eigentliche Zielpunkt der Werke aber bleibt der Vortrag. Neben der öffentlichen Rezitation ist dies vor allem die Vorlesung im halböffentlichen Kreis der Freunde und Klienten. Dieser soziale Kontext ist für das Lesen in der griechisch-römischen Antike von außerordentlicher Wichtigkeit.

Nach alledem leuchtet es ein, daß die Frage des lauten Lesens keineswegs ein äußerliches Phänomen ist. Das Gegenteil ist der Fall. Trotz steigender Buchproduktion und privaten Literaturstudiums bleibt das Lesen auch in hellenistisch-römischer Zeit im wesentlichen eine „öffentliche Angelegenheit". Es findet im sozialen Kontext von Lesungen statt, und die Zuhörerschaft gehört wesentlich hinzu. Dies wiederum wirkt sich auf den Lesevorgang selbst aus. Das laute (Vor-) Lesen fordert Reaktionen der Hörer geradezu heraus, Verstehensfragen liegen ebenso nahe wie Erklärung und Deutung eines Abschnittes. Zu den Grundgegebenheiten des Lesens in der Antike gehören damit Frage und Antwort, Austausch und Diskussion, Anleitung und Einsicht. Das laute Lesen vollzieht sich also innerhalb einer Lese- und Interpretationsgemeinschaft.

3.1.4 Einige sozialgeschichtliche Bemerkungen

Diese Ergebnisse sind noch mit einigen sozialgeschichtlichen Bemerkungen zu ergänzen. Plinius schreibt über einen Aufenthalt auf dem Landsitz:

„Ich selbst labe mich auf dem Lande teils an meinen Büchern, teils an der Faulheit, beides Kinder der Muße" (epist II, 2). Oder: „Ich lebe ein sehr angenehmes, und das heißt: ein sehr faules Leben. So kommt es, daß ich keine längeren Briefe schreiben mag, aber gern lesen möchte, das eine, weil ich ein Genießer, das andere, weil ich ein Faulpelz bin" (epist IX, 32).

Daß die meisten Briefe des Plinius von vornherein zur Veröffentlichung vorgesehen waren, muß man berücksichtigen; manche Koket-
terie und Eitelkeit ist von daher zu erklären. Daß er aber insgesamt
das Leben der oberen Gesellschaftsschicht beschreibt, daran kann
kein Zweifel bestehen. So ist etwa der Tageslauf des Spurinna (epist
III,1) durch und durch von einem gehobenen Lebensstil geprägt.
Dazu gehört, daß er

> „nach dem Bade ruht … und … noch ein wenig mit dem Essen (wartet),
> derweil läßt er sich etwas Leichteres, Eingängigeres vorlesen … Dann
> wird das Essen aufgetragen, ebenso nett wie einfach, in reinem, altem Sil-
> ber."[50]

In epist VIII,15 klagt Plinius über die schlechte Ernte; sie scheint
ihn aber nicht gleich zu ruinieren, denn nun habe er Zeit, etwas zu
schreiben, wenngleich der Papyrus teuer sei. Seneca kritisiert in De
tranqu 9,4 die Prunksucht, die mit dem Besitz vieler Bücher verbunden ist (die man kaum zu lesen schaffe), hält aber im gleichen
Atemzug fest, daß die Beschäftigung mit den Wissenschaften die
einem Freien angemessene Tätigkeit sei. Auch die im vorigen Abschnitt angeführten Belege weisen übereinstimmend auf eine wohl-
habende Gesellschaftsschicht hin. Wiederholt begegnet der „Freundes-
kreis" als Ort für die literarische Rezitation, die soziale Gruppe der
Freunde und Klienten, die ein Patron um sich sammelt.[51] Daß hierzu
auch Angehörige niederer Schichten gehörten, ist durch die Struktur
der Klientel gegeben. Für die Abhängigen innerhalb der Klientel ist
davon auszugehen, daß sich die Bekanntschaft mit Literatur auf die
Vorlesung selbst und möglicherweise das Gespräch darüber be-
schränkte. Ein genaueres Studium war den „Experten" vorbehalten,
den Autoren, den literarisch bewanderten Kritikern und insgesamt
denen, die sich Buchrollen anschaffen konnten.
  Dabei spielte natürlich der Preis eine Rolle. Nun gibt es zwar einige
Angaben über Preise, die Vergleichsmöglichkeiten sind aber nicht
immer genügend deutlich. Daß man sich die Schriften des Anaxagoras
„für höchstens eine Drachme in der Orchestra" kaufen könne, erwähnt schon Platon (Apol 26d). Es gibt allerdings auch gegenteilige
Belege. Martial empfiehlt einem (offenbar nicht allzu beliebten) Bekannten, der sich die Epigramme bei ihm leihen will, sie lieber zu
kaufen (epigr I,117):

> „Kauf mich dort: Du brauchst nur den Chef zu fragen (der Atrectus heißt: ihm
> gehört der Laden), und er gibt dir, vom obersten oder zweiten Fach, den Mar-
> tial, hübsch eingebunden und mit Goldschnitt, der fünf Denare kostet. ‚So viel

bist du nicht wert‹, sagst du, Lupercus? Ja, da hast du recht, und ich kann's nicht leugnen.«

Schön ausgestattete Rollen hatten offenbar auch damals ihren Preis; insbesondere die Werke der großen Dichter waren teuer (nach Gellius II 3,5 kostete ein Exemplar des 3. Buches der Aeneis, das als Autographon Vergils galt, die stolze Summe von 20 aurei = 500 Drachmen). Dennoch sind die Angaben wegen der starken Preisschwankungen (unter anderem bei Papyrus-Knappheit)[52] und vor allem wegen der im einzelnen zu schwer zu ermittelnden Vergleichszahlen allein nicht aussagekräftig genug.[53] Die Tatsache, daß man mit Papyrusblättern sparsam umging und etwa ein Homer-Exzerpt auf die Rückseite einer Rechnung oder eines Vertrages schrieb, beziehungsweise bereits beschriebene Blätter und Rollen wieder löschte und neu beschrieb,[54] könnte auf einen hohen Preis hinweisen. Allerdings muß auch berücksichtigt werden, daß die Art der Beschriftung (großer Rand, normal große Schrift, eine Reihe von Papyri sind nur teilweise beschrieben) nicht auf einen besonders sparsamen Umgang mit dem Beschreibstoff hindeuten. Lewis hat mit Recht darauf aufmerksam gemacht, daß Preisangaben für Papyrus nur in Relation zu anderen Preisen und zum Einkommen von Bedeutung sind:

"During most of classical antiquity, we discover, a roll of payrus cost the equivalent of one or two days' wages, and it could run as high as what the labourer would earn in five or six days. Thence, with each step up the economic ladder, the magnitude of the price of payrus recedes proportionately."[55]

Diese Proportionalität ist wesentlich zur Beurteilung der Frage nach dem Papyrus-Preis. Wenn Plinius über die schlechte Traubenernte und den teuren Papyrus klagt, sich die Muße auf dem Landsitz aber leisten kann, so war das gewiß schön für ihn, entsprach aber nicht der ökonomischen Realität des Großteils der Bevölkerung. Alle Beobachtungen zusammengenommen führen vielmehr zu dem Schluß, daß der Papyrus als Beschreibstoff und besonders das fertige Buch in der Antike relativ teuer waren, zwar nicht für die wirtschaftlich und politisch führende Schicht der Bevölkerung (aus der zugleich der Großteil der literarischen Produktion stammt und die durch das Mäzenatentum die Literatur förderte!), wohl aber für die wirtschaftlich Abhängigen und die einfache Bevölkerung.

Ein anderer Sachverhalt kommt noch hinzu. Gercke zog in seiner ›Einleitung in die Altertumswissenschaft‹ (1910) aus der erhöhten Buchproduktion den Schluß, daß neben den Bibliotheken auch

„unendlich viele Privatleute" die „massenhaft hergestellte Literatur"
kauften:

„Bis zu den einfachen Leuten drang auf diese Weise die Bildung: ein schlichter
Bauer las begeistert Platons Gorgias."[56]

Daß ein solches Urteil von einer Idealvorstellung des klassischen
Altertums und seiner Bildung geprägt ist, liegt auf der Hand. Die
Überprüfung der Texte führt zu anderen Ergebnissen. Eine Erziehung, die zu philosophischen Studien befähigte, kam nur einem
relativ kleinen Teil der Gesamtbevölkerung zugute.[57] Der ältere Plinius (Hist nat IX, 25) und Sueton (Cal 45, 2) berichten zwar übereinstimmend von einer weiten Verbreitung von Elementarschulen
im Römischen Reich; aber diese Schulen befähigten lediglich zum
Lesen und Schreiben, wobei das genaue Ausmaß dieser Fähigkeiten oft nicht genau zu bestimmen ist. Duncan-Jones hat dagegen
anhand der Altersangaben auf Inschriften nachgewiesen, daß das
Analphabetentum bei der breiten Masse der römischen Gesellschaft beträchtlich war und daß die sozialen Rangstufen gleichzeitig
auch ein deutliches Bildungsgefälle anzeigen.[58] Damit bestätigt
sich die bereits gewonnene Erkenntnis, daß der intensive Umgang
mit Literatur ein Privileg der gesellschaftlich führenden Bevölke-
rungsschicht war.

Diese sozialgeschichtliche Erkenntnis zum Lesen in der Antike
kann im weiteren Gang der Untersuchung zur Anfrage an das NT
werden, ebenso auch die übrigen Beobachtungen in diesem Kapitel:
die äußeren Lesebedingungen, das laute Lesen, die Wertschätzung
des gesprochenen gegenüber dem geschriebenen Wort und das Lesen
als öffentliche Angelegenheit im Rahmen einer Lese- und Interpretationsgemeinschaft. Zunächst aber gehe ich in einem weiteren Abschnitt auf das Lesen im antiken Judentum ein.

3.2   Lesen im antiken Judentum

Die Lesegewohnheiten im antiken Judentum stimmen mit denen
der griechisch-römischen Antike in verschiedener Hinsicht überein,
vor allem im Blick auf die äußeren Voraussetzungen und den Modus
des lauten Lesens. Auf den ersten Blick ist deshalb ein eigener Abschnitt über das Lesen im Judentum kaum notwendig. Daß ich den
Abschnitt dennoch einfüge, liegt deshalb weniger an den Lesemodalitäten als vielmehr am Lesestoff. Was gelesen wird, ist von so eige-

ner Bedeutung, daß es den Lesevorgang und sogar die Verwendung des Materials prägt.

3.2.1 Äußere Gegebenheiten

Auch im AT finden sich Hinweise auf unterschiedliche Schreibmaterialien. Der Stein verlieh dem geschriebenen Wort Dauerhaftigkeit und monumentale Bedeutung. Die steinernen Gesetzestafeln[59] sind das bedeutendste Beispiel dafür. Neben dem Verb schreiben *(kātab)* finden sich dementsprechend die Verben einschneiden, eingraben[60], einritzen mehrfach in gleicher Bedeutung. Man schrieb auch auf getünchte Steine (Dtn 27,2f. 8), auf Tontafeln und Ziegel (Hes 4,1), auf Blei- (Hiob 19,24), Bronze- (1 Makk 8,22; 14,8. 26. 48), Holz- und Wachstafeln (Hes 37,16; in 4 Esr 14,24 sind vermutlich Diptycha gemeint), ebenso auf Tonscherben (Ostraka).[61] Allerdings eigneten sich diese festen Materialien weder für literarische Werke noch für den steigenden Bedarf an privaten Urkunden. Deshalb spielte auch in Israel der Papyrus eine wichtige Rolle. Zwar gibt es keinen spezifischen Hinweis auf Papyrus im AT;[62] Jer 36,23–25 setzt allerdings sehr deutlich eine Papyrusrolle voraus. Die Verbreitung des Papyrus als Beschreibstoff ist weiterhin durch die aramäisch beschrifteten Rollen aus der Militärkolonie Elephantine,[63] durch archäologische Befunde,[64] durch einzelne nt.liche Stellen wie etwa 2 Joh 12 und in späterer Zeit durch die häufige Verwendung des Begriffes *n͜eyār* für Papyrus in den rabbinischen Texten belegt.[65] Ohne Zweifel zeigt sich hierin der ägyptische Einfluß.

Der bereits erwähnte Text Jer 36 liefert einen wichtigen Beleg für die verschiedenen Schreibmaterialien. Die Worte, die Gott an Jeremia richtet, werden von dem Schreiber Baruch mit Tinte auf eine Schriftrolle *(m͜egīlat-sēper* V.2 u.ö.) geschrieben.[66] In V.23 ist von einem Schreibermesser *(ta'ar)* die Rede, das man sowohl zum Schärfen des Griffels oder Schreibrohrs als auch zum Abschneiden der Rolle benutzte. In V.23 ist auch die Einteilung der Rolle in Kolumnen *(delet)* erwähnt. Neben diesen Schreibmaterialien kam dem Pergament eine besondere, eigenständige Bedeutung zu. Der alte Ortsname Kirjat-Sefer *qir͜eyat-sēper* „Stadt des Buches", später Debir Jos (15, 15; Ri 1,10ff.), weist auf die Pergamentherstellung hin. Insgesamt ist anzunehmen, daß die Viehzucht betreibenden Israeliten zum Schreiben eher Tierhaut benutzten als importierten ägyptischen Papyrus.[67] Bei der Tora-Verlesung Esras zu Beginn des zweiten Tempels (vgl. Neh 8)

wurde vermutlich eine Lederrolle verwendet[68], und auch die Rollen
vom Toten Meer sind überwiegend auf Tierhaut geschrieben.

Eine ganz wesentliche Rolle spielt Pergament als Beschreibstoff
bei den biblischen Texten. Zwar legen erst die Rabbinen ausdrücklich
fest, daß für Bibelhandschriften nur hoch verarbeitetes Pergament
verwendet werden darf.[69] Aber ein entsprechender Gebrauch von Pergament läßt sich auch anhand älterer Belege feststellen. In epArist
176 f.[70] ist von Gesetzesrollen die Rede, die dem ägyptischen König
zum Geschenk gemacht werden. Das Gesetz

„war aber in goldener Schrift[71] in jüdischen Buchstaben geschrieben; das Pergament war wunderbar gearbeitet, und die Verbindung zwischen den einzelnen Pergamenten konnte man nicht erkennen".

Der Gebrauch von Lederrollen für die heiligen Schriften hängt aller
Wahrscheinlichkeit nach damit zusammen, daß bei diesem Material in
besonderer Weise Reinheitsvorschriften beachtet werden konnten,
die dem aufzuschreibenden Text angemessen waren. Angemessen war
auch die besondere Sorgfalt, mit der die Abschrift erfolgte. Meg II 2 b
sieht vor:

„Wer sie (sc. die Esther-Rolle) abgeschrieben, studiert oder korrigiert hat, hat
nur dann seiner Pflicht genügt, wenn er sich ganz darauf konzentriert hat."

Eine Vorschrift in Keth 19 b sieht unter Aufnahme von Hi 11, 14 vor,
daß man eine unkorrigierte Tora-Abschrift nicht länger als 30 Tage in
seinem Haus aufbewahren dürfe. R. Akiba ordnete an, daß Schulkinder nur aus korrigierten Rollen zu unterrichten seien. Nach j San
20 c hatten offizielle Korrektoren die Aufgabe, die königliche Abschrift der Tora mit der Abschrift zu vergleichen, die im inneren Tem-
pelraum aufbewahrt wurde. Auch wenn es sich hier um späte Zeugnisse handelt, ist eine besondere Sorgfalt beim Abschreiben und Kor-
rigieren der Texte wegen ihres besonderen Charakters doch bereits in
früherer Zeit wahrscheinlich.

Kurz ist in diesem Zusammenhang noch auf das Verb „lesen"
(qārā') einzugehen. Es bedeutet ursprünglich rufen, und zwar in
einem allgemeinen Sinn als „Aufnehmen einer Kommunikation".
Von dieser Grundbedeutung her kann es das Verkündigen bezeichnen; hieraus hat sich wiederum die Bedeutung lesen ergeben,
„offenbar weil ‚lesen' anfangs ‚vorlesen' in der Öffentlichkeit war".[72]
Wo qārā' in diesem Sinn Verwendung findet, ist es in den meisten
Fällen im Blick auf das Vorlesen gebraucht. Ein Beleg für diesen Sachverhalt ist die Beobachtung, daß die griechische Übersetzung der

hebräischen Bibel, die Septuaginta, verkündigen *(qārā')* verschiedentlich mit lesen (ἀναγινώσκειν) übersetzt (Jer 2,2; 3,12; 7,2.27; 19,2). Lesen ist also auch hier, wie in der griechisch-römischen Antike, ganz überwiegend als lautes Lesen zu verstehen. Das Verb *hāgāh* (sinnen, nachdenken, vgl. Jos 1,8; Ps 1,2) hat dementsprechend auch die Bedeutung murmeln und halblaut lesen.[73]

3.2.2 Lesen, Verkündigen, Ansagen

qārā' kommt im Sinne von Lesen und Vorlesen im AT zwar nur relativ selten vor. Es zeigt sich aber, daß das Lesen an diesen Stellen in hervorgehobener Weise beschrieben wird und den Charakter von Verkündigung und Ansage erhält. Beim Bundesschluß am Sinai liest Mose dem Volk das „Buch des Bundes" vor, und zwar vor den Ohren des Volkes (Ex 24,7). Lesen und Hören sind dabei eng aufeinander bezogen:

Und Mose „nahm das Buch des Bundes und las es vor den Ohren des Volks. Und sie sprachen: Alles, was der Herr gesagt hat, wollen wir tun und darauf hören."

Das geschriebene Wort Gottes (Ex 24,4) wird zur Grundlage der Gottesbeziehung des Volkes, und das Lesen wird zur Anrede; Hören und Tun sind die angemessene Reaktion darauf. Bei verschiedenen Anlässen wird der Bund erneuert, wobei jeweils der Zusammenhang des verkündigten und des aufgeschriebenen Wortes hervorgehoben wird (Jos 8,30–35; 24,2 ff. 25 ff.;[74] 2 Kön 17,35 ff.; 23,1–3; Neh 8,1–12; 10). Auch wenn diese Texte teilweise retrospektiv spätere Verhältnisse in die Vergangenheit zurückversetzen, greifen sie doch den Zusammenhang von gesprochenem und geschriebenem Wort, wie er bereits bei den Dekalogtafeln festzustellen ist, sachgemäß auf. Die Reform des Josia (638/39–602; vgl. 2 Kön 22 f.) mit ihrer Kultzentralisierung in Jerusalem wird ausdrücklich mit dem Auffinden eines Gesetzbuches im Tempel in Verbindung gebracht. Der Hohepriester Hilkia findet es und übergibt es dem Schreiber *(hasōpēr)* Schafan, der es liest (V. 8) und danach dem König vorliest (V. 10.16; vgl. 2 Chr 34,18). In V. 19 schließt ein Spruch Gottes durch die Prophetin Hulda an:

„Weil du im Herzen betroffen bist und dich gedemütigt hast vor dem Herrn, als du hörtest, was ich geredet habe gegen diese Stätte und ihre Einwohner ... so habe ich's auch erhört, spricht der Herr."

Nach 23, 3 wird das Buch schließlich „allem Volk" vorgelesen. Das Deuteronomium und die deuteronomistische Tradition schließen an diesen Zusammenhang von gesprochenem und geschriebenem Wort an (vgl. Dtn 6, 7–9). Das niedergeschriebene Wort wird so durch das Verlesen zur konkreten Anrede und lebendigen Tradition. In jedem Sabbatjahr soll nach Dtn 31, 9 ff. ganz Israel die Weisung Gottes hören:

„Jeweils nach sieben Jahren, zur Zeit des Erlaßjahres, am Laubhüttenfest, wenn ganz Israel kommt, zu erscheinen vor dem Angesicht des Herrn, deines Gottes, an der Stätte, die er erwählen wird, sollst du dies Gesetz vor ganz Israel ausrufen lassen vor ihren Ohren. Versammle das Volk, die Männer, Frauen und Kinder und den Fremdling, der in deinen Städten lebt, damit sie es hören und lernen und den Herrn, euren Gott, fürchten und alle Worte dieses Gesetzes halten und tun, und daß ihre Kinder, die es nicht kennen, es auch hören und lernen, den Herrn, euren Gott, zu fürchten alle Tage, die ihr in dem Land lebt . . ."

In besonderer Weise wird dem König das Lesen und Beherzigen der Tora aufgegeben:

„Und wenn er nun sitzen wird auf dem Thron seines Königreiches, soll er eine Abschrift dieses Gesetzes, wie es den levitischen Priestern vorliegt, in ein Buch schreiben lassen. Das soll bei ihm sein und er soll darin lesen sein Leben lang, damit er den Herrn, seinen Gott, fürchten lernt, daß er halte alle Worte dieses Gesetzes und diese Rechte und danach tue" (Dtn 17, 18 f.).

Daß das Lesen des Königs nicht nur ein privates Lesen bezeichnet, sondern als Vorlesen zu verstehen ist, belegt in anderem Zusammenhang Jer 36.[75] In Jos 8, 34 f. ist das Lesen des Gesetzes „vor der ganzen Versammlung Israels" deutlich als verkündigendes Ausrufen zu erkennen. Das Aufgeschriebene aktualisiert sich beim Lesen zum ansprechenden Wort. Um noch einmal auf 2 Kön 22 f. zurückzukommen: offensichtlich entspricht das erste Lesen des Buches durch Schafan dessen Absicht noch nicht. Sie verwirklicht sich erst darin, daß das Volk selbst angesprochen wird und dem darin laut werdenden Anspruch Folge leistet (23, 2). Unter ganz anderem Blickwinkel beschreibt Jes 29, 11 f. die Verblendung des Volkes mit folgenden Worten:

„Darum sind euch alle Offenbarungen wie die Worte eines versiegelten Buches, das man einem gibt, der lesen kann, und spricht: Lies doch das!, und er spricht: Ich kann nicht, denn es ist versiegelt, oder das man einem gibt, der nicht lesen kann, und er spricht: Ich kann nicht lesen."

Vom Lesen des Mosegesetzes ist in nachexilischer Zeit auch in Neh 8 die Rede:

„Als nun der siebente Monat herangekommen war und die Israeliten in ihren
Städten waren, versammelte sich das ganze Volk wie ein Mann auf dem Platz
vor dem Wassertor, und sie sprachen zu Esra, dem Schriftgelehrten, er solle
das Buch des Gesetzes des Mose holen, das der Herr Israel geboten hat. Und
Esra, der Priester, brachte das Gesetz vor die Gemeinde, Männer und Frauen
und alle, die es verstehen konnten, am ersten Tag des siebenten Monats und las
daraus …" (V. 1–3).

Bei dieser Darstellung ist nicht nach dem historischen Detail zu
fragen[76]; vielmehr kommt es darauf an, daß die Tora in einem gottesdienstlich-liturgischen Rahmen öffentlich gelesen wird und ihr dadurch eine gemeindegründende Funktion zukommt. Hören und Tun
gehören auch nach Jes 34, 15 zusammen: am Ende der Androhung des
Strafgerichts über Edom wird aus der Aufforderung zum Lesen zugleich die Aufforderung zur Umkehr:

„Suchet nun in dem Buch des Herrn und lest!"

Das Lesen soll auch hier zum verstehenden Annehmen des Gelesenen führen. Lesen heißt dementsprechend, sich dem Anspruch des
Wortes Gottes zu öffnen.
   Um diesen Anspruch geht es auch in Jer 36. Ich habe das Kapitel
bereits wegen der technischen Details zum Lesen erwähnt, die es enthält. Auch hier wird eine Reihenfolge von Lesesituationen erkennbar:
Baruch liest die Worte des Herrn nach dem Diktat Jeremias dem Volk
im Tempel vor (V. 6–10); auf Vermittlung Michas liest er sie auch vor
den Hofbeamten (V. 11–15); schließlich liest Jehudi die Rolle vor dem
König (V. 20 ff.). Was Gott als Möglichkeit anspricht:

„Vielleicht wird das Haus Juda, wenn sie hören von all dem Unheil, das ich
ihnen zu tun gedenke, sich bekehren, ein jeder von seinem bösen Wege, damit
ich ihnen ihre Schuld und Sünde vergeben kann" (36, 3),

tritt beim König aber offensichtlich nicht ein: Stück für Stück ver-
brennt er die Rolle. Daß Gottes Wort sich dennoch durchsetzt, zeigt
der Schluß des Kapitels. Baruch schreibt die Rolle nach dem Diktat
Jeremias neu und fügt sogar weitere Worte hinzu.[77] Daß Gottes Wort
sich durchsetzt, ist schließlich auch bei Belsazars Gastmahl (Dan 5)
der Fall: das Gelesene wird zu Ansage, die sich noch in derselben
Nacht erfüllt (V. 29 f.).
   So sind es zwar nicht sehr viele Stellen, an denen qārā' im Sinne von
Lesen und Vorlesen begegnet. Aber es sind wichtige Stellen. Ausge-
hend von der Grundbedeutung des Rufens stellen sie das Lesen im
Rahmen von Verkündigung und Anrede dar. Es gehört in einen Kom-

munikationsprozeß hinein, der von Gott ausgeht und über seine in den Schriften niedergelegten Worte die Menschen anspricht. Wie sie auf diese Worte reagieren, das ist ihr Teil der Kommunikation.

3.2.3 Anregen und Ermahnen

Wo es nicht um biblische Schriften geht, sondern um Bücher anderer Art, bekommt auch das Lesen einen anderen Akzent. Hierfür ist 2 Makk 2, 26 ein wichtiger Beleg. Der Verfasser[78] legt ab 2, 19 die Absicht seines Buches dar. Was Jason von Kyrene über den makkabäischen Aufstand in fünf Büchern zusammentrug, soll kürzer gefaßt und in einem Buch nacherzählt werden (V. 24. 31 f.). In V. 23 ff. werden die Leser des Buches angesprochen:

„... wollen wir versuchen, in einer einzigen Zusammenfassung kurz zu berichten. Denn wir sehen wohl den Schwall von Zahlen und die aus der Fülle des Materials sich ergebende Schwierigkeit für diejenigen, die sich von historischen Erzählungen umfangen lassen wollen, und haben daher bei den einen, die (nur) lesen wollen, an die Erbauung gedacht, bei den anderen, denen es um Einprägung ins Gedächtnis zu tun ist, an die Leichtigkeit, bei allen aber, die an unser Buch geraten, an den Nutzen."

In 15, 3 ff. formuliert der Verfasser ein Nachwort:

„... so will auch ich meinen Bericht hier beenden. Und wenn er für gut und in der Disposition geschickt befunden wird, so wollte ich dies erreichen; wenn aber für einfältig und mäßig, so war mir nur dies erreichbar. Denn so wie Wein allein zu trinken schädlich ist, so ist auch wiederum reines Wasser schädlich. Wie aber Wein mit Wasser vermischt lieblich ist und den Genuß angenehm macht, so erfreut auch der Stil der Erzählung die Ohren derer, die an diese Schrift geraten. Hier aber soll der Schlußpunkt sein."

Die Leser anregen, ihnen eine verständliche Übersicht geben und damit Gewinn bringen – dies ist die Absicht des Verfassers. Zugleich wird erkennbar, an welche Leser der Verfasser denkt; sie sollen an der Geschichte der Juden in der Makkabäerzeit Interesse und an einer gelungenen, gut formulierten Erzählung Freude haben. Zwischen Einleitung und Schlußwort verrät der Autor aber noch eine andere Absicht:

„Ich bitte nun die Leser dieses Buches, nicht mutlos zu werden wegen der Unglücksfälle (d. h. der Hellenisierung), sondern zu bedenken, daß die Strafen nicht zum Verderben, sondern zur Erziehung (πρὸς παιδείαν) unseres Volkes bestimmt sind" (6, 12).

Hier haben wir es mit einer zentralen Aussage des Verfassers zu tun. Seine Geschichtserzählung dient dazu, im Rückblick auf das Wirken Gottes dessen gerechte Strafe anzunehmen, aber auch zu erkennen, daß Gott denen hilft, die seine Weisungen bewahren und tun. Über das Wirken Gottes in der Geschichte tritt der Verfasser mit seinen Lesern in eine Kommunikation ein. Daß er dabei voraussetzt, daß seine Erzählung vorgelesen und gehört wird (15, 40), will ich nur nebenbei erwähnen.

Der Erziehungsgedanke begegnet auch im Vorwort von Jesus Sirach (Vorwort 3: παιδεία καὶ σοφία, auch 12. 16).[79] Israel ist wegen seiner Lehre und Weisheit mit Recht zu loben:

„Vieles und Großes ist uns durch das Gesetz, die Propheten und die anderen Schriften, die ihnen folgen, geschenkt worden. Dafür ist Israel zu loben wegen seiner Bildung und Weisheit. Doch soll jeder, der sie zu lesen versteht, nicht nur sich selbst daran bilden, sondern die Gelehrten sollen auch imstande sein, andere durch Wort und Schrift zu fördern. So befaßte sich mein Großvater Jesus sorgfältig mit dem Gesetz, mit den Propheten und mit den anderen von den Vätern überkommenen Schriften. Er verschaffte sich eine gründliche Kenntnis von ihnen und fühlte sich dann gedrängt, auch selbst etwas zu schreiben, um dadurch Bildung und Weisheit zu fördern" (Vorwort, 1–12).

Sosehr sich der Übersetzer des Werkes in seinem Vorwort auf das Gesetz, die Propheten und die übrigen (biblischen) Bücher beruft, unterscheidet er das vorliegende Werk doch klar von jenen. Er wünscht ihm aufmerksame Leser, die sich um Erkenntnis und Weisheit bemühen und das Werk mit der nötigen Nachsicht aufnehmen. Das reiche Wissen, das zur Abfassung einer solchen Schrift notwendig ist, kommt aber aus der Beschäftigung mit der Tora – und die Literatur ist darauf bezogen. Auf diese Weise wird die Bibel zum Grundstein auch alles anderen literarischen Schaffens im Judentum.[80]

3.2.4 Die Schriften als zentraler Gegenstand des Lesens

Im Wort der biblischen Schriften kommt die einzigartige Beziehung zwischen Gott und Israel zum Ausdruck, und dem Lesen dieses Wortes kommt herausragende religiöse Bedeutung zu. Schrift und Lesen sind deshalb eng aufeinander bezogen und gehören zusammen ins Zentrum jüdischen Denkens und Glaubens. Die biblischen Schriften und insbesondere die Tora waren zentraler Gegenstand allen Lesens. Man kann dies anhand verschiedener und jeweils eigenständiger Beobachtungen zeigen. Ich gehe dabei zunächst allgemein auf die Hochschät-

zung des Lesens ein und beschäftige mich dann mit bestimmten Er-
scheinungsformen des Lesens: der Lesung im Synagogengottesdienst
(einschließlich der Übersetzung und der Auslegung des Gelesenen),
dem deutenden Lesen im Qumran-Peser und abschließend mit der
Vielfalt der Lesebemühungen im antiken Judentum.

3.2.4.1 Die Grundlagen: Lesen lernen und beim Lesen bleiben

Lernen und Lesen haben im antiken Judentum, besonders auch zur
Zeit des NT,[81] einen hohen Stellenwert. Der Ansatzpunkt liegt bei der
väterlichen Unterweisung im Haus. At.liche Grundstellen finden sich
in Dtn 4, 9; 6, 7 und 11, 19:

„Diese Worte, die ich dir heute gebiete, sollst du zu Herzen nehmen und sollst
sie deinen Kindern einschärfen und davon reden, wenn du in deinem Hause
sitzt oder unterwegs bist, wenn du dich niederlegst oder aufstehst . . .“ (6, 6 f.;
vgl. auch Ps 78, 3 f.).[82]

Die häusliche Lebensgemeinschaft ist der primäre Ort der Erziehung. Der Unterricht führt in die geschichtlichen Überlieferungen des
Volkes und die Verpflichtungen des Bundes ein.[83] Er beginnt, wenn
die Söhne[84] dazu in der Lage sind, bestimmte Gebote zu erfüllen
(etwa das Schütteln des Feststraußes beim Laubhüttenfest, Sukka
42 a). Im alltäglichen Leben und bei den Festen ergeben sich fortwäh-
rend Hinweismöglichkeiten auf die Traditionen des Volkes. Auch für
Philo (Hypoth VII, 13) ist es Aufgabe des Mannes, die Kenntnis der
Gesetze an die Frau und die Kinder weiterzugeben.

Seit etwa der Mitte des 1. vorchristlichen Jahrhunderts wurde die
häusliche Erziehung zunehmend durch eine schulische Erziehung ergänzt.[85] Daß die Schule als „Haus des Buches“ *(bēṯ sēēper)* bezeichnet
wird, weist sowohl auf die zentrale Rolle der Tora als auch auf die
grundlegend notwendige Vermittlung der Lesefähigkeit hin.[86] Das Al-
phabet wurde anhand kleiner Merksätze vermittelt, z. B. „lerne Einsicht“ oder „sei wohltätig gegen die Armen“ (Sanh 104 a. b). Später
bekamen die Kinder vermutlich kleine Stücke der Tora zu lesen,
wobei mit dem Buch Levitikus begonnen wurde. Als (sicher sekun-
däre) Begründung dieses Brauchs wird genannt, daß sich Levitikus
mit dem Opfer beschäftigte und daß die Reinheit des Opfers der der
Kinder korrespondiere.[87] Im weiteren Unterricht orientiert sich die
Abfolge des Lernstoffs an der wachsenden Auffassungsgabe der
Kinder:

„Zuerst liest er in der Rolle, darauf liest er im Buch (sc. die Tora), darauf in den Propheten, darauf in den Hagiographen. Wenn er die Schrift beendet hat, lernt er den Talmud und darauf die Haggadoth" (Dtn R VIII, 3).

Nach dem Abschluß der grundlegenden Ausbildung in der „Schule des Buches" schließt sich im „Lehrhaus" *(bēṯ míḏᵉraš)* die Einführung in die mündliche Tradition an.[88] Allerdings dürfte für die meisten Schüler mit dem Abschluß der „Schule des Buches" die Schule überhaupt geendet haben; die spätere Feststellung in KohR 7, 49 galt für die mündliche Tradition sicher auch schon früher:

„Tausend beginnen mit dem Bibelunterricht; hundert davon kommen zur Mischna, zehn davon zum Talmud, und nur ein einziger qualifiziert sich für die Entscheidung der Halakha."

Die Hochschätzung der Schulkinder[89] ist jedenfalls eng mit dem Lernen der Tora verbunden. Die Kinder wachsen auf diese Weise in ihre Rolle als Träger der Verheißung hinein.

Die grundlegende Unterrichtsmethode war das ständige Wiederholen und Auswendiglernen.[90] Hillel wird der bezeichnende Ausspruch zugeschrieben:

„Wer seinen Abschnitt hundertmal wiederholt, ist nicht dem zu vergleichen, der ihn hunderteinmal wiederholt" (Chag 9 b).

Das ständige Wiederholen wird als lautes Lesen durchgeführt. Angesichts der allgemein geübten Praxis des lauten Lesens ist zu erwarten, daß auch hier die rabbinische Praxis bereits für die Zeit des Urchristentums zutrifft, beispielsweise die Aussage in Er 53 b–54 a:

„Berurja traf einen Schüler an, der leise lernte. Sie gab ihm einen Tritt und sagte zu ihm: Steht nicht geschrieben ‚Wohl geordnet und bewacht' (2 Sam 23, 5)? Wenn sie (die Lehre) in deinen 248 Gliedern wohlgeordnet ist, ist sie bewacht, sonst nicht. Man lehrt: R. Elieser hatte einen Schüler, der leise lernte; nach drei Jahren hatte er das Gelernte vergessen ... Samuel sagte zu Rab Jehuda: Scharfsinniger, öffne deinen Mund und lies (Tora), öffne deinen Mund und lerne (Mischna), damit deine Tora in dir erhalten bleibe und du lange lebst."

Gerade diese letzte Aufforderung zum Lesen und zum Lernen weist darauf hin, daß das ständige Wiederholen über das Kindesalter hinausgeht und eine andauernde Beschäftigung sein soll. Die Mischna, die (etwa um 200 n. Chr. abgeschlossene) Sammlung der mündlichen Lehre, bezieht sich schon vom Wort her auf dieses Wiederholungsgebot: Schana *(šānā)* heißt „etwas zweimal tun, wiederholen". Lesen

aber ist die Grundlage für diesen fortdauernden Lern- und Verstehensprozeß.

Nun hat das Lesen bereits um die Zeitenwende einen institutionalisierten Rahmen nicht nur im Kontext von Unterricht, Ausbildung und
Lehre, sondern auch in der gottesdienstlichen Lesung. Bevor ich zu
diesem Abschnitt übergehe, schiebe ich einige Gedanken zur griechischen Übersetzung der at.lichen Schriften ein, da sie den Hintergrund
der gottesdienstlichen Lesungen in den Synagogen der Diaspora erhellen.

Für die Ansiedlung von Juden außerhalb Palästinas spielte das Exil nicht die
einzige, aber eine wichtige Rolle. Seit dieser Zeit gab es im Zweistromland
eine starke jüdische Minderheit, die in einem geschlossenen Verband lebte
und über Jahrhunderte hinweg eine bedeutende Rolle, auch für das palästini-
sche Judentum, spielte. Aber auch in anderen Ländern siedelten sich Juden
an.[91] Josephus hält in Ant XIV 7,2 die Auffassung Strabos fest, daß die Juden
„schon fast in jeder Stadt des Erdkreises verbreitet" seien, „und man kann
nicht leicht einen Ort in der Welt finden, der dieses Volk nicht beherbergte und
nicht in seiner Gewalt wäre". Besonders ist die jüdische Diaspora in Ägypten
zu erwähnen[92], deren Anfänge ins sechste vorchristliche Jahrhundert reichen.
Zur Zeit Philos lebte eine große Zahl von Juden in ganz Ägypten (Flacc 6;
Mang II 523), vor allem aber in Alexandria, das für Jahrhunderte zu einem
Zentrum hellenistisch-jüdischen Denkens wurde. Mittelpunkt jüdischen Lebens waren dabei hier wie überall in der Diaspora die Synagogen.[93]

Das Leben in der Diaspora führte zur Übernahme des Griechischen als allgemein gesprochener Sprache,[94] die Sprache wiederum führte zur Annähe-
rung an griechisches Denken. Besonders tritt dies im hellenistischen Judentum alexandrinischer Prägung bei Philo zutage. Die Kehrseite dieser Entwicklung war ein Rückgang der hebräischen Sprachkenntnisse, der die Übersetzung der Schriften erforderlich machte. Ohne eine Übersetzung hätte ein
Großteil der Juden (nicht nur) in der Diaspora der Schriftlesung in der Synagoge nicht mehr folgen können. Dies aber war nötig, wenn die Tora nicht nur
beanspruchte, der in der Vergangenheit geoffenbarte, sondern auch der die
Gegenwart bestimmende Wille Gottes zu sein.

Obwohl nun die Septuaginta, die griechische Übersetzung der at.lichen
Schriften, „in enger Verbindung mit der palästinischen Tradition und bei einzelnen Büchern vielleicht sogar in Palästina selbst"[95] entstand, war sie doch
begründet in den Bedürfnissen der griechisch sprechenden jüdischen Gemeinden und ist besonders mit Alexandrien verbunden. Nach dem Aristeasbrief ist jedenfalls die Übersetzung der Tora durch Ptolemäus II Philadelphus
(285–246) veranlaßt:

„Da wir nun diesen und allen Juden in der Welt wie auch den späteren Generationen eine Gunst erweisen wollen, haben wir beschlossen, daß euer Gesetz
aus dem bei euch gebräuchlichen Hebräisch ins Griechische übersetzt wird,

damit sich auch dieses in unserer Bibliothek bei den anderen königlichen Büchern befindet. Du wirst nun richtig und unserem Eifer entsprechend handeln, wenn du Greise mit gutem Lebenswandel auswählst, die des Gesetzes kundig und fähig sind, es zu übersetzen. (Sende) aus jedem Stamm sechs, damit die Mehrheit in einem Text übereinstimmt: ist doch die Angelegenheit von größter Wichtigkeit" (ep Arist 38f.).[96]

Diese Herleitung ist zwar in den Einzelheiten historisch nicht zu halten,[97] weist aber auf eine frühe Übersetzungstätigkeit in Alexandrien hin. Die Anfänge der Übersetzung der Septuaginta reichen denn auch in das dritte vorchristliche Jahrhundert zurück. Daß der Text nicht in einem Zug übersetzt worden ist, zeigt dabei unter anderem seine unterschiedliche Beschaffenheit: während die Tora textgetreu übersetzt ist, schwanken andere Teile zwischen übergroßer Wörtlichkeit (z. B. Prediger) und recht freier Paraphrase (z. B. Daniel). Außerdem wird in den Propheten und den Schriften oft auf die Übersetzung der Tora zurückgegriffen und das dort verwendete Vokabular benutzt. Diese Unterschiede weisen darauf hin, daß sich die Entstehung der Septuaginta in erster Linie den wachsenden Bedürfnissen der jüdischen Diaspora selbst verdankt.[98] In der Mischna wird jedenfalls die Übersetzung von Büchern, auch von biblischen Büchern, ausdrücklich gestattet.[99] Von ihrer grundlegenden Bedeutung und praktischen Verwendung her stellt die Septuaginta jedenfalls das größte Werk der hellenistisch-jüdischen Literatur dar.

3.2.4.2   Die gottesdienstliche Lesung in der Synagoge

1. Einen institutionalisierten Rahmen bekam das Lesen der Schrift auch in der Synagogenlesung.[100] Leider gibt es hierzu aus vorrabbinischer Zeit nur spärliche Belege.

Verschiedene Judaisten betonen mit Recht, daß man spätere Belege aus mischnischer (bis ca. 200 n. Chr.) und talmudischer Zeit (ca. 200–600 n. Chr.) nicht unbesehen zur Klärung nt.licher Sachverhalte heranziehen darf. Was beispielsweise im ›Kommentar zum Neuen Testament‹ von Strack-Billerbeck an „Parallelen" zu nt.lichen Texten zusammengetragen wurde, gehört in einen anderen zeitlichen Rahmen als das NT und entstammt zudem unterschiedlichen Jahrhunderten. Man muß also mit diesen Belegen vorsichtig umgehen. Das heißt aber nicht, daß sie deswegen gänzlich wertlos wären. In vielen Fällen greift die außerordentlich stark traditionsorientierte rabbinische Diskussion nämlich auf Überlieferungen zurück, die bis in die Zeit des Urchristentums und teilweise noch weiter zurückreichen. So ist beispielsweise Lk 4, 16ff. zweifellos ein Beleg dafür, daß man in frühchristlicher Zeit die Prophetenlesung im synagogalen Gottesdienst bereits kannte; dasselbe gilt für Apg 13, 15 (Mose und Propheten); in 15, 21 ist nur die Tora-Lesung erwähnt. Auch die Targum-Tradition[101] reicht bis in die vorchristliche Zeit zurück. Die Tora-Lesung muß in urchristlicher Zeit bereits allgemein geübte Praxis gewesen sein, womit allerdings über bestimmte Leseordnungen noch nichts gesagt ist. Immerhin zitieren aber Mk 12,26 und Lk 20,37 Ex 3,1 ff. mit der Formel ἐπὶ τοῦ βάτου bzw. ἐπι τῆς βάτου und damit in gleicher Weise wie Philo (som 194).[102] Gerade im Blick auf die Lesungen aus den biblischen Schriften lassen sich also bereits frühe Aussagen finden, die in späteren rabbinischen Aussagen aufgenommen werden. Die Rabbinen greifen hier offensichtlich auf teilweise alte Traditionen zurück. Dies gilt im übrigen nicht nur für die Lesungen, sondern auch für die liturgischen Teile des Gottesdienstes. Hierfür gibt es vielfältige Vorlagen in älteren Schriften.[103] Trotz einer generellen Mahnung zur Vorsicht kann man im Blick auf die Entwicklung des Gottesdienstes rabbinische Quellen deshalb durchaus zur Klärung heranziehen.

Eine der wenigen relevanten Stellen ist das achte Kapitel des Buches Nehemia (8,1–4,7 f.):

„Als nun der siebente Monat herangekommen war und die Kinder Israel in ihren Städten waren, versammelte sich das ganze Volk wie ein Mann auf dem Platz vor dem Wassertor, und sie sprachen zu Esra, dem Schriftgelehrten, er solle das Buch des Gesetzes des Mose holen, das der Herr Israel geboten hat. Und Esra, der Priester, brachte das Gesetz vor die Gemeinde, Männer und Frauen und alle, die es verstehen konnten, am ersten Tag des siebenten Monats, und las daraus auf dem Platz vor dem Wassertor vom lichten Morgen an bis zum Mittag vor Männern und Frauen und wer's verstehen konnte. Und die Ohren des ganzes Volkes waren dem Gesetzbuch zugekehrt. Und Esra, der Schriftgelehrte, stand auf einer hölzernen Kanzel, die sie dafür gemacht hatten, und es standen neben ihm Mathithja, Schema, Anaja, Uria, Hilkia und Maaseja zu seiner Rechten, aber zu seiner Linken Pedaja, Mischael, Malkia, Haschum, Haschbaddana, Sacharja und Meschullam. Und Esra tat das Buch auf vor aller Augen, denn er überragte alles Volk; und als er's auftat, stand alles Volk auf. Und Esra lobte den Herrn, den großen Gott. Und alles Volk antwortete: Amen! Amen! und sie hoben ihre Hände empor und neigten sich und beteten den Herrn an mit dem Antlitz zur Erde. Und die Leviten . . . unterwiesen das Volk im Gesetz und das Volk stand auf seinem Platz. Und sie legten das Buch des Gesetzes Gottes klar und verständlich aus, so daß man verstand, was gelesen worden war."

Die Erzählung vereinigt deutlich erkennbare Züge einer „idealen Szene" in sich: „ganz Israel" weiß beim Nahen des siebten Monats von selbst, was es zu tun hat und erscheint „wie ein Mann"; das Gesetz ist nicht irgendein neues, sondern das alte, verbindliche Gesetz des Mose, um dessen Verlesung Esra vom Volk gebeten wird. Esra ist als Schriftgelehrter gekennzeichnet (V. 1), aber auch als Priester (V. 2). In dieser Doppelung kommt die Hinwendung zum Tora- und Wortgottesdienst zum Ausdruck, ohne daß eine Abkehr vom priesterlichen Kult erfolgt.[104] Vorgelesen wird *das* Gesetz. Daß dies an einem Tag gar nicht möglich ist, wird in der Erzählung ebensowenig reflektiert wie die Frage, ob denn auch *alle* Israeliten auf den Platz vor dem Wassertor passen. Wichtig ist, „daß überhaupt das Gesetz öffentlich und in einem gottesdienstlich-liturgischen Rahmen verlesen und ausgelegt werde".[105] Die einmalige Lesung zur Fertigstellung der Jerusalemer Mauer (Neh 7, 1–3; 12, 27 ff.) bekommt damit eine über die konkrete Situation hinausgehende Bedeutung. Man findet in diesem Text bestimmte Einzelheiten eines Tora-Gottesdienstes niedergelegt – die erhöhte Kanzel, die Vertreter des Volkes zur Rechten und zur Linken Esras, das Aufstehen des Volkes, Lob und Anbetung Gottes und das antwortende Amen des Volkes (V. 6)[106] –, so daß wir es hier mit einer Ätiologie des späteren synagogalen Gottesdienstes und besonders der Tora-Lesung und -Auslegung (V. 8) zu tun haben.

2. Die Einführung von Synagogen in Palästina ist nicht genau nachvollziehbar. Die spätere rabbinische Tradition greift mit der Begründung sowohl der gegliederten Schriftlesung als auch des Targums (der Übersetzung des gelesenen Textes in die Volkssprache)[107] und der Kommentierung des Textes in Predigt und Midrasch auf Neh 8 zurück.[108] Belege stammen jedoch erst aus dem ersten Jahrhundert unserer Zeitrechnung. Einen ausdrücklichen Hinweis auf die Lesung des Gesetzes in der Synagoge gibt die Theodotos-Inschrift[109]:

„Theodotos, des Vettenos Sohn und Synagogenvorsteher, Sohn eines Synagogenvorstehers, Enkel eines Synagogenvorstehers erbaute die(se) Synagoge zur Vorlesung des Gesetzes und zum Unterricht in den Geboten . . ."

Nach Josephus[110] hat bereits Mose angeordnet,

„an jedem siebenten Tage uns aller sonstigen Geschäfte zu enthalten, zur Anhörung des Gesetzes zusammenzukommen und dasselbe gründlich zu erlernen" (Ap II 17); Ant XVI, 43: „Der siebente Tag ist bei uns zur Unterweisung in unseren Gebräuchen und Gesetzen bestimmt."

Und auch Philo erwähnt in den Hypothetica (7, 12 f.), daß die Juden jeweils am siebten Tag zusammenkommen und das Gesetz hören, das vorgelesen wird.

„Einer der anwesenden Priester oder einer von den Alten liest ihnen die heiligen Gesetze vor und legt sie Punkt für Punkt aus bis ungefähr zum späten Nachmittag, so daß sie, wenn sie weggehen, gute Fortschritte gemacht haben in der guten Kenntnis der heiligen Gesetze und in der Zunahme an Frömmigkeit."

Diese Philo-Stelle belegt im übrigen sehr deutlich, daß zum Vorlesen die Auslegung und die Diskussion darüber hinzutreten. Hier kommt die Lesegemeinschaft wiederum als Interpretationsgemeinschaft in den Blick. Dies gilt auch für die Beschreibung einer therapeutischen Gemeinschaft in der Nähe von Alexandria, die Philo in Vit Cont 24 ff. gibt. Dem Lesen der heiligen Schriften korrespondiert hier zum einen die (allegorische) Auslegung (28 f. 31) durch ein erfahrenes Mitglied der Gemeinschaft, zum anderen die Neukomposition von Hymnen und Psalmen. Die Lese- und Auslegungsgemeinschaft schafft zugleich neue Schriften. Lesen und Schreiben werden somit ebenfalls zu korrespondierenden Begriffen.

Die ausführlichste Darstellung einer Synagogenlesung aus dieser Zeit findet sich indessen im NT, in Lk 4, 16–21. Die Perikope ist grundlegend für den Aufbau des Lk.[111] Mir kommt es hier aber zunächst auf die (Propheten-)Lesung als solche an. Das Lese-Vokabular der Szene ist bereits bekannt: Jesus „steht auf, um vorzulesen" (ἀνέστη ἀναγνῶναι); ihm wird das „Buch des Propheten Jesaja" gegeben (τὸ βιβλίον); er „wickelt die Buchrolle auf" (ἀναπτύξας)[112] und rollt sie nach Beendigung der Lesung wieder zusammen (πτύξας τὸ βιβλίον). Neben diesen Lese-Hinweisen deutet die Szene den Ablauf des Synagogengottesdienstes an, wobei allerdings nur ein Teil des Gottesdienstes, eben die Prophetenlesung, genannt wird. Ihr gehen verschiedene liturgische Elemente und vor allem eine Tora-Lesung voraus. Es ist anzunehmen, daß der Verfasser des Lk sich dessen bewußt war und die Kunst des Weglassens absichtsvoll übte, um dadurch den Verheißungscharakter des Propheten stärker hervorzuheben.[113] Dafür spricht die sachlich und terminologisch zutreffende Darstellung der Prophetenlesung, die eine Bekanntheit mit dem Ablauf des Synagogengottesdienstes erkennen läßt. Offenbar kommt es Lk aber darauf an, seine Erzählung auf das Lesen und die aktualisierende Auslegung durch Jesus zu konzentrieren, während er andere Einzelheiten der Lesungen und des Gottesdienstablaufes ausblendet.

3. Über dem Gesamtablauf des Synagogengottesdienstes sind wir aus späteren rabbinischen Quellen recht gut unterrichtet. Es gibt allgemeine Bemerkungen wie in Midr HL 8, 13:

„So arbeiten auch die Israeliten eine ganze Woche hindurch, am Sabbath aber stehen sie früh auf und kommen in die Synagoge, lesen das Schema, treten vor die Lade hin, lesen im Gesetz und am Schluß in den Propheten."

Daneben gibt es eine Vielzahl von Einzelbestimmungen, vor allem im Traktat Megilla, die mit der nötigen Vorsicht durchaus Aufschluß auch für die Zeit vor der Mischna-Redaktion geben können.[114] Der Prophetenlesung gehen nach Ausweis dieser Quellen verschiedene andere Teile voraus. Liturgischen Charakter hatten die Rezitation des Sch'ma und des Achtzehnbittengebetes sowie der Priestersegen.[115] Eine Tora-Lesung war Bestandteil jedes Sabbat- und verschiedener Wochengottesdienste,[116] eine Lesung der Propheten (Haphtara) vorwiegend bei Gottesdiensten am Sabbat-Vormittag und bei Festen.[117] Wenn ein Abschnitt aus den Propheten gelesen wurde, so wurden mit ihm die Schriftlesungen abgeschlossen.[118]

Durch den seit dem Exil anhaltenden Rückgang der hebräischen Sprachkenntnisse[119] wurde für die Lesungen eine Übersetzung des hebräischen Textes in die aramäische Sprache (oder auch in eine andere, vgl. Meg 18a) zunehmend wichtig, der sogenannte Targum. Die Tora stellte ja die Kundgabe des geoffenbarten, die Gegenwart leitenden und bestimmenden Willens Gottes dar. Dies machte die Übersetzung in die jeweils gesprochenen Sprachen zur notwendigen Aufgabe. Hier wirkt sich die bereits in 2 Kön 22, 19 festgehaltene Erkenntnis aus, daß Gottes Wort zur konkreten Anrede wird. In dem geschriebenen Wort ist eine Kraft enthalten, die auf die Konkretisierung und Aktualisierung des Geschriebenen hinzielt.

Die Übersetzung im Gottesdienst[120] vorzutragen war die Aufgabe des „Methurgeman".[121] Er konnte sich dabei auf schriftliche Targumim stützen, deren Existenz bereits für die vorrabbinische Zeit gesichert ist.[122] Eine theologische Begründung fand die Übertragung in die Alltagssprache bei den Rabbinen darin, daß in gleicher Weise, wie Israel die Tora durch Mose vermittelt worden war, nun auch ihre Kundgabe im Gottesdienst durch einen Vermittler zu erfolgen habe (j Meg 74 d).[123] Beide Tätigkeiten, das Lesen und das Übertragen in die gesprochene Sprache, waren dementsprechend durch verschiedene Bestimmungen geregelt. So sollte sich der Vorleser auf den Text vorbereitet haben, wie eine Erinnung an Rabbi Akiba exemplarisch zeigt:

„Es geschah einmal, daß der Synagogenwärter . . . den R. Akiba (gest. um 135) aufrief, öffentlich aus der Tora vorzulesen. Er aber wollte nicht hinaufgehen (vor das auf der Bema erhöht stehende Lesepult). Es sprachen seine Schüler zu ihm: Unser Lehrer, hast du uns nicht also gelehrt: Sie (die Tora) ist dein Leben u. Länge deiner Tage? Er antwortete ihnen: Beim Tempeldienst, ich habe mich geweigert vorzulesen, nur weil ich diesen Abschnitt nicht zwei- oder dreimal der Reihe nach durchgegangen war (mich nicht darauf vorbereitet hatte); denn ein Mensch darf die Worte der Tora vor der Gemeinde nicht sagen, bevor er sie nicht zwei- oder dreimal vor sich selbst vorgetragen hat" (Tanch 90ª).[124]

Die Vorbereitung auf den Text entsprang der Ehrfurcht vor ihm.[125] Trotz genauer Vorbereitung durfte der Text nun aber nicht aus dem

Gedächtnis rezitiert, sondern mußte wirklich *gelesen* werden (Meg II 1b). j Meg 74d begründet dies mit einem Rückgriff auf Jer 36,18:

„Selbst wenn jemand die Tora so geläufig ist wie Esra, darf er sie dennoch nicht auswendig vortragen, sondern (muß sie) vorlesen, wie es bei Baruch geschrieben steht: (Jeremia) las mir aus seinem Mund alle diese Worte vor, und ich trug sie mit Tinte in das Buch ein."

Nur so konnte man willkürliche Veränderungen oder unwillkürliche Versehen weitgehend vermeiden (Meg II 1). „Die dem Mose schriftlich gegebene Tora sollte auch der Gemeinde aus der Schrift bekannt gemacht, also verlesen werden."[126] Das Lesen des Geschriebenen wurde dadurch stark betont. Die Übersetzung hatte dagegen im freien Vortrag zu geschehen und war dadurch schon äußerlich von der Lesung abgehoben:

„Worte, die mündlich mitgeteilt wurden, (müssen auch) mündlich (weitergegeben werden), und Worte, die schriftlich mitgeteilt wurden, (müssen auch) schriftlich (weitergegeben werden)", j Meg 74d; ... „Sie sagten deshalb, der Vorlesende dürfte dem Dolmetsch nicht nachhelfen, damit man nicht glaube, die Übersetzung stehe in der Tora" (Meg 31b; vgl. Git 60b).[127]

Diese Bestimmungen dienten dazu, den Bibeltext und die Übersetzung deutlich auseinanderzuhalten, zugleich aber die enge Beziehung zwischen beiden hervorzuheben, und zwar auch dann, wenn der Text nicht möglichst wortgetreu übersetzt, sondern eher paraphrasiert und dabei interpretiert wurde.[128] Die Grenze zwischen Übertragung und Auslegung, Targum und Midrasch, war ohnehin fließend.[129] Auf jeden Fall war der Text schon gelesen und blieb die Grundlage für den Targum, dessen Zweck es war, den geoffenbarten Text für die Gegenwart der Gemeinde bedeutsam zu machen; denn das gelesene Wort gehört mit dem gesprochenen zusammen und kommt so zu den hörenden Menschen.

Die Bestimmungen für das Lesen und Übersetzen waren für die Tora strikter formuliert als für die Propheten. Bei der Tora-Lesung wurde nach jeweils einem Vers die Übertragung angeschlossen, während bei der Haphtara mehrere Verse zusammengenommen wurden[130]:

„Wer die Tora vorliest, lese nicht weniger als drei Verse. Dem Dolmetscher lese er nicht mehr als einen Vers vor und aus dem Prophetenabschnitt nicht mehr als drei Verse. Bilden aber diese drei Verse aus dem Propheten drei Abschnitte, liest man sie einzeln vor. ... In einem Prophetenbuch darf man überspringen, aber in der Tora darf man nicht überspringen. Und um wieviel darf der Vor-

leser überspringen? So viel, daß der Dolmetscher nicht zu pausieren braucht"
(Meg IV 4a. b).[131]

Aus diesen Bestimmungen ergibt sich eine unterschiedliche Ge-
wichtung von Tora und Propheten. Sie ist auch in der allgemeinen Vorschrift wiederzuerkennen, daß die Haphtara nur im Morgengottes-
dienst am Sabbat und an Festtagen (nach Schab 116b in Babylonien
auch am Nachmittag) gelesen werden soll. Auch wenn die Prophetenlesung im Gottesdienst bereits für die vorchristliche Zeit wahrscheinlich ist,[132] ist eine genaue Ordnung für die Haphtara (abgesehen von
Lesungen für Feste und bestimmte Sabbate) doch erst später erfolgt.
Von ihrer Stellung im Gottesdienst her hat sie die Funktion, die Tora
abzuschließen und zugleich zu interpretieren.[133] Wichtiges Kriterium
für die Auswahl war die inhaltliche Ähnlichkeit (vgl. Meg 29b)[134] zwischen Seder (Tora-Lesung) und Haphtara. Offenbar konnte man (wenn
man Lk 4,16ff. berücksichtigt) in urchristlicher Zeit die Prophetenlesung noch selbst auswählen.[135] Insgesamt galt die Tora-Lesung als
die erste, die Haphtara als die zweite Lesung,[136] und zwar nicht nur im
Sinne der Reihen-, sondern auch der Rangfolge. Bei den Propheten
wiederum bevorzugte man Jesaja einerseits, die zwölf kleinen Propheten andererseits. Dabei schrieb man die Lesungen aus den Propheten vielfach in eigenen Rollen zusammen.[137] Dies geht aus Gittin
60a hervor:

„Ferner sagten Rabba und R. Joseph übereinstimmend, daß man aus einem
Haphtarabuche am Sabbath nicht vorlesen dürfe, weil ein solches auch nicht
zu schreiben ist. Mar, Sohn des R. Asi, sagte, auch umhertragen dürfe man es
nicht, weil es zum Vorlesen unbrauchbar ist. Dem ist aber nicht so, man darf es
umhertragen und man darf daraus vorlesen."

Davon ist auch bei Lk 4,16ff. auszugehen. Es handelt sich um eine
Kombination der beiden Stellen Jes 61,1f. und 58,6d LXX. 1QH
18,14f. und 11QMelch 14 belegen mit ihren Anspielungen auf Jes 61,
daß dieser Text auch sonst im zeitgenössischen Judentum gelesen und
kommentiert wurde.[138] Das Vorlesen aus *beiden Kapiteln* müßte man
sich durch das notwendige Aufrollen mühsam vorstellen. Eher kann
man davon ausgehen, daß in einer Sammlung von Haphtara-Le-
sungen beide Abschnitte zusammengestellt waren[139] oder daß Lukas
selbst Jes 58,6 hier einträgt. Für die Tora war dagegen die Zusammenstellung verschiedener Texte ausgeschlossen. Aus ihr darf nicht vorgelesen werden, wenn ein Blatt aus der Rolle fehlt:

„Die Leute aus Galiläa ließen R. Helbo fragen: Darf die öffentliche Vorlesung
im Bethause aus einem einzelnen Buche des Pentateuch erfolgen? Er wußte es

nicht und ging zu R. Iichaq dem Schmied und fragte ihn, aber auch er wußte es nicht. Hierauf ging er ins Lehrhaus und fragte da und man entschied es ihm aus folgendem: R. Semuel ben Nahami sagte im Namen R. Johanans, wenn von einer Torarolle auch nur ein Bogen fehlt, dürfe man aus dieser nicht vorlesen. Das ist aber nichts; eine solche ist an sich defekt, während es in unserem Fall (sc. bei einem einzelnen, jedoch vollständigen Buch des Pentateuch) nicht defekt ist. Rabba und R. Joseph sagten übereinstimmend, daß man aus einem einzelnen Buche des Pentateuch im Bethause nicht vorlesen dürfe, aus Achtung vor der Gemeinde" (Git 60 a).

Dies bedeutet jedoch nicht, daß in jeder Synagoge die biblischen Schriften vollständig vorhanden waren.[140] Es ist vielmehr davon auszugehen, daß dies in vielen Synagogen nicht der Fall war. Der Pentateuch, Jesaja und die Psalmen werden allerdings in den Synagogen auch der kleineren Orte vorhanden gewesen sein. Hierfür spricht die Tatsache, daß Tora-, Jesaja- und Psalmenzitate im NT, im Gebrauch der hellenistischen Synagogen und in den späteren Lesezyklen der beiden Talmud-Ausgaben bei weitem überwiegen und daß weiterhin auch in Qumran die Handschriften zu Jesaja und den Psalmen zahlenmäßig ein Übergewicht haben.

Gewiß sollte man nun nicht, um dies abschließend noch einmal zu erwähnen, *jede* der hier genannten Einzelheiten für die frühchristliche oder gar die vorchristliche Zeit als gesichert ansehen. Sowohl die Tora- als auch die Prophetenlesung als auch bestimmte liturgische Stücke[141] sind aber bereits in dieser Zeit deutlich zu erkennen und gerade auch im NT belegt; auch die Targum-Tradition reicht in die vorchristliche Zeit zurück und belegt mit der Notwendigkeit der Übertragung des Gelesenen in die gesprochene Sprache zugleich die Regelmäßigkeit der Lesung selbst. Bestimmte Lesezyklen haben sich zwar erst später herausgebildet, aber auch hier ist mit der Zuordnung bestimmter Texte zu bestimmten Sabbaten oder Festtagen bereits im ersten Jahrhundert zu rechnen. Und wenn Apg 15,21 festhält, daß von alters her Mose in den Synagogen gelesen wird, so weist auch dies darauf hin, daß man die grundlegende Gliederung des Synagogengottesdienstes bereits in vorchristlicher Zeit erkennen kann.

3.2.4.3   Der Qumran-Pescher

In Qumran ist eine verwandte, aber doch eigenständige Form des aktualisierenden Lesens zu erkennen, der sogenannte Pescher. Die Verwandtschaft besteht zunächst ganz allgemein darin, daß sich auch die Qumran-Literatur auf die biblische Tradition bezieht und konzentriert:

„Deshalb soll sich der Mann verpflichten, umzukehren zum Gesetz des Mose; denn darin ist alles genau festgelegt" (CD XVI, 1f.).

Die Gemeinde von Qumran versteht sich folglich als

„das Volk der Heiligen des Bundes und derer, die im Gesetz belehrt sind, der einsichtigen Weisen . . ." (1QM X, 10).

Die Verwandschaft bezieht sich weiterhin darauf, daß hermeneutische Regeln Anwendung finden, wie sie auch aus der Midrasch-Literatur bekannt sind, und daß (formal betrachtet) ein autoritativer Text versweise zitiert und im unmittelbaren Anschluß gedeutet wird.[142] Daß diese Auslegung stereotyp mit dem Wort Pescher (*pēšer;* Deutung; *pišᵉrô;* seine Deutung) eingeleitet wird, hat den so verfahrenden Qumran-Schriften ihre Bezeichnung gegeben. Trotz der typischen Einleitung muß man aber bedenken, daß es vergleichbare Erscheinungen auch im Midrasch und besonders bei der Traumdeutung des Danielbuches gibt, die im aramäischen Teil dieser Schrift (2, 4b–7, 28) eine wichtige Rolle spielen.[143] Eine charakteristische Stelle ist Dan 5, 14–16, wo Belsazar von Daniel die Deutung der Schrift an der Wand erbittet:

„Ich habe von dir sagen hören, daß du den Geist der heiligen Götter habest und Erleuchtung, Verstand und hohe Weisheit bei dir zu finden sei. Nun habe ich vor mich rufen lassen die Weisen und Gelehrten, damit sie die Schrift lesen und kundtun sollen, was sie bedeutet *(yiqᵉrôn ûpišᵉrēh),* aber sie können mir nicht sagen, was sie bedeutet. Von dir aber höre ich, daß du Deutungen zu geben und Geheimnisse zu offenbaren vermagst . . ."[144]

Die Einleitungswendung der Pescher-Literatur stellt also durchaus eine Besonderheit der Qumran-Schriften dar, dies aber in einer Weise, daß ein auch sonst zu findender Gedanke eigenständig aufgenommen und akzentuiert wird. Die Besonderheit des Qumran-Pescher liegt denn auch nicht allein in der Form, sondern in der Verbindung der charakteristischen Einleitungsformel mit einer bestimmten exegetischen Methodik und den besonderen inhaltlichen Eigenheiten der Auslegung.[145] So steht in den Pescharim nicht die Tora im Zentrum des Interesses, sondern (mit einigen Ausnahmen) die Propheten, vor allem Jesaja und die kleinen Propheten.[146] Hinter diesem Interesse an den Propheten stehen zwei Überzeugungen, die sich gegenseitig ergänzen: zum einen, daß die Propheten Auskunft über die Endzeit geben und die Qumrangemeinschaft selbst in der Endzeit lebt, zum anderen, daß die prophetischen Texte noch Geheimnisse bergen, die erst ausgewählten Auslegern offenbart werden.[147] Programmatisch kommt dies im Habakuk-Pescher zum Ausdruck:

„Worte des Lehrers der Gerechtigkeit aus dem Munde Gottes … (II,2) … Und Gott sprach zu Habakuk, er solle aufschreiben, was kommen wird, über das letzte Geschlecht. Aber die Vollendung der Zeit hat er ihm nicht kundgetan. Und wenn es heißt: *Damit eilen kann, wer es liest*, so bezieht sich seine Deutung *(pišᵉrô)* auf den Lehrer der Gerechtigkeit, dem Gott kundgetan hat alle Geheimnisse der Worte seiner Knechte, der Propheten" (VII, 1–6).

Die wahre Bedeutung des von den Propheten Geschauten war nach dieser Auffassung nicht einmal ihnen selbst ganz zugänglich, sondern erschließt sich allein durch die Interpretation des Lehrers der Gerechtigkeit. Gott, der sein Wort durch Mose und die Propheten laut werden ließ, spricht nun durch den autorisierten Lehrer. Das aufgeschriebene Wort bedarf der Interpretation,[148] die in Qumran ihrerseits als Offenbarung verstanden wurde. Die Auslegung geschieht in den Pescharim Vers für Vers, bisweilen Wort für Wort, wobei der Prophetentext auf die Gegenwart der Qumrangemeinde bezogen wird. Philo beschreibt die Zusammenkünfte, bei denen die Essener die biblischen Schriften studieren, folgendermaßen:

„Sie setzen sich nach dem Alter auf bestimmte Plätze, die Jüngeren unterhalb der Alten und warten in angemessener Haltung auf das Hören. Dann nimmt einer von ihnen die Bücher und liest, und ein anderer aus den gut Unterrichteten tritt vor und erklärt das, was in diesen Büchern nicht leicht zu verstehen ist. Meistens wird die Belehrung bei ihnen nach einer herkömmlichen Sitte durch Gleichnisse erteilt" (Omn prob lib 81–82).

Wohl gibt es innerhalb der Qumran-Gemeinde auch das persönliche Schriftstudium:

„Und nicht soll an dem Ort, wo zehn Männer sind, einer fehlen, der im Gesetz forscht Tag und Nacht, beständig, einer nach dem anderen. Und die Vielen sollen gemeinsam wachen den dritten Teil aller Nächte des Jahres, um im Buch zu lesen und nach dem Recht zu forschen …" (1QS VI 6f.).

Dieses Schrifttum dient aber dem Austausch, dem Auffinden des im Text für die Gegenwart Gemeinten. Der zentrale Bezugspunkt der so gefundenen Auslegungen ist der Lehrer der Gerechtigkeit, durch den sie normative Geltung erlangen. Gefunden werden die Auslegungen aber innerhalb einer Lese- und Auslegungsgemeinschaft.

3.2.4.4 Die Vielfalt der Leseweisen

Daß die sich auf den Lehrer der Gerechtigkeit beziehenden Auslegungen etwa des Propheten Habakuk innerhalb der Gemeinschaft von Qumran normative Bedeutung erlangten, führt noch zu einer weiteren grundlegenden Erkenntnis. Der generelle Rückbezug auf die biblischen Schriften zeigt, daß diese Schriften im Mittelpunkt aller Lesebemühungen des Judentums stehen. Es hat sich weiterhin ergeben, daß das Lesen dabei einen aktualisierenden Akzent hat und im Rahmen der jeweiligen Lesegemeinschaft ausgelegt wird. Was sich dabei in Qumran als normativ ergibt, kann außerhalb dieser Lesegemeinschaft aber durchaus anders verstanden werden. Auch die von Philo in Vit Cont 24 ff. beschriebene Gemeinschaft beruft sich auf Schriften der Alten und praktiziert eine bestimmte Leseweise, die zugleich zu neuen Schriften führt. Und daß beispielsweise die Sadduzäer, eine aristokratische Gruppierung um den Hohepriester,[149] die Schriften anders lasen als die Qumrangemeinschaft, liegt auf der Hand, erkannten sie doch als Satzung nur an, was in der Tora geschrieben war (vgl. Josephus, Ant 13, 297). Demgegenüber waren die Pharisäer der Auffassung, daß Gott dem Mose neben der schriftlichen auch eine mündliche Tora gegeben habe, als deren Träger und Interpreten sie sich selbst betrachteten (in rabbinischer Zeit wird dieser Gedanke in Ab 1, 1 programmatisch festgehalten). Die Damaskusschrift (aus Qumran) bezeichnet sie aus eben diesem Grund allerdings als solche, die

„glatte (Lehren) aufbrachten und sich Täuschungen erlasen, nach Breschen ausspähten ... Sie sprachen den Frevler gerecht und den Gerechten schuldig, übertraten den Bund und brachen das Gesetz."[150]

Man muß dabei berücksichtigen, daß die spätere (sich auf den Pharisäismus berufende) rabbinische Schriftauslegung im Midrasch mit dem Qumran-Pescher durchaus Gemeinsamkeiten aufweist, insbesondere die strenge Trennung des Textes von der sich daran anschließenden Auslegung. Den im Pescher zutage tretenden Anspruch, daß auch die Auslegung auf Offenbarung beruht, teilt die rabbinische Exegese allerdings nicht. Hier gilt der Grundsatz, daß eine Bibelstelle mehrere Bedeutungen hat, einen vielfachen Sinn enthält (vgl. San 34a). Dies bedeutet zum einen den Verzicht auf die eine, richtige Auslegung, denn:

„Abbaje erwiderte: Die Schrift sagt: eines hat Gott geredet, zwei habe ich vernommen, denn die Macht ist bei Gott; ein Schriftvers hat verschiedene Deutungen, nicht aber ist eine Deutung aus verschiedenen Schriftversen zu entnehmen" (San 34a).

Zum anderen ist wichtig, daß die Frage nach dem Ursprungssinn eines Textes zurücktritt, denn:

„In der Tora gibt es kein Früher oder Später" (Pes 6 und öfter).

„Aktualisierung" in diesem Sinn fügt „deshalb dem Text nicht eine neue Bedeutung hinzu, sondern findet aus der dem Text innewohnenden Bedeutungsfülle die für die Gegenwart besonders relevanten Gesichtspunkte heraus"[151]; denn alles ist in der Schrift, man muß es nur finden. Dabei bleiben aber auch hier der zu lesende Text und die sich daran anschließende Deutung formal streng voneinander getrennt. Der Text ist zu lesen und zu hören, das Bedenken aber muß sich der Diskussion stellen. Dies geschieht im Rahmen einer Lese- und Interpretationsgemeinschaft, die zugleich aber mit anderen Lese- und Verstehensweisen konkurriert. Der Rückbezug auf die biblischen Schriften ist für jede dieser Gemeinschaften konstitutiv; die *eine* Lese- und Verstehensweise aber gibt es nicht. Die frühen Christen gehören mit ihrem Verständnis der Schriften in diesen Diskussionsrahmen mit hinein.

3.3 Zusammenfassung

Wer sich mit dem Lesen in der Antike befaßt, muß die Voraussetzungen dafür kennen und berücksichtigen. Material und Form der Bücher sind von Bedeutung, ebenso auch der Modus des lauten Lesens. Keineswegs handelt es sich dabei nur um Äußerlichkeiten. Vielmehr prägen diese Voraussetzungen den Lesevorgang insgesamt stark mit. Weil antike Bücher nur wenig Lesehilfe boten, stellte das laute Lesen ein wichtiges Mittel zum Verstehen des Gelesenen dar. In theoretischer Hinsicht wurde dies durch eine Hervorhebung des gesprochenen gegenüber dem geschriebenen Wort gestützt. Das laute Lesen wiederum gehörte in den Rahmen einer Lesegemeinschaft hinein, die sich zugleich als Interpretationsgemeinschaft verstand. Dieser Sachverhalt ist von besonderer Bedeutung, weil sich das Erfassen des Sinnes einer Schrift oder einer Einzelstelle im gegenseitigen Austausch, in Frage und Antwort vollzog. Verstehen wurde als Gemeinschaftsaufgabe aufgefaßt. Sowohl das Lesen der vorhandenen wie auch die Entstehung neuer Schriften gehören in diesen Interpretationszusammenhang hinein. In diesen Lese- und Rezeptionsbedin-

gungen stimmen die hellenistisch-römische Antike und das antike
Judentum im wesentlichen überein.

Allerdings lassen sich unterschiedliche Akzente feststellen. Bei
Griechen und Römern drängt das geschriebene Wort aus sich selbst
heraus zum Sprechen, im Vortrag erreicht es sein eigentliches Ziel.
Zwar konnte Platon die Dichter als „Sprecher der Götter bezeichnen",
und insbesondere Homer, der literarische Gewährsmann schlechthin,
wird wiederholt als „göttlicher Homer" bezeichnet. Besonders in der
augusteischen Zeit rückt aber das Tun der Dichter selbst zunehmend
in den Vordergrund und wird in der Dichtungstheorie etwa des Horaz
ausführlich behandelt. Der Vortrag steht zwar im ersten Jahrhundert
unserer Zeit nach wie vor im Mittelpunkt des Literaturbetriebes, der
geschriebene Text gewinnt als solcher aber an Bedeutung, was nicht
zuletzt mit verschiedenen Übertreibungen eben dieses Literaturbetriebes zusammenhängt. Aber auch wenn das private Lesen an Boden
gewinnt, bleibt Lesen doch überwiegend eine öffentliche Angelegenheit. Der Austausch über das Gelesene, das gemeinsame Verstehen
und in der Konsequenz auch die Entstehung neuer Schriften gehören
eng mit dem Lesen zusammen.

Im Judentum stellen die biblischen Schriften das Zentrum alles literarischen Schaffens dar. Als heilige Schriften werden sie mit besonderen Sicherungen umgeben, wie besonders die Tora-Lesung in der
Synagoge zeigt. Weil sie aber Wort Gottes sind, ist Lesen immer zugleich Verkündigung und Ansage; der geschriebene Text erhebt als
vorgelesenes Wort einen Anspruch auf die Gegenwart derer, die es
hören. Deshalb muß das Wort „übersetzt" werden, zunächst ganz
wörtlich in die verstehbare Sprache, dann aber weitergehend in die
konkreten Lebensfragen hinein. Dieser Sachverhalt wirkt sich auch
auf die Lesegemeinschaft aus. Werden im hellenistisch-römischen Bereich literarische Werke in öffentlichen Aufführungen vorgetragen
oder im kleineren Kreis der Freunde und Klienten gelesen und diskutiert, so stellt im antiken Judentum neben der Schule vor allem die
Synagoge den Rahmen für das Lesen dar. Die gottesdienstliche Lese-
und Interpretationsgemeinschaft aber versteht das gelesene Wort weniger unter literarischem Aspekt, sondern als Ansage und Anspruch an die
eigene Gegenwart. Diese Ausrichtung der Lesegemeinschaft wirkt sich
auch in sozialer Hinsicht aus. Während sich der intensive Umgang mit
Literatur bei Griechen und Römern überwiegend als Privileg der gesellschaftlich führenden Schicht erweist, bekommt das Lesen der biblischen Schriften in Schule und Gottesdienst einen anderen Stellenwert. Angefangen von der öffentlichen Lesung des Gesetzes durch

Esra hat das Lesen der Schriften eine Bedeutung für das ganze Volk. Es wird nicht als Privileg weniger verstanden, sondern als Aufgabe für alle. Das Lesen und Auslegen der Texte für die Gegenwart gehört ins Zentrum der Gemeinschaft hinein – oder genauer gesagt: der verschiedenen Lesegemeinschaften. Denn sosehr sich die Lesebemühungen und daraus folgend auch alles literarische Schaffen im Judentum auf die biblischen Schriften als ihre Grundlage beziehen, so vielfältig und manchmal widersprüchlich sind die daran sich anschließenden Verstehens- und Interpretationsbemühungen.

4. LESEN IM NEUEN TESTAMENT

Am Anfang dieser Untersuchung stand mit Apg 8,26ff. eine „Lesegeschichte" aus dem NT. Aus der Beschäftigung mit dieser Erzählung
haben sich verschiedene Fragen im Blick auf das Lesen ergeben: nach
den materialen und den sozialen Voraussetzungen des Lesens, der Bedeutung des lauten Lesens und der Lesegemeinschaft, Fragen auch
nach dem Zusammenhang von Lesen und Verstehen. Da das NT in
den Rahmen der antiken Lesebedingungen hineingehört, hat es sich
als sinnvoll erwiesen, diese Fragen zuerst im Rahmen seiner hellenistisch-römischen und jüdischen Umwelt zu behandeln. Auf diesem
Hintergrund wende ich mich nun wieder dem NT zu.

4.1 Was bereits bekannt ist

Die äußeren Lesebedingungen der Antike sind auch im NT anzu-
treffen, besonders das laute Lesen und die Voraussetzungen im Blick
auf das Material. Eine Reihe von Stellen lassen auch Bekanntheit mit
der synagogalen Lesepraxis erkennen. Ich greife hier auf die Ergebnisse des vorangehenden Kapitels zurück und brauche deshalb den
Sachverhalt im NT nur kurz zusammenzufassen.

Das laute Lesen ist bereits bei dem äthiopischen Beamten in Apg
8,30 aufgefallen. Es ist aber nicht nur dort zu finden. In Offb 1,3 heißt
es:

„Selig ist, der da liest und die da hören die Worte der Weissagung und behalten,
was darin geschrieben ist; denn die Zeit ist nahe."

Dieser Makarismus stimmt mit dem Ende des Buches überein. Dort
kommt erneut das Lesen vor:

„Ich bezeuge allen, die da hören die Worte der Weissagung in diesem Buch:
Wenn jemand etwas hinzufügt, so wird Gott ihm die Plagen zufügen, die in
diesem Buch geschrieben stehen" (22,18).

Lesen und Hören kennzeichnen hier als Komplementärbegriffe das
Lesen als lautes Lesen. Hierauf aufmerksam geworden bemerkt man
eine ganze Reihe von anderen Stellen, an denen vom Lesen zwar nicht

ausdrücklich die Rede, an denen es aber vorausgesetzt ist. Das Jesuswort „Selig sind, die Gottes Wort hören und befolgen" (Lk 11,28) ist
dem Eingangswort der Offb vergleichbar und gewinnt für die Leser
des Evangeliums über den unmittelbaren Kontext der Perikope
hinaus allgemeine Bedeutung. Im Medium des Briefes setzt Jak 2,5
ein mit der Aufforderung „Hört, meine geliebten Brüder", in 1,22 fordert er die Adressaten auf, nicht nur Hörer des Wortes zu sein, sondern auch Täter. In Gal 4,21 spricht Paulus vom Hören des Gesetzes:
„Sagt mir, die ihr unter dem Gesetz sein wollt: Hört ihr nicht das
Gesetz?" In Phil 1,29f. spricht er die Gemeinde so an:

> „Denn euch ist es gegeben um Christi willen, nicht allein an ihn zu glauben,
> sondern auch um seinetwillen zu leiden, habt ihr doch denselben Kampf, den
> ihr an mir gesehen habt und nun von mir hört."

Und wenn in einem Text die Rezipienten mit der Formel „Wer
Ohren hat zu hören, der höre" angesprochen werden (Mk 4,23 u.ö.),
wird ebenfalls deutlich, daß das ursprünglich erzählte Gleichnis auch
als nun geschriebener Text seine Hörer *anspricht*.

Wenn im NT vom Lesen die Rede ist, wird also offenbar das in der
Antike gebräuchliche laute Lesen vorausgesetzt. In Apg 13,27 ist dies
mit einem Hinweis auf die Prophetenlesung am Sabbat verbunden:

> „Denn die Einwohner in Jerusalem und ihre Führer haben, weil sie Jesus nicht
> erkannten, die Worte der Propheten, die an jedem Sabbat vorgelesen werden,
> mit ihrem Urteilsspruch erfüllt."

Daß die „Stimmen der Propheten" gelesen werden, weist auf die bereits bekannte Aktualisierung des Prophetenwortes hin, die sich im
Vorlesen ereignet.[1] Wenn 13,15 im Anschluß an die Verlesung des Gesetzes und der Propheten Paulus und seine Begleiter zu einem „Wort
des Zuspruchs" auffordert, so ist damit ebenso die aktualisierende Erklärung des Textes gemeint. Dies gilt in gleicher Weise für den Zusammenhang der Verben verkündigen (κηρύσσω) und lesen in 15,21:

> „Denn Mose hat von alten Zeiten her in allen Städten solche, die ihn predigen,
> und wird alle Sabbattage in den Synagogen gelesen."

Auch im NT ist also im Blick auf einzelne Leser und auf eine Lesegemeinschaft überwiegend vom lauten Lesen die Rede. Auf die Synagogenlesung habe ich bereits hingewiesen. In Apg 13,13–52 wird von der
Wirksamkeit von Paulus und Barnabas im pisidischen Antiochien berichtet. Im Anschluß an die „Lesung des Gesetzes und der Propheten"
(V. 15) werden sie im Gottesdienst zu einem „Wort des Trostes, der Er-
mutigung" (λόγος παρακλήσεως) aufgefordert, also zu einer auf die

Lesung folgenden Auslegung. Sie handelt von Jesus, den die Jerusalemer und ihre Führer nicht erkannt, sondern verurteilt haben; auf
diese Weise aber haben sie die Propheten, die an jedem Sabbat vorgelesen werden, erfüllt. Die Predigt ruft ein zwiespältiges Echo hervor:
man bittet die beiden, am darauffolgenden Sabbat erneut zu sprechen
(V. 44), es kommt allerdings auch zu einer Kampagne „der Juden"
gegen Barnabas und Paulus. 14, 1 berichtet summarisch von derselben
Missionsweise in Ikonium. Ermöglicht wird sie durch die weite Verbreitung jüdischer Gemeinden im Mittelmeerraum.[2] Die Bemerkung
in 15, 21 hat dies ja bereits gezeigt. Lukas ist also mit der synagogalen
Lesung wohlvertraut. Dies geht auch aus Lk 4, 16 ff. hervor, wo Jesus
selbst den Propheten Jesaja liest und programmatisch auslegt.[3] Paulus
setzt sich mit der synagogalen Lesung in 2 Kor 3, 12–18 auseinander.

Auch die materialen Lesevoraussetzungen der antiken Welt sind im
NT bekannt. Dies gilt für den Beschreibstoff ebenso wie für Tinte,
Stift und das fertige Produkt. Folgende Stellen lassen dies erkennen:

- 2 Joh 12: „Ich hätte euch vieles zu schreiben, aber ich wollte es nicht mit
  Brief und Tinte tun" (διὰ χάρτου καὶ μέλανος).
- 3 Joh 13: „Ich hätte dir viel zu schreiben; aber ich wollte nicht mit Tinte und
  Feder an dich schreiben" (διὰ μέλανος καὶ καλάμου).
- 2 Tim 4, 13: „Den Mantel, den ich in Troas ließ bei Karpus, bringe mit,
  wenn du kommst, und die Bücher (τὰ βιβλία), besonders die Pergamente"
  (τὰς μεμβράνας).
- Lk 1, 63: „Und er forderte eine kleine Tafel (πινακίδιον) und schrieb: Er
  heißt Johannes."[4]
- Hebr 9, 4: „Tafeln des Bundes" (πλάκες τῆς διαθήκης).[5]
- Hebr 10, 7: „... im Buch (ἐν κεφαλίδι βιβλίου) steht von mir geschrieben ..."
- Offb 10, 9 f.: „Und ich ging hin zu dem Engel und sprach zu ihm: Gib mir
  das Büchlein!" (βιβλαρίδιον).

Häufiger begegnen außerdem die Wörter Buch(rolle) und Brief
(βίβλος, βιβλίον, ἐπιστολή). Insgesamt zeigt sich, daß das NT mit den
Fachtermini aus dem Bereich der Lese- und Schreibkultur wohlbe-
kannt ist.

4.2 Beobachtungen zum Wortfeld „Lesen"

Im folgenden untersuche ich diejenigen Stellen im NT, an denen das
Verb lesen, vorlesen (ἀναγινώσκω) und das Substantiv Lesen, Lesung (ἀνάγνωσις) vorkommen. Das Verb begegnet insgesamt 32mal

(davon 23 Belege in den Evangelien und der Apg), das Substantiv nur dreimal (Apg 13, 15; 2 Kor 3, 14; 1 Tim 4, 13), insgesamt also eine überschaubare Zahl von Stellen. Nun findet sich das Lesen an diesen Stellen aber nicht isoliert, nicht als Lexem[6] im Wörterbuch, sondern in bestimmten Kontexten. In Apg 8, 26ff. beispielsweise sind verschiedene Begriffe damit verbunden: „der Prophet Jesaja" (v. 28. 30), „die Schriftstelle" (ἡ γραφή V. 35) und der „Wortlaut der Schriftstelle" (περιοχὴ τῆς γραφῆς V. 32). An anderen Stellen kommen weitere Fachbegriffe für den Schreib- und Lesevorgang hinzu. Trotz der Konzentration auf das „Lesen" muß ich deshalb die übrige Leseterminologie mit berücksichtigen. Daraus ergibt sich die Notwendigkeit, das Verb lesen (ἀναγινώσκω) im Zusammenhang seiner semantischen Dimensionen zu betrachten.

1. Zur Darstellung eines Wortfeldes[7] ist die Kontextanalyse von wesentlicher Bedeutung. In den jeweiligen Kontexten ist das Lesen in verschiedene Zusammenhänge eingeordnet, von denen ausgehend sich bereits ein Grobraster für das Wortfeld[8] ermitteln läßt. Allerdings reicht die Kontextanalyse allein noch nicht aus, weitere methodische Schritte müssen hinzukommen: eine Analyse des Sachbereichs, der Stammverwandtschaft und verschiedener Relationen zwischen den Lexemen (Synonymie, Antonymie und Hyponymie).[9] Mit Hilfe dieser Schritte können die semantischen Merkmale, die Extension der einzelnen Lexeme und damit ihre Relevanz für das Wortfeld herausgearbeitet werden. Dadurch wiederum lassen sich verschiedene Dimensionen erkennen. Mit ihrer Hilfe kann das Wortfeld gegliedert werden.[10]

2. Die Kontextanalyse legt es nahe, ins Zentrum des Wortfeldes „Lesen" nicht nur das Verb selbst, sondern auch das komplementäre Verb schreiben (γράφω) zu stellen.[11] Verschiedene Lexeme, die zu diesem Stamm gehören, etwa „die Schrift" (ἡ γραφή) oder „die Schriften" (αἱ γραφαί), finden sich häufig im Zusammenhang mit dem Lesen. Genaugenommen stelle ich im folgenden also ein Wortfeld „Lesen/Schreiben" dar, wobei allerdings der Akzent auf dem Lesen liegt. Mit Hilfe der genannten methodischen Schritte lassen sich nun verschiedene Dimensionen des Wortfeldes herausarbeiten:

– Deutlich abgrenzbar sind diejenigen Lexeme, die sich auf die materialen Voraussetzungen des Schreibens und Lesens beziehen.

– Was geschrieben ist, also die Schrift, das Geschriebene, das Schriftstück, der Brief, das Buch usw., aber auch die Propheten oder insgesamt die (heiligen) Schriften, bilden eine zweite Dimension des Wortfeldes.

– Das Lesen als Tätigkeit ist im NT nur selten ausdrücklich im Blick und rechtfertigt keine eigene Dimension. Häufig ist dagegen das Lesen mit dem Verstehen verbunden, wie bereits das griechische Wortspiel von γινώσκω und ἀναγινώσκω zeigt (Apg 8,30). Der Zusammenhang von Lesen und Verstehen ist als eigene Dimension des Wortfeldes zu betrachten.

– Die beiden letzten Dimensionen sind untereinander und mit der Dimension des Verstehens eng verwandt. Die eine bezieht sich auf das Hinführen zum Verstehen.[12] Hierzu gehört beispielsweise das Verb anleiten (ὁδηγέω), das bereits aus Apg 8,31 bekannt ist; überhaupt ist im lk Doppelwerk das Öffnen und Auslegen der Schrift von großer Bedeutung. Die andere hat ihren Akzent auf dem Behalten, Bewahren und Tun und hebt damit den Handlungsaspekt hervor.

3. Ich stelle nun die verschiedenen Dimensionen des Wortfeldes mit den entsprechenden Lexemen in einer Übersicht dar. Dies ist für das NT sinnvollerweise nur mit den griechischen Lexemen möglich.

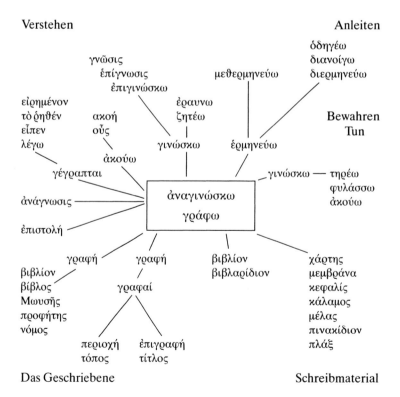

Die Übersicht zeigt die verschiedenen Dimensionen des Wortfeldes „Lesen/Schreiben" an. Es zeigt sich aber (und eine genaue Kontextanalyse belegt dies immer wieder), daß zwischen den Dimensionen vielfältige Querverbindungen bestehen. Einzig die Dimension „Schreibmaterial" ist in gewisser Weise eigenständig. Bei der Dimension des Geschriebenen stellen die beiden Lexeme βιβλίον und βιβλαρίδιον aber einen Übergang zum Schreibmaterial dar. Sie können sowohl die beschriebene Rolle bezeichnen als auch bestimmte Bücher im Zusammenhang mit der Frage des Verstehens. Auch das Lexem γραφή kann sich auf das Buch als Ding beziehen, bezeichnet aber an der Mehrzahl der Stellen, ebenso wie βιβλίον, bestimmte Schriften nach ihrer inhaltlichen Seite. Der Plural αἱ γραφαί ist auf die heiligen Schriften (des AT) bezogen. Überwiegend sind γραφή/γραφαί und βιβλίον mit Lexemen aus der Dimension des Verstehens verbunden. Diese hängt wiederum eng mit der des Lernens zusammen; auch dort geht es um das Verstehen, allerdings unter einem stärker pädagogischen Aspekt. Das Tun und Bewahren steht mit beidem, dem Verstehen und dem Lernen, in engem Austausch. Somit erweisen sich die intensiven Querverbindungen zwischen dem Lesen des Geschriebenen und dem Verstehen, dem Lernen und dem Bewahren als ein Charakteristikum des Wortfeldes „Lesen/Schreiben" im NT. Im weiteren Verlauf dieses Kapitels wird es deshalb wichtig sein, auf diese Querverbindungen zu achten. Lesen *und* Verstehen gehören in den nt.lichen Texten untrennbar zusammen. Im folgenden geht es um die Frage, wie dieser Zusammenhang im einzelnen akzentuiert wird.

4.3 „Habt ihr nicht gelesen?"
Lesen und Verstehen der Schriften bei den Synoptikern

Bereits bei einer ersten Prüfung des Befundes fällt eine Besonderheit der meisten synoptischen „Lese-Stellen" auf. Es handelt sich dabei um eine offenbar recht konstante Einleitungswendung, mit deren Hilfe at.liche Zitate eingeführt werden.[13] Sie findet sich in den Perikopen vom Ährenraufen am Sabbat, von der Sadduzäerfrage über die Auferstehung, vom Lob der Kinder, von der Ehescheidung, außerdem im Gleichnis von den Weingärtnern und (etwas abgewandelt) im Gespräch über das höchste Gebot. Ich gebe zunächst, der Genauigkeit halber im griechischen Text, einen Überblick über die in Frage kommenden Stellen:

Ährenraufen am Sabbat:

Mt 12,3	οὐκ	ἀνέγνωτε		τί ἐποίησεν		1 Sam 21,1 ff.
					Δαυὶδ, ὅτε	
Mt 12,5	ἢ οὐκ	ἀνέγνωτε	ἐν τῷ			
			νόμῳ		ὅτι	Num 28,9
Mt 12,7						Hos 6,6
Mk 2,25	οὐδέ-					
	ποτε	ἀνέγνωτε		τί ἐποίησεν		
				Δαυὶδ, ὅτε		1 Sam 21,1 ff.
Lk 6,3	οὐδὲ					
	τοῦτο	ἀνέγνωτε		ὃ ἐποίησεν		
					Δαυὶδ,	
					ὅτε	1 Sam 21,1 ff.

Sadduzäerfrage:

Mt 22,31	οὐκ	ἀνέγνωτε	τὸ ῥηθὲν	
			ὑμῖν ὑπὸ …	Ex 3,6.15
MK 12,26	οὐκ	ἀνέγνωτε	ἐν τῇ	
			βίβλῳ	
			Μωϋσέως	Ex 3,16.15
(Lk 20,37)			Μωϋσῆς	
			ἐμήνυσεν	Ex 3,16.15

Gleichnis von den Weingärtnern:

Mt 21,42	οὐδέ-			
	ποτε	ἀνέγνωτε	ἐν ταῖς	
			γραφαῖς	Ps 118,22
Mk 12,10	οὐδὲ		τὴν γραφὴν	
			ταύτην	
		ἀνέγνωτε		Ps 118,22
(Lk 20,17)		τί οὖν		
		ἐστιν	τὸ γεγραμ-	
			μένον τοῦτο	Ps 118,22

Lob der Kinder:

Mt 21,16	οὐδέ-			
	ποτε	ἀνέγνωτε	ὅτι	Ps 8,3
				LXX

Von der Ehescheidung:

Mt 19,4	οὐκ	ἀνέγνωτε	ὅτι	Gen 1,27
Mt 19,5				Gen 2,24

Höchstes Gebot:

Lk 10,26			ἐν τῷ	
			νόμῳ	
			τί γέγραπ-	
		ται;		Dtn 6,5
		πῶς ἀνα-		Lev 19,18
		γινώσκεις		

Wir haben es offensichtlich mit einer geprägten Wendung zu tun. Konstitutiv ist ein verneinter Fragesatz mit ἀνέγνωτε (habt ihr nicht gelesen?), die Verneinungspartikel kann verschieden sein; es folgt ein Schriftzitat oder eine Anlehnung an einen at.lichen Text. Zu diesem Grundbestand der Wendung kann ein Hinweis auf den Teil der Schrift hinzutreten, aus dem zitiert wird (also „im Gesetz", „im Buch Mose" etc.). Bei Matthäus sind die Zitate mit ὅτι eingeführt. Die Satzkonstruktion kann variieren, die Wendung selbst ist aber so konstant, daß ihr der formelhafte Charakter nicht abgesprochen werden kann. Damit ist die Textgrundlage abgesteckt, auf die ich mich in der folgenden Einzelanalyse beziehe.

4.3.1 Einzelanalysen

1. Einen ersten Hinweis auf das „Wie" des Lesens finden wir im Gleichnis von den Weingärtnern (Mk 12, 1–12 parr), die dem Besitzer den Ertrag verweigern, seine Boten vertreiben und schließlich seinen Sohn töten. In der Markus-Fassung ist mit der Frage, was der Herr des Weinbergs nun tun wird, und der Strafandrohung in V. 9b die Gleichnisrede in sich geschlossen.[14] In V. 10f. wechselt die Erzählform von der Bildrede in die direkte Anrede und ins Zitat. Das Zitat stammt aus Ps 118, 22f. LXX. Dieser Psalmvers kommt im NT nicht nur hier (und an den Parallelstellen Mt 21, 42; Lk 20, 17) vor, sondern auch in Apg 4, 11 und 1 Petr 2, 7 (außerdem in Barn 6, 2–4). 1 Petr 2, 6–8 ist besonders interessant, weil dort verschiedene Zitate, die sich alle auf das Motiv des Steins beziehen (Jes 28, 16; Ps 118, 22; Jes 8, 14 und 43, 20), in christologischer Ausrichtung miteinander verbunden sind.[15] Ps 118, 22f. hat also (in Verbindung mit anderen Versen) in den frühen christlichen Gemeinden eine breite Wirkung entfaltet und ist in verschiedenen Zusammenhängen auf Jesus bezogen worden. Dies weist auf eine andauernde Diskussion über die Christologie und ihre at.lichen Bezüge hin, die Markus in 12, 12 auf Jesus selbst zurückführt.

Die Einleitung des Zitats „Habt ihr diese Schriftstelle nicht gelesen?" (V. 10) wirft den Gegnern nicht die Unkenntnis der Stelle, die ihnen natürlich auch bekannt ist.[16] Worum es dem Verfasser geht, ist vielmehr ein angemessenes – das heißt für ihn: das christologische – Verständnis der Jesaja-Stelle.[17] Zwar kennen auch die Gegner die Stelle, ihren Sinn aber haben sie beim Lesen verfehlt. Denn der „Stein, den die Bauleute verworfen haben", der aber zum Eckstein geworden ist, dieser Stein ist nach der Überzeugung der markinischen

Gemeinde niemand anders als Christus. Das Gleichnis selbst (ohne das Zitat) hat diese inhaltliche Ausrichtung sicher bereits gehabt; daß der Weinbergsbesitzer seinen „geliebten Sohn" sendet, erinnert ja deutlich an die Himmelsstimme bei der Taufe (Mk 1, 11) und der Verklärung (9, 7). Was durch das angefügte Zitat aber hinzukommt, ist die ausdrückliche, christologische Verwendung der Psalmstelle. Wer dieses Wort liest und darin einen Hinweis auf Jesus erkennt, der „versteht, was er liest".

Dies gilt über die einzelne Psalmstelle hinaus zunehmend für das Lesen der Schrift insgesamt. Man kann dies an den verschiedenen Einleitungswendungen zu Ps 118, 22 f. erkennen. Während nämlich Mk 12, 10 auf eine bestimmte „Schriftstelle" verweist (τὴν γραφὴν ταύτην), bezieht sich Lk 20, 17 auf „dieses Geschriebene" (τὸ γεγραμμένον τοῦτο)[18] und Mt 21, 42 auf „die Schriften" (ἐν ταῖς γραφαῖς). Die einzelne Schriftstelle wird zunehmend repräsentativ für die Schriften insgesamt. Wenn sich den urchristlichen Lesern dabei bestimmte Stellen als besonders wichtig erweisen,[19] dann ist dies eine Konsequenz aus einem bestimmten Leseverständnis. Das AT wird von Christus her gelesen und erschließt sich deshalb auf ihn hin. Diese Leseweise erklärt auch, daß in den Streitgesprächen und überhaupt in der synoptischen Tradition keineswegs nur apologetisch-defensive Töne zu erkennen sind, sondern auch selbstbewußt-offensive.[20] Denn zwar geht es bei der Auseinandersetzung um einzelne Stellen immer auch um die Frage der Rechtmäßigkeit der christlichen Interpretation, die argumentativ, bisweilen polemisch, manchmal auch nicht sehr überzeugend[21] angegangen wird. Alle diese Fragen aber sind eingebettet in ein bestimmtes Verständnis des Lesens. Wer die biblischen Schriften (in christlicher Perspektive) verstehend lesen will, der liest sie von Christus her.

2. Das Streitgespräch um die Sadduzäerfrage nach der Auferstehung (Mk 12, 18–27 parr) stützt diese Erkenntnisse in verschiedener Hinsicht. In der Antwort Jesu auf die Frage der Sadduzäer[22] findet sich zunächst der Vorwurf, daß sie weder die Schriften noch die Kraft Gottes kennen (V. 24)[23]; in V. 26 schließt sich – eingeleitet mit der Wendung „in dem Buch des Mose bei der Stelle vom Dornbusch" – ein Zitat aus Ex 3, 16 LXX an.[24] Auch hier sind das Zitat und der allgemeine Hinweis auf die Schriften eng aufeinander bezogen und verbunden mit dem Hinweis auf die Kraft Gottes: Wer nämlich die Schriften liest mit dem Vertrauen auf Gottes Kraft, der kann die Wirkungen dieser Kraft in den einzelnen Aussagen der Schriften entdecken. Die einzelne Stelle ist in ein Gesamtverständnis der Schriften

einbezogen, das seine Grundlage aus dem Vertrauen auf die Kraft Gottes gewinnt; denn Gott ist nicht ein Gott der Toten, sondern der Lebenden (V. 27).[25]

Ein interessantes Detail in diesem Abschnitt ist die Einleitung des Exodus-Zitates. Daß die Toten auferstehen, hat nach Lk 20,37 „Mose gezeigt beim Dornbusch" (Μωυσῆς ἐμήνυσεν ἐπὶ τῆς βάτου). Mk 12,26 erweitert die übliche Einleitungswendung: „Habt ihr nicht gelesen in dem Buch des Mose beim Dornbusch (ἐπὶ τοῦ βάτου), wie Gott zu ihm sprach?" Die Wendung „beim Dornbusch" bezieht sich auf den entsprechenden Tora-Abschnitt in Exodus, die sogenannte Parasche,[26] wie sie im Synagogengottesdienst zur Vorlesung kam. Diese Abschnitte wurden nach ihren Anfangsworten zitiert.[27] Unter den von den Rabbinen verwendeten Belegstellen für die Auferstehung[28] findet sich Ex 3,6 nicht. Es handelt sich aber um eine der Tora-Lesungen, also um einen durch regelmäßige Wiederholung herausgehobenen und „gewußten" Text. Gerade solche bekannten Texte sind in der Auseinandersetzung mit jüdischen Gegnern wichtig, da sie ein Anknüpfungspotential für die Diskussion darstellen. Wenn Mk 12,24 den generellen Vorwurf erhebt, die Sadduzäer würden die Schriften nicht kennen, so unterstellt dies wiederum nicht, sie wären mit der Tora nicht vertraut. Was sie aber nach christlicher Auffassung verkennen, ist die Kraft Gottes (der ein Gott der Lebenden ist). Und deshalb verstehen sie auch die Schriften nicht.[29]

Auf einen christologischen Akzent ist noch hinzuweisen. Zwar fehlt hier ein ausdrücklicher Bezug zur Auferstehung Jesu. In den frühchristlichen Gemeinden steht die Frage nach der Auferstehung der Toten jedoch immer in engem Zusammenhang mit der Auferstehung Jesu (vgl. 1 Thess 4,13ff.; 1 Kor 15,12ff.). Im Rahmen des Markusevangeliums ist dieser Zusammenhang durch die Leidensweissagungen in 8,31; 9,31; 10,34 gegeben. Ein Schriftbeleg aus der Tora erweist sich unter diesem Blickwinkel als äußerst hilfreich. So ist der christologische Akzent zumindest implizit vorhanden und stellt vermutlich einen wesentlichen Impuls zur Überlieferung dieses Streitgespräches dar. Daß Gott nicht ein Gott der Toten, sondern der Lebenden ist, gilt in christlicher Perspektive ja nicht nur im Blick auf Abraham, Isaak und Jakob, sondern vor allem im Blick auf Jesus selbst.

3. Die christologische Akzentuierung des überlieferten Textes tritt bei der Perikope vom Ährenausraufen am Sabbat Mk 2,23–28 parr wieder deutlich hervor. Die Pharisäer stellen Jesus zur Rede, weil seine Jünger am Sabbat unerlaubt Getreidekörner ausraufen und

essen. Jesus antwortet (V. 25) mit einem Hinweis auf 1 Sam 21, 1–7 und das dort erzählte Verhalten Davids.[30] Daß Markus in der David-episode eine Stütze für seine Aussage in V. 27 sieht, ergibt sich aus der Gegenüberstellung von „es ist nicht erlaubt" V. 24. 26 und „der Sabbat wurde wegen des Menschen" V. 27. Was nämlich in V. 27 allgemein fest-gehalten wird, hat David in einer bestimmten Situation bereits vor-weggenommen.[31] Im Kontext des Markusevangeliums ist dabei an-gedeutet, daß Jesus als Davidssohn (vgl. besonders 12, 35–37) das Verhalten Davids aufnimmt und bestätigt. Ausdrücklich christolo-gisch akzentuiert darüber hinaus der Menschensohn-Titel in V. 28 die gesamte Perikope.[32]

Nun ist aber die Argumentation des Markus-Textes von Matthäus und Lukas offensichtlich als nicht ausreichend empfunden worden.

Dies ist ebenfalls für die pharisäische Position anzunehmen. Ein Aus-spruch des R. Schimeon b. Menasja (um 180) weist jedenfalls eine deutliche Nähe zu Mk 2, 27 auf: „Euch ist der Sabbat übergeben worden, und nicht seid ihr dem Sabbat übergeben worden" (Mekh Ex 31, 13 [109b]).[33] Hier einzu-ordnen ist auch die Auffassung in Joma VIII, 6, daß alle Lebensgefahr den Sabbat verdrängt. Zwar war diese Argumentation innerjüdisch nicht unum-stritten,[34] aber doch bei den Rabbinen und vermutlich schon den Pharisäern möglich.[35] Eine schriftgelehrte Diskussion wäre auf dieser Argumentations-ebene also sehr wohl möglich gewesen. Allerdings hätte der markinische Verweis auf 1 Sam 21 in dieser Form einer solchen Diskussion wegen seiner Ungenauigkeiten kaum standgehalten: es geht in 1 Sam 21 nicht um Abjathar, sondern um (dessen Vater) Ahimelech; dieser gibt David das Brot, während bei Markus David es sich selbst holt; in 1 Sam handelt es sich außerdem um eine Notsituation, und die Frage der Heiligung der Krieger Davids wird posi-tiv beantwortet.

Matthäus und Lukas lassen Mk 2, 27 übereinstimmend beiseite,[36] ebenso den fehlerhaften Hinweis auf Abjathar. Im Zusammenhang mit dem Lesen ist vor allem Mt 12, 1–8 interessant. In V. 1 hebt Mat-thäus hervor, daß die Jünger hungern, und gleicht damit die Situation an die in 1 Sam 21 dargestellte Notsituation an. Der Hinweis auf die at.liche Begebenheit bekommt dadurch ein stärkeres Gewicht.[37] Mat-thäus unterstreicht dies noch, indem er in 12, 5–7 weitere at.liche Be-züge einfügt. Dieser Sachverhalt ist von Bedeutung, weil er eine wei-tergehende Diskussion belegt, in deren Verlauf das Handeln Jesu mit zusätzlichen Schriftbelegen verbunden wird. Im einzelnen haben die beiden Schriftverweise unterschiedliche Ausrichtungen. V. 5, erneut eingeleitet mit „oder habt ihr nicht gelesen?", bezieht sich auf die Tat-sache, daß das Gesetz selbst Fälle kennt, in denen bestimmte Erfordernisse das Gebot der Sabbatruhe außer Kraft setzen. Dies wird mit einem Hinweis auf Num 28, 9 f. belegt:

„Am Sabbattag aber (sc. sollt ihr darbringen) zwei einjährige Schafe ohne Fehler und zwei Zehntel feinstes Mehl zum Speiseopfer, mit Öl vermengt, und sein Trankopfer. Das ist das Brandopfer an jedem Sabbat außer dem täglichen Brandopfer samt seinem Trankopfer. "

Es gibt demnach von der Tora selbst vorgesehene Fälle, in denen das Ruhegebot am Sabbat nicht aufrechterhalten werden kann. Nun handelt es sich in Num 28 allerdings um ein kultisches Gebot, das sich auf den Tempeldienst bezieht und nur deshalb den Sabbat außer Kraft setzen kann.[38] V. 6 f. setzt noch einen weiteren Akzent. Zunächst greift er mit dem Stichwort „Tempel" auf V. 5 zurück: kann es von der Tora selbst geboten sein, am Sabbat „Arbeit zu verrichten" im Blick auf den Tempeldienst, so noch viel mehr im Blick auf Jesus; denn „hier ist mehr als der Tempel" (vgl. Mt 26, 61). Zu beachten ist dabei, daß zur Zeit des Matthäus der Tempel gar nicht mehr existierte und seine Funktion, Ort der Begegnung mit Gott zu sein, nicht mehr erfüllen kann. In Jesus aber hat die Gemeinde eine neue Beziehung zu Gott, der nicht mehr an einen Ort und bestimmte kultische Handlungen gebunden ist. Denn, so fügt V. 7 mit einem Zitat aus Hos 6, 6 LXX[39] an, Gott will Erbarmen und nicht Opfer. Beide Schriftverweise sind zu einem Schluß a minori ad maius verbunden: Wenn schon der Tempel(kult) die Vorschriften des Sabbatgebotes brechen kann, um wieviel mehr kann dies derjenige, der mehr ist als der Tempel – nun jedoch nicht mehr im Blick auf kultische Vorschriften, sondern auf das erbarmende Tun (zurückverwiesen ist damit auf das Hungern der Jünger V. 1). Im abschließenden Menschensohn-Wort V. 8 sind die beiden Aspekte vereint: der christologische Aspekt unterstreicht das Herr-Sein Jesu über den Sabbat; der paränetische Aspekt hebt hervor, daß dieses Herr-Sein auf das Erbarmen und damit auf das Liebesgebot hinzielt.

Auf die Einleitungswendungen will ich noch eigens aufmerksam machen. Matthäus fügt in V. 3–7 folgendes zusammen:
– V. 3: Habt ihr nicht gelesen, was David tat ...
– V. 5: Oder habt ihr nicht gelesen im Gesetz ...
– V. 6: Ich aber sage euch ...
– V. 7: Wenn ihr aber erkannt hättet (den Willen Gottes).

Diese Abfolge läßt verschiedene Beobachtungen zu. V. 3 gibt eine inhaltliche Beschreibung des Grundtextes aus 1 Sam V. 5 fügt ausdrücklich eine Tora-Stelle hinzu, der in diesem Kontext steigernde

Bedeutung zukommt im Sinne von „Oder habt ihr nicht einmal im Gesetz gelesen?" Die Wendung in V. 7 wandelt (wie Apg 8, 30) das Verb lesen zum stammverwandten verstehen ab: „Wenn ihr aber erkannt hättet (εἰ δὲ ἐγνώκειτε), was es heißt …" Den Pharisäern wird also nicht Unkenntnis der Schrift unterstellt,[40] sehr wohl aber wird behauptet, daß sie ihren Sinn nicht erfaßt haben. Wesentliche Bedeutung in diesem Argumentationsgang trägt nun das zwischen V. 5 und V. 7 mit „ich aber sage euch" eingefügte Wort Jesu. Das Lesen der Schrift wird zum Verstehen gerade durch das interpretierende Wort „hier ist mehr als der Tempel", und das „Ich aber sage euch" wird zur Voraussetzung des Verstehens. Hier spricht dieselbe Autorität wie in den Antithesen der Bergpredigt. Die frühen Christen lesen und verstehen die Schrift von dieser Autorität her.

4. In Mt 21, 16 tritt der christologische Akzent ebenfalls deutlich hervor. 21, 14–17 berichtet von Heilungen und vom Lob der Kinder im Tempel. Der kleine Abschnitt ist eng mit dem Einzug in Jerusalem (V. 1–9) und der Tempelreinigung (V. 10–13) verbunden.[41] Angesichts der Wunder im Tempel und der Kinder, die Hosianna rufen, hat die Frage der Hohenpriester und Schriftgelehrten „Hörst du, was diese sagen?" den Unterton: Das ist nicht in Ordnung; wie kannst du das zulassen? Jesus hebt mit seiner Antwort genau darauf ab: Ja, gewiß (höre ich das Lob der Kinder) – und es stimmt auch! Ein Schriftzitat aus Ps 8, 3 LXX schließt sich an, das die Antwort untermauert. Seine Einleitung „habt ihr (denn noch) nie (οὐδέποτε) gelesen, daß …" entspricht dem Grundbestand der bekannten Wendung. Erneut geht es weniger um eine Frage als um eine Feststellung: Ihr lest zwar immer wieder diesen Psalm, erfaßt ihn aber nicht wirklich; denn wer liest (und versteht), weiß, daß die Kinder mit ihrem Lob im Recht sind. Der kleine Abschnitt nimmt offensichtlich eine Auseinandersetzung auf, deren Anlaß die Heilungen und die Davidssohn-Akklamation[42] im Tempel sind. In dieser Auseinandersetzung ist im Recht, wer die Bedeutung Jesu auf dem Hintergrund des AT versteht.

5. Um die Ehescheidung geht es in Mt 19, 3ff. Matthäus hat die Markus-Vorlage (10, 2–12)[43] neu strukturiert und in zwei Gesprächsgänge aufgeteilt. Ausgangspunkt ist die Frage der Pharisäer, ob es erlaubt sei, seine Frau aus jedem Grund zu entlassen (V. 3). In seiner Antwort (V. 4–6) verbindet Jesus Gen 1, 27 und 2, 24 LXX und verweist mit der besonderen Betonung des „Anfangs" (V. 4; vgl. V. 8) auf die Schöpfungsordnung.[44] Wiederum wirft die Einleitung „habt ihr nicht gelesen" den Fragenden nicht Unkenntnis vor, sondern betont, daß die Frage der Pharisäer an dem Sinn der Schrift vorbeigeht, wenn

sie den ursprünglichen Schöpfungswillen nicht berücksichtigt. Obwohl die beiden Genesis-Zitate für sich genommen mit der Unauflöslichkeit der Ehe nichts zu tun haben, zeigt die in ihnen grundgelegte Ordnung (so interpretiert V. 6), daß die von Gott gefügte Verbindung von Mann und Frau durch den Menschen nicht getrennt werden darf. Die Phari-säer fragen weiter (V. 7), warum Mose dann geboten habe, einen Schei-debrief auszustellen (Dtn 24,1). Jesu Antwort (V. 8) macht aus dem Gebot (ἐνετείλατο V. 7) eine Erlaubnis (ἐπέτρεψεν)[45]: Mose erlaubte ihnen dieses Vorgehen wegen der Härte ihrer Herzen; vom Anfang (V. 8), von der Schöpfungsordnung her betrachtet, war das aber nicht so. Damit ist die Brücke zurück zu V. 4–6 geschlagen. V. 9 fügt mit „ich aber sage euch" die eigene Beurteilung Jesu an. Wiederum sind die Einleitungswendungen der Zitate und Stellungnahmen interessant:

- V. 3: Pharisäer versuchen Jesus.
- V. 4: Habt ihr nicht gelesen + Zitat.
- V. 5: Und er sagte + Zitat + Deutung.
- V. 7: Sie sagen zu ihm + Zitat.
- V. 8: Er sagt zu ihnen + Deutung + Rückgriff auf V. 4 ff.
- V. 9: Ich aber sage euch + Regel.

Zweierlei fällt an dieser Anordnung besonders auf: Zum einen liegt eine schriftgelehrte Diskussion vor mit Zitat, Deutung, Gegenzitat, erneuter Deutung, abschließender Aussage; der nt.liche Text gehört damit ganz offensichtlich in einen innerjüdischen Diskussionszusam-menhang. Zum anderen ist die Frage Jesu nach dem Lesen in der Tat eine Frage nach dem angemessenen Verständnis des Gelesenen, das durch eine autoritative Aussage Jesu (V. 9) auf dem Hintergrund der beiden Genesis-Zitate festgestellt wird. „Habt ihr nicht gelesen" und „ich aber sage euch" korrespondieren miteinander. Das rechte Ver-ständnis des Schriftwortes ist durch ein Jesuswort gegeben.[46]

6. Bei der Frage des Schriftgelehrten nach dem höchsten Gebot findet sich nur in der Lukasfassung (Lk 10,25–28) ein Hinweis auf das Lesen. Jesus pariert die Frage des Schriftkundigen mit einer Gegen-frage (der anders als bei Einleitungswendungen sonst die implizite Kritik zunächst fehlt): „Was ist im Gesetz geschrieben? Wie liest du?" Darauf antwortet der Fragesteller mit dem Hinweis auf zwei Schrift-stellen, Dtn 6,5 und Lev 19,1: Offensichtlich kennt er seinen Text.

„Du sollst den Herrn, deinen Gott, liebhaben von ganzem Herzen, von ganzer Seele und mit all deiner Kraft" (Dtn 6,5) ist ein Kernsatz jüdischen Glaubens. Der Abschnitt Dtn 6,4–9 gehört mit Dtn 11,13–21; Num 15,37–41 zum sogenannten Sch'ma, dem Grundbekenntnis, zusammen.[47] Die Rab-binen gehen davon aus, daß dieses Bekenntnis gelesen, d. h. laut gelesen und also rezitiert wird. So steckt bereits in der Frage „Wie liest du?" ein impliziter Hinweis auf den grundlegenden und viel rezitierten Abschnitt aus der Tora. Die Einleitungswendung zeigt schon, daß es hier nicht um eine Auseinandersetzung um die biblische Grundstelle als solche geht.

Der Hinweis des Schriftgelehrten auf die grundlegenden Stellen der Tora steht in diesem Textabschnitt denn auch nicht in Frage. Jesus stimmt jedenfalls nach V. 28 grundsätzlich zu. Im Blick auf das Bekenntnis besteht Konsens. Worum es aber geht, ist der konkrete Fall und damit die Verbindung von theologischer Einsicht und praktischem Tun. Dies kommt in der angefügten Beispielerzählung vom „barmherzigen Samariter" zum Ausdruck. Die erneute Frage des Schriftgelehrten in V. 29, wer denn der Nächste sei, geschieht „der Rechtfertigung" wegen: beim konkreten Tun (V. 25. 28) sind für ihn genauere Unterscheidungen nämlich zwingend notwenig. Da reichen die Tora-Sätze allein nicht aus,[48] da fängt für ihn die Diskussion erst richtig an. Wo es aber in einer konkreten Situation um das Tun der Barmherzigkeit[49] geht (V. 36), ist die bloße Diskussion darüber ein Rückschritt. Das Verb „tun" zieht sich wie ein roter Faden durch den gesamten Abschnitt hindurch (V. 25. 28 und zweimal in V. 37).

Das Lesen, so kann man aus dem Zusammenhang von Gespräch und Beispielerzählung folgern, gerade das Lesen eines so wesentlichen Abschnitts der biblischen Schriften, wirkt sich auf den konkreten Lebensvollzug aus. Deshalb hört das Verstehen des Textes nicht mit einer richtigen Einsicht auf, sondern zielt auf das dieser Einsicht angemessene Tun. Die Frage: „Wie liest du?" gehört damit offenbar in einen zeitgenössischen Interpretationszusammenhang, bei dem es aber nicht nur um die Frage des angemessenen Schriftverständnisses geht, sondern auch um das daraus erwachsende persönliche und gemeinschaftliche Handeln. Daß damit auch konkrete Verhaltensfragen der frühen christlichen Gemeinden angesprochen sind, liegt auf der Hand.[50]

4.3.2 Beobachtungen zur Form

Nachdem nun die Perikopen im einzelnen durchgesehen sind, betrachte ich sie im folgenden gemeinsam im Blick auf ihre Form. Ich achte zunächst darauf, wer jeweils in den Texten als Sprecher auftritt. In allen Fällen sind dies auf der einen Seite Jesus, auf der anderen Seite Angehörige verschiedener Gruppierungen des zeitgenössischen Judentums in Palästina, und zwar

- Pharisäer: Mt 12, 3. 5; 19, 4; 21, 42; Mk 2, 25; Lk 6, 3;
- Schriftgelehrte: Mt 21, 16; Mk 12, 10;
- Gesetzeslehrer: Lk 10, 26;
- Sadduzäer: Mt 22, 31; Mk 12, 26; Lk 20, 37;
- (Hohe) Priester: Mt 21, 16. 42; Mk 12, 10.[51]

Was für die Schriftgelehrten auf der Hand liegt, gilt auch für die anderen Gesprächspartner. Es handelt sich um recht unterschiedliche Gruppierungen, die sich aber alle aus Gründen des Berufs oder der persönlichen Verpflichtung intensiv mit biblischen Texten befassen und die natürlich die jeweils in Frage stehenden Texte kennen[52] und selbst diskutieren, zumal es sich offenbar mehrfach um häufig gelesene und „gewußte" Texte handelt. Die nt.lichen Texte nehmen an einer innerjüdischen Diskussion teil.

Der Gesprächscharakter, die Anlässe, die teilweise angedeutete feindselige Absicht und die in Frage stehenden sachlichen Probleme verweisen auf die Form der Streitgespräche. Dies gilt für das Ährenausraufen am Sabbat (Mk 2, 23–28 parr),[53] die Sadduzäerperikope (Mk 12, 18–27 parr) und die Frage der Ehescheidung (Mk 10, 2 ff. par Mt 19, 3 ff.).[54] Im Kontext der Tempeleinrichtung bekommt auch die Kritik von seiten der Priester und Schriftgelehrten in Mt 21, 15 den Charakter der Auseinandersetzung.[55] Die Frage nach dem höchsten Gebot, in Mk 12, 28–34 als Lehrgespräch gestaltet, wird in Lk 10, 25 und noch deutlicher in Mt 22, 34–40 ebenfalls zum Streitgespräch umgeformt. Ohnehin sind Lehr- und Streitgespräche nicht immer eindeutig voneinander abzugrenzen. Das Gleichnis von den bösen Weingärtnern (Mk 12, 1 ff. parr) spricht schon als solches das Gericht über Israel an; durch die christologische Akzentuierung mit Hilfe des angehängten Zitats in 12, 10 f. wird der Charakter der Auseinandersetzung noch betont.

Bultmann hat die Streitgespräche der Wortüberlieferung zugerechnet und als Apophthegmata bezeichnet. Der Sitz im Leben dieser „typisch rabbinischen" Disputation ist für ihn „in den Diskussionen über Gesetzesfragen zu suchen, die mit den Gegnern, aber gewiß auch in der eigenen Mitte geführt wurden". Damit verbunden ist die Auffassung, daß in der Regel das den Streitfall abschließende Wort Jesu der Kristallisationskern sei, um den herum eine kleine Geschichte als „ideale Szene" konstruiert werde.[56] An dieser Position ist in jüngerer Zeit Kritik geübt worden. Der wichtigste Hinweis liegt dabei m. E. in der Verwendung des Begriffs der Chrie,[57] bei dem eine stärkere Verbindung von Wort und Handlung gegeben ist als bei dem Apophthegma. So ist beispielsweise beim Ährenraufen am Sabbat eine konkrete Handlung Ausgangspunkt für das Gespräch, und beides ist eng aufeinander bezogen. Die

Zuordnung der Apophthegmata zur Wortüberlieferung ist so eindeutig nicht, wie Bultmann dachte.

Auf diesem Hintergrund ist der Versuch einer neuen Klassifizierung der Apophtegmata (pronouncement stories) und der Streitgespräche bei Tannehill zu verstehen. Er will der Tatsache Gerechtigkeit widerfahren lassen, "that a pronouncement story is a story with narrative tension and movement, not just a saying with a narrative setting which can be ignored".[58] Wenn man die Streitgespräche aber als „Streitgeschichten" auffaßt, kann man sie als Erzählungen über Wertkonflikte (value conflicts) ansehen, ihre Beziehungen zu den historischen Gegebenheiten der frühen Gemeinden und ihren Kontexten erhellen und Erkenntnisse darüber gewinnen, wie sie die Wertorientierungen ihrer Leser zu beeinflussen versuchten; und die Apophthegmata kann man insgesamt als „Akt der Kommunikation" zwischen Sprecher und Hörer verstehen.[59]

Vouga hat jüngst mit einem argumentationstheoretischen Ansatz in die Debatte eingegriffen. Auch ihm liegt daran, den „Argumentationszusammenhang der Texte zu rekonstruieren".[60] Anhand von Mk 2,23–28 und 3,1–6 entwickelt er eine Unterscheidung zwischen „jesuanischen Chrien" und „didaktischen Dialogen" bei Markus. Die Chrie sei demnach in einem christlichen Milieu entstanden, in dem „die argumentative Verwendung der Autorität Jesu unproblematisch ist. Die Streitfrage ist vielmehr die christliche Interpretation des Gesetzes. Die Argumentation beansprucht ... offensichtlich nicht, die Meinung ihres Publikums zu ändern".[61] Mk 3,1–6 andererseits ist für Vouga ein „Kunststück der Rhetorik". Hier werde keine christologische Autorität vorausgesetzt, sondern es werde erzählt, „um die Freiheit Jesu oder seine Witze oder was auch immer zu illustrieren ... Eine zweite Eigenart der Geschichte besteht darin, daß sie ... keine These vertritt."[62] Nun sind zwar kritische Anfragen an Vougas Ansatz durchaus angebracht.[63] Wichtig daran ist aber, daß der Kommunikationszusammenhang der Texte hervorgehoben wird.

Alle hier behandelten Perikopen weisen gleichermaßen auf die Stichworte Diskussion und Auseinandersetzung hin. Es geht um Konfliktsituationen, um Diskussionen mit Gegnern, die sowohl im Blick auf verschiedene Lebensfragen als auch auf das Verständnis der Schriften unterschiedliche Auffassungen haben. Natürlich ist das ein Merkmal innerjüdischer Auseinandersetzung selbst (wie bereits ein Blick auf eine spätere Talmud-Seite mit ihren verschiedenen Kommentaren und Ergänzungen zeigt). Im zeitgenössischen Judentum gibt es zwischen den einzelnen Gruppierungen erhebliche Unterschiede sowohl in Sachfragen als auch in der Art und Weise des Schriftbezuges, und zwar im Hinblick sowohl auf den Umfang der benutzten Schriften als auch die Zugangsweise.[64] Im Gegensatz zu den Pharisäern beziehen sich die Sadduzäer nur auf den Pentateuch; bei den

Pharisäern selbst sind verschiedene Schulen bekannt; die Qumran-Gemeinde legt in ihrem Bewußtsein endzeitlicher Erwählung einen besonderen Akzent auf die prophetischen Schriften.[65] Das Schrift-argument spielte für alle diese Gruppierungen eine wesentliche Rolle, allerdings auf unterschiedliche Weise: als Beleg für die Erforschung und Festlegung bei Halacha bei den Pharisäern; als Ablehnung der mündlichen Überlieferung und möglichst getreues Verharren bei der Tora im sadduzäischen Denken; als prophetische Verheißung im Blick auf den „Lehrer der Gerechtigkeit" und die eigene endzeitliche Gemeinschaft in Qumran. In diese Auseinandersetzungen treten nun auch die frühen christlichen Gemeinden mit ihren Texten ein. Sie berufen sich hierbei auf Streitgespräche Jesu mit verschiedenen Gegnern und gehen zugleich darüber hinaus, indem sie den überlieferten Gesprächen noch einen eigenen, christologischen Akzent geben. Ihrer Auffassung nach ist in Jesus von Nazareth Gott selbst den Menschen nahegekommen, und dieses Ereignis betrifft nicht nur Israel, sondern alle Menschen. Dementsprechend geht es nun beim Schrift-bezug sowohl um die grundsätzliche Wahrung der Kontinuität als auch um Abgrenzung und Gewinnung eines eigenen Standortes.[66] Die Auseinandersetzung findet auf dem Boden der Schrift statt. Nicht *daß* sie gelesen wird, ist strittig, sondern *wie* sie gelesen wird. Daß diese Diskussionen dann innerhalb der Gemeinden weitergewirkt haben, zeigen die Spuren der Bearbeitung, die sie aufweisen, insbesondere das Anwachsen der Schriftbelege. Dieser Vorgang weist auf eine weitergehende Debatte nunmehr innerhalb der frühchristlichen Gemeinden hin, in der es darum geht, den Glauben an Jesus und die Überlieferung von Jesus quantitativ und qualitativ mit der biblischen Tradition in Verbindung zu bringen.[67]

4.3.3   Was wurde zitiert und was war an Schriften vorhanden?

Ich wende mich nun den biblischen Zitaten noch einmal genauer zu. Es handelt sich um Gen 1, 27; 2, 24 (Ehescheidung); Ex 3, 6. 15 (Auferstehung); Lev 19, 18; Dtn 6, 5 (höchstes Gebot); Num 28, 19; 1 Sam 21, 1ff. (Ährenraufen am Sabbat); Ps 8, 3 (Lob der Kinder); Ps 118, 22 (Weingärtner); Hos 6, 6 (Ährenraufen am Sabbat).

1. Der überwiegende Teil der Stellen stammt also aus dem Pentateuch, dazu kommen zwei Stellen aus den Psalmen, die Davidepisode aus 1 Sam 21[68] und ein Hoseazitat. Dies entspricht im wesentlichen der Zitierung at.licher Stellen im NT insgesamt: Genesis, Deuterono-

mium, Jesaja, das Dodekapropheton und die Psalmen sind die Schriften, auf die am häufigsten zurückgegriffen wird.[69]

Allerdings muß man bedenken: Die Rede vom „Alten Testament" ist nicht im Sinne des uns vorliegenden Kanons von Schriften zu verstehen; dieser Kanon bestand in urchristlicher Zeit als fest umrissene Größe noch nicht,[70] sondern war insbesondere in seinem dritten Teil, den Schriften, variabel.

Trotz wichtiger Einwände bleibe ich in dieser Untersuchung bei dem Begriff „Altes Testament", natürlich nicht im Sinne des Überlebten, sondern des Ursprungs und der Erkenntnis, daß es das „Neue Testament" ohne das „Alte" nicht gibt. Die Suche nach einer treffenderen Bezeichnung für die jüdische Bibel ist auf dem Hintergrund des christlich-jüdischen Dialogs eine wichtige Aufgabe. Die vielfach verwendete Bezeichnung „hebräische Bibel" trifft allerdings aus verschiedenen Gründen den Sachverhalt nicht,[71] wie gerade auch die Tatsache deutlich macht, daß die im NT zitierten Schriften überwiegend der griechischen Septuaginta zugehören. Eher wäre der Begriff „erstes Testament" geeignet,[72] zu dem dann das NT als „zweites Testament" hinzutreten könnte (dessen Selbstverständnis man daraufhin allerdings noch überprüfen müßte). Insgesamt wäre aber m. E. eine Wendung geeigneter, in der die „Schriften" begrifflich eingebunden sind. Auf jeden Fall muß man, wenn man vom „Alten Testament" spricht, sich der Mißverständnisse bewußt sein, die diese Bezeichnung ausgelöst hat.

Während man im eigentlichen Sinn von einem Kanon der jüdischen Schriften also nicht sprechen kann, haben wir es (von christlichem Standpunkt aus) im NT doch mit einem „Zitierkanon"[73] zu tun, einem Teilbereich der Schriften, auf den häufig zurückgegriffen wird, während andere erheblich weniger herangezogen werden.

Daß für Matthäus Hos 6,6 eine wichtige Rolle spielt und daß Ps 118,22 LXX außer in den Synoptikern auch in Apg und 1 Petr zu finden ist, hat sich bereits gezeigt. Diejenigen Stellen der Schrift, die sich christologisch interpretieren lassen, sind für die frühchristliche Diskussion ohnehin von besonderer Bedeutung gewesen. Ps 16,10 LXX beispielsweise konnte als Hinweis auf die Auferstehung verstanden werden (Apg 2,27; 13,35), ebenso wiederholt Ps 110,1 LXX (verbunden mit dem Akzent der Erhöhung) oder Ps 2,7 (Apg 13,33). Daneben verlangte vor allem die Frage, warum Jesus, in dem die Christen den von Gott gesandten Retter erkannten, am Kreuz hatte sterben müssen, nach einer sowohl innergemeindlich als auch nach außen hin überzeugenden Antwort. „Daß der Christus dieses alles leiden mußte" (vgl. Lk 24,26), wird demnach ebenfalls mit Hilfe der Schrift dargelegt. Bei der Gestaltung der Passionsgeschichte selbst spielt Ps 22 eine herausragende Rolle, daneben wird oft auf das Lied vom leidenden Gottesknecht aus Jes 53 zurückgegriffen (etwa in Apg 8,26ff.). Jesaja ist überhaupt in starkem Maß herangezogen worden (neben

Jes 53 auch 9, 1–6; 11, 1 ff.; 40 ff.; 61 ff.); die Weissagungen einer messianischen Heilszeit erkannte man im Wirken Jesu wieder. Und die Existenz der Gemeinde konnte man mit dem für die Endzeit verheißenen Gottesgeist (vgl. Joel 3, 1 f.) verbinden. Andererseits hatte man aus der Jesustradition selbst eine Fülle von Themen aufgenommen, die sich auf Fragen konkreter Lebensführung bezogen und deshalb stärker als Auseinandersetzung um die Tora formuliert waren, wie die in diesem Kapitel behandelten Stellen deutlich zeigen.

Der „Zitierkanon" ergab sich also sowohl aus der vorhandenen Jesustradition im Zusammenhang mit den Lebensfragen der Gemeinde als auch aus der nachösterlichen Aufgabe, die christologischen Grunddaten verstehbar zu machen und nach außen hin zu vertreten.

2. Man kann diese Beobachtung noch präzisieren: Selbst die Schriften, aus denen im NT häufig zitiert wird, werden nicht in ganzer Breite, sondern in Auswahl rezipiert.[74] Dieses eklektische Verfahren ist charakteristisch für den Umgang der nt.lichen Autoren mit den Schriften. Der Hinweis auf „die" Schrift, auf „das" Gesetz oder auf „Gesetz und Propheten" zeigt aber, daß mit diesem Eklektizismus keine formale Aufwertung einzelner Schriften oder Schriftteile gegenüber anderen verbunden ist. Vielmehr zeigen die *einzelnen* Schriftstellen, wie die *Schriften insgesamt* zu verstehen sind. Die Leseweise der frühen christlichen Gemeinden wird also an einzelnen Schriftstellen oder Abschnitten exemplarisch deutlich, bezieht sich aber auf die Schriften insgesamt.

3. Die Schriften, aus denen zitiert wurde, lagen den nt.lichen Autoren überwiegend in der Fassung der Septuaginta vor. Deren große Bedeutung für die Lesung in den Synagogen ist bereits deutlich geworden.[75] Ebenso wichtig ist sie auch für das frühe Christentum. Ich betrachte daraufhin noch einmal die zitierten Stellen:
- Mt 12,7 (= Mt 9, 13): wörtlich aus Hos 6,6 LXX;[76]
- Mk 12, 26 (par Mt 22,31): verkürzt aus Ex 3,6 LXX;
- Lk 20, 37: verkürzt aus Ex 3, 15 LXX;
- Mk 12, 10 (Mt 21,42): wörtlich aus Ps 118, 22. 23 LXX;
- Lk 20, 17: wörtlich aus Ps 118, 22 LXX;
- Mt 21, 16: wörtlich aus Ps 8, 3 LXX;
- Mk 10, 6–8: wörtlich aus Gen 1, 27 und 2, 24 LXX;
- Mt 19, 4: Gen 1, 27; 2, 24 LXX mit kleinen Änderungen;
- Lk 10, 26; Dtn 6, 5 LXX mit Änderungen, verbunden mit Lev 19, 18 LXX, verkürzt.

Natürlich handelt es sich hier nur um eine kleine Auswahl aus der Fülle at.licher Zitate im NT. Aber die grundlegende Wichtigkeit der

Septuaginta ist auch hieran bereits zu erkennen.[77] Allerdings ist auch deutlich, daß die nt.lichen Stellen dem Septuaginta-Text nicht immer und nicht immer wörtlich folgen. Diese Beobachtung läßt sich im Blick auf den nt.lichen Textbestand leicht verbreitern: wiederholt entsprechen die Zitate keiner der bekannten Textformen,[78] bisweilen sind sie falsch zugeordnet[79] oder es scheinen Targum-Einflüsse wirksam gewesen zu sein[80]; die „Erfüllungszitate" bei Matthäus lassen ebenfalls den Einfluß der Septuaginta erkennen (etwa in Mt 1,23), führen aber insgesamt stärker an den hebräischen Text heran. Auch wenn die Septuaginta als Zitatquelle zweifellos im Vordergrund steht, ist der Sachverhalt dennoch nicht ganz einheitlich.

4. Zu seiner Erklärung muß auch die Frage berücksichtigt werden, was in den frühen christlichen Gemeinden an Schriften vorhanden war. Hengel hat hierzu die Auffassung vertreten:

„Christliche Gemeinden, die in den größeren Städten meist durch Abspaltung von den Synagogengemeinden entstanden waren", verfügten „in der Regel von Anfang an über einen ‚Bücherschrank' mit den wichtigsten alttestamentlichen Schriften..., die dann durch die eigene christliche Produktion allmählich ergänzt wurden".[81]

Das „in der Regel" schränkt die Bestimmtheit der Aussage allerdings ein, und zwar mit Recht. Denn die Synagogen waren durchaus nicht immer in Besitz eines „vollständigen" Bibeltextes.[82] Mit Wahrscheinlichkeit ist lediglich davon auszugehen, daß der Pentateuch, Jesaja und die Psalmen vorhanden waren. Außerdem gab es offenbar schon früh Zusammenstellungen von Prophetentexten für den gottesdienstlichen Gebrauch. In Verbindung mit der Tatsache, daß auch in Qumran die Handschriften zu Jesaja und den Psalmen zahlenmäßig überwiegen, spricht dies „in der Regel" gerade nicht für das Vorhandensein aller biblischer Texte, sondern für eine (mehr oder weniger große) Auswahl. Für den nachnt.lichen Barnabasbrief ergibt sich derselbe Sachverhalt, wie ein Vergleich der dort zitierten at.lichen Belege zeigt.[83] Was für die Synagogen einerseits, für den Barnabasbrief andererseits gilt, ist auch für das NT anzunehmen. Daß hier bestimmte Schriften häufig, andere dagegen nur selten oder gar nicht zitiert werden, hängt jedenfalls auch mit diesen materialen Bedingungen zusammen.

Zitat-Sammlungen sind auch aus Qumran bekannt, wie die Testimonienschrift und das Florilegium erkennen lassen.[84] Die Testimonien enthalten Dtn 5,28f.; 18,18f.; Num 24,15–17 und Dtn 33,8–11. Vermutlich ist die Auswahl dieser Stellen durch die messianische Erwartung der Gemeinde bestimmt. Inhaltlich geht es um das endzeitliche Auftreten des Propheten und der beiden Gesalbten Aarons und Israels. Im Florilegium sind 2 Sam 7, 10–14; Ps 1, 1 und Ps 2, 1–2 zusammengestellt und mit Erläuterungen im Stil des Pescher (I, 14) verbunden.[85] Trotz des Wortes „Auslegung" (פִּרְשׁ) in I, 14 handelt es sich nicht um eine fortlaufende Erläuterung eines Buches, sondern um die „knappe Erklärung und Anwendung eines einzelnen Abschnittes",[86] um eine kleine Sammlung eschatologisch orientierter Midraschim.

Wenn man die verschiedenen Beobachtungen zusammenträgt – die faktische Verbreitung biblischer Schriften in den Synagogen; die teilweise unterschiedlichen Textformen; die Zusammenstellung von Prophetenstellen für die gottesdienstliche Lesung; Sammlungen von Zitaten in Qumran; die herausragende Bedeutung einzelner biblischer Schriften für die urchristlichen Autoren (bis hin etwa zum Barnabasbrief) und schließlich die Verwendung derselben Zitate oder Zitatverbindungen in verschiedenen nt.lichen Schriften, teilweise mit übereinstimmenden Textabweichungen –, so spricht vieles für die Annahme, daß es auch in den christlichen Gemeinden Sammlungen mit biblischen Belegstellen gegeben hat.[87] Denkbar ist dabei sowohl die Nutzung bereits vorhandener als auch die Erstellung eigener Sammlungen unter christlicher Perspektive.

Einer der hier behandelten Texte ist dabei besonders aufschlußreich, das „Stein-Wort" nämlich, das an das Gleichnis von den Weingärtnern angehängt ist.[88] Hier läßt sich sowohl eine jüdische[89] als auch eine sich darauf beziehende christliche Verwendung erkennen. Im NT werden Ps 118, 22; Jes 28, 16 und Jes 8, 14 zitiert und zum Teil als Zitatengruppe zusammengestellt (Mt 21, 42; Röm 9, 33 f.; besonders 1 Petr 2, 6–8), wobei die Bedeutungen des Eck- oder Schlußsteins und des (vernichtenden) Steins des Anstoßes auf Jesus bezogen werden. Die ausführlichste Zitatenreihe findet sich in Barn 6, 2–4, wo zusätzlich noch auf Ps 118, 24 LXX und Jes 50, 7 angespielt wird. Seinem Verfasser haben offenbar unkommentierte Zitatensammlungen vorgelegen[90]; daß dies auch für Barn 6, 2ff. gilt, ist wegen der Traditionsgeschichte dieser Sammlungen anzunehmen. Daß diese Sammlungen schriftlich vorgelegen haben, ist zwar nicht sicher, zumindest für die „Stein-Sprüche" aber wahrscheinlich,[91] so daß man von Spruchsammlungen sowohl in schriftlicher als auch in mündlicher Gestalt ausgehen kann.[92]

6. Die verschiedenen Beobachtungen lassen eine anhaltende und intensive Diskussion über das Lesen und Verstehen der biblischen

Schriften in den frühen christlichen Gemeinden erkennen. Die Einleitungswendung „Habt ihr nicht gelesen?" macht diese Diskussion exemplarisch deutlich und verweist in ihren jeweiligen Kontexten auf eine christologisch geprägte Leseweise der biblischen Schriften, die in bestimmten Trägerkreisen beheimatet ist.

Hinweise auf eine christliche Schriftgelehrsamkeit finden sich vor allem bei Matthäus. Nach 13,52 sind die Gelehrten in der Gottesherrschaft unterrichtet und holen Neues und Altes aus ihrem Schatz heraus. Auffällig ist dabei die Vorordnung des Neuen. Sie ist am einfachsten im Blick auf das Evangelium und die Schriften zu deuten.[93] Das Neue steht voran und gibt den Maßstab vor.[94] Von diesem Maßstab aus wird das Alte verstanden und rezipiert. Zusammengehalten wird beides durch das Bild vom Hausvater, der beides aus einem Schatz (der Vorratskammer?) holen kann. Das Alte ist also keineswegs abgetan; im Gegenteil, mit dem Neuen zusammen macht es den „Schatz des Hausherrn" aus. Aber der Vorrang liegt doch beim Neuen. Was sich bei der Einzelanalyse mehrfach gezeigt hat, daß nämlich die Schrift vom Christusereignis her gelesen wird, ist hier in einem Satz zusammengefaßt.

In Mt 23,34 ist von christlichen Propheten, Weisen und Schriftgelehrten die Rede.[95] Sie sind als Missionare zu Israel gesandt, stoßen aber auf Ablehnung bis hin zu Geißelung und Tötung. Dieses Schicksal verbindet sie mit dem der Propheten (23,29ff.). Daß dies alles „in *euren* Synagogen" geschieht, zeigt die Distanz zur jüdischen Umwelt an, und wenn 7,29 von „ihren Schriftgelehrten" spricht, ist das Gegenüber zu den christlichen Gelehrten klar bezeichnet. Die Tätigkeit christlicher Schriftgelehrsamkeit läßt sich bei Matthäus mehrfach belegen.

Die sogenannten „Erfüllungszitate" des Matthäus weisen auf eine schriftgelehrte Tätigkeit hin, bei der insbesondere die Sondergutgeschichten mit bestimmten Schriftstellen in Verbindung gebracht wurden. Eine Testimoniensammlung, wie sie für diese Zitate behauptet worden ist,[96] legt sich nicht nahe, weil eine Zusammenstellung gerade dieser Zitate keine gemeinsame Absicht erkennen läßt. „Die große Mehrzahl der Erfüllungszitate, vor allem im Bereich des Sonderguts, kann ... nur im Zusammenhang mit denjenigen Erzählungen, in denen sie heute stehen, überliefert worden sein. Da aber nicht der Evangelist für ihren Wortlaut verantwortlich ist, sind sie wohl bereits in der mündlichen Überlieferung zusammen mit ‚ihren' Geschichten überliefert worden. Solche Sondergutstoffe sind also vor Mt in schriftgelehrten Kreisen von der Bibel her reflektiert worden."[97] Bei der Perikope vom Ährenraufen hat sich gezeigt, daß Mt 12,5f. aus der Erkenntnis heraus neu formuliert, daß die markinische Argumentation in sich nicht wirklich schlüssig ist. Auch gegenüber

Mk 3,1–6 verwendet Mt 12,9–14 ein zusätzliches und zweifellos traditionelles Argument (V. 11 f.). Solche Bearbeitungen zeigen, daß in der Gemeinde des Matthäus das Markusevangelium von christlichen Schriftgelehrten reflektiert worden ist.

Hinter dem Matthäusevangelium lassen sich also besonders deutlich Kreise erkennen, in denen die Jesusüberlieferung (aus Markus, der Spruchquelle und dem Sondergut) und die biblischen Schriften gelesen und miteinander verglichen wurden. Dies gilt aber nicht nur für Matthäus, wie die zahlreichen biblischen Verweise erkennen lassen, die sich breit gestreut im NT finden (Jes 53; Ps 110 u. a.). Das „Alte" vom „Neuen" her zu deuten (Mt 13,52) oder „ausgehend von einer Schriftstelle Jesus zu verkündigen" (Apg 8,35) erweist sich für die Ausformung der theologischen Konzeptionen im Urchristentum insgesamt als wesentliches Merkmal. Sie erfolgt als innergemeindliche Diskussion und in Auseinandersetzung mit kritischen Anfragen von außen. Streit-, Schul- und Lehrgespräch bieten dabei eine Form an, in der dieser Vorgang gefaßt und überliefert werden konnte. Daß innerhalb der Synoptiker Matthäus noch einmal eine spezifische Nähe der christlichen Schriftgelehrten zur jüdischen Schriftgelehrsamkeit aufweist, ist festzuhalten, ohne daß dies die allgemeine Bedeutung des Phänomens aufhebt.

4.4 „Wer liest, begreife!" Das Lesemodell des Erzählers Markus

Nach diesem ersten Durchgang durch die synoptischen „Lese-Stellen" soll nun in zwei weiteren Abschnitten das Lesemodell des Markus und das des Lukas näher betrachtet werden. Sie lassen sich an einigen Stellen sehr deutlich erkennen, wirken sich aber darüber hinaus auch auf das Gesamtverständnis des jeweiligen Evangeliums aus. Einen ersten Hinweis auf das Lesemodell bei Markus gibt ein kleiner, in Mk 13,14 (und Mt 24,15[98]) überlieferter Satz: „Wer liest, begreife!" Unter den Evangelisten ist Markus zweifellos der „Erzähler des Evangeliums".[99] Er erzählt aber im Modus der Schriftlichkeit. Dabei stellt er sich offenbar bestimmte Leser und Leserinnen vor und gibt ihnen wiederholt Hinweise darauf, wie er sein Werk verstanden wissen will. An einer Stelle aber, in 13,14, spricht er sie direkt an. Aus diesem Grund ist diese Stelle charakteristisch für Markus. Sie dient deshalb als Ausgangspunkt für die folgenden Überlegungen, die aber das Lesemodell bei Markus insgesamt zum Inhalt haben.

1. Daß ich 13,14 als für *Markus* charakteristisch ansehe, ist gleich

noch näher zu begründen; denn üblicherweise wird dieser Vers als Bestandteil der apokalyptischen Tradition angesehen, die Markus in Kapitel 13 übernimmt. Große Wirkung hat die Bezeichnung dieser Tradition als „apokalyptisches Flugblatt" gehabt,[100] das im Jahr 40 n. Chr. unter dem Eindruck des Versuchs von Caligula entstanden sei, ein Kaiserstandbild im Tempel in Jerusalem aufstellen zu lassen (Josephus, Bell II, 185). Die direkte Anrede des Lesers deute auf die Schriftlichkeit der Vorlage hin. Nun kann kein Zweifel daran bestehen, daß Markus in Kapitel 13 apokalyptische Tradition aufgreift. Die genaue Identifizierung und zeitgeschichtliche Einordnung ist aber aus verschiedenen Gründen schwierig: es fehlen von Markus unabhängige Vergleichstexte, Mk 13 selbst ist durchgehend redaktionell gestaltet und die aufgenommenen Traditionen sind auch andernorts nachweisbar. Deshalb muß die Behauptung einer einzigen, schriftlichen Quelle zumindest offenbleiben. 2 Thess 2, 3 ff. belegt in einem ganz anderen literarischen Zusammenhang jedenfalls auch die Bekanntheit mit dieser Tradition.

Daß speziell der kleine Satz „Wer liest, begreife!" im Zusammenhang mit dem „Greuel der Verwüstung" traditionell ist, hat jedoch Wahrscheinlichkeit für sich. Der „Greuel der Verwüstung" ist als Wendung aus Daniel übernommen (9, 27; 11, 31; 12, 11).[101] Deshalb liegt es nahe, Daniel auch im Blick auf die Lesewendung näher zu betrachten. 12, 9 f. ist dabei besonders interessant:

„Er aber sprach: Geh hin, Daniel; denn es ist verborgen und versiegelt bis auf die letzte Zeit. Viele werden gereinigt, geläutert und geprüft werden, aber die Gottlosen werden gottlos handeln; alle Gottlosen werden's nicht verstehen, aber die Verständigen werden's verstehen."

Das Verstehensmotiv findet sich auch in Dan 9, 2; 10, 1 (vgl. 8, 27). Daß gerade Daniel dazu in der Lage war, Gelesenes oder auch Träume zu begreifen und zu deuten (vgl. 2, 27 ff.; 5, 17 ff.), spielt bei der Aufnahme einer solchen Weissagung natürlich eine Rolle. Daß Lesen und Verstehen aber zusammengehören, findet sich nicht nur bei Daniel, sondern ist auch sonst im AT und insbesondere in der prophetischen Tradition belegt (etwa Jes 6, 9 f.; Hos 14, 10).[102] Man kann deshalb davon ausgehen, daß im Rahmen von Mk 13, 14 auch die Parenthese „Wer liest, begreife!" traditionellen Charakter hat. Die Schriftstelle zu lesen reicht noch nicht aus; man muß auch verstehen, was sie sagt, und wer weise ist, dem erschließt sich das Verständnis.

Markus hat diese Aussage nun in den Gesamtrahmen der apokalyptischen Rede übernommen. In diesem Rahmen will er sie offenbar

auch verstanden wissen (anders als Matthäus, der ausdrücklich auf
den Propheten aufmerksam macht). Die Adressaten der Rede sind
nach 13,3 Petrus, Jakobus, Johannes und Andreas. V. 37 erweitert jedoch diesen kleinen Kreis: „Was ich aber euch sage, sage ich allen." Er
schließt nun auch die Leser des Evangeliums ein, die an der Seite der
Jünger lesen und begreifen sollen, was Jesus ihnen sagt.

Verschiedene Worte Jesu in 13,9 f. 13. 23. 31. 37 stützen diese Interpretation.
Sie zeigen, daß die christliche Gemeinde trotz der Bedrängung apokalytischen
Ausmaßes nicht allein ist, sondern sich an Jesu Worte halten kann, die selbst in
dieser Situation Geltung haben. Was in Kapitel 13 beschrieben wird, will
Markus von Jesu Worten her verstanden wissen.[103] Wenn er an einigen Stellen
über Jesu eigene Zeit hinaus auf das künftige Ergehen der Jünger hinweist
(V. 9. 13 Verfolgungen; V. 10 Verkündigung des Evangeliums), so spricht er faktisch die Christen seiner eigenen Gegenwart an. Die anfängliche Begrenzung
der Adressaten auf vier Jünger weist also die eschatologische Rede als besondere Belehrung aus, ihr Abschluß und die verschiedenen Hinweise auf das zukünftige Ergehen der Jünger weitet sie aber auf alle Nachfolger aus, besonders
auf die in der eigenen Zeit des Markus. Sie sollen nunmehr mit Hilfe der Rede
Jesu, wie Markus sie überliefert hat, ihre Gegenwart verstehen.

Mk 13, 14 ist also ohne Zweifel mit Hilfe traditioneller Formulierungen gestaltet. Die Tradition – und dabei insbesondere die Aufforderung, zu lesen und zu begreifen – ist aber in den Gesamtrahmen
einer Jesusrede für seine Jünger eingefügt und ausgeweitet auf alle,
die glauben. Mit dieser Akzentuierung ist Mk 13, 14 charakteristisch
für das zweite Evangelium.

2. Eine ähnliche Wendung findet sich in 7, 14. In 7, 1–23 geht es um
eine Auseinandersetzung zur Frage von Reinheit und Unreinheit. Die
Konfliktparteien sind Pharisäer und einige Schriftgelehrte (V. 1) auf
der einen, auf der anderen Seite „einige der Jünger" Jesu, die mit un-
gewaschenen Händen essen (V. 2). V. 5 bringt mit der Frage der Pharisäer und Schriftgelehrten die Problematik auf den Punkt,[104] V. 6–13
stellen eine erste Antwort Jesu dar. Bis hierhin bleibt die Szene ganz
im Rahmen eines Streitgesprächs Jesu mit seinen Gegnern über ein
Verhalten der Jünger. V. 14 geht darüber aber hinaus:

„Und er rief das Volk wieder zu sich und sprach zu ihnen: *Hört mir alle zu und
begreift's!"*

In V. 15 schließt sich eine antithetisch formulierte Regel an. Nach
V. 17 geht Jesus vom Volk weg ins Haus, einem bevorzugten Ort der
Jüngerbelehrung, und läßt den Jüngern eine weitere Lehre zuteil
werden, die V. 15 aufgreift, jedoch in besonderer Weise akzentuiert.
Auffällig ist die unvermittelte Einführung „aller" in V. 14. Sie erwei-

tert den Adressatenkreis über die unmittelbar beteiligten Jesusjünger hinaus. „Alle" sollen Jesus hören und begreifen, was er ihnen sagt. Ausdrücklich angesprochen ist dabei das Volk, wiederum eingeschlossen sind aber auch diejenigen, denen das Wort Jesu im Rahmen des Evangeliums begegnet; denn unter den Lesebedingungen der Antike ist das Hören auch komplementär zum Vorlesen des Evangeliums. Dies ist ganz offensichtlich intendiert, denn anders als das Volk lernen die Leserinnen auch noch die Belehrung kennen, die Jesus seinen Jüngern im Haus gibt. Wenn also im Rahmen der Erzählung „alle" zum Hören und Begreifen aufgefordert werden, sind damit in besonderer Weise Leserinnen und Hörer der Erzählung selbst angesprochen.

3. Markus geht darüber aber noch hinaus und öffnet seine Jesuserzählungen geradezu für die Reaktionen seiner Hörer. Ein Beispiel dafür liegt in 3, 4 vor. Beschrieben wird in 3, 1–6 eine Sabbatheilung in einer Synagoge. Auf dem Hintergrund der zeitgenössischen Sabbatpraxis ist dadurch ein Konflikt unabweisbar.[105] In der Perikope ist denn auch (wie in 2, 1–12) eine Wundergeschichte mit einem Streitgespräch verbunden. V. 2 verweist auf die Absicht der Gegner und deutet damit den Konflikt an. Jesus geht in V. 4 ausdrücklich darauf ein, indem er seinen Gegnern die (geschickt formulierte) Frage stellt, ob es am Sabbat erlaubt sei, Gutes zu tun oder Böses, Leben zu retten oder zu töten.[106] Die Gegner bleiben die Antwort schuldig. Sie schweigen, weil sie die Konsequenz, am Sabbat sei Böses erlaubt, nicht ziehen wollen, die andere aber, daß Gutes erlaubt sei, in dieser Allgemeinheit nicht ziehen können. Das Schweigen der Gegner ist also sehr beredt – nicht zuletzt für diejenigen, die die Erzählung lesen. Sie werden durch das Schweigen der Gegner zu einer Antwort geradezu aufgefordert. Sie sollen die Konsequenz ziehen, die die Gegner nicht ziehen wollen: am Sabbat ist es erlaubt, Gutes zu tun. Und die sich anschließende Heilung (V. 5) gibt ihrer Antwort recht. Daß die Gegner daraufhin (V. 6) einen Tötungsbeschluß fassen, zeigt den Lesern zugleich, daß es bei dieser Frage um die Einschätzung des Handelns Jesu überhaupt geht.

4. Solchen Lesehinweisen nachzugehen ist eine für das Verstehen des Markusevangeliums außerordentlich lohnende Aufgabe. Im Detail kann ich dies hier nicht durchführen, aber auf einige Beobachtungen will ich noch aufmerksam machen.[107] Die Einleitung des Evangeliums gibt allen, die sie lesen, grundlegende Informationen für das Verständnis des Gesamttextes.[108] In der Taufperikope 1, 9–11 wird die Taufe selbst in V. 9 nur knapp erwähnt. Wichtiger ist offenbar V. 10f.:

Als Jesus aus dem Wasser steigt, sieht *er* die Himmel sich spalten und den Geist wie eine Taube auf sich herabkommen; *er* ist es auch, der die Himmelsstimme hört: „Du bist mein geliebter Sohn, an dir habe ich Wohlgefallen."[109] Von den Umstehenden hört und sieht niemand etwas. Innerhalb der Erzählung, im Rahmen der erzählten Welt, handelt es sich also um ein verborgenes Geschehen, das jedoch den Lesern der Erzählung bekannt gemacht wird. Bereits vor dem programmatischen Beginn der Wirksamkeit Jesu in 1,14f. wissen sie, wer er ist.[110] Den handelnden Personen innerhalb der Erzählung bleibt dagegen (mit Ausnahme der Dämonen) diese Identität Jesu weitgehend verborgen. Die Frage der Jünger nach der Stillung des Sturmes: „Wer ist denn dieser, daß der Sturm und der See ihm gehorchen?" (4,41), ist deshalb kein staunender Chorschluß, sondern eine wirkliche Frage, und zwar über die Jünger hinaus an alle, die die Erzählung lesen. Schon in seiner Einleitung hat Markus aber auch die Möglichkeit geschaffen, die Frage in seinem Sinn zu beantworten. In diesem Sinn schafft Markus sich seine Leser.

Ein noch deutlicheres Signal in diese Richtung setzt Markus in 8,27–30 (vgl. bereits 6,14–16); deutlich deshalb, weil hier Jesus selbst die Jünger fragt: „Wer, sagen die Leute, daß ich sei?" Was sich nach der Sturmstillung als Frage aufdrängte, wird nun eigens thematisiert. Deutlicher noch als 4,41 greift 8,27 über den Rahmen der Erzählung hinaus. Dies wird dadurch unterstrichen, daß verschiedene Ansichten über Jesus gleichsam referiert sind. Demgegenüber stellt das Messiasbekenntnis des Petrus eine offensichtlich weitergehende Erkenntnis über Jesus dar.[111] Aber selbst mit diesem Bekenntnis sind die Jünger noch nicht auf dem gleichen Stand wie die Leser (1,1.9–11). Diese aber, die Leser, sind mit der Frage in 8,27 und den im Sinne des Mk noch unzureichenden Antworten wiederum zu einer eigenen Antwort herausgefordert. In 4,41; 6,14–16; 8,27ff. braucht der Text ganz offensichtlich die Reaktion der Leser. Ohne sie ist er noch nicht vollständig.[112]

5. Faßt man die bisherigen Beobachtungen zusammen, kann man mit Recht von einem markinischen Lesemodell sprechen. Da es nicht ausdrücklich formuliert ist, sondern mit verschiedenen Signalen und Aufforderungen arbeitet, handelt es sich um ein implizites Lesemodell. Vollends deutlich wird dies am Schluß des Evangeliums.[113] Dieser auf den ersten Blick abrupte Abbruch erschließt sich auf dem Hintergrund einer Leseperspektive. Denn seine wesentliche Eigenschaft ist ohne Zweifel seine Offenheit. Daß die Frauen von dem außerordentlichen Ereignis, von dem sie Kunde erhalten, nichts wei-

tersagen, *kann* gar nicht das Ende des Werkes sein. In diesem Fall
wäre es nicht zur Verkündigung des Evangeliums gekommen. Welche
Signale setzt nun aber der Evangelist mit seinem Schluß? Ich erinnere
noch einmal an 3, 4. Dort hat das Schweigen der Gegner eine Antwort
der Leser provoziert. Hier nun, am Ende der Erzählung, haben wir es
mit demselben Sachverhalt zu tun: Das Schweigen der Frauen fordert
das eigene Reden derer heraus, die das Evangelium lesen,[114] ein
Reden vom auferstandenen Jesus, seinem Vorausgehen nach Galiläa
und den Begegnungen mit ihm. Den Leserinnen und Lesern wird das
Weitersagen dieser Ereignisse übertragen. Der „Anfang des Evangeliums" (1, 1) ist erzählt,[115] nun ist es an ihnen, es weiterzusagen.

"Both story and book are finished and at the same time not finished. The book
is finished because after this page there follows no other. The story is finished
because it does not continue. But at the same time it is not finished. We do not
come across the words 'the End'."[116]

Die verschiedenen Beziehungen zwischen der Gesamterzählung
und dem Schluß bestätigen diese Deutung. Das Stichwort „Evangelium" findet sich in 1, 1 und 16, 6. Von der Bereitung des Weges ist in
1, 2 f. die Rede; das Wegmotiv prägt den mittleren Abschnitt 8, 27–
10, 52 insgesamt; und am Ende werden die Jünger (zumindest der
Sache nach) erneut auf den Weg nach Galiläa geschickt. 16, 7 nimmt
zudem die Weissagung Jesu aus 14, 28 ausdrücklich auf, so daß die
Jünger den neuen Weg im Vertrauen darauf gehen können, daß Jesus
ihnen vorangegangen ist. Mit diesen Mitteln verleiht Markus seiner
Erzählung eine Spannung, die sich durch den gesamten Text hindurch-
zieht und sich bis zum Schlußsatz durchhält. Im Rahmen der Erzählung wird sie nicht gelöst. Sie löst sich erst dadurch, daß diejenigen,
die das Evangelium bis zum Ende gelesen haben und sich vom Engel
im Grab auf den Weg schicken lassen, es nun ihrerseits weitererzählen. Es bleibt nicht beim Schweigen. Daß in der Zeit des Markus die
Jesusbotschaft dann auch tatsächlich weitergegeben wurde, setzt der
Text selbst an einigen Stellen voraus (vgl. 13, 10; 14, 9).[117]
    6. Der Satz „Wer liest, begreife!" aus 13, 14 faßt das markinische
Lesekonzept auf knappste Weise zusammen. Er ist aus der Tradition
übernommen, aber der eigenen Aussageabsicht des Markus dienstbar
gemacht. Nur hier (und in 7, 14) wird das Lesemodell des zweiten
Evangeliums ausdrücklich formuliert. Bei der apokalyptischen Verkündigung ist es dabei besonders wichtig, nicht nur zu lesen, sondern
auch zu verstehen. Das Lesemodell wird aber auch an anderen Stellen
greifbar und zieht sich durch das ganze Evangelium hindurch. Lesen

heißt für Markus von Anfang an Begreifen; dies aber nicht in erster Linie im Sinne eines richtigen Verständnisses als Gegensatz zu einem verkehrten oder noch nicht vollständigen, sondern ein Begreifen, das sich selbst in Beziehung setzt zu dem Gelesenen. Die Fragen der Jünger nach Jesus sind zugleich Fragen an die Leser, Signale für das Lesen und Verstehen; und das Schweigen an einigen Stellen in der erzählten Welt fordert das Antworten und Reden derer, die lesen, geradezu heraus. Mit diesen verschiedenen Hinweisen leitet der Text implizit zum Lesen an. Daß sich das Verstehen allerdings nicht feststellend, sondern nur nachfolgend einstellt (8,27–10,52), zeigt noch einmal, daß mit dem Ende des Textes das Evangelium noch nicht zu Ende ist.

4.5   Jesus öffnet die Schrift: Ein explizites Lesemodell bei Lukas

In der Lesegeschichte des Äthiopiers (Apg 8,26–40) ist die zentrale Frage nach dem Zusammenhang von Lesen und Verstehen ausdrücklich gestellt (V. 30). Sie wird dahingehend beantwortet, daß das Verstehen des Gelesenen nur möglich ist, wenn der biblische Text von Jesus her und auf ihn hin gelesen wird. Bei der Einleitungswendung „Habt ihr nicht gelesen?" ist wiederholt ein vergleichbarer christologischer Akzent deutlich geworden. Im folgenden gehe ich noch einmal ausdrücklich auf das lukanische Doppelwerk ein. Über Apg 8,26ff. hinaus zeigt sich nämlich, daß Lukas seine Leserinnen und Leser nicht nur implizit zu einem bestimmten Verständnis der Schrift anleitet, sondern sein Lesemodell ausdrücklich durch Jesus legitimiert. Dies geschieht in herausragender Weise in zwei Abschnitten, in Lk 4,16–30 und Lk 24,13–35.44–49.

4.5.1   „Und er öffnete die Buchrolle": Lukas 4,16–21

Das erste öffentliche Auftreten Jesu hat für das ganze Lukasevangelium programmatischen Charakter.[118] Diese Bedeutung kommt dem Abschnitt 4,16–30 nicht zuletzt deswegen zu, weil Jesus hier die Schrift öffnet und auslegt. Darauf (und also auf V. 16–21) will ich mich im folgenden konzentrieren.[119]

1. Die verschiedenen Hinweise zum Lesen sind bereits bekannt. Es ist die Rede von einer Prophetenlesung am Sabbat in der Synagoge. Jesus steht auf, um zu lesen. Daß er dazu aufgefordert wurde, wird

nicht berichtet, auch von den der Lesung vorangehenden Teilen des Synagogengottesdienstes hören wir nichts. Nach V. 17 bekommt Jesus die Jesaja-Rolle gereicht, er rollt sie auf (ἀναπτύξας)[120] und kommt zur Stelle Jes 61, 1f.[121] Das Lesen selbst wird nicht erwähnt, nur das Zitat in V. 18f. ist angegeben. Nach der Lesung (V. 20) rollt Jesus die Rolle wieder zusammen (πτύξας τὸ βιβλίον), reicht sie dem Synagogendiener zurück und setzt sich. Diese ausführliche Aufzählung von Lesedetails (bei Vernachlässigung aller vorangehenden Stücke des Synagogen-Gottesdienstes) hat eine deutlich retardierende Funktion. Die Szene wird Schritt für Schritt entwickelt; auf diese Weise baut sich ein Spannungsbogen auf, der in V. 20 b seinen Höhepunkt erreicht: die Augen aller Anwesenden sind nun voller Aufmerksamkeit auf Jesus gerichtet (vgl. Apg 6, 15).

Betrachten wir kurz das Zitat in 4, 18f. Am Anfang steht die Aufgabe, den Armen gute Botschaft zu verkündigen, die Verkündigung eines willkommenen Jahres des Herrn steht am Ende. Dazwischen weist Lukas auf die Machttaten hin, die die Sendung Jesu vorab zusammenfassen.[122] Das Zitat verbindet Jes 61, 1f. mit 58, 6, und zwar in Anlehnung an die Septuaginta.[123] Gegenüber dem Jesaja-Text fehlen die Wendungen „um die in ihrem Herzen Betrübten zu heilen" und vom „Tag der Rache". Ein Hinweis auf den Tag der Rache war für Lukas in seinem Zusammenhang offenbar unpassend. Daß er die andere Aussage weggelassen hat, ist üblicherweise mit Hilfe eines Zitates aus dem Gedächtnis erklärt worden. Auf diese Weise könnte man die Einfügung von Jes 58, 6 „um die Zerschlagenen in Freiheit zu entlassen" erklären. Sie hebt aber den Aspekt des Befreiens (ἄφεσις), der in Jes 61 anklingt, hervor und ist deshalb offenbar eine absichtsvolle Ergänzung – was gegen eine Zitierung aus dem Gedächtnis spricht.[124] Mit diesem Akzent spricht das Zitat nun nicht mehr nur von der „Proklamation eines Boten",[125] sondern von dem, der die Freilassung sowohl verkündet als auch bringt[126] und deshalb mehr ist als die Propheten. Indem Lukas auf diese Weise zwei Prophetenstellen miteinander kombiniert, schafft er einen neuen Text, der auf die Proklamation des „heute" hinzielt.

Nur andeuten will ich einige weitere Beobachtungen. Die Geistsalbung in V. 18 weist auf 3, 22 zurück, wo Jesus den heiligen Geist empfängt.[127] Was sich bei der Taufe andeutet, erweist sich hier als für die ganze Wirksamkeit Jesu charakteristisch. Daß Jesus den Armen die frohe Botschaft verkündet (6, 20 u. ö.), daß er Blinde heilt und Besessene freimacht (18, 35ff.; 11, 14ff.), ist ein zentraler Gedanke des Gesamtwerkes und wird hier, ausdrücklich mit Hilfe eines Zitates, zusammengefaßt. Das „willkommene Jahr des Herrn" ist für Lukas in Anlehnung an das Jobeljahr (Lev 25, 8–54)[128] die eschatologische Wende der Zeit. Die Gegenüberstellung des „willkommenen Jahres" und des unwillkommenen Propheten (V. 24) zeigt darüber hinaus auch im weiteren Verlauf der Perikope die kompositorische Absicht des Evangelisten.[129]

2. Das Jesus den Prophetentext liest, wird in V. 17 nicht direkt erwähnt. Bovon meint: „Kunstvoll spricht Lukas nicht aus, daß Jesus vorliest, sondern impliziert diesen Tatbestand im Ausdruck der Absicht und im folgenden Zitat."[130] Das ist richtig, muß aber noch weiter präzisiert werden. Die eigentliche Kunst dieser Komposition liegt nämlich darin, daß durch das Weglassen Offenheit erreicht wird. Natürlich ist *innerhalb* der Erzählung Jesus derjenige, der diesen Text vorliest. Durch verschiedene Kunstgriffe erreicht Lukas aber, daß, wer das Evangelium liest, nun selbst auch zur Leserin des Propheten wird. Dazu dient die ausdrückliche Zitierung des Textes (dieses Verfahren ist bereits in Apg 8,32f. begegnet) und der Hinweis, daß Jesus „die Stelle fand, an der geschrieben war" (V. 17). Diese ausdrückliche Erwähnung des Geschriebenen macht die Leser des Evangeliums zugleich zu Lesern der Schriftstelle. Sie bekommen von Jesus sozusagen die Schriftrolle geöffnet, werden von ihm auf Jesaja 61 hingewiesen und lesen nun selbst. Dann schließt Jesus die Rolle wieder und setzt sich. Wenn V. 20 den Hinweis anfügt, daß nun alle aufmerksam auf Jesus blicken, sind damit innerhalb der Erzählung die in der Synagoge Anwesenden gemeint, darüber hinaus aber diejenigen, die sich von Jesus den Jesaja-Text haben aufschlagen lassen und ihn gelesen haben. Sie warten nun mit den Leuten in der Synagoge auf die Auslegung.

Daß das „Heute" des Jesuswortes V. 21 für Lukas in die Vergangenheit gehört, zugleich aber auf das Leben der Kirche in seiner Gegenwart gerichtet ist, wurde mehrfach mit Recht betont.[131] Dies wird aber erst wirklich deutlich, wenn man den hier durchgeführten Lesevorgang mit berücksichtigt. Daß nämlich der Nazareth-Perikope im Gesamtaufriß des Evangeliums eine programmatische Funktion zukommt, liegt nicht zuletzt daran, wie hier die Leserinnen des Evangeliums in die erzählte Geschichte mit hineingenommen werden. Und noch genauer muß man anstelle von Leserinnen und Lesern Hörer sagen; denn „heute ist diese Schrift *in euren Ohren* erfüllt".

Das Stichwort „heute" kommt mehrfach bei Lukas vor und hat an allen Stellen betont theologische Bedeutung. Die Verkündigung großer Freude für alles Volk in der lukanischen Geburtsgeschichte hat ihren Grund darin, daß der Retter, der Christus, „heute" geboren ist (2,11). Nach der Heilung des Gelähmten (5,17–26) sagen die Zeugen des Wunders: „Wir haben heute Unglaubliches erlebt." In der Zachäusperikope 19,1–10 begegnet das „heute" gleich zweimal: Jesus lädt sich in das Haus des Zachäus ein (V. 5), und diese Anwesenheit Jesu im Haus verwandelt den Zachäus: „Heute" ist diesem Haus Heil widerfahren. Es handelt sich hier um eine enge inhaltliche Parallele zu 4,21. Daß dieses „heute" in einem den bestimmten Tag überschreitenden Sinn gebraucht wird, ist vollends deutlich bei der Zusage Jesu an den mit ihm Gekreuzigten: „Heute wirst du mit mir im Paradies sein" (23, 43). Das Stichwort „heute" zieht sich durch das Evangelium hindurch; es geht darum, die Begegnung mit Jesus als Angebot des Heils in der Zeit und zugleich über jede Zeit hinausgehend zu begreifen und zu erfassen.[132]

Lukas thematisiert also in V. 17. 20 nicht nur den Lesevorgang als solchen, sondern setzt mit Hilfe des nun geöffneten Jesaja-Textes grundlegende Signale für das ganze Evangelium. Nicht nur *daß* Jesus die Schrift öffnet, ist wichtig, sondern auch, *welche* Schrift es ist und vor allem, *wie* sie gelesen wird, in Verbindung nämlich zum „heute" der Botschaft Jesu. Mit Hilfe des Zitates entwickelt Lukas somit einen für sein ganzes Werk grundlegenden, neuen Text. Es geht ihm nicht um die „Beweiskraft" des Zitates als solche, sondern darum, die Befreiung, die durch die Verschränkung der beiden Jesaja-Stellen hervorgehoben ist, für die Gegenwart anzusagen. Deshalb gehört zu diesem Text auch hinzu, daß Jesus ihn aufrollt und daß er sich in Jesus erfüllt. Auf diese Weise wird der alte Text in der Tat zu einem neuen.

3. Indem Jesus das Prophetenbuch aufrollt, öffnet er Leserinnen und Hörern die biblischen Schriften zugleich im Sinne des Verstehens. Verstehen wird möglich durch die Verbindung zwischen der Proklamation des Boten in Jes 61, 1f. und dem Anbruch der willkommenen Gnadenzeit „heute". Wer dies hört oder liest, wird, wie sich gezeigt hat, vom Evangelisten in die Erzählung mit hineingenommen. Nun ist aber auffällig, daß die gespannte Erwartung von V. 20 in V. 21 in äußerster Kürze aufgelöst wird. Wo eine intensive Auslegung des Textes erwartet wird, folgt ein einziger Satz (V. 22 b setzt neu und anders akzentuiert wieder ein). So auffällig diese Knappheit des Satzes auch ist – mit Apg 8, 35 im Hintergrund wird sie verständlich.[133] Hier wie dort bleibt der Text offen und gibt zu Fragen Anlaß: *Wieso* erfüllt sich diese Schrift, was hat es mit den einzelnen Aussagen auf sich und was bedeutet es, daß sie sich *heute* erfüllt, woran läßt sich das alles erkennen? Die apodiktische Kürze des Satzes stößt diese Fragen an und soll sie anstoßen, und zwar für die Leserinnen und Hörer. Im weiteren Fortgang wird ihnen das Evangelium ständig neue Hinweise geben.

Wir haben es hier offensichtlich mit einem Lesemodell zu tun, das uns in Apg 8, 26ff. bereits begegnet ist, allerdings mit einem wichtigen Unterschied: in Apg 8 wird ausgehend von der Schrift, Jesus verkündigt; in Lk 4 ist es Jesus selbst, der die Schrift öffnet. Was Philippus tut, ist also von Jesus bereits praktiziert worden. In beiden Fällen ist es im übrigen Jesaja, der sich als Schlüsseltext erweist. Aber der Rückgriff auf den Propheten allein genügt noch nicht; das „heute" kommt mit

eigener Bedeutung hinzu und kennzeichnet die Schriftstelle als Verheißung (vgl. das Stichwort „erfüllen" in V. 21). Das Lesen des Jesaja
in Lk 4 bringt aus lukanischer Sicht die ganze Fülle der Prophetie zum
Ausdruck, die in ihr selbst nur angedeutet sein konnte, und das
„heute" der Verkündigung Jesu läßt den Propheten auf eine Weise
sprechen, wie dies vor diesem „heute" so noch nicht möglich war.[134]
4. Noch eine letzte „Lese-Bemerkung" zum Schlußteil der Perikope. Die Reaktion der Synagogenbesucher wandelt sich von staunender Zustimmung (V. 22 a) bis zu Ablehnung und ausgesprochener
Tötungsabsicht (V. 28 f.). Wie der Anspruch Jesu, daß die Prophetie
des Jesaja sich „heute" erfüllt, aufgenommen wird, ist ebenfalls offen.
Damit stehen die Leser der Erzählung zum Schluß noch einmal vor
der Frage, wie sie selbst diesem Anspruch begegnen.

4.5.2   „Wie er ihnen die Schriften öffnete": Lukas 24, 13–35 und 44–49

Das Verb lesen kommt weder in der Emmausperikope noch in dem
Schlußabschnitt von der Erscheinung des Auferstandenen vor den
Jüngern vor. Dennoch handelt es sich um Lesegeschichten, in denen
die Schriften geöffnet und erschlossen werden (V. 27. 44 f.). Die
beiden Verben auslegen (διερμηνεύω) und öffnen (διανοίγω) treten
hier an die Stelle des Lesens,[135] sie ermöglichen es geradezu. In der
Emmausperikope und dem abschließenden Abschnitt 24, 44–49
werden die großen inhaltlichen Linien des Lukasevangeliums zusammengefaßt; damit ist zugleich der Übergang zum zweiten Teil des
Gesamtwerkes, zur Apostelgeschichte, geschaffen. Deshalb ist zu erwarten, daß aus diesen Abschnitten wichtige Erkenntnisse für die
Gesamtinterpretation des Doppelwerkes zu gewinnen sind. Ich beschränke mich aber wiederum auf das Lesen und Verstehen der biblischen Schriften.
1. Von den Unterabschnitten der Emmauserzählung[136] tragen das
Gespräch zwischen (dem noch unerkannten) Jesus und den beiden
Jüngern und die Mahlszene den Hauptakzent. Das „Öffnen der
Schrift" und das „Erkennen Jesu" sind eng aufeinander bezogen. Was
die Jünger über Jesus erzählen (V. 19–21), nimmt eine wichtige Aussa-
genreihe des Evangeliums auf. In 4, 24 und 13, 33 hatte Jesus sich
selbst als Prophet bezeichnet, in 24, 19 sprechen die Emmausjünger
von ihm als von einem Propheten (ἀνὴρ προφήτης); später, in Apg
3, 22 (vgl. 7, 37), wird Jesus als der „Prophet wie Mose" aus Dtn 18, 15

bezeichnet. Daß dieser Prophet nach Lk 24, 19 „mächtig in Tat und Wort vor Gott und allem Volk" war, greift auf 4, 14 zurück und auf Apg 1, 1; 2, 22 und 10, 38 voraus (vgl. 7, 22). In dem Prophetentitel ist also ein wichtiger Akzent lukanischer Christologie aufgenommen,[137] der nun in V. 26 aber mit dem Leiden des Christus verbunden wird.[138] Die knappe Nacherzählung der vorangegangenen Perikope vom leeren Grab (V. 22–24) gipfelt in dem Schlußsatz: „Ihn selbst aber sahen sie nicht." Von diesem Schlußwort der Jünger gehen zwei verschiedene Sinnlinien aus. Die erste umfaßt die Verben

– er *legte ihnen dar* (διερμήνευσεν, V. 27), was in allen Schriften über ihn (τὰ περὶ ἑαυτοῦ) geschrieben steht;
– wie er uns die Schriften *öffnete* (διήνοιγεν, V. 32). Hinzu kommen die verschiedenen Hinweise auf „das (Gespräch) auf dem Weg" in V. 32. 35.

Die zweite Sinnlinie beschreibt das Erkennen Jesu:

– da wurden ihre Augen *geöffnet* (διηνοίχθησαν) und sie *erkannten ihn* (ἐπέγνωσαν αὐτόν, V. 31);
– wie er von ihnen *erkannt wurde* (ἐγνώσθη) beim Brotbrechen (V. 35).[139]

Beide Sinnlinien zeigen deutlich, daß das Öffnen der Augen für Jesus eng mit dem Öffnen der Schriften durch Jesus verbunden ist. Inhaltlich sind beide Linien auf V. 26 f. bezogen: „Mußte nicht der Christus dieses leiden und eingehen in seine Herrlichkeit?" Das göttliche „Muß" erschließt Jesus den Jüngern, indem er ihnen, „ausgehend von Mose und allen Propheten auslegte, was von ihm selbst in allen Schriften" steht. In diesen beiden Versen liegt ein Schlüssel zum Verständnis des lukanischen Gesamtwerkes. Es ist der auferstandene Jesus, der hier seinen Jüngern die Schrift erklärt und sie ins Verstehen einführt. Daß Jesus Hörern und Leserinnen des Evangeliums die Schrift öffnet, hat sich bereits in Lk 4, 16 ff. gezeigt. Dieser Gedanke ist in Kapitel 24 geradezu „doppelt unterstrichen" durch die Tatsache, daß dies nun durch den Auferstandenen geschieht. Das erste öffentliche Lesen der Schrift in 4, 16 ff. und das Auslegen der Schriften in Lk 24 rahmen die gesamte Wirksamkeit Jesu ein.

2. Daß es *alle* Schriften sind, die im Handeln wie im Leiden und Sterben Jesu erfüllt sind, zeigt noch einmal Lk 24, 44 ff. Die Worte Jesu haben den Charakter eines Vermächtnisses (V. 44 a). Sie halten fest, daß alles, was über ihn geschrieben ist, und zwar im Gesetz, in den Propheten und den Psalmen, erfüllt werden muß. Mit dieser Dreiteilung,[140] die den sich herausbildenden Kanon der biblischen Schriften (des AT) andeutet, ist der Hinweis auf alle Schriften in

V. 27. 32 präzisiert. Noch wichtiger aber ist V. 45: Zum Verständnis aller Schriften ist es nötig, daß Jesus den Jüngern *den Sinn öffnet* (διήνοιξεν αὐτῶν τὸν νοῦν).[141] Dann können sie verstehen (συνιέναι), daß jene vom Leiden und Auferstehen des Messias schreiben (V. 46 in Aufnahme von V. 26). Die inhaltliche Parallelität von V. 25–27 und V. 44–46 springt ohnehin ins Auge und unterstreicht die besondere Wichtigkeit der Aussage[142]: hier zeigt Lukas, *wie* er die Schriften gelesen wissen will. Sie sind als solche verschlossen, öffnen sich aber denen, die sie von dem leidenden und auferstandenen Christus her lesen. Dabei handelt es sich nicht um ein hermeneutisches Verfahren neben anderen, sondern für Lukas um *das* Verständnis der Schriften schlechthin, weil es vom Auferstandenen selbst den Jüngern ermöglicht und aufgetragen worden ist.

Das Verb auslegen (ἑρμηνεύω und Komposita) kommt im NT in verschiedenen Bedeutungen und Zusammenhängen vor. Am häufigsten findet es sich im Sinne von übersetzen (μεθερμηνεύω), und zwar überwiegend hebräischer oder aramäischer Ausdrücke ins Griechische. Daß mit der Übersetzung zugleich eine Interpretation verbunden war, wird im NT nur andeutungsweise reflektiert. Paulus verwendet die Wortgruppe in Verbindung mit der Zungenrede in 1 Kor 12. 14. Die Aufgabe des Hermeneuten ist es, das in der Zungenrede Gesagte in verständlicher Rede zum Ausdruck zu bringen; ohne Übersetzung ist die Glossolalie zwar eine Gnadengabe, sie kann aber nicht durch sich selbst wirken (vgl. 1 Kor 14, 16 ff.).

Im Sinne von „auslegen, den Sinn der Schriften deuten" findet sich das Verb nur am Ende des Lukasevangeliums, hier aber in besonderer Konzentration und in Verbindung mit dem ähnlich gebrauchten Verb „öffnen". Mit der Anleitung zum Lesen durch den Auferstandenen kommt ein zentrales Anliegen der lukanischen Redaktion zum Vorschein.

Auch das „Öffnen" der Schrift (διανοίγω)[143] stellt eine Eigentümlichkeit der lukanischen Redaktion dar. Das Erschließen der Schrift (Lk 24, 32) ist zugleich verstanden als ein Aufschließen des Sinnes für die Schrift (24, 25). Darin deutet sich ein at.licher Sprachgebrauch an, wie auch in Apg 17, 2 f.: Paulus setzt sich, „von den Schriften ausgehend", mit den Juden in Thessalonich auseinander, indem er ihnen (die Schrift) eröffnet und darlegt, daß der Gesalbte leiden und auferstehen mußte (zu dem „Muß" des göttlichen Willens vgl. 1, 16; 3, 21; 14, 22). In Beröa (17, 11) forschen die Juden ihrerseits in den Schriften und prüfen nach, wie es sich mit der Verkündigung des Paulus und des Silas verhält. Dieses Nachforschen hat bei vielen die Konsequenz, daß sich ihnen im lk Sinn die Schrift öffnet, ohne daß beides einfach identisch wäre. Apg 8, 35 ist trotz anderer Terminologie eine sachliche Parallele.

Daß der Auferstandene den Jüngern das Verständnis der Schriften „aufschließt", ist deshalb für Lukas eine zentrale Aussage, die er zudem dem zentralen Ort seines Doppelwerkes zuordnet. Vom Auferstandenen her ergibt die Schrift ihren Sinn und ist deswegen auf ihn hin zu lesen. Nachdem den Jüngern aber der Sinn der Schriften aufgeschlossen ist, können sie nun selbst andere zum Verstehen anleiten. Apg 8, 26 ff. gehört also eng mit Lk 24 zusammen.

3. Die Lesegeschichte in 4, 16 ff. und die Anleitung zum Lesen der Schriften durch den Auferstandenen in 24, 13 ff. rahmen das gesamte Evangelium ein. Dabei setzen sie durchaus eigenständige Akzente. In 4, 21 geht es um die Ansage des von Jesaja angekündigten Heils für die Gegenwart des „heute". Das Lesen des Schriftwortes dient der Verkündigung. Es handelt sich weder um einen Schrift-*Beweis* noch um ein „Schema" von Verheißung und Erfüllung, [144] das, wenn man es einmal verstanden hat, anwendbar wäre. Mit Hilfe des Zitates von Lk 4, 18 f. wird nicht argumentiert. Es geht vielmehr um eine Aktualisierung der Verheißung im Sinne einer Ansage, und zwar „heute" und „in euren Ohren", also in der Begegnung mit Jesus, mit seinem Handeln und Reden, seinem ganzen Geschick. Was von den Propheten geweissagt wurde, ereignet sich nun in dem „endzeitlichen Propheten" Jesus, aber nicht als konstatierbares Faktum, sondern als Anrede und Begegnung. [145] Dies bringt Lukas mit dem ersten öffentlichen Auftreten Jesu programmatisch zum Ausdruck.

Am Ende des Evangeliums hat sich die Situation gewandelt. Der Erfahrung des Heils in der Begegnung mit Jesus hat sich die Unbegreiflichkeit des Leidens und Sterbens angeschlossen, die durch die heilvollen Erfahrungen einen Strich zu machen droht. Genau vom Ende her aber erschließen sich die Schriften auf eine ganz neue Weise. Sie lassen zweierlei erkennen: daß der Christus nach Gottes Willen leiden mußte und daß Jesus dieser Christus ist. Das ist in Apg 17, 3 u. ö. in einem Satz zusammengefaßt, in Lk 24 breiter ausgeführt: Während die Jünger Jesus zunächst nicht wiedererkennen, werden ihnen nach 24, 31 die Augen aufgetan und nun erkennen sie ihn – als den Christus, so wie Schriften von ihm sprechen. Damit öffnen sich die Schriften dem Verstehen. Sie bekommen auch eine neue, zusätzliche Funktion: sie dienen der Verstehenshilfe. Mit ihrer Hilfe wird das Heil angesagt, für die Menschen, die Jesus begegneten, und für die, die von ihm durch die Verkündigung des Evangeliums erfahren. Das „heute" von Lk 4, 21 ist deshalb nicht auf eine einmalige Situation in Nazareth beschränkt, sondern wiederholt sich immer dann, wenn Menschen sich der Jesusbotschaft als einer zu ihnen gesprochenen öffnen. Wer nun dieses „heute" erfährt und für sich gelten läßt (dafür wirbt Lk 4, 16 ff. durch die Strategien seines Lesemodells ja ganz ausdrücklich), der kann durch die Schriften, die das Heil ansagen, zugleich verstehen, daß es sich so ereignen mußte, wie es sich ereignet hat, durch das Leiden des Gesalbten hindurch. Aber das ist kein Verstehen, das sich die Jünger durch eigenes Forschen erarbeitet haben (vgl. Apg 17,11). Es ist ihnen vom Auferstandenen selbst eröffnet worden. Deshalb können sie nun von den Schriften her Jesus verkündigen. Alle diese Hinweise zeigen deutlich, daß Lesen und Verstehen im dritten Evangelium durch und durch christologisch geprägt sind.

Was Lukas im Rahmen von 4,14ff. und 24,13ff. über das Lesen der biblischen Schriften darlegt, kann er in seinem zweiten Werk voraussetzen und für die weitergehende Verkündigung fruchtbar machen. Apg 8,26ff. ist das ausführlichste Beispiel dafür; die Stichworte „verstehen" und „lesen" (γινώσκειν, ἀναγινώσκειν), „zum Verstehen anleiten" (ὁδηγεῖν), „ausgehend von dieser Schriftstelle" und „er verkündigte ihm Jesus" sind nun auf dem Hintergrund des Evangeliums voll verständlich. Aber auch die knappe Zusammenfassung dieses Gedankengangs in Apg 17,2f. ergibt auf diesem Hintergrund ihren gefüllten Sinn. Dasselbe gilt für die in kurzen Formeln komprimierten Hinweise auf das Leiden Jesu, wie es „in allen Propheten" vorausgesagt ist (etwa Apg 3,18).

4. Bei Lukas findet sich also in der Tat an exponierter Stelle ein ausformuliertes, explizites Lesemodell. Ein verstehendes Lesen der biblischen Schriften, das ist die Grundaussage, ist nur möglich, wenn der auferstandene Jesus den Sinn dafür aufschließt. Im Grunde wird dies auch für das Lesen des Evangeliums selbst vorausgesetzt. Sowohl in Lk 4,16ff. als auch in Apg 8,26ff. ist nicht alles gesagt, was Lukas sagen könnte, es sind Leerstellen[146] vorhanden, die darauf warten, gefüllt zu werden von denen, die die Texte hören, lesen und ihren Glauben an Christus in den Lesevorgang mit einbringen. Dadurch und im Verbund mit der dargestellten Jesusgeschichte werden die biblischen Texte zu neuen Texten für die Gegenwart. Dieses Ziel verfolgt Lukas, indem er durch die Art der Zitierung oder durch verschiedene literarische Kunstgriffe die Leser in seine Erzählung mit hineinnimmt oder sie an den Entdeckungen der Jünger teilhaben läßt. Die Lesegeschichten des Lukas sind mit ihren impliziten Hinweisen an die Leserinnen sehr bewußt komponiert. Lk 4; 24 und Apg 8 aber fassen diese impliziten Lesehinweise in einem ausdrücklichen Lesemodell zusammen.

4.6 Vom Lesen der Schrift bei Paulus

Die biblischen Schriften in der Übersetzung der Septuaginta gehören zu den Voraussetzungen und Grundlagen auch der Theologie des Paulus. Zwar greift er nicht in allen Briefen darauf zurück, seine Argumentationen im Römerbrief, im Galaterbrief und den Korintherbriefen sind ohne diese Rückverweise aber nicht denkbar. Es ist deshalb nicht verwunderlich, daß das paulinische Schriftverständnis in der exegetischen Literatur kontinuierlich behandelt worden ist.[147] Mir geht es aber auch hier vor allem um das Lesen. Ich beschränke mich deshalb im wesentlichen auf diejenigen Stellen im 2. Korintherbrief, an denen ausdrücklich vom Lesen die Rede ist.[148]

4.6.1 Schreiben, Lesen und Verstehen als Thema der Auseinandersetzung

Der enge terminologische und sachliche Zusammenhang von Lesen und Verstehen zeigt sich auch bei Paulus. An zwei Stellen finden sich beide Begriffe in einem wortspielartigen Zusammenhang.

1. Die erste Stelle ist 2 Kor 1,13:

„Wir schreiben euch nichts anderes als das, was ihr lest und auch versteht (ἀναγινώσκετε; ἐπιγινώσκετε); ich hoffe aber, daß ihr es noch völlig versteht (ἕως τέλους ἐπιγνώσεσθε) werdet ..."

Der Vers wird verständlich auf dem Hintergrund des gesamten Briefwechsel zwischen Paulus und der korinthischen Gemeinde.[149] Vorausgesetzt sind Vorwürfe, die gegen Paulus erhoben wurden und ihm durch Titus (7,6) bekannt geworden sind: der Vorwurf der Unaufrichtigkeit (2,17; 10,2) und der Unzuverlässigkeit im Blick auf die Reisepläne (1,15–22.23ff.). In 1,12–14 ist die Unlauterkeit angesprochen. Paulus setzt in V.12 mit dem Stichwort „Ruhm" (καύχησις) ein[150] und schließt den Abschnitt auch damit ab. Für ihn ist die Gegenseitigkeit des Rühmens am „Tag des Herrn" (V.14) wichtig, weil sie in dialektischer Weise zeigt, daß der Ruhm im Gericht nicht eigene Verdienste hervorhebt, sondern sich des jeweils anderen rühmt.[151] Wenn Paulus aber von eigenem Ruhm spricht (V.12a), dann nicht im Blick auf seine Erfolge, sondern auf die Aufrichtigkeit, mit der er den Korinthern begegnet ist. Dazu gehört auch, daß er keinen Vorteil von der Gemeinde angenommen, sondern sich selbst versorgt hat (9,1ff.; 11,7ff.). Diese lautere Absicht bestimmt nun auch den Briefverkehr

selbst. Hier präzisiert sich der Vorwurf, der Paulus gemacht wurde. Er
lautete offenbar, daß Paulus Besuche ankündige, die er nicht einhalte
(V. 15 ff.). Die Allgemeinheit der Formulierung deutet jedoch darüber
hinaus einen grundsätzlichen Vorwurf an: was Paulus schreibe,
stimme mit seinem Verhalten nicht überein. Daß ihm die Gegner
einen Unterschied zwischen den Briefen und seinem Verhalten vor-
hielten, geht ja auch aus 10, 10 hervor. Aber die Briefe, sagt Paulus,
sind in aufrichtiger Absicht geschrieben. Wenn er schreibt, dann nicht
zweideutig oder um zu verwirren, sondern so, wie er's tatsächlich
meint, nichts anderes also als das „was ihr lest und versteht". Das Verb
ἐπιγινώσκω hat die Bedeutungsnuancen „erfahren, erkennen, verstehen", und dann auch „durch und durch erkennen".[152] Diese letzte
Bedeutung greift Paulus in V. 13 b. 14 a umschreibend auf. Wenn er
wünscht, daß die Korinther seine Absichten ganz, völlig, durch und
durch erkennen (ἕως τέλους) – teilweise (ἀπὸ μέρους) haben sie ja
schon verstanden –, so nimmt dies die Mißverständnisse und Vorwürfe
noch einmal auf. Mit dem Stichwort „Ruhm" stellt er sich in den
großen Rahmen der Beziehung von Apostel und Gemeinde angesichts des Gerichtes: Ruhm gibt es nicht durch unaufrichtiges Bemühen um die eigene Position, sondern nur im Blick auf den anderen.
Dies zu verstehen, und zwar durch und durch, darum geht es in dem
Verhältnis von Gemeinde und Apostel. Ich halte fest: Der Zusammenhang von Lesen und Verstehen wird hier auf ein völliges Verstehen hin
ausgeweitet; beides, das Lesen und Verstehen, ist eingeordnet in
einen Kontext der Auseinandersetzung.[153]

2. Das Thema der Lauterkeit begegnet auch im Kontext von 2 Kor
3, 2. Unmittelbar voran ist von vielen die Rede, die das Wort Gottes
marktschreierisch unter die Leute bringen und dabei auch dessen Ver-
fälschung in Kauf nehmen.[154] Davon grenzt Paulus sich ab und verweist auf die Lauterkeit, in der er „aus Gott und (in Verantwortung)
vor Gott in Christus spricht" (vgl. 12, 19). Er greift damit deutlich auf
1, 12–14 zurück, spielt hier aber stärker auf die Praktiken judenchrist-
licher Wanderprediger an: sie machen ein Geschäft aus ihrer Verkündigung, lassen sich ihren Lebensunterhalt finanzieren (vgl. 11, 7 ff.)
und berufen sich auf Empfehlungsschreiben, mit denen sie ihre Bevollmächtigung und besondere Fähigkeiten nachweisen.[155] Solche
Empfehlungsschreiben aber braucht Paulus nicht (3, 2). Es gibt nämlich einen Brief anderer Art, der von seinem Dienst Zeugnis gibt, die
Gemeinde selbst:

„Unser (Empfehlungs-)Brief seid ihr, eingeschrieben in unsere Herzen, verstanden und gelesen von allen Menschen."

Diesen ins Herz eingeschriebenen „Brief"[156] hat Paulus sozusagen immer dabei. Und die Korinther selbst können mit der Wendung auch etwas anfangen. Sie werden auf die Beziehungen zum Apostel angesprochen, in denen sie stehen und die ihnen nun zum Verstehen des Paulusbriefes helfen. „Ihr seid mein Brief" – diese Wendung können und sollen die Korinther mit ihren eigenen, bisherigen Erfahrungen mit Paulus füllen; denn nur auf diesem Hintergrund verstehen sie den Brief recht, eben als Ausdruck einer Beziehung. Auf diese Weise wirken die Korinther geradezu an der Konstituierung des Sinnes mit. Verstanden und gelesen (γινωσκομένη καὶ ἀναγινωσκομένη) wird der „Brief" darüber hinaus von allen Menschen. Das Bild ist offenbar durch die Empfehlungsschreiben der Gegner hervorgerufen (derselbe Gedanke begegnet ohne Bild in 1 Thess 1,8), und auch die Reihenfolge von erkennen und lesen ist hierdurch verursacht: Den „Brief" des Paulus kann man eher verstehen als im eigentlichen Sinne lesen.

Die Terminologie des Lesens und Schreibens wirkt sich in V. 3 aus; zugleich deutet Paulus hier die im folgenden verhandelten Themen bereits an. Zunächst wiederholt er den Gedanken von V. 2: Die Korinther sind ein „Brief", nun aber ein „Brief Christi", durch das Wirken des Paulus bereitet. Natürlich ist er (anders als die Empfehlungsschreiben der Gegner) nicht mit Tinte auf Papyrus geschrieben; geschrieben ist er vielmehr vom Geist des lebendigen Gottes. Paulus hebt gleich darauf in V. 6 hervor, daß der Geist Leben schafft (vgl. Röm 8, 10; 1 Kor 15, 45; Gal 6, 8), und dieser Gedanke spielt in V. 7 ff. eine wichtige Rolle. Man erkennt, wie in V. 3 die folgenden Erörterungen vorbereitet werden. Noch deutlicher wird dies in der in V. 3 nun folgenden Opposition der steinernen und fleischernen Tafeln. Das Bild vom Brief wird verlassen; einen Brief schreibt man nicht auf Steintafeln. Was darauf aber geschrieben war, ist das Mosegesetz (Ex 24, 12; 31, 18; 32, 15 f.). Und auch bei den „fleischernen Tafeln des Herzens" nimmt Paulus auf die Schrift Bezug, nämlich auf Jer 31, 33:

„Ich will mein Gesetz in ihr Herz geben und in ihren Sinn schreiben, und sie sollen mein Volk sein, und ich will ihr Gott sein."

Mit der Mosetora und dem bei Jeremia geweissagten neuen „Bund" sind die beiden Stichworte angegeben, die im folgenden behandelt werden. Die Vorstellung der Gemeinde als Empfehlungsschreiben des Apostels spielt dabei keine Rolle mehr. Es ist aber deutlich, wie Paulus die Auseinandersetzung um die Empfehlungsschreiben und die nachfolgenden Gedanken über die (auf Tafeln geschriebene) Mosetora argumentativ verbindet.[157] Diese Verbindung wird vollends deut-

lich, wenn man bedenkt, daß sich die Gegner sowohl ihrer Empfeh-
lungen als auch der Mosetora rühmen.[158] Damit ist der Übergang
geschaffen zu den wichtigen (wenn auch nicht einfachen) Gedanken
im weiteren Verlauf des Kapitels, bei denen dann ab V. 12 erneut vom
Lesen die Rede ist.

4.6.2   Lesen unter der Leitung des Geistes

Detailliert auf 3, 4–18 einzugehen ist im Rahmen dieser Untersuchung nicht möglich. Wegen der hier geführten Auseinandersetzung
des Paulus mit dem Gesetz ist der Abschnitt für die paulinische Theologie insgesamt von Gewicht. In der Argumentation sind allerdings
auch Stolpersteine vorhanden, und es verwundert deshalb nicht, daß
die Deutung des Abschnitts kontrovers ist. Ich beschränke mich auf
V. 12–18, besonders auf die Lesethematik, und gehe nur zum besseren
Verständnis überblicksweise auf den gesamten Gedankengang ein.
   1. Für das Verständnis grundlegend sind allerdings zwei at.liche Bezugstexte. Der eine wird ausdrücklich herangezogen, der andere steht
eher im Hintergrund. Bei dem zitierten Bezugstext handelt es sich um
Ex 34, 29–35:

„Als nun Mose vom Berg Sinai herabstieg, hatte er die zwei Tafeln des Ge-
setzes in seiner Hand und wußte nicht, daß die Haut seines Gesichtes glänzte,
weil er mit Gott geredet hatte. Als aber Aaron und ganz Israel sahen, daß die
Haut seines Gesichtes glänzte, fürchteten sie sich, ihm zu nahen. Da rief sie
Mose, und sie wandten sich ihm wieder zu, Aaron und alle Obersten der Ge-
meinde, und er redete mit ihnen. Danach nahten sich ihm auch alle Israeliten.
Und er gebot ihnen alles, was der Herr mit ihm geredet hatte auf dem Berge
Sinai. Und als er dies alles mit ihnen geredet hatte, legte er eine Decke auf sein
Angesicht. Und wenn er hineinging vor den Herrn, mit ihm zu reden, tat er die
Decke ab, bis er wieder herausging. Und wenn er herauskam und mit den Israe-
liten redete, was ihm geboten war, sahen die Israeliten, wie die Haut seines Angesichts glänzte. Dann tat er die Decke auf sein Angesicht, bis er wieder hin-
einging, mit ihm zu reden.“

Der Glanz auf dem Gesicht des Mose rührt von dem vierzigtägigen
Aufenthalt in Gottes Nähe auf dem Sinai her und ist offensichtlich
als Abglanz der Herrlichkeit Gottes verstanden.[159] An diesen Text
schließen sich verschiedene Auslegungstraditionen an. In Ex 34 ist
von einer Vergänglichkeit des Glanzes nicht die Rede. Dies wird in
den Targumim und bei den Rabbinen verschiedentlich auf das An-
halten des Glanzes bis zum Tod des Mose (TargN und TargOnq zu Dtn

34,7; DtnR 11,3 zu 31,14) und sogar über seinen Tod hinaus (PesiqR 21 § 6) gedeutet.[160] Die Furcht der Israeliten, sich Mose zu nähern, ist bei Philo, Vit Mos II, 70, und noch deutlicher in PesiqR 10 § 6 dahingehend interpretiert, daß sie sein glänzendes Gesicht nicht anschauen *konnten* (wie kein Mensch in die Sonne zu sehen vermag).[161] Die Philo-Stelle ist aber auch in einer anderen Hinsicht wichtig. Von Mose selbst wird dort gesagt, er sei durch seine Gottesschau an Leib und Seele ganz veredelt worden,

„so dass die, die ihn später sahen, ihren Augen nicht trauten" (II,69). Er kam vom Sinai herab „viel schöner anzuschauen als da er emporgestiegen war, so dass, die ihn sahen, ihn voller Verwunderung anstaunten und ihre Augen des sonnenartigen Glanzes, den er ausstrahlte, nicht längere Zeit auszuhalten vermochten".

Daß ein solches Mosebild mit seinem ekstatischen Element und der Anlehnung des Gesetzes an die göttliche Weisheit[162] die Vorstellung der Gegner in Korinth beeinflußte, ist gut denkbar und erklärt den Rückgriff des Paulus auf diese Philo-Tradition. Schließlich gibt es in der Auslegungsgeschichte auch eine Erklärung dafür, daß die Israeliten den Glanz nicht ertragen konnten. Sie findet sich in SifreNum § 1 zu 5,3 und vergleicht Ex 24,17 mit Ex 34,30: während sich nach der ersten Stelle die Herrlichkeit Gottes „vor den Augen der Israeliten wie ein verzehrendes Feuer" zeigte, konnten sie nach der zweiten nicht einmal mehr den Abglanz der Herrlichkeit Gottes ertragen. Grund dafür ist die Sünde des Abfalls von Gott, wie sie in der Episode vom „goldenen Kalb" in Ex 32,1ff. beschrieben wird. Die jüdische Traditionsgeschichte von Ex 34,29ff. hebt also das Bleiben des Glanzes auf Moses Gesicht hervor und das Unvermögen der Israeliten, diesen Glanz zu betrachten; dieses Unvermögen wiederum kann mit der Sünde von Ex 32 in Verbindung gebracht werden.

Der zweite Text, der im Hintergrund des Abschnitts steht, ist Jer 31,31–34. Dort heißt es:

„Siehe, es kommt die Zeit, spricht der Herr, da will ich mit dem Hause Israel und dem Hause Juda einen neuen Bund schließen, nicht wie der Bund gewesen ist, den ich mit ihren Vätern schloß, als ich sie bei der Hand nahm, um sie aus Ägyptenland zu führen, ein Bund, den sie nicht gehalten haben, ob ich gleich ihr Herr war, spricht der Herr; sondern das soll der Bund sein, den ich mit dem Hause Israel schließen will nach dieser Zeit, spricht der Herr: Ich will mein Gesetz in ihr Herz geben und in ihren Sinn, und sie sollen mein Volk sein, und ich will ihr Gott sein. Und es wird keiner den andern noch ein Bruder den andern lehren und sagen: ‚Erkenne den Herrn', sondern sie sollen mich alle erkennen, beide, klein und groß, spricht der Herr, denn ich will ihnen ihre Missetat vergeben und ihrer Sünde nimmermehr gedenken."

Daß dieser neue „Bund" im Sinne einer Setzung Jahwes zu verstehen ist, hat Kutsch gezeigt.[163] Bei der Herausführung aus Ägypten hat Jahwe dem Volk eine Verpflichtung festgesetzt, die es aber nicht eingehalten hat. Die Folge des Bruchs der Verpflichtung war (das steht unausgesprochen im Hintergrund) der Zorn Gottes und der Untergang Israels.[164] Jahwe aber wird einen neuen Anfang machen, nicht durch eine inhaltlich neue Setzung, sondern indem er die Verpflichtung (den „neuen Bund") nunmehr in ihr Inneres gibt und auf ihr Herz schreibt. Diese innere Verpflichtung ist später an den Stellen der rabbinischen Literatur, die auf Jer 31 zurückgreifen, besonders hervorgehoben.[165]

2. Paulus geht auf Ex 34, 29–35 ein und läßt Bekanntheit mit den jüdischen Auslegungstraditionen erkennen, setzt allerdings auch davon abweichende Akzente. Dies zeigt sich vor allem in 2 Kor 3, 7–11. Die Herrlichkeit auf dem Gesicht des Mose (δόξα τοῦ προσώπου αὐτοῦ, V. 7) ist ein Widerschein der göttlichen Herrlichkeit, wie sie sich in der auf Steinen geschriebenen Tora zu erkennen gibt. Darin liegt eine Aufnahme und zugleich eine Interpretation des Grundtextes vor. Wohl zeigt sich die Herrlichkeit Gottes, aber nicht in ihrer ganzen Fülle, sondern, wenn man so will, teilweise, als Manifestation des göttlichen Willens in der Tora. Dies ist aber nicht *die* Herrlichkeit. Größer nämlich als die Manifestation des Gotteswillens in der Tora ist die Herrlichkeit im Blick auf den Dienst des Geistes und der Gerechtigkeit (V. 8 f.). Das dreimalige „um wieviel mehr" in V. 8–11 zeigt diese „größere Herrlichkeit" deutlich an.[166] Dem Dienst des Mose (und dem in Stein eingeprägten Buchstaben) kommt also Herrlichkeit Gottes zu, aber in einem bestimmten Sinn, nicht *die* Herrlichkeit Gottes schlechthin. Das ist ein eigener Akzent des Paulus.

Daß die Israeliten den Glanz auf dem Gesicht des Mose nicht anschauen *konnten*, geht so klar aus dem Grundtext nicht hervor, steht aber in Übereinstimmung zur Auslegungstradition bei Philo, Vit Mos II, 70, und in PesigR 10 § 6. Daß Paulus darüber hinaus auch die Tradition von SifreNum § 1 zu 5, 3 kennt, derzufolge dieses Unvermögen der Israeliten mit ihrer Sünde und ihrem Abfall erklärt werden, ist zumindest naheliegend. Denn der Dienst, dessen Buchstaben in Stein gemeißelt sind, führt nach Paulus zum Tod, weil er die Menschen bei ihrer Sünde behaftet und nicht daraus entläßt, solange sie sich auf den Buchstaben (γράμμα) und das damit bezeichnete Gesetz berufen. Das Gesetz als solches ist durchaus Manifestation der Herrlichkeit

Gottes und deshalb heilig, gerecht und gut (wie Paulus in Röm 7, 12 formuliert). Die Sünde allerdings verkehrt das Festhalten am Buchstaben und richtet diesen auf den Tod hin aus (deshalb „Dienst des Todes", V. 7). Daß Paulus hier, bei aller Bekanntheit mit der philonischen und späteren rabbinischen Auslegungstradition, eigene Wege geht, liegt auf der Hand.

Deutlich wird dies auch daran, daß Paulus am Ende von V. 7 die Herrlichkeit auf dem Gesicht des Mose als vergänglich charakterisiert. Dies stimmt mit dem Hauptstrom jüdischer Auslegung nicht überein. Wie Paulus zu seiner Deutung kommt, wird in V. 7 noch nicht ganz klar. Aus Ex 34, 34 könnte man erschließen, daß sich der Glanz beim Hineingehen in die Stiftshütte jeweils erneuerte, dazwischen aber verblaßte.[167] Daß Paulus tatsächlich in dieser Richtung denkt, zeigt die Interpretation in 3, 13, nach der Mose eine Decke auf sein Gesicht legt, um das Verblassen des Glanzes vor den Israeliten zu verbergen.[168] Diese Argumentation wäre im zeitgenössischen Judentum aufgrund schriftgelehrter Methodik zwar möglich (zumal es sich bei Ex 34, 39 ff. keineswegs um einen eindeutigen Text handelt), ist aber angesichts der erwähnten Auslegungstraditionen ganz unwahrscheinlich. Wir haben es also mit einer eigenen Interpretation des Paulus zu tun, die sich auf keine Auslegungstradition zurückführen läßt.[169]

3. Dieser erste Gedankengang wird in V. 12–18 vorausgesetzt und weitergeführt. Das Bild des verdeckten Gesichtes rückt in den Mittelpunkt; sachlich bleibt es bei der Gegenüberstellung des Mosedienstes und des paulinischen Dienstes (des Geistes in Herrlichkeit, V. 7 f.), die nun aber ausgeweitet wird auf die Anhänger des Mose in der Synagoge und auf die christlichen Gemeinden.[170] In V. 11 hat Paulus dem verblassenden Glanz auf dem Gesicht des Mose die bleibende Herrlichkeit gegenübergestellt, die sich manifestiert im Dienst des Geistes (V. 8) und im Dienst, der zur Gerechtigkeit führt (V. 9). Weil der Apostel auf diese größere Herrlichkeit hin ausgerichtet ist, braucht er nicht (wie Mose) sein Gesicht zu verdecken, sondern kann offen und mit Freimut auftreten (V. 12); denn die Herrlichkeit, für die er eintritt, vergeht nicht mehr. Mit diesem Gedanken wird einerseits zurückgegriffen auf die Offenheit und Lauterkeit im Umgang mit der Gemeinde (2, 17; 3, 1 ff.). Am Ende des Abschnitts begegnet das Motiv andererseits im Blick auf die Gemeinde selbst: mit „aufgedecktem Gesicht" (V. 18) kann sie die Herrlichkeit Gottes wie in einem Spiegel sehen[171] und richtet sich darauf aus, „von Herrlichkeit zu Herrlichkeit" verwandelt zu werden. Auch hier wirkt der Exodus-Text nach: Wie Mose durch die Begegnung mit Gott (wenn auch vergänglich) ver-

wandelt wurde, werden die Christen von der Herrlichkeit des Dienstes, der zur Gerechtigkeit führt (V. 9), in die kommende und bleibende (V. 11) Herrlichkeit verwandelt werden (vgl. 3, 18; 4, 4).

Innerhalb dieses Rahmens von V. 12. 18 bezieht sich Paulus zunächst in V. 13. 14a auf Mose und die Israeliten jener Zeit, in V. 14b. 15 auf die Synagogengemeinde der eigenen Zeit. Mose verhüllte also sein Gesicht, so deutet Paulus, damit die Israeliten das Vergehen des Glanzes nicht sahen, das nach V. 7ff. für den Mosedienst und das „auf steinerne Tafeln Geschriebene" charakteristisch ist. Ein Vorwurf der Täuschung ist damit nicht verbunden, wie V. 14a zeigt: „aber ihre Gedanken wurden verstockt." Die Verstockung ist bereits im Deuteronomium mit der Exodustradition verbunden (Dtn 29, 3; vgl. Ps 95, 8. 10). Das unerklärliche Geschehen der Verstockung hängt letzten Endes von Gott selbst ab (vgl. die passivische Wendung und in Röm 11, 7f. das Aktiv). Israel hat die Herrlichkeit der Mosetora erkannt, ist aber der Tatsache nicht gewahr geworden, daß die Tora nicht *die* Herrlichkeit Gottes schlechthin ist, sondern seine Herrlichkeit im Gesetz, die Gott jedoch selbst überbietet. Sie haben an dem Mose geoffenbarten Gotteswillen so sehr festgehalten, daß sie für die weitaus größere Herrlichkeit Gottes nicht mehr empfänglich waren. So kann man die Wendung vom Verstocktsein Israels umschreiben.

Diese Verstockung aber hält an „bis auf den heutigen Tag" (V. 14b. 15; vgl. Röm 11, 8). Dieselbe Decke nämlich, die auf dem Gesicht des Mose lag, liegt weiterhin auf der Verlesung der Tora des Mose, dieser „alten Setzung".[172] Die beiden Wendungen „bei der Verlesung der alten Setzung" in V. 14b und „so oft Mose gelesen wird" in V. 15 bezeichnen ohne Zweifel die Lesung der Tora im Synagogengottesdienst. Daß die Tora „alt" ist, ist von der Schlußwendung in V. 14 her motiviert; sie ist „in Christus außer Kraft gesetzt". V. 6 hatte ja festgehalten, daß Paulus sich als Diener der „neuen Diatheke" versteht, die geprägt ist vom lebenschaffenden Geist. Wenn also das Gesetz gelesen wird, und zwar als Ausdruck *der* Herrlichkeit Gottes schlechthin (die aber doch in Christus überboten ist), dann liegt „die Decke des Mose" bis „heute" auf dieser alten Setzung.[173] Paulus wendet den Gedanken sogar noch einmal, weil auch im Exodus-Text die Decke nicht auf der Tora lag, sondern auf dem Gesicht des Mose: Immer wenn „bis heute" Mose (in den Synagogen) gelesen wird, liegt die Decke des Mose auf den Herzen derer, die lesen und hören.[174] So wird das Bild von der Decke typologisch auf die Gegenwart bezogen; was sich beim ursprünglichen Vortrag der Tora ereignete, prägt nach Paulus das Verhältnis Israels zur Tora bis zur Gegenwart.

V. 16 schließt an das Ende von V. 14 an. Wer sich (nun wird Ex 34 ausdrücklich zitiert) zum Kyrios, das heißt für Paulus: zu Christus, wendet,[175] dem wird die Decke weggenommen, und ein unverhülltes Sehen ist möglich. Die Setzung der Mosetora wird dann erkennbar als das, was sie ist: Ausdruck des herrlichen Willens Gottes, in dem aber die Herrlichkeit Gottes nicht erschöpft ist, sondern weitergeht auf Christus (und das Evangelium) hin. Das Lesen des Gesetzes ist also „unter der Decke" zwar möglich, aber es ist ein Lesen, bei dem die wahre Herrlichkeit Gottes verborgen bleibt. Wenn jedoch die Decke weggenommen ist, eröffnet sich mit dem Verständnis des Gesetzes auf Christus hin auch die Herrlichkeit Gottes.

4. Dieses Verständnis aber ist, wie V. 17 anmerkt, vom Geist bewirkt. Der Vers liest sich zunächst so, als ob Geist und Kyrios miteinander identisch wären. Dies ist jedoch nicht der Fall; beide Größen werden allerdings nah aneinandergerückt. Was Paulus hier in *einem* Vers andeutet, ist eine Verhältnisbestimmung, auf die er in seinen Briefen mehrfach eingeht. Er will hier zugleich beschreiben, wie die Glaubenden die Wirksamkeit beider erfahren.[176] Aus dem Vorangehenden wurde bisher verständlich, daß die „Decke des Mose" auf der Tora selbst liegt, aber auch auf den Herzen derer, die das Gesetz lesen. Wenn sich nun jemand dem Herrn zuwendet, wird die Decke weggenommen (V. 16). Wer aber nimmt die Decke weg und wie ereignet sich das?

Die Fragen lassen sich auf dem Hintergrund des 3. Kapitels insgesamt beantworten. Der Kyrios, dem sich die Christen nach V. 16 zuwenden, ist Christus, und zwar der gekreuzigte und auferstandene Christus. Daß der Geist Gottes lebendig ist und lebendig macht, hat bereits 3,3.6 betont. Dieses Lebendigmachen bezieht sich auch auf die Auferstehung Jesu. Das geht aus dem Traditionsstück hervor, das Paulus in Röm 1,3 f. aufnimmt: dort bezeichnet die Wendung „dem Geist nach" (κατὰ πνεῦμα) die Existenzweise Jesu aufgrund und seit der Auferstehung.[177] Deshalb wendet sich, wer sich am auferstandenen Herrn orientiert, zugleich auch dem Geist zu. Es handelt sich dabei um Gottes lebendigen Geist, der Christus lebendig macht. Kraft und Wirksamkeit sind demnach ein wesentliches Merkmal des Geistes.[178] Diese Erkenntnisse kann man nun auf 2 Kor 3, 16 f. anwenden. Daß die Decke beim Lesen des Gesetzes weggenommen wird, hängt mit der Hinwendung zum Herrn zusammen. Dies aber wird *bewirkt* durch den Geist; aufgrund seiner Wirksamkeit kann der „Mosedienst des Todes" (V. 7) als Hinführung zum bleibenden Dienst des Geistes (V. 8. 11. 18) verstanden werden.[179] Aber, um den komplizierten paulinischen Gedankengang nicht ebenso kompliziert wiederzugeben: Das neue Verständnis des Gesetzes ereignet sich nicht dadurch, daß Christus „persönlich" kommt und die Decke wegnimmt, sondern so, daß der Geist Gottes dieses neue Verstehen bewirkt. Wenn der lebendig-machende Geist die Existenzweise des Auferstandenen bewirken und umschreiben kann, kann er auch das auf den Tod hinzielende Mose-gesetz für die ganze Herrlichkeit Gottes öffnen. Im Blick auf dieses neue, lebendige Verstehen „ist" Christus zugleich der Geist. Anders gesagt: Wer sich Christus zuwendet (V. 16), erfährt seinerseits in der Wirkung des Geistes zugleich die Zuwendung Christi. Deshalb ist in V. 17b vom „Geist des Herrn" die Rede, der in die Freiheit (von der Anklage des Gesetzes zum Tod) führt.[180] Auf das Lesen und Verstehen bezogen heißt dies: Das Verstehen des Gelesenen geschieht in der Hinwendung zu Christus und in Beziehung zum Geist. Das Verstehen ist das Erfassen dieses „Beziehungs-Sinnes".

5. Christologie und Pneumatologie gehen in 2 Kor 3 eine enge Verbindung ein. Die Hinwendung zu Christus ist die Voraussetzung des verstehenden Lesens der Tora, das sich aber in der Führung durch den Geist auswirkt. Der Geist, der das Leben schafft, schafft auch das Verstehen des Gotteswillens auf dieses Leben hin. Insofern kann man von einem pneumatologischen Leseverständnis bei Paulus sprechen; dies aber nicht in einem pneumatisch-ekstatischen Sinn, bei dem das Lesen an eine besondere Erkenntnis gebunden wäre. Nicht Erkenntnis ist für das Verstehen (in erster Linie) vonnöten, sondern die Hinwendung zu Christus. Dessen Geist ist es (V. 17b), der das Lesen und Verstehen der Tora schafft.

In 2 Kor 3, 12ff. handelt es sich nicht um eine „Theorie der Schrift", wohl aber um grundlegende Aussagen dazu, besonders zur Tora. Sie erscheint in einer bestimmten Perspektive, für die der Begriff „Buchstabe" (γράμμα) bezeichnend ist. In der Gegenüberstellung zum Geist (πνεῦμα) begegnet der Begriff auch in Röm 2, 27.29 und 7, 6, wobei es in 7, 6 auch um das Dienen und um die Gegenüberstellung von alt und neu geht. γράμμα ist das Gesetz, aber unter der Leseperspektive, die es als *einzige* Willensbekundung Gottes versteht und deswegen seine tiefgreifende Schwäche übersieht: Wer auf das Gesetz vertraut, muß es tun, um mit den Mitteln des Gesetzes Rechtfertigung zu erlangen (vgl. Gal 3, 10. 13), und zwar nicht diese oder jene Vorschrift, sondern das ganze Gesetz. Der Blick auf die Sünde aber erstickt jede Hoffnung auf diesen Weg zum Heil. Dennoch hat das Gesetz für Paulus eine wichtige Funktion, dadurch nämlich, daß es die Sünde un-übersehbar macht (Röm 3, 20) und so die Sehnsucht nach einem an-

deren Weg weckt (Röm 7,24f.) Das Gesetz hat also eine Erkenntnis-
funktion (auf Christus hin). Der Begriff des „Buchstabens" (γράμμα)
ist dagegen das Gesetz *ohne* diese Perspektive. Als solches ist es „alt",
weil es nicht zum Leben führt, sondern zum Tod. Für alle diese Bestimmungen des „Buchstabens" wird der Geist zum Gegenbegriff.
2 Kor 3,12ff. zeigt dabei, daß die paulinische Pneumatologie (nicht
nur) im Blick auf die Schrift eng mit der Christologie verbunden ist.
Von Christus herkommend erschließt der Geist den Lesenden den Beziehungssinn der Tora. Die Beziehung zu Christus (und zum Apostel)
führt dazu, das Geschriebene nicht nur teilweise, sondern ganz zu verstehen (2 Kor 1,13).

6. Lesen ist für Paulus also ein Begriff mit vielen Voraussetzungen
und verschiedenen Akzenten. Die Voraussetzung Israels ist, daß die
dem Volk anvertraute und aufgetragene Mosetora die *ganze* Herrlichkeit Gottes widerspiegelt. Der Glanz auf dem Gesicht des Mose ist ein
Abbild dafür (Ex 34). Dementsprechend kommt Israel beim (Vor-)
Lesen der Tora mit der Herrlichkeit Gottes in Berührung. Die Ex-
odus-Stelle spielt deshalb in der (zeitgenössischen) jüdischen Diskussion eine wichtige Rolle, wie die verschiedenen, sich daran anschließenden Auslegungstraditionen zeigen. Aus diesem Grund setzt auch
Paulus sich mit diesem Text auseinander und nimmt auf diese Weise an
einem größeren Diskussionsprozeß teil. Offensichtlich greift er dabei
auf verschiedene Auslegungstraditionen zurück, kommt aber gleich-
wohl zu einer eigenständigen Auslegung von Ex 34, besonders im
Blick auf die Vergänglichkeit des Glanzes. Von hier aus entwickelt er
ein neues Leseverständnis, das ebenfalls eine Voraussetzung hat, die
Hinwendung nämlich zum auferstandenen Herrn. Diese Hinwendung
zu Christus ist grundlegend; in ihr zeigt sich, daß es nicht die *ganze*
Herrlichkeit Gottes war, die sich am Sinai offenbarte, sondern seine
Herrlichkeit im Blick auf das Gesetz. Und zugleich führt sie zu der Erkenntnis, daß das Gesetz (wegen der Sünde) letztlich zum Tod führt.
Der Geist Gottes, der in der Auferstehung Jesu wirksam ist, will das
Leben und führt deshalb auch über das Gesetz hinaus. So zeigt sich,
daß Paulus zwar an einer umfassenderen jüdischen Diskussion zu Ex
34 teilnimmt, seinen eigenen Ansatz zum Verstehen aber bei der Hinwendung zu Christus nimmt. Wer sich diesem Herrn zuwendet, erfährt die Wirksamkeit des lebendigen Geistes Gottes, die ein neues,
ins Leben weisendes Verständnis der Tora schafft.

4.7   Vom Lesen christlicher Schriften

An den bisher behandelten Stellen ist überwiegend vom Lesen der biblischen Schriften die Rede. Die synoptische Wendung „Habt ihr nicht gelesen?", das „Öffnen der Schrift" bei Lukas, das „Lesen des Mose" in 2 Kor: immer sind diese Schriften im Blick. Das ist nicht verwunderlich: Das Gesetz und die Propheten sind mit den (in ihrem Umfang noch nicht genau festliegenden) übrigen Schriften für die frühen christlichen Gemeinden heilige Schrift und damit Lebens- und Lesegrundlage. Zu den übrigen Schriften gehören auch solche, die nicht in den späteren Kanon eingegangen sind, im zeitgenössischen Judentum aber verbreitet waren. Allerdings: schon früh werden in den Gemeinden auch Jesusworte und -geschichten weitergegeben und gesammelt, die Leidensgeschichte des Herrn wird erzählt, bald darauf auch schriftlich weitergegeben, und offenbar sind „viele" an diesem Prozeß beteiligt (Lk 1,1), der in die Evangelien einmündet. Die Evangelien selbst geben deutliche Hinweise zum Lesen und Verstehen, wie besonders Markus und Lukas zeigen. In anderen Gemeinden werden Briefe geschrieben, von denen uns sicher nicht alle, aber doch etliche erhalten sind, besonders aus der paulinischen und sich auf Paulus berufenden Korrespondenz. Wohl sind in diesen schriftlichen Äußerungen der christlichen Gemeinden die biblischen Schriften die Lesegrundlage. Was aber ist mit den neu entstehenden Schriften der christlichen Gemeinden selbst? Welche Rolle spielen sie im Vergleich mit den biblischen und wie werden sie gelesen? Dieser Frage will ich im folgenden nachgehen.

4.7.1   Hinweise in den Briefen

Einige Stellen in der Briefliteratur zeigen, daß die Briefe in gemeindlichen Versammlungen vorgelesen wurden.
  1. Der zeitlich früheste Beleg ist 1 Thess 5,27:

„Ich beschwöre euch bei dem Herrn, daß ihr diesen Brief lesen laßt vor allen Brüdern."

Im 1. Thessalonicherbrief sind verschiedene Themen angesprochen, die nach Auffassung des Paulus die gesamte Gemeinde betreffen. Der Apostel gibt seiner persönlichen Bindung zur Gemeinde Ausdruck, geht auf Fragen christlicher Lebensführung ein (4,1 ff.) und stellt angesichts von Trauerfällen die Hoffnung auf das Sein mit Christus vor Augen (4, 13 ff.; 5, 1 ff.). Die intensive Mahnung, den Brief allen Gemeindegliedern zur Kenntnis zu geben, ist auf diesem Hintergrund der Sorge und intensiven Bemühung des Apostels um die Thessalonicher zu verstehen. Offenbar ist der Brief für die Gemeindeöffentlichkeit bestimmt. Das Vorlesen „vor allen" deutet auf den Gottesdienst hin. Der apostolische Brief[181] weist, indem Paulus darin lehrt, predigt und mahnt, bereits von seinen Sprachformen eine Nähe zum gottesdienstlichen Reden auf. Der Ort seiner Verlesung ist deswegen nicht nur aus äußeren, sondern auch aus inhaltlichen Gründen die gottesdienstliche Versammlung der Gemeinde. Die betonte Aufforderung „ich beschwöre euch"[182] hängt mit diesen inhaltlichen Gründen zusammen. Es handelt sich um ein apostolisches Schreiben in eine Situation hinein, in der die Gemeinde die Leitung des Apostels nötig hat. Die Abwesenheit des Apostels macht die schriftliche Fixierung seines Wortes erforderlich, und als apostolisches Wort drängt es zur (mündlichen) Bekanntgabe vor der ganzen Gemeinde. Mit der Verschriftlichung ist zugleich die Wiederholbarkeit des Lesens ermöglicht (und mit dem Hinweis auf *alle* Brüder intendiert).

2. Die nachpaulinische Notiz Kol 4, 16 geht darüber einen Schritt hinaus:

„Und wenn der Brief bei euch gelesen ist, so sorgt dafür, daß er auch in der Gemeinde von Laodizea gelesen wird und daß auch ihr den von Laodizea lest."

Die Kolosser sollen dafür sorgen, daß der an sie gerichtete Brief auch in Laodizea gelesen wird und umgekehrt.[183] Vorausgesetzt ist sowohl die geographische Nähe der Gemeinden als auch eine offenbar vergleichbare Situation. In dieser Situation aber hat das apostolische Schreiben auch für die jeweils andere Gemeinde Bedeutung. Das dreimalige „lesen" in diesem einen Vers unterstreicht dessen Wichtigkeit, und die Aufforderung, den Brief auch in der *Gemeinde* von Laodizea zu lesen, bestätigt erneut die gottesdienstliche Versammlung als Ort der Lesung. Mit dem Austausch (den man sich am ehesten in Form von Abschriften vorstellen kann) ist zugleich ein Grundstock zu einer Sammlung von Briefen gelegt, mit deren Anwachsen die Möglichkeit der Verlesung und der faktische Gebrauch steigen. 2 Petr 3, 16 belegt mit dem Hinweis auf „alle Briefe des Paulus" ein darüber hinausgehendes Stadium der Entwicklung.

3. Das apostolische Wort im Brief tritt an die Stelle des persönlichen Wortes des anwesenden Apostels. Der Brief ist aber nicht lediglich Ersatz des mündlichen Wortes (das auf dem Hintergrund griechischer Tradition höher zu bewerten wäre). Vielmehr entwickelt das

Medium der Schriftlichkeit seine eigenen Regeln. Das ist ansatzweise im Epheserbrief zu erkennen. Ausgehend von der Aussage in 2, 20, daß die Kirche auf dem Fundament der Apostel und Propheten erbaut ist und auf Jesus als dem Grundstein[184] ruht, kommt der Verfasser ab 3, 1 zu einer Darlegung des paulinischen Amtes. Was anderen Generationen verborgen war, das ist „jetzt den heiligen Aposteln und Propheten im Geist offenbart worden" (V. 5).[185] Inhaltlich geht es um die Teilhabe der Heiden an der „Verheißung in Christus Jesus durch das Evangelium". Dieses Geheimnis ist Paulus durch eine Offenbarung zuteil geworden (3, 3 f.):

„Durch Offenbarung ist mir das Geheimnis kundgemacht worden, wie ich eben aufs kürzeste geschrieben habe. Daran könnt ihr, wenn ihr's lest, meine Einsicht in das Geheimnis Christi erkennen."

Diese Bemerkung (wie ich ... geschrieben habe) bezieht sich nicht auf andere Briefe,[186] sondern auf die vorangehenden Teile des Epheserbriefes selbst. Man wird dabei zunächst an 1, 9 denken; dort begegnet das Stichwort Mysterium zum ersten Mal und ist im Hinblick auf den göttlichen Heilsplan in V. 10 ausgeführt. Von der Teilhabe der Heiden am Heil in Christus ist ausführlich in 2, 11 f. die Rede, so daß 3, 3 f. auch auf diesen Abschnitt zurückverweist. Wichtig ist dabei: Man kann nun auf diese Textstellen zurückgehen und noch einmal genau nachlesen. Diese Eigenschaft des Briefmediums wird in positiver Weise nutzbar gemacht; die Stelle ist Aufforderung zum Vorlesen und zugleich zum gründlichen, wiederholenden Lesen. Die Schriftlichkeit beginnt, ihre eigene Dynamik zu entwickeln.

4. Die Wiederholbarkeit des zu Lesenden ist auch in 1 Tim 4, 13 vorausgesetzt. Dort wird Timotheus ausdrücklich von „Paulus" ermahnt:

„Fahre fort mit Vorlesen, mit Ermahnung, mit Lehren, bis ich komme!"

Diese Anordnung steht in einem Abschnitt über spezifische Aufgaben des gemeindeleitenden Dienstes (4, 12–5, 2), die Timotheus im Auftrag und in Vertretung des „Paulus" wahrnimmt (vgl. 1, 3; 3, 14 f.). Die drei genannten Aufgaben – Lesung, Ermahnung, Lehre – haben es gleichermaßen mit dem Gottesdienst zu tun,[187] wobei die Schriftlesung und der seelsorgerliche wie der lehrhafte Aspekt der Predigt angesprochen sind. Bei der Lesung wird man vom Synagogengottesdienst her zunächst an die biblischen Schriften denken. Dies wird zunächst auch durch die Bemerkung in 2 Tim 4, 13 unterstützt. Es handelt sich dort um eine Mahnung wegen (wie es scheint) alltäglicher Dinge:

„Den Mantel, den ich in Troas ließ bei Karpus, bringe mit, wenn du kommst, und die Bücher (τὰ βιβλία), besonders die Pergamente (τὰς μεμβράνας)."

Die eigene Erwähnung der Pergamente zeigt, daß die Bücher offenbar auf Papyrus geschrieben sind. Pergament war dagegen im jüdischen Bereich ausdrücklich für die heiligen Schriften vorgesehen.[188] Dies vorausgesetzt würde es sich bei den Pergamenten also um biblische Bücher handeln, besonders hervorgehoben durch die eigene Erwähnung. Denkbar wäre aber auch, die „Bücher" als biblische Schriften zu verstehen; wäre nur von den βιβλία die Rede, würde man das selbstverständlich tun. Könnte man dann die Pergamente als christliche Schriften ansehen? Die älteste Pergamenthandschrift (0189) des NT datiert allerdings erst ins 2./3. Jahrhundert.[189]

In diesem Zusammenhang ist darauf hinzuweisen, daß die frühen Christen offenbar schon früh im Blick auf die Buchform eigene Wege gegangen sind, indem sie anstatt der Buchrolle den Kodex favorisierten. Daß das Jesaja-Exemplar des Äthiopiers in Apg 8 eine Rolle war, steht außer Zweifel; ebenso eindeutig ist die Rollenform in Lk 4, 16ff. Offensichtlich sind aber nt.liche Handschriften schon früh in der Form des Kodex geschrieben und weitergegeben worden. Das aktuelle Verzeichnis der Papyri[190] kennt nur 4 Exemplare in Rollenform (P[12], P[13], P[18], P[22]). Aland/Aland folgern daraus, daß das christliche Schrifttum „allem Anschein nach von Anfang an in Kodex-Form gehalten" war.[191] Bereits die Chester-Beatty-Papyri sind als Kodex überliefert, und bei den Bodmer-Papyri (P[66] wird auf etwa 200 datiert) ist die Kodex-Form noch deutlich zu erkennen.[192] Offensichtlich ist für die nt.lichen Handschriften der Kodex bereits ab dem zweiten Jahrhundert herrschend. Wohl gibt es auch Belege dafür, daß christliche Schriften in Rollenform existierten (etwa Act Petr 20[193]; POxy 4, 654; Hieronymus, ep 60, 11, 2). Und wenn Konstantin Eusebius beauftragt, die heiligen Bücher in Pergamentcodices übertragen zu lassen,[194] so belegt dies ebenfalls bis in diese Zeit den Gebrauch der Rolle. Die Handlichkeit des Kodex wird in der Euseb-Stelle allerdings deutlich hervorgehoben und ist für die Durchsetzung dieser Buchform sicher ein wichtiger Grund gewesen. Ganz einheitlich ist die Verwendung des Kodex im christlichen Schriftum also in den ersten Jahrhunderten nicht, und allgemein durchgesetzt hat er sich erst ab dem 4. Jahrhundert. Daß aber gerade die nt.lichen Handschriften schon von den frühen Zeugnissen an überwiegend in dieser Form begegnen, ist im Vergleich mit den Gepflogenheiten der Umwelt auffällig und muß erklärt werden.[195]

Die praktischere Handhabung des Kodex machte ein schnelleres Auffinden und genaueres Zitieren möglich. Daß das genaue Zitieren von Schriftstellen schwierig war, belegen ja die nt.lichen Schriften selbst. Häufig wurde offenbar aus dem Gedächtnis zitiert, was zwar eine gute Kenntnis der Schriften voraussetzt, oft vermutlich aber auch wegen der lückenhaften Verbreitung der Texte

und der Unhandlichkeit der Buchrolle notwendig war. Ein ökonomischer
Grund spielt vermutlich ebenfalls eine Rolle. Pergament war gegenüber dem
Papyrus auf beiden Seiten gleich gut beschreibbar, und die Materialkosten konn-
ten dadurch niedriger gehalten werden.[196] Schließlich ist auch ein inhaltlicher
Grund zu nennen. Bereits in 2 Kor 3 ist von der alten Diatheke die Rede, der die
biblischen Schriften zugehören. Anscheinend wollten die frühen Christen das
Neue ihrer Botschaft auch in der Form zum Ausdruck bringen. Daß die nt.lichen
Handschriften überwiegend in Kodexform erhalten sind, läßt sich jedenfalls
nicht *allein* aus praktischen bzw. ökonomischen Gründen erklären.

Mit diesen Hinweisen läßt sich zwar nicht stringent belegen, daß mit
den Pergamenten in 2 Tim 4,13 tatsächlich christliche Schriften gemeint sind. Das exemplarische Verhalten des „Paulus" im 2. Timo-
theusbrief, das sein Leben mit der Schrift dokumentiert,[197] spricht
aber durchaus dafür. Und offensichtlich haben die christlichen Schriftsteller bereits früh ein Augenmerk auf die äußere Gestalt ihrer
Schriften gerichtet. Daß zum Lesen, Predigen und Lehren Bücher
notwendig waren, ist jedenfalls klar, und für die Zeit der Pastoral-
briefe ist davon auszugehen, daß bereits auch christliche Schriften im
Gottesdienst gelesen wurden.

5. In der nachpaulinischen Doxologie Röm 16,25–27 ist von „prophetischen Schriften" die Rede (V. 26). Der Verfasser bezieht sich
damit nicht auf die Propheten des AT zurück, sondern spricht in Anlehnung an die Propheten, von denen Paulus in Röm 1,2 sprach, von
prophetischen Schriften, die das Geheimnis (des Glaubensgehorsams
für alle Völker) *jetzt* offenbar gemacht haben. Dazu gehört in der
nachpaulinischen Perspektive besonders der Römerbrief selbst, der
durch diese Doxologie ausdrücklich als prophetische und damit heilige Schrift autorisiert wird.[198] Interessanterweise geschieht dies (wie
in Eph 3,3f.) wiederum in Verbindung mit dem Revelationsschema.
Wenn die Offenbarung des Geheimnisses Gottes durch den Apostel
und seinen Brief erfolgt, dann eignet diesem Schreiben prophetischer
Charakter, und es gehört in eine Linie mit den heiligen Schriften der
Propheten (1,2). Dann aber legt es sich nahe, den Brief im Blick auf
die gottesdienstliche Verwendung ebenso zu behandeln wie jene.

4.7.2 Hinweise in den übrigen Schriften

Hinweise auf die Verlesung christlicher Schriften finden wir außer in
den Briefen auch in anderen Schriften des NT.
1. Zunächst ist eine Beobachtung zum Matthäusevangelium zu

nennen. Bestimmte Textabschnitte sind mit großer Wahrscheinlichkeit vom gottesdienstlichen Gebrauch der Gemeinde her geformt. Dies ist der Fall bei der matthäischen Fassung des Vater-Unsers,[199] bei den Abendmahlsworten[200] und möglicherweise auch bei der Taufformel in 28,19.[201] „An wichtigen Punkten wurzelt die red. Sprache des Mt im Gottesdienst", und der wiederholt feststellbare Einfluß der Septuaginta scheint ebenfalls damit zusammenzuhängen: Matthäus „lebt in seiner griechischen Bibel, weil der Gottesdienst für ihn eine entscheidende Rolle spielt".[202]

2. Matthäus ist noch in einer anderen Hinsicht von Bedeutung. Sein Werk wird in 1,1 als „Buch" bezeichnet. Die Wendung βίβλος γενέσεως ist auf dem Hintergrund von Gen 5,1 LXX („Urkunde der Geschlechterfolge Adams"[203]) im Sinne von „Urkunde des Ursprungs" zu verstehen. Gemeint ist damit zunächst der Stammbaum Jesu mit der sich anschließenden Geburtsgeschichte. Dennoch ermöglicht das Stichwort „Buch" am Anfang des Werkes eine allgemeine Konnotation. βίβλος kann ebenso wie βιβλίον die Schriften des AT bezeichnen. Mit diesem Stichwort und dem Hinweis auf den Beginn der Genesis setzt der Evangelist einen sehr betonten Anfang. Daß ein solches „Buch" (wie Genesis) auch zur Lesung im Gottesdienst diente, legt sich von diesem Anfang her nahe.

3. Noch deutlicher in diese Richtung weist Johannes. Nach 20,30 tat Jesus noch viele andere Zeichen, „die nicht in diesem Buch aufgeschrieben sind"; V.31 schließt mit „diese (Zeichen) aber sind geschrieben" (ταῦτα δὲ γέγραπται) an. Diese Wendung bezieht sich natürlich auf V.30, ist darüber hinaus aber bedeutsam, weil sie im NT in dieser oder leicht abgewandelter Form häufig zur Einführung von Schriftzitaten dient. Was hier also geschrieben ist, hat in der Tat den Charakter der Schrift.

Dies findet eine überraschende Parallele in der johanneischen Szene von der Kreuzesinschrift. Nach 19,19–22 läßt Pilatus am Kreuz auf hebräisch, römisch und griechisch die Aufschrift „Jesus von Nazareth, König der Juden" anbringen, also in der Sprache der Juden und den Weltsprachen. Wie der johanneische Passionsbericht insgesamt weist auch diese Szene über den konkreten Vorgang hinaus. Der Titulus gibt an, wie hoch der Preis ist, den die Juden für die Verurteilung Jesu zahlen.[204] Mit dem König hängt die nationale Hoffnung der Juden am Kreuz der Römer. Daß sie sich in V.15 dem römischen Kaiser unterworfen haben, wird ihnen in V.19–22 als Rechnung präsentiert. Wer den Abschnitt aber mit den Augen des Glaubens liest, erkennt, daß V.19b auch in einem tieferen Sinn richtig ist: Jesus *ist* der

König der Juden, und diese Erkenntnis ist so wichtig, daß sie für alle in ihren Sprachen verstehbar sein soll. In derselben Weise ist V. 22 „doppeldeutlich". Zunächst stellt er eine klare Abfuhr des Ansinnens der Juden dar, den Titulus zu ändern und damit die eigene Niederlage zu verbergen; denn „viele" konnten ja am Kreuz vorbeigehen und lesen, was da stand (V. 20). Darauf läßt Pilatus sich nicht ein. Wie in 19, 12 die Juden Pilatus „vorgeführt" haben, so führt Pilatus mit seinem „Was ich geschrieben habe, das habe ich geschrieben" den jüdischen Anspruch vor. Aber auch hier gibt es noch eine andere Dimension. Daß Jesus der König der Juden ist, ist und bleibt nun geschrieben. So wie die Vielen am Kreuz vorübergehen und lesen konnten, so können nun die Vielen den Passionsbericht des Evangeliums lesen und das Geschriebene verstehen. Hier wird das Medium der Schriftlichkeit sich seiner selbst bewußt.

4. In Offb 22, 18 f. ist sowohl die prophetische Schrift als auch die gottesdienstliche Lesung angesprochen. Bei dem mit diesen Versen endenden Werk handelt es sich um „die Worte der Weissagung dieses Buches" (V. 18. 19 und bereits schon in 22, 7. 10). Sie sind ausdrücklich als „aufgeschrieben" bezeichnet. Damit ist auf den Anfang des Werkes zurückverwiesen. Dort findet sich in 1, 3 eine Seligpreisung des Lesers und derer, die „die Worte der Weissagung hören und das bewahren, was in ihnen aufgeschrieben ist". Diese gleichlautenden Hinweise bilden einen Rahmen um das Gesamtwerk und weisen gemeinsam auf den gottesdienstlichen Ort[205] von Seligpreisung und Mahnung hin: der Leser ist der Vorleser und die Hörer sind die Gemeindeglieder, die am Gottesdienst teilnehmen. Die Offenbarung enthält „prophetische Worte" (1, 3), die ihren Ursprung in Christus selbst haben (1, 1) und dadurch für die Gemeinde von verpflichtender Bedeutung sind. Sie sind deshalb mit Sorgfalt zu beachten und zu bewahren (vgl. 22, 7). In 22, 18 f. wird dies durch einen Anklang an Dtn 4, 2 unterstrichen[206]:

„Ich bezeuge allen, die da hören die Worte der Weissagung in diesem Buch: Wenn jemand etwas hinzufügt, so wird Gott ihm die Plagen zufügen, die in diesem Buch geschrieben stehen. Und wenn jemand etwas wegnimmt von den Worten des Buchs dieser Weissagung, so wird Gott ihm seinen Anteil wegnehmen am Baum des Lebens und an der heiligen Stadt, von denen in diesem Buch geschrieben steht."

Für den Fall, daß doch etwas verändert wird, kündigt der Verfasser die Plagen an, „die in diesem Buch geschrieben sind", oder die Wegnahme an der Teilhabe des Heils. Dies ist verständlich, wenn man berücksichtigt, daß in den Worten dieser Schrift Christus selbst zu Wort

kommt. Deshalb gehören die Mahnung am Ende und die Seligpreisung am Anfang zusammen. Das Lesen und Hören der Seligpreisung
zeigt, daß die Offenbarung in der Gemeindeöffentlichkeit des Gottesdienstes zu Wort kommen soll, daß sie aber auch bewahrt werden will
im Leben der Gemeinde.[207] Der briefliche Charakter der Offenbarung[208] unterstreicht ihre Eigenschaft als Anrede des erhöhten Herrn
an die Gemeinde. Im Gottesdienst erfährt die Gemeinde die Gegenwart des Herrn und unterstellt sich neu seiner Herrschaft.

5. Aus nach-nt.licher Zeit füge ich nur noch eine Beobachtung an.
Um 150 berichtet Justin (Apol I 67,3) über den christlichen Gottesdienst folgendes:

„An dem Tage, den man Sonntag nennt, findet eine Versammlung aller statt,
die in Städten oder auf dem Lande wohnen; dabei werden die Denkwürdig-
keiten der Apostel (ἀπομνημονεύματα τῶν ἀποστόλων) oder die Schriften
der Propheten (τὰ συγγράμματα τῶν προφητῶν) vorgelesen, solange es an-
geht. Hat der Vorleser aufgehört, so gibt der Vorsteher in einer Ansprache eine
Ermahnung und Aufforderung zur Nachahmung all dieses Guten."

Daß bei dieser Beschreibung des christlichen Gottesdienstes der
synagogale Pate gestanden hat, liegt auf der Hand. Dabei nehmen die
„Erinnerungen der Apostel" im gottesdienstlichen Ablauf die Stelle
der Tora-Lesung ein, die prophetische Lesung bleibt an ihrem ange-
stammten Platz. Den Beobachtungen zu Offb 1,3 zufolge könnte es
sich hier um christliche Prophetenschriften handeln. Ich will dies nicht
im einzelnen untersuchen, aber festhalten, daß mit den Erinnerungen
der Apostel neben den biblischen Büchern die christlichen Schriften
einen zentralen Platz im Gottesdienstablauf gewonnen haben.

4.8   Lesen im Neuen Testament: Auswertung

„Lese-Stellen" finden sich im NT in verschiedenen Zusammenhängen, in synoptischen Streitgesprächen ebenso wie in der Offenbarung,
bei Paulus und an hervorgehobenen Stellen des Lukasevangeliums,
als knappes Signal an den Leser oder als ausgeführtes Lesemodell.
Diese große Bandbreite der Aussagen macht es am Schluß des Kapitels erforderlich, die Einzelergebnisse nicht nur knapp zusammenzufassen, sondern auch zueinander in Beziehung zu setzen.

1. Als antike Schrift hat das NT im Blick auf die materialen Voraussetzungen und die Lesemodalitäten Anteil an den Gegebenheiten der
Antike. Hier unterscheiden sich die Angaben von denen aus der Umwelt praktisch nicht. Man begegnet dem Papyrus und dem Pergament,

der Buchrolle und der Tinte, dem Griffel und der Wachstafel. Die
Fachterminologie der Schreib- und Lesekultur ist bekannt und allgemein vorausgesetzt. Die ganz überwiegende Form des Lesens ist das
laute Lesen, sei es für sich allein (Apg 8,30) oder als Vorlesen (Offb
1,3), wobei das Lesen in der Gemeinschaft deutlich überwiegt.
Darauf weisen neben der speziellen Leseterminologie auch die Wendungen aus dem Bereich des Hörens hin. Das Lesen gehört als
„öffentliche Angelegenheit" in der Antike in den Rahmen einer Lesegemeinschaft hinein,[209] die dadurch zugleich eine Interpretationsgemeinschaft darstellt.

2. Für das zeitgenössische Judentum gilt dies in besonderer Weise.
Dies liegt zum einen an der Qualifizierung der hier gelesenen Texte als
heilige Schriften, zum anderen an der Institutionalisierung des Lesens
im Unterricht und im Synagogengottesdienst.[210] Im Verlauf der Entstehung und Konsolidierung der christlichen Gemeinden spielt das
Festhalten an diesen Schriften als zentralem Gegenstand des Lesens
und an der Institution des gottesdienstlichen Lesens eine wesentliche
Rolle. Die Gemeinden wahren dadurch die Kontinuität zu ihren Ur-
sprüngen. Verschiedentlich ist deshalb im NT das Lesen innerhalb
eines gottesdienstlichen Rahmens zu erkennen, wie u. a. Offb 1,3; Lk
11,28; 2 Kor 3 und 1 Tim 4,13, aber auch verschiedene, vom gottesdienstlichen Gebrauch her geformte Textabschnitte (etwa bei Matthäus) zeigen. Die gottesdienstliche Versammlung ist ein wesentlicher
„Sitz im Leben" für das Lesen, wie es uns im NT begegnet.

3. Daß die biblischen Schriften gelesen wurden, stand deshalb in
den frühchristlichen Gemeinden fraglos fest. Sie wurden in einem
doppelten Sinn des Wortes gebraucht. Die frühen Christen verwendeten die Schriften in selbstverständlicher Weise als das ihnen vorge-
gebene und anvertraute Lesegut, von dem her sie sich selbst verstanden. Sie hatten die Schriften aber auch nötig, und zwar gerade da,
wo sie sich von ihrer jüdischen Umwelt abgrenzten. Deshalb war nicht
fraglich, *daß* die Schriften zu lesen seien, sondern *wie* sie zu lesen
seien. Hier zeigt sich neben der Wahrung der Kontinuität der eigene
Akzent der frühchristlichen Lesepraxis. Dessen Wichtigkeit wird exemplarisch in der Emmausperikope Lk 24 erkennbar. Daß der Christus „dieses leiden mußte" (V.26), stand den Jüngern offensichtlich
nicht von vornherein fest, sondern mußte sich ihnen erst erschließen.
Indem Lukas diese Einsicht mit der Auslegung der Schriften durch
den Auferstandenen selbst in Verbindung bringt, zeigt er zweierlei an:
das Lesen der Schriften erfolgt rückblickend von Christus aus und ist
durch eine Erschließung des Auferstandenen verbürgt; zugleich führt

dies zu einem eigenen Forschen in der Schrift, und zwar auf Christus hin. Die beiden Perspektiven „von Christus ausgehend" und „auf Christus hinführend" sind komplementär. Das Lesen der Schrift bekommt dadurch eine christologische Grundstruktur. Dies gilt, auch wenn bestimmte Schriftabschnitte im Vordergrund stehen und andere zurücktreten, für die Schrift insgesamt.[211] Die einzelne Schriftstelle hat exemplarischen Charakter. Daß bei dieser Lesepraxis bestimmte Schriften im NT häufig, andere dagegen kaum einmal erwähnt sind, daß wir es also faktisch mit einem „Zitierkanon" zu tun haben,[212] unterscheidet den Schriftgebrauch noch nicht von dem anderer zeitgenössischer Gruppierungen innerhalb des Judentums, zumal die exegetische Methodik durchaus vergleichbar ist.[213] Der grundlegende Unterschied liegt in dem christologischen Grundverständnis der Schrift.

4. Zu dem christologischen Grundverständnis der Schrift tritt bei Paulus ein pneumatologischer Aspekt. Derselbe Geist, der Leben (und die Auferstehung Jesu) schafft, bewirkt auch das Verstehen der Schrift (2 Kor 3, 6. 17). Voraussetzung des Lesens der Tora ohne eine verhüllende Decke ist die Hinwendung zu Christus (3, 16). Ist diese Decke weggenommen (3, 14) und das Verständnis geöffnet, dann ist es der Geist (des Herrn, V. 17), der das Verstehen leitet,[214] und zwar nicht nur einzelner gesetzlicher Vorschriften, sondern des Gesetzes überhaupt, seiner grundlegenden Bedeutung, dem darin beschlossenen Gotteswillen nämlich, die Sünde und als ihre Konsequenz den Tod bloßzulegen und so auf Christus hinzuführen. Alle Einzelgebote sind dieser Bedeutung des Gesetzes insgesamt zugeordnet, die sich in der Führung durch den Geist eröffnet. Das pneumatologische Lesemodell ist also eng mit dem christologischen Grundverständnis der Schrift verbunden. Nicht eine besondere Erkenntnis ist dabei vonnöten, sondern die Hinwendung zu Christus. Daß im Hinblick auf pneumatische Bevollmächtigung in den paulinischen Gemeinden auch anders gedacht werden konnte (wie etwa die Auseinandersetzung um die Empfehlungsschreiben zeigt), weist allerdings auf innere Diskussionen in den Gemeinden hin.

5. Die Lesepraxis ausgehend von und hinführend auf Christus weist einen gemeindeinternen und einen gemeindeexternen Aspekt auf. Innerhalb der Gemeinden stellt sich die Aufgabe, die Schriften vom Glauben an Christus her neu verstehend zu lesen und Verbindungen zwischen ihnen und dem geglaubten Christus aufzuweisen. Daß dabei das Leiden des Christus in besonderer Weise erklärungsbedürftig war (aber auch eine besondere intensive Lesebemühung her-

vorrief), wird an der Reaktion der Emmausjünger in Lk 24,21 und
dem zusammenfassenden Hinweis auf „Mose und alle Propheten" in
V.27 exemplarisch deutlich. Dieses „Suchen in der Schrift"[215] führte
zu einer christlichen Schriftgelehrsamkeit, die im Matthäusevangelium besonders gut zu erkennen ist. Der Evangelist spricht nicht nur
ausdrücklich von (christlichen) Schriftgelehrten (13,32; 23,34), sondern deutet deren Arbeit auch verschiedentlich an. Die Erfüllungszitate sind in diesem Zusammenhang zu nennen und ebenso die Beobachtung, daß synoptische Streitgespräche gerade im ersten Evangelium mehrfach um zusätzliche Schrifthinweise angereichert werden.
Eine solche schriftgelehrte Tätigkeit zeigt sich aber nicht nur bei Matthäus. Die aus at.licher Tradition stammenden Worte vom Eck- oder
Schlußstein sind in den frühchristlichen Gemeinden offenbar auf brei-
terer Basis rezipiert (vgl. Mk 12,10f. parr) und zusammengestellt
worden; 1 Petr 2,6–10 stellt innerhalb des NT die ausführlichste
Sammlung solcher Worte dar. Dadurch ist auch die Existenz von Zitat-
sammlungen, sogenannten Testimonien, belegt, die sich ebenfalls
schriftgelehrter Tätigkeit verdanken. Innerhalb der Gemeinden läßt
sich also ein andauerndes und intensives Bemühen um die Erforschung und das Verstehen der Schrift unter dem Aspekt des christlichen Glaubens nachweisen; dies ist der zweite, wesentliche „Sitz im
Leben" des Lesens im NT. Und deshalb gehören das Lesen und das
Verstehen des Gelesenen regelmäßig zusammen.

6. Dieses Leseverständnis entwickelte und profilierte sich in Auseinandersetzungen zunächst im Rahmen jüdischer Schriftauslegung
(in ihren verschiedenen Ausformungen), zunehmend aber auch im
Gegenüber zu ihr. Die christlichen Gemeinden beriefen sich auf
Jesus, von dem sie Streitgespräche aus der Tradition übernahmen. In
verschiedenen Streitgesprächen verwendet Jesus Schriftargumente,
mit deren Hilfe er seinen Anspruch untermauert. Im Prozeß der Überlieferung verbindet sich dieser Anspruch mit Lebensfragen der Gemeinden, die nun in Auseinandersetzung mit anderen Ansprüchen ge-
klärt werden. Die Einleitungswendung „Habt ihr nicht gelesen?"
weist besonders deutlich auf die Auseinandersetzung um das angemessene Schriftverständnis hin. Die christologische Grundlinie der
Schriftverweise ist gerade bei *den* Streitgesprächen gut zu erkennen,
die mit der Lesethematik verbunden sind. Die Jesustraditionen
wurden im Laufe ihrer Weitergabe mit zusätzlichen Schriftworten angereichert, wie erneut die Matthäus-Fassungen zeigen. Die Einleitungswendungen lassen zugleich erkennen, daß es bei den Hinweisen
auf einzelne Stellen immer auch um die Geltung der Schrift insgesamt

geht. Denselben Sachverhalt kann man an den verschiedenen Schriftzitaten in Apg 13, 14–52 erkennen. Von der Exodustradition (V. 17 f.)
bis zur Heidenverkündigung (V. 47) wird die Schrift für die christliche
Missionspredigt in Anspruch genommen. Dies führt zu einem Mis-
sionserfolg unter den Heiden, aber auch zu einer Verfolgung durch die
Juden und zur Vertreibung des Paulus und Barnabas (V. 48 ff.). Die
Auseinandersetzung um die divergierende Schriftauslegung wird
deutlich. Von Paulus selbst wird sie in 2 Kor 3 thematisiert. Der zentrale Differenzpunkt ist dabei die „Hinwendung zum Herrn" (3, 16),
mit der Paulus den Grundtext aus Ex 34 aufnimmt, ihn nun aber im
Blick auf Christus versteht. Nur wer die Tora von Christus her versteht, versteht sie unverhüllt. Die Bemühung, die Schriften von
Christus her zu verstehen, bekommt auf diese Weise zunehmend den
Charakter der Auseinandersetzung im Gegenüber zur jüdischen Lesepraxis und damit einen gemeindeexternen Aspekt.

7. Auf das Geschriebensein der Schrift und den engen Zusammenhang von Lesen und Hören bin ich jeweils schon kurz eingegangen.
Beides ist aber noch einmal in Zusammenhang zu bringen. Daß sich
das Lesen in der Antike im Rahmen von Lesegemeinschaften ereignet, ist bereits mehrfach angeklungen, ebenso auch, daß es sich
dabei um ein Vorlesen handelt und die Form der Rezeption dementsprechend vornehmlich das Hören ist. Der auf das synagogale Vorbild
zurückgehende frühchristliche Gottesdienst gibt, ergänzt durch eine
auch in den christlichen Gemeinden hervortretende Schriftgelehrsamkeit, der Lesepraxis den Ort und den organisatorischen Rahmen.
Lesen und Hören sind deshalb eng aufeinander bezogen, Lesegemeinschaft und Hörgemeinschaft werden zu Komplementärbegriffen. Da
auch Texte mit erzählendem Charakter gelesen wurden, kann das
Lesen auch unter dem Aspekt des Erzählens erscheinen,[216] ohne daß
dadurch jedoch ein Gegensatz zwischen Erzählen und Lesen ent-
stünde. Es geht weder um „Erzählgemeinschaft *contra* Lesegemeinschaft" noch um „Lesegemeinschaft *contra* Hörgemeinschaft".
Beides gehört im antiken Leseverständnis eng zusammen, wobei man
besser noch im Plural von Lesegemeinschaften spricht; denn daß in
den verschiedenen Schriften des NT auch unterschiedliche Akzente
beim Lesevorgang erkennbar werden, hat sich ja gezeigt. Übereinstimmend handelt es sich aber bei den gelesenen Texten wiederholt
um solche, die durch häufigen Gebrauch (etwa „Mose beim Dornbusch" oder Ex 34) bekannt sind. Lesen und Hören weckt deshalb
auch das Sich-Erinnern, die Assoziation bereits „gewußter" Texte
in neuen Zusammenhängen. So schaffen die Lesegemeinschaften,

indem sie bekannte Texte hörend und verstehend lesen, zugleich neue Schriften. Lesen und Schreiben stehen deshalb ebenfalls in engem Zusammenhang, und die Lesegemeinschaften werden zum Ort der Neuproduktion. Von diesem umfassenden Verständnis des Lesevorgangs her ist der Gemeinschaftscharakter des Lesens im NT von grundlegender Bedeutung.[217]

Dementsprechend kann sich das Hören und Bewahren des Gehörten auf geschriebene Texte beziehen (vgl. Offb 1, 3). „Wer Ohren hat zu hören, der höre" (Mk 4, 3. 9) gehört zwar in einen ursprünglichen Erzählzusammenhang hinein, findet sich jetzt aber im literarischen Rahmen eines Evangeliums, das zugleich zu einem verstehenden Lesen anleiten will (13, 14). In Lk 4, 16ff.; Apg 8, 26ff. wird ausdrücklich die Buchrolle geöffnet, so daß, wer das lukanische Werk liest, zugleich zur Leserin des Propheten Jesaja wird. Auf diese Weise wird das Wort in seinem Charakter als geschriebenes unterstrichen. Was Jer 36 mit der zweiten Niederschrift durch Baruch zeigt, daß nämlich das Gotteswort als geschriebenes Wort Bestand hat, ist in beiden lukanischen Perikopen durch den Kunstgriff des „aufgeschlagenen Textes im Text" der Sache nach aufgenommen. Im Erzählzusammenhang wird der Prophet laut gesprochen und gehört, im Rahmen des lukanischen Werkes aber zugleich gelesen. Das Hören der Texte und ihre Schriftlichkeit widersprechen einander also keineswegs. Und wenn nach Paulus der Glauben aus dem Hören kommt (Röm 10, 17), so bedeutet das eben nicht, daß er aus der Schrift nicht kommen könne. Denn das Geschriebene drängt zum Lesen und zum Hören und im Rahmen der Lesegemeinschaften zugleich zur Produktion neuer Schriften.

8. Die neu entstehenden Texte sind also ohne den Rückbezug auf die biblischen Schriften gar nicht denkbar. Für Röm 4 oder Röm 9–11 liegt das auf der Hand, es gilt aber in gleicher Weise für die große Mehrheit der nt.lichen Texte. Mk 1 beispielsweise ist voll von Rückverweisen auf die Schriften, Lk 24 macht den Auferstandenen selbst zu ihrem Hermeneuten, Paulus verbindet in 2 Kor 3 die christologische Grundstruktur des Lesens mit einem pneumatologischen Akzent. Die Offenbarung ist durch und durch von Bildern aus dem AT geprägt, auch wenn kein direktes Zitat nachzuweisen ist. Diese Liste ließe sich ohne Schwierigkeiten verlängern. Die Art der Aufnahme biblischer Schriften und Bilder in die neu entstehenden Texte kann dabei sehr unterschiedlich sein; gemeinsam ist ihnen allerdings, daß sie in diese Texte und damit in ein neues Sinngefüge integriert werden. Die Schriftstelle kommt mit einer Potentialität in den Blick, die of-

fenbar im ursprünglichen Kontext nicht aufgeht. Dies trifft beispielsweise auf das „heute" in Lk 4,21 zu oder auch auf das Jesaja-Zitat in Mk 7,37. Und um noch einmal auf 2 Kor 3 zu verweisen: Indem Ex 34 und die Hinwendung zu Christus miteinander verbunden werden, entsteht aus beidem ein neuer Text, mit dem der Anspruch verbunden ist, daß er die Aussageabsicht des alten entfaltet.[218] Die Hinwendung zu Christus ist für Paulus der zentrale Gedanke. Deshalb geht es Paulus nicht lediglich darum, verschiedene Texte in einem neuen Gefüge zusammenzustellen, sondern von Christus her und unter der Führung des Geistes die alten Texte in einen neuen Zusammenhang zu stellen. Daß dies im übrigen nicht nur für 2 Kor 3 gilt, sondern auch für andere nt.lichen Stellen, hat in ganz ähnlicher Weise die Frage in Mk 8,27 „Wer sagen die Leute, daß ich sei?" gezeigt, ebenso auch die Mahnung zum Bewahren der Worte in Offb 1,3. Die übrigen „Lese-Stellen" bestätigen dies.

9. Die Lese-Wendungen lassen eine Entwicklungslinie vom Lesen der biblischen Schriften zum Lesen neu entstehender christlicher Schriften erkennen. In den synoptischen Streitgesprächen geht es beim Lesen um das Verstehen von Schriftstellen im Zusammenhang mit bestimmten Lebensäußerungen der Gemeinde. Diese beruft sich auf die Autorität, mit der Jesus Schriftworte auslegte. Die Einleitungswendungen zeigen, daß die einzelne Schriftstelle zunehmend repräsentative Funktion für das Lesen der Schrift insgesamt erhält. Matthäus unterstreicht dies, indem er in die Streitgespräche zusätzliche Schriftverweise einfügt und aus seinem Sondergut den Markusstoff mit einer Reihe von Erfüllungszitaten ergänzt, deren einheitliche Einleitungswendung auf ein schriftgelehrtes „Suchen in der Schrift" schließen läßt. Die Suche erfolgt unter der Voraussetzung, daß in Jesus nicht nur einzelne Schriftstellen, sondern die Schriften erfüllt sind. Diesen Akzent unterstreicht Lukas ausdrücklich, indem er von Mose und allen Propheten ausgehend die (von Gott beschlossene) Notwendigkeit des Leidens des Christus darlegt. Daß Jesus selbst in Kapitel 24 den Jüngern diese Erkenntnis erschließt und damit den Übergang zur Geschichte der missionierenden Kirche ermöglicht, zeigt an, daß wir es bei Lukas in der Tat mit einem expliziten Lesemodell zu tun haben, einer ausdrücklichen Anleitung zum Lesen und Verstehen der biblischen Schriften (wie das Stichwort anleiten, ὁδηγεῖν, in Apg 8,31 oder die Missionspredigt in Apg 13 zeigen). Lk 24 legt dabei ebenso wie etwa Lk 1,1ff. dar, daß neben das Gesetz und die Propheten nun eine neue Schrift tritt, die – ausgehend von jenen – Jesus verkündet.

Dieser ausdrücklichen Anleitung zum Lesen war Markus, allerdings auf eine andere Weise, bereits vorausgegangen. Auch bei ihm findet sich ein direkter Hinweis an diejenigen, die sein Werk lesen, wenn auch nur das kurze und zudem vorgeprägte Wort in 13, 14. An vielen anderen Stellen in seiner Schrift aber fügt er Hinweise und Signale für seine Leserinnen und Hörer ein, mit denen er in eine Kommunikation eintritt. Der in den erzählten Geschichten aufscheinende Anspruch bleibt nicht in der „Welt des Textes", sondern drängt darüber hinaus und stellt sich den Lesern. Man könnte auch umgekehrt formulieren, daß Markus auf diese Weise seine Leser in den Text mit hineinnimmt. Auf jeden Fall „schafft sich" Markus seine Leser, indem er ihre Fragen und seinen Text eng miteinander verknüpft, die Antworten aber nicht explizit vorgibt, sondern sie den Leserinnen und Lesern überläßt und offensichtlich auch zutraut. Ich spreche deshalb von einem impliziten Lesemodell, weil es nicht eine bestimmte Weise zu lesen vorstellt, sondern Hörerinnen und Leser dazu auffordert, gleichsam in den Text einzutreten und ihn weiterzusagen.

Bereits vor der Evangelienredaktion hat Paulus seine Briefe geschrieben. Als apostolische Schreiben drängen sie in die Öffentlichkeit der Gemeinden. Wenn Paulus in 1 Thess 5, 27 die gemeindeöffentliche Kundgabe seines Briefes anmahnt, hängt dies mit dem Charakter des apostolischen Schreibens zusammen. In 2 Kor 3 geht der Apostel ausdrücklich auf das Lesen der Schrift in der Synagoge ein, dem er das verstehende Lesen in der christlichen Gemeinde gegenüberstellt. Das Verlesen des apostolischen Wortes aber mahnt die Gemeinde, „in Christus" zu bleiben, bestärkt damit das Fundament zum Verstehen der Schriften und hat dadurch ein eigenes Gewicht. Verschiedene nachpaulinische Stellen führen diesen Gedanken weiter. Kol 4, 16 fordert zum Austausch von Briefen auf. Und die nachpaulinische Doxologie in Röm 16, 25–27 bezeichnet den Römerbrief selbst als prophetische Schrift und ordnet ihn damit in die Reihe der heiligen Schriften der Propheten ein. Der apostolische Brief zeichnet sich nicht mehr nur durch die Schriftlichkeit aus, sondern gewinnt Schriftcharakter im gefüllten Sinn der prophetischen und damit heiligen Schriften. Die Rahmung der Offenbarung (1, 1–3; 22, 18 f.) hebt diesen Charakter des Werkes ebenso deutlich hervor und läßt an dem Ort für das Lesen keinen Zweifel: Es ist der Gottesdienst der Gemeinde, in dem die Worte der Prophetie gelesen und gehört werden sollen. Auch Matthäus und Johannes unterstreichen mit verschiedenen Hinweisen den Charakter ihrer Texte als Schrift. Und der Hinweis Justins auf die sonntägliche Lesung der Erinnerung der Apostel und der Prophetenschriften zeigt die Konsolidierung dieser Entwicklung aus der nachnt.lichen Perspektive deutlich an.

10. Die deutlich strukturierten Lesemodelle bei Lukas und Markus, aber auch die weniger ausgearbeiteten Lesehinweise in den übrigen Schriften lassen sich in diese Entwicklungslinie einordnen. Sie nehmen die biblischen Schriften auf und schließen daran an. Die Einleitungswendung „Habt ihr nicht gelesen?" belegt dies deutlich. Das Markusevangelium insgesamt ist, wie sich gezeigt hat, ohne den ständigen Rückgriff auf die Schriften, insbesondere Jesaja, nicht denkbar. Zugleich aber wird wiederholt deutlich, daß das „Evangelium vom Anfang Jesu Christi" mit einem eigenen Anspruch spricht, der zwar nur von den Schriften her wirklich verstanden, aber in der Person Jesu begründet ist. Das hier vorliegende implizite Lesemodell erweist sich damit als Funktion der theologischen Überzeugung, daß in Jesu Botschaft und Wirken Gott selbst den Menschen nahegekommen ist und daß diese Nähe Gottes die Gegenwart prägt. Wenn Lukas in 4, 18ff. Jesaja zitiert und von der Erfüllung der Schrift „heute" spricht, sagt er den alten Text für die Gegenwart neu und aktualisierend an. Er geht darüber aber noch hinaus, indem er Jesus selbst die Schrift in einem doppelten Sinn öffnen läßt, die Buchrolle in 4, 16ff. und den Sinn des Geschriebenen in Lk 24. Die Anleitung zum richtigen Lesen und Verstehen der Schrift geht somit unmittelbar auf Jesus zurück und wird in diesem Sinn von den verschiedenen Missionaren in der Apostelgeschichte weitergegeben (Petrus, Philippus, Paulus). Die Tatsache, daß Lukas ein weiteres und weitergehendes Werk schreibt, zeigt zugleich, daß die nunmehr angebrochene, gegenwärtige und zukünftige Zeit ihre eigenen Geschichten hat und weitererzählt.

5. VOM LESEN DES NEUEN TESTAMENTS

Im vorangehenden Kapitel stand das Lesen im NT im Mittelpunkt. Die Frage nach dem Verhältnis von Lesen und Verstehen, die sich bereits von der „Lesegeschichte" in Apg 8, 26ff. her als Leitfrage ergeben hatte, ist dabei in verschiedenen Einzelaspekten immer wieder angeklungen. Nun wird diese Frage natürlich nicht nur in der Exegese bedacht; wo immer biblische Texte gelesen werden, sei es privat oder im Rahmen kirchlicher Lesepraxis, geht es um dieselbe Frage. Darüber hinaus nimmt der Zusammenhang von Lesen und Verstehen in der Literaturwissenschaft und der Leseforschung einen breiten Raum ein. Ich halte es deshalb für angezeigt, am Ende dieser Untersuchung über das Lesen *im* NT hinauszugehen und nach dem Lesen *des* NT zu fragen. Dabei will ich die Erkenntnisse aufgreifen, die sich aus der Beschäftigung mit den nt.lichen Texten selbst ergeben haben. Es soll aber auch zur Geltung kommen, was die literaturwissenschaftliche Hermeneutik und die Leseforschung zum Verhältnis von Lesen und Verstehen beizutragen haben, dies um so mehr, als die Exegese in jüngerer Zeit verschiedene Impulse aus der literaturwissenschaftlichen Debatte aufgenommen hat. Und schließlich sind verschiedene Erkenntnisse und Überlegungen zum gegenwärtigen Bibelgebrauch beizufügen, ohne die diese Arbeit m. E. nicht vollständig wäre. Daß ich mit diesen Fragestellungen den Rahmen der Exegese überschreite, ist mir natürlich bewußt. Aus verschiedenen Gründen halte ich dies aber für notwendig. Zum einen, weil die Exegese als theologische Teildisziplin immer auf das Ganze der Theologie angewiesen bleibt[1]; weiterhin, weil die nt.lichen Texte, gerade auch diejenigen, die hier behandelt wurden, Absichten verfolgen, Anspruch erheben, etwas erreichen wollen und damit über sich selbst hinausweisen; und schließlich, weil man den Bibelgebrauch als den „Sitz im Leben" der Exegese bezeichnen kann,[2] sei es innerhalb der theologischen Wissenschaft, sei es beim privaten Lesen der Bibel oder in der Gemeinde. Bis in die Gegenwart hinein wird die Bibel ja gelesen. So schließen sich die Bemerkungen über das Lesen *des* NT geradezu notwendig an die Beobachtungen zum Lesen *im* NT an.

Die Beobachtungen zum gegenwärtigen Bibelgebrauch sind natürlich nicht auf das NT beschränkt, sondern müssen die ganze Bibel berücksichtigen. Da die Lesepraxis, wie sie im NT begegnet, ohne die Schriften des AT und die synagogalen Lesungen gar nicht denkbar ist, ja sich überwiegend auf diese Schriften bezieht, legt sich diese Ausweitung aber schon vom NT her nahe.

5.1 Literaturwissenschaftliche und exegetische Perspektiven

Die Beschreibung des Lesens als Erfassen, Erkennen und Wahrnehmen[3] zeigt ebenso wie die „klassische" Formulierung „Verstehst du auch, was du liest?" (Apg 8, 30), daß es beim Lesen immer zugleich um das Verstehen des Gelesenen geht, um Bedeutung und Sinn. Wie aber kommt dies zustande? Außerordentlich wirksam ist die Vorstellung gewesen, daß die Leser beim Lesevorgang dem Geschriebenen Sinn *entnehmen*. Aust hat (ohne ihm zu folgen) dieses Sinnentnahmekonzept folgendermaßen beschrieben:

„Es gibt eine diskrete Einheit, eine Substanz, die man Sinn nennt, und dieser Sinn liegt in der Schrift; er liegt dort, weil der Schreiber ihn dort hineingelegt hat; man kann der Schrift diesen Sinn wieder entnehmen, so daß er sich schließlich auch beim Leser befindet, der ihn versteht, indem er ihn ‚hat'."[4]

An dieses Konzept sind jedoch Fragen zu stellen. Liegt der Sinn tatsächlich, gewissermaßen substanzhaft, in der Schrift? Ist er dort objektiv vorhanden, kann er herausgenommen und transponiert werden? Und nehmen wir an, der Sinn läge in der Schrift: Auf welche Weise tut er es? Liegt er in den Worten, in der Art ihrer Kombination, in einer übergeordneten Struktur, in einem Sinnganzen? Handelt es sich bei Sprache und Schrift gleichsam um Gefäße für den Sinn und ist er den Gefäßen jederzeit und stets auf gleiche Weise zu entnehmen? Schon die Fragen deuten an, daß das Konzept der Sinnentnahme in verschiedenen Spielarten zwar sehr geläufig ist, aber auch Probleme aufwirft.

Auf welche Weise kommt es also beim Lesen zum Verstehen? Ohne Zweifel setzt das Verstehen nicht erst nach abgeschlossener Lektüre ein. Wer liest, überblickt den Text in der Regel nicht vollständig, sondern befindet sich immer jeweils an einem neuen Punkt mitten im Text. Ereignet sich das Verstehen demnach als Prozeß gleichsam am Lesen entlang[5] oder ist es eher das Ergebnis des Lesens? Mit diesen Fragen kommt zugleich das lesende Subjekt und seine eigene Aktivität stärker in den Blick, neben die Sinnentnahme tritt also die Sinnerzeugung. So gesehen ist der Sinn eines Textes nicht einfach in ihm enthalten, sondern wird bei dem Prozeß des Lesens durch das lesende

Subjekt zumindest mit konstituiert. Oder muß man formulieren, daß es beim Lesen weniger um eine Sinnerzeugung geht als vielmehr um das Beilegen einer Bedeutung,[6] daß der Text also in der Sicht eines bestimmten Lesers erscheint, ohne daß damit schon eine Aussage über den Sinn des Textes selbst, die Kohärenz seiner Elemente, gemacht wäre?

Daß Texte als kohärente Sprachgebilde aufgefaßt werden, ist allerdings eine Voraussetzung für das Lesen, die in der Regel ohne weitere Überlegung und bei genauerer Betrachtung aus methodischen Gründen gemacht wird. Wenn ein Text „keinen Sinn ergäbe", also nicht als kohärentes Sprachgebilde aufzufassen wäre, würde sich jede Bemühung, einen Sinn zu erschließen, erübrigen. Deshalb wird trotz der Leseerfahrung, daß vollkommene Kohärenz ein nicht zu erreichendes Idealbild darstellt, bei der Lektüre eines Textes unterstellt, daß seine Elemente untereinander in einem Sinn ergebenden Zusammenhang stehen.[7]

Es ist jedenfalls deutlich, daß die Fragen nach Sinn und Bedeutung eines Textes und dem Verstehen für die Erfassung des Leseprozesses von zentraler Wichtigkeit sind und in das Beziehungsgefüge von Autor, Text und Leser eingeordnet werden müssen.[8] Nun werden sich, je nachdem, welchem Element des Lesevorgangs Sinn, Bedeutung und Verstehen zugeordnet werden, das Gesamtgefüge und der Verstehensprozeß verändern. Ich will dies im folgenden an der literaturwissenschaftlichen Debatte zur Werkästhetik, zur Rezeptionsästhetik und zur Intertextualität verdeutlichen und die Ergebnisse in Beziehung setzen zur nt.lichen Exegese.

5.1.1   Das autonome Kunstwerk und die Werkästhetik

Die Werkästhetik findet den Sinn eines Textes im Text selbst. Ästhetik (abgeleitet von αἴσθησις: Sinneseindruck, Wahrnehmung, Empfindung) ist dabei zunächst als Wahrnehmung zu verstehen. Der Begriff des Werkes bezeichnet einen Text im Blick auf seinen Gehalt und sein Wesen; er bringt die Besonderheit des literarischen Textes zum Ausdruck. Ziel der werkästhetischen Betrachtung ist es, den Sinn eines Werkes zu erheben. Die Bedeutung, die eine Interpretin dem Werk beimißt, wird sich eng an diesem Textsinn orientieren. In der Geschichte des wissenschaftlichen Bemühens um das Verstehen literarischer Texte hat dieser Zugang bis in die jüngere Zeit hinein im Vordergrund gestanden. Das ist keineswegs verwunderlich; der Text ist ja als Gegenstand der Untersuchung objektiv vorhanden, als beschriebene

Seite, als Buch im Regal. Dieses objektive Vorhandensein des Geschriebenen ist eine wesentliche Voraussetzung für die Auffassung,
daß die Bedeutung eines Textes im Text selbst aufzufinden sei.[9]

Nun muß der Begriff der (Werk-)Ästhetik aber noch genauer präzisiert werden. Im Hintergrund steht nämlich eine philosophische Disziplin, deren Beginn zwar erst in die Mitte des 18. Jahrhunderts datiert,[10] deren Grundlagen aber weit in die Philosophiegeschichte zurückreichen. Dieser philosophische Hintergrund soll anhand einiger
charakteristischer Positionen kurz beleuchtet werden. Mit Platon beginne ich nicht etwa, weil Erörterungen dieser Art immer bei Platon
beginnen, sondern weil seine Beurteilung des Schönen in der Tat prägend für die philosophische Ästhetik geworden ist. Danach lasse ich
einige Stimmen des deutschen Idealismus zu Wort kommen und greife
auf diesem Hintergrund beispielhaft für die neuere Werkästhetik die
Arbeiten Staigers heraus. Schließlich greife ich unter einem werkästhetischen Aspekt noch einmal auf die „Lesegeschichte" vom Äthiopier aus Apg 8 zurück.

1. Außerordentlich großen Einfluß hat die ontologische Bestimmung des Schönen bei Platon ausgeübt. In Symp 210 a–212 b wird der
Erkenntnisweg des Schönen beschrieben. Ausgehend von der Schönheit in den Gestalten schreitet das Erkennen fort zur Schönheit in den
Seelen, in den Bestrebungen und Sitten bis hin zur Schönheit der Erkenntnis selbst. Im Letzten ist die Schönheit eine im Sinnlichen aufscheinende Idee

„an und für sich selbst ewig überall dasselbe seiend, alles andere Schöne aber
an jenem (sc. dem sinnlich Schönen) auf irgendeine solche Weise Anteil ha-
bend, daß, wenn auch das andere entsteht und vergeht, jenes doch nie irgend-
einen Gewinn oder Schaden davon hat noch ihm sonst etwas begegnet"
(211 b).

In der Politeia geht Platon auf die Ideen in ihrer Gesamtheit ein.
Dabei erweist sich die Idee des Guten als Prinzip aller Ideen (Pol
507 b–509 b) und ragt selbst über das Sein hinaus. Das Gute ist das
Sein in seiner Vollkommenheit; ihm ist das Schöne als Erstrahlen
dieser Seinsvollkommenheit zugeordnet. Verbindendes Element zwischen der unvollkommenen Wahrnehmung und den Ideen als voll-
kommenen Wesenheiten ist die Mimesis, die Teilhabe an und die
Nachahmung der unvollkommenen Wahrnehmungen an den Ideen.[11]
Erst durch den Aufstieg der Seele zu den Ideen kann es gelingen, das
„göttlich Schöne selbst in seiner Einzigartigkeit zu schauen" (Symp
211 e; Phaid 249 d–250 d). Schönheit ist dementsprechend verstanden

als „der Glanz des Seins, an dem sich die Liebe im Sinne des plato-
nisch verstandenen Eros entzündet … Gemäß diesem Verständnis
von Schönheit sind die Merkmale des Schönen ontologischer Art,
d. h. sie zeigen Seinsmerkmale an."[12] So ist die Frage nach dem
Schönen für Platon „kein entlegenes Sonderproblem",[13] sondern
gehört in die Grundfragen des philosophischen Erkennens hinein.[14]

2. In der Nachfolge Baumgartens[15] entwickelte sich ab der Mitte
des 18. Jahrhunderts die Ästhetik als allgemeine Theorie der sinnli-
chen Erkenntnis. Baumgarten selbst ordnet sie zusammen mit der
Logik als propädeutische Disziplin in die Philosophie ein. In der Fol-
gezeit wurde für die Literaturbetrachtung weniger die den Begriff der
Form akzentuierende Ästhetik Kants[16] prägend als vielmehr die den
Gehalt hervorhebende Ästhetik des deutschen Idealismus. Nach
Hegel nimmt die Kunst[17]

„den Schein und die Täuschung dieser schlechten, verfänglichen Welt von
jenem wahrhaften Gehalt der Erscheinungen fort und gibt ihnen eine höhere
geistgeborene Wirklichkeit. Weit entfernt also bloßer Schein zu sein, ist den Erscheinungen der Kunst, der gewöhnlichen Wirklichkeit gegenüber, die höhere
Realität und das wahrhaftigere Dasein zuzuschreiben."

Einen Schritt weiter geht Schelling. Für ihn sind Natur und Geist,
das Reale und das Ideale, im tiefsten Grund identisch. In allen Erscheinungen sind das Objektive, das Reale, und das Subjektive, das
Ideale, miteinander verbunden. Denn:

„Man könnte die Aufgabe der Philosophie der Kunst zum voraus schon so bestimmen: das Reale, welches in der Kunst ist, im Idealen darzustellen."[18]

Dieser Grundgedanke der Schellingschen Identitätsphilosophie
wirkt sich auch auf seinen Entwurf einer Ästhetik aus. Die Kunst ist
nach seiner Auffassung

„ein Ausfluß des Absoluten. Die Geschichte der Kunst wird uns am offenbar-
sten ihre unmittelbaren Beziehungen auf die Bestimmungen des Universums
und dadurch auf jene absolute Identität zeigen, worin sie vorherbestimmt
sind. Nur in der Geschichte der Kunst offenbart sich die wesentlich und innere
Einheit aller Kunstwerke, daß alle Dichtungen eines und desselben Genius
sind."[19]

Deshalb begegnen sich in der Kunst Endliches und Unendliches,
und darin liegt die „Schönheit, daß das Unendliche sich fühlbar in das
Endliche herabsenke und das Endliche Symbol des Unendlichen
werde".[20] Von diesem Gedanken aus ist es kein großer Schritt zu zwei
Zitaten, die den Übergang zur Werkinterpretation des 20. Jahrhunderts deutlich machen können. Das erste stammt aus dem Gedicht

›Auf eine Lampe‹ von Mörike (1804–1875). Darin ist eine fast verges-
sene und unbeachtete Lampe beschrieben, mit ihrer Marmorschale,
dem Efeukranz und dem Ringelreihen der Kinder:

> „Wie reizend alles! lachend, und ein sanfter Geist
> Des Ernstes doch ergossen um die ganze Form –
> Ein Kunstgebild' der rechten Art. Wer achtet sein?
> Was aber schön ist, selig scheint es in ihm selbst."[21]

Die Besonderheit des schönen Dinges tritt in diesen Worten deutlich hervor; wie das beschreibende Gedicht ist auch die Lampe Trä-
gerin, Realisation von Schönheit, und darin sich selbst genügend.
Lampe und Gedicht sind Kunstwerk in einem autonomen Sinn. Das
Kunstwerk aber übt Wirkung aus,[22] indem es betrachtet wird. Dies
bringt das zweite Zitat auf den Begriff des „Kunststaates" und seiner
Untertanen:

> „So bildet jede Poesie, jedes Bild und dann wieder jeder Zyklus von Poesien
> und Bildern aus seinen Beschauern einen kleinen Kunststaat um sich her. Die
> Beschauer sind gleichsam die freien Untertanen des Werks und seines Mei-
> sters: mit jedem neu hinzutretenden erweitert sich der Staat oder die Bedeu-
> tung dieses kleinen Souveräns."[23]

3. In seinem Aufsatz ›Die Kunst der Interpretation‹ greift Staiger
1951 das Gedicht Mörikes auf[24] und kommt dabei zu einer Definition
des autonomen Gegenstandes der Literaturwissenschaft:

> „Es geht darum, zu begreifen, was uns ergreift" … „Der Interpret – maßt sich
> an, auf wissenschaftliche Weise etwas über die Dichtung auszusagen, was ihr
> Geheimnis und ihre Schönheit, ohne sie zu zerstören, erschließt, und mit der
> Erkenntnis zugleich die Lust am Wert des Sprachkunstwerks vertieft."[25]

Das Kunstwerk, wie es sich in seiner von nichts außerhalb seiner
selbst abgeleiteten Eigenart zeigt, ist der Gegenstand der Betrachtung. Es hat zeitlosen Charakter und ist so stete Gegenwart:

> „Darauf kommen wir immer wieder zurück, auf die Welt des Dichters, die im
> Wort vernehmlich wird, das heißt, wir kommen immer wieder zum Werk, das
> uns allein als unmittelbarer Gegenstand gegeben ist."[26]

Diese Werkbetrachtung hat für Staiger eine grundlegend anthropo-
logische Ausrichtung, denn die Frage „Was ist der Mensch?" ist allen
Geisteswissenschaften eigen.[27] Indem er das Wesen des lyrischen, des
epischen und dramatischen Stils untersucht, findet er im literarischen
Werk Grundstrukturen der Existenz. Er kann deshalb die Literaturbetrachtung als Zweig der (existenz-)philosophischen Anthropologie

verstehen. Der Dichtung kommt so eine eigene „Position im Insgesamt der Entfaltung von Mensch und Welt" zu.[28]

Nach dem Zweiten Weltkrieg erlangte die Werkästhetik in verschiedenen Ausformungen[29] die Herrschaft in der Literaturwissenschaft. Zu einer detailliert darstellbaren Arbeitsweise ist es allerdings nicht gekommen,[30] was sich gerade bei Staiger zeigt. Oft ist es vielmehr die individuelle Könnerschaft, die die Überzeugungskraft bestimmter Interpreten ausmacht. Darin liegt allerdings zugleich eine Begrenztheit der werkästhetischen Betrachtungsweise.

4. Auf diesem Hintergrund greife ich nun kurz noch einmal auf Apg 8, 26–40, den exemplarischen Lesetext, zurück. Daß sich die Interpretation biblischer Texte der Werkästhetik verwandt fühlen konnte, liegt auf der Hand. Dem autonomen Kunstwerk entspricht hier der kanonische Text; und daß die Exegese immer wieder zu diesem Text als ihrem unmittelbaren Gegenstand zurückkommt, kann man in Anlehnung an Staiger durchaus formulieren. Die textlichen Details werden mit Hilfe der historischen Kritik erklärt. Ist dies geschehen, kann der Sinn des Textes theologisch formuliert werden. Im Blick auf Apg 8, 26 ff. mag als Beispiel einer solchen Orientierung ein Abschnitt aus der Auslegung von Haarbeck[31] dienen:

„Ein Suchender – und er wird gefunden! Lukas erzählt, wie der Geist Gottes Grenzen und trennende Schranken überwindet. Hier ein Minister im Schutz der Karosse – dort ein laufender Evangelist in der Mittagshitze, hier ein prominenter Heide, dort ein hellenistischer Judenchrist, hier ein Schwarzer, dort ein Weißer –, doch bald sitzen sie nebeneinander und fragen gemeinsam nach der Wahrheit Gottes. Es ist erstaunlich, was der Geist Gottes zuwege bringt! ‚Rang und Stand werden gering, wo die Bibel die Brücke schlägt zwischen zwei Menschen, die sich bis dahin noch nie gesehen haben.'"

Ist dieser Sinn aus dem Text gewonnen, so kann er auf das eigene Leben bezogen werden.[32] Ich habe mit diesem Zitat natürlich ein Interpretationsbeispiel herausgegriffen, das den „werkästhetischen" Aspekt des Lesens nt.licher Texte recht deutlich macht. Den Sinn eines biblischen Textes (als kanonischem Text und göttlichem Wort) in ihm selbst zu finden und die Bedeutung für den Interpreten in enger Korrelation damit zu formulieren ist über dieses Beispiel hinaus aber als Grundstruktur exegetisch-theologischen Denkens erkennbar.

5.1.2 Neue Fragestellungen

Seit den dreißiger Jahren und besonders nach dem Zweiten Weltkrieg rückte aufgrund verschiedener neuer Fragestellungen innerhalb
der Literaturwissenschaft und in ihrem Umkreis zunehmend die Rezeption literarischer Werke in den Blickpunkt des Interesses. Ich stelle
dies hier nicht ausführlich dar, sondern begnüge mich mit wenigen
Hinweisen.

Die Literatursoziologie begann, die sozialen und ökonomischen
Voraussetzungen von Produktion, Verbreitung und Rezeption von Literatur zu untersuchen, ebenso den Buchhandel und alle damit verbundenen Faktoren des Literaturbetriebes.[33] Die Untersuchung der
Leserschaft wurde zu einem eigenständigen Bereich literatursoziolo-
gischer Forschung.[34] Grundsätzlich formuliert Escarpit im Jahr 1958:

Da „ein Buch eine ‚Maschine zum Lesen' ist, kann es auch nur durch Lektüre
definiert werden".[35]

Die psychologische Betrachtung von Literatur beschäftigte sich auf
dem Hintergrund der Arbeiten Freuds besonders mit dem Aspekt,
wie durch den ästhetischen Genuß Möglichkeiten von Fremderfah-
rung und Identifikation zu eröffnen seien. Die eigentliche ars poetica
liegt demnach in der Überwindung der Schranken zwischen dem Ich
und den anderen. Dadurch werde das Wiederfinden verdrängter Erfahrung möglich.[36] Nach der Schule C. G. Jungs werden in der Literatur (wie in Religion und Mythologie) nicht die Kräfte des persönlichen, sondern des kollektiven Unbewußten mobilisiert.[37]

Ein weiterer Anstoß, sich beim Lese- und Verstehensvorgang stärker der Rezeption zuzuwenden, ging von der Kommunikationsfor-
schung aus, wobei besonders die sprachliche Kommunikation und
hier wiederum das literarische kommunikative Handeln in den Blick
kam.[38] In diesem Kommunikationsfeld ist die Person, die das Gesagte
oder Geschriebene aufnimmt, ein Grundfaktor; außerdem werden
die Beziehungen zwischen Kommunikator und Rezipienten auf der
einen, zwischen Aussage, Medium und Rezipient auf der anderen
Seite untersucht. Daß dabei jedes Medium aufgrund seiner eigenen
Gegebenheiten Wirkmöglichkeiten fördert und zugleich andere aus-
schließt, gilt für die gesprochene Sprache und das Buch ebenso wie für
die modernen Massenkommunikationsmittel.

Ein wichtiger Impuls für die Rezeptionsforschung ging auch vom
Strukturalismus innerhalb der Linguistik aus. Die strukturalistische
Textauffassung findet den Sinn eines Textes zunächst nur in seiner

Struktur, d. h. in den Relationen seiner Einzelelemente.[39] In einer
weiteren Entwicklung des linguistischen Strukturalismus wurde dieses
Beziehungsgefüge aber systemextern erweitert und konnte dadurch
den Rezipienten in das strukturalistische Modell mit einbeziehen.[40] In
diesem Zusammenhang spielt auch die Textpragmatik eine Rolle.
Ausgehend von der Erkenntnis, daß Sprechakte immer schon in bestimmten Situationen situierte Sätze sind, beschäftigt sie sich im wesentlichen mit der Frage, „wie man mit Worten etwas tut",[41] und
nimmt damit die Kommunikation mit dem Rezipienten unmittelbar in
den Blick.[42]

Schließlich ist auch die hermeneutische Diskussion zu erwähnen,
wobei hier besonders die Hermeneutik Gadamers von Bedeutung ist.
Verstehen ist für Gadamer „Einrücken in ein Überlieferungsge-
schehen".[43] Ein zentraler Begriff ist der des Horizontes. Darunter
werden der Standort des Betrachters und damit verbundene Sicht-
weisen und Prägungen verstanden, aus denen heraus die Wirklichkeit
wahrgenommen, Erfahrungen gedeutet werden und auch Literatur interpretiert wird. Dieser Horizont ist immer schon durch Traditionen
mitbestimmt, so daß, wer einen Text verstehen will, nicht nur den
eigenen Horizont kennen, sondern ebenso die anderen Horizonte sich
erarbeiten muß, aus denen heraus der Text aufgefaßt worden ist. Jeder
dieser Horizonte hebt einen anderen Aspekt des im Werk enthaltenen
Sinnpotentials hervor. Indem die aus der Geschichte erkannten Horizonte aufgenommen und mit dem eigenen zusammengeordnet werden, kommt es zu einer Verschmelzung der Horizonte.[44] Allerdings
hält Gadamer an der „Ursprungsüberlegenheit und Ursprungsfrei-
heit" des „eminenten Textes" fest.[45] Alle seit dem Entstehungszeit-
raum dem Text sich anschließenden Deutungen entfalten demnach
das im Text selbst angelegte Sinnpotential des klassischen Textes.
Denn klassisch ist, „was der jeweiligen Gegenwart etwas so sagt, als
sei es eigens ihr gesagt".[46]

5.1.3   Die Aktivität des Lesers und die Rezeptionsästhetik

Auf dem Hintergrund dieser hier nur skizzierten Fragestellungen
kam es seit Ende der sechziger Jahre zur Ausbildung einer rezeptionsästhetischen Betrachtungsweise von Literatur. Gegenüber dem Auf-
suchen der Bedeutung im Werk wird nun die Bedeutungsgewinnung in
den Vorgang der Rezeption verlegt. Nach Jauß, einem der führenden
Vertreter der Rezeptionsästhetik in Deutschland,[47] verläuft die „Fra-

gerichtung der aneignenden Rezeption vom Leser zum Text", [48] nicht
umgekehrt:

Im „Dreieck von Autor, Werk und Publikum ist das letztere nicht nur der pas-
sive Teil, keine Kette bloßer Reaktionen, sondern selbst wieder eine ge-
schichtsbildende Energie ... Die Geschichtlichkeit der Literatur wie ihr
kommunikativer Charakter setzen ein dialogisches und zugleich prozeßhaftes
Verhältnis von Werk, Publikum und neuem Werk voraus." [49]

Die rezeptionsästhetische Debatte detailliert nachzuzeichnen ist
im Rahmen der vorliegenden Untersuchung nicht möglich; es ist
aber auch nicht nötig. Hier (wie überall) sind viele Detailaspekte
verfolgt worden, die für die grundlegenden Fragen oft nur geringe
Relevanz haben. Man kann dies an den terminologischen Veräste-
lungen im Blick auf den Leser gut verdeutlichen. In der rezeptionsästhetischen Literatur begegnen (ohne Anspruch der Vollständig-
keit) neben dem „realen Leser aus Fleisch und Blut" der abstrakte,
implizite[50] und der intendierte Leser,[51] der mock reader, virtual
reader, ideal reader,[52] ganz allgemein der "reader in the text", außerdem der Modell-Leser,[53] der Archileser (super reader),[54] nicht zu
vergessen der ideale[55] und der informierte Leser.[56] Die einzelnen Konzepte unterscheiden sich natürlich voneinander, oft aber nur in Nuan-
cen.[57] Ich beschränke mich deshalb auf drei wesentliche Positionen:
Iser hat mit seinem Konzept des „impliziten Lesers" die Rezeptionsästhetik insgesamt stark beeinflußt; Ecos Lesermodell ist m. E. für die
Frage besonders aufschlußreich, wie der Text selbst zur Sinnkonstitution beiträgt; Fish hat in seinen Beiträgen den Aspekt der Zeitlichkeit
des Lesevorgangs hervorgehoben und deutet mit seinem Hinweis auf
die Interpretationsgemeinschaft bereits den Übergang zur Debatte um
die Intertextualität an. Nach der Darstellung dieser Positionen greife
ich auch hier noch einmal exemplarisch auf Apg 8, 26 ff. zurück.

1. Nach Iser werden die Bedeutungen literarischer Texte

„überhaupt erst im Lesevorgang generiert; sie sind das Produkt einer Interaktion von Text und Leser und keine im Text versteckten Größen, die aufzu-
spüren allein der Interpretation vorbehalten bleibt. Generiert der Leser die
Bedeutung eines Textes, so ist es nur zwangsläufig, wenn diese in einer je individuellen Gestalt erscheint." [58]

Der Text wird also durch die Lektüre aktualisiert. Dazu gewährt er
einen Spielraum von Aktualisierungsmöglichkeiten.[59] Er hat keine ge-
nauen Entsprechungen in der Lebenswelt, bietet dadurch aber Spiel-
räume möglicher Welten an:

„So läßt sich der literarische Text weder mit den realen Gegebenheiten der ‚Lebenswelt' noch mit den Erfahrungen des Lesers vollkommen verrechnen … Die reale Welt erscheint nur noch als eine Möglichkeit, die in ihren Voraussetzungen durchschaubar geworden ist."[60]

Auf diesem Hintergrund wendet Iser sein besonderes Interesse dem Lesevorgang selbst zu, denn

„im Gelesenwerden geschieht die für jedes literarische Werk zentrale Interaktion zwischen seiner Struktur und seinem Empfänger".[61]

Leserin und Leser „empfangen" den Sinn, indem sie ihn konstituieren; das Werk ist deshalb „das Konstituiertsein des Textes im Bewußtsein des Lesers". Wenn nun Texte erst im Gelesen-Werden zu sich selbst kommen, bedeutet dies, daß in ihnen Aktualisierungsbedingungen für die Sinnkonstitution auffindbar sein müssen.

„Daher bezeichnet das Konzept des impliziten Lesers eine Textstruktur, durch die der Empfänger immer schon vorgedacht ist, und die Besetzung dieser strukturierten Hohlform läßt sich auch dort nicht verhindern, wo sich Texte durch ihre Leserfiktion erklärtermaßen um einen Empfänger nicht zu kümmern scheinen … So rückt das Konzept des impliziten Lesers die Wirkungsstrukturen des Textes in den Blick, durch die die Empfänger zum Text situiert und mit diesem durch die von ihm ausgelösten Erfassungsakte verbunden sind."[62]

Der implizite Leser besitzt deshalb keine reale Existenz, sondern

„verkörpert die Gesamtheit der Vororientierungen, die ein fiktionaler Text seinen möglichen Lesern als Rezeptionsbedingungen anbietet. Folglich ist der implizite Leser nicht in einem empirischen Substrat verankert, sondern in der Struktur der Texte selbst fundiert."[63]

Diese Vororientierungen sind nach Iser durch Unbestimmtheitsstellen angezeigt, die „Leerstellen" genannt werden. Sie bezeichnen allerdings nicht einfach eine Bestimmungslücke, sondern zeigen eine Kombinationsnotwendigkeit an. Das Formulierte schöpft die Intention eines Textes nicht völlig aus. Vielmehr gewähren die Leerstellen

„einen Anteil am Mitvollzug und an der Sinnkonstitution des Geschehens … Damit aber erwiese sich der Leerstellenbetrag eines Textes als die elementare Bedingung für den Mitvollzug."[64]

Den impliziten Leser, oder besser: das Konzept des impliziten Lesers kann man deshalb als „den im Text vorgezeichneten Aktcharakter des Lesens" bezeichnen.[65]

2. Eco spricht vom „Modell-Leser".[66] Ein Text stellt nach Eco

eine „Verkettung von Kunstgriffen in der Ausdrucksweise" dar, die der Aktualisierung durch die Leserin bedürfen.[67] Wenn ein Text aktualisierbar ist, setzt dies seine Unvollständigkeit voraus. Sie ist zum einen darin begründet, daß jeder Begriff eine semantische Offenheit aufweist und nicht mit den Äquivalenz-Begriffen des Wörterbuchs deckungsgleich ist. Zum anderen hat sie ihren Grund darin, daß ein Text sich nicht in den Worten erschöpft, sondern „in das Nicht-Gesagte verwoben ist",[68] in eine Fülle von sprachlichen und außersprachlichen Regeln, Koreferenzen und Konventionen, die im Hintergrund vorhanden sind und von der Leserin interpretativ aktualisiert werden.

„Der Text ist also mit Leerstellen durchsetzt, mit Zwischenräumen, die ausgefüllt werden müssen; und wer den Text sendet, geht davon aus, daß jene auch ausgefüllt werden. Er läßt sie aus zwei Gründen leer. Zunächst und vor allem, weil ein Text ein träger (oder ökonomischer) Mechanismus ist, der von dem – vom Empfänger aufgebrachten – Mehrwert an Sinn lebt ... Und zweitens, weil mit dem Übergang von der beschriftenden zur ästhetischen Funktion ein Text nach und nach die Initiative zu seiner Auslegung dem Leser zu überantworten sucht, auch wenn er gewöhnlich darauf abzielt, daß die interpretierenden Zusätze und Marginalien hinreichend eindeutig sind. Ein Text will, daß ihm jemand dazu verhilft zu funktionieren."[69]

Von dieser Existenzbedingung der Texte ausgehend kommt Eco zu der Schlußfolgerung, daß ein Text

„ein Produkt ist, dessen Interpretation Bestandteil des eigentlichen Mechanismus seiner Erzeugung sein muß: einen Text hervorbringen, bedeutet, eine Strategie zu verfolgen, in der die vorhergesehenen Züge eines Anderen miteinbezogen werden".[70]

Also wird der Autor einen „Modell-Leser" voraussetzen, der mit seiner Interpretation der Aktualisierungsstrategie des Autors zu entsprechen vermag, wobei das Konzept des Modell-Lesers nicht nur die Erwartung in sich schließt, daß dieser existieren möge, sondern zugleich die Möglichkeiten dazu schafft.[71] In diesem Sinn ist der Modell-Leser

„ein Zusammenspiel glücklicher Bedingungen, die im Text festgelegt worden sind und die zufriedenstellend sein müssen, damit ein Text vollkommen in seinem möglichen Inhalt aktualisiert werden kann".[72]

Wesentlich ist bei diesem Modell des Lesens, daß hier – deutlicher als bei Iser – die Mittel herausgearbeitet werden, die dem Aktualisierungsprozeß dienen. Eco führt dies mit seiner Untersuchung der Enzyklopädie, der diskursiven und erzählerischen Strukturen, der Welt-

strukturen sowie der aktantiellen und ideologischen Strukturen im
einzelnen aus. Der Begriff „Strukturen" weist darauf hin, daß die textuelle Mitarbeit des Modell-Lesers sich nicht auf ein Individuum, sondern auf eine „diskursive Strategie" bezieht.[73] Ich kann das hier nicht
im einzelnen ausführen. Wichtig ist aber, daß der Modell-Leser bei
Eco in eine Zeichentheorie und damit in ein umfassendes Textverständnis eingebunden ist. Um mit Eco selbst zu sprechen:

„Ein Text ist ein syntaktisch-semantisch-pragmatisches Kunstwerk, an dessen
generativer Planung die vorgesehene Interpretation bereits teilhat."[74]

Dies aber hat zur Folge, daß sich die Inhaltsseite des Textes und die
textuelle Mitarbeit des Modell-Lesers nicht voneinander trennen
lassen.[75]

3. Fish hat in seinen Beiträgen wichtige Beobachtungen zur Rezeptionsästhetik formuliert. Er weist auf die Zeitlichkeit der Leseerfahrung hin und versucht,

„das Leseerlebnis so zu verlangsamen, daß ‚Ereignisse', die bei normaler Ge-
schwindigkeit nicht bemerkt werden, die sich aber wirklich ereignen, unseren
analytischen Bemühungen zugänglich werden".[76]

Die Analyse geht dabei von der Frage aus, was von einem Wort,
einem Satzteil, einem Satz, einem Kapitel oder einem Gesamttext *bewirkt* wird.[77] Dieser methodische Ausgangspunkt nimmt den bereits
festgestellten Sachverhalt auf, daß man sich beim Lesen an einem
immer neuen Punkt innerhalb des Textes befindet und daß diese Pro-
zeßhaftigkeit des Lesens den Verstehensvorgang mit beeinflußt. Auf
der anderen Seite wird hier bereits deutlich, daß Bedeutung von Fish
als Ereignis verstanden wird. Der Text

„ist kein Objekt mehr, kein Ding-an-sich, sondern ein Ereignis, etwas, das geschieht, und zwar mit Beteiligung des Lesers. Und es ist dieses Ereignis, dieses
Geschehen – in seiner Gesamtheit und nicht irgend etwas, das sich über den
Satz sagen ließe, oder irgendeine Information, die man mitnehmen könnte,
worin meiner Meinung nach die Bedeutung des Satzes besteht (natürlich gibt
es in diesem Fall keine Information zu entnehmen)."[78]

In seinem Aufsatz ›Interpreting the Variorum‹ hat Fish diese Sicht
1976 noch stärker akzentuiert. Entgegen der Auffassung, daß „alles
im Text sei", rückt er die Leseraktivität in den Mittelpunkt, jedoch
"not as leading to meaning, but as *having* meaning".[79] Der temporale
Aspekt begegnet hier erneut, nun aber auch mit einem neuen Akzent:

"Everything depends on the temporal dimension, and as a consequence the
notion of a mistake, at least as something to be avoided, disappears. In a

sequence where a reader first structures the field he inhabits and then is asked to restructure it ... there is no question of priority among his structurings; no one of them, even if it is the last, has privilege; each is equally legitimate, each equally the proper object of analysis, because each is equally an event in his experience."[80]

Wenn deshalb zwei Leser zu einer ganz unterschiedlichen Abfolge im Interpretationsakt beispielsweise eines Gedichtes kommen und der Eindruck entsteht, es handele sich nicht mehr um dasselbe Gedicht, so wäre dieser Eindruck durchaus zutreffend: Beide lesen nämlich das Gedicht als eines, das sie sich im Lesevorgang jeweils schaffen.[81] Daraus folgt, "that the notions of the 'same' or 'different' texts are fictions". Dies läuft auf eine Neu-Definition sowohl des Textsinnes als auch von Literatur hinaus, die vom Text letzten Endes absieht. Wenn nun verschiedene Leserinnen dennoch im Interpretationsvorgang übereinstimmen, so liegt dies nicht am Lesevorgang oder am Text, sondern an der Interpretationsgemeinschaft,[82] die Strategien nicht nur zum Lesen, sondern bereits zum Schreiben von Texten festlegt und dadurch ihre Intentionen zu sichern sucht. Auf diese Weise ist dem literarischen Text jegliche Objekthaftigkeit genommen,[83] außer in dem äußerlichen Sinn, daß er in Buchform auf dem Bücherregal steht. Texte werden dementsprechend von den Lesern „geschrieben", nicht gelesen.[84] Die Konstitution von Sinn hat sich damit ganz auf die Seite der Rezeption verlagert. Der Leser „schreibt" den Text und die Interpretationsgemeinschaft „schreibt" den Leser.[85] Die Zahl möglicher Leseweisen eines Textes ist nach Fish nur durch die Zahl der Interpretationsgemeinschaften begrenzt, in denen ein Text gelesen wird. Mit diesen Äußerungen deutet sich der Übergang von der Rezeptionsästhetik zur postmodernen Literaturdebatte an.

4. Bevor ich darauf zu sprechen komme, will ich auch hier noch einmal auf Apg 8, 26 ff. zurückgreifen. Im 2. Kapitel bin ich diesem Text Schritt für Schritt nachgegangen. Daß dies den Verstehensprozeß verlangsamt, ihm aber auch neue Perspektiven verleiht, ist mit Fish festzuhalten. Im Zusammenhang mit der Antwort des Philippus auf die Frage des Äthiopiers (von wem nämlich der Jesaja-Text rede) war bereits von „Offenheit" und „Unbestimmtheit" die Rede[86]; denn weder ergibt sich diese Frage direkt aus dem Text noch wird sie von Philippus stringent beantwortet. Unter Heranziehung der rezeptionsästhetischen Terminologie handelt es sich hier tatsächlich um eine „Leerstelle", die eine Kombinationsnotwendigkeit andeutet. Der Text bekommt Aufforderungscharakter; er fordert Leserin und Leser

auf, an seinem Sinn mitzuwirken,[87] einen Bezug zwischen sich und
dem Text herzustellen. Der Verfasser bedient sich dabei des ausdrücklichen Zitates (das im Rahmen der erzählten Welt gar nicht notwendig
wäre), um die Leser förmlich in den Text hineinzunehmen. Indem der
Äthiopier um Anleitung für das Verstehen bittet und zugleich eine (aus
der Sicht des Lukas) dem Text angemessene Frage stellt, wird er als
„Modell-Leser" erkennbar, wie der Verfasser ihn sich vorgestellt hat.
Insofern ist diese Erzählung in der Tat eine exemplarische „Lesegeschichte". Zugleich wird mit der Beschreibung des Äthiopiers in 8,27
eine Bezugswelt errichtet,[88] die einen bestimmten Erwartungshori-
zont weckt. Und schließlich wird man durch Fish auf die Interpretationsgemeinschaft aufmerksam gemacht. „Wie könnte ich verstehen,
wenn mich nicht jemand anleitet?" ist zwar als Frage an Philippus
gerichtet, setzt aber eine Interpretationsgemeinschaft voraus und
lädt Leserin und Leser gleichzeitig dazu ein. Daß dies in vergleichbarer Weise auch für Lk 4,16ff., ebenso auch für das implizite Lesemodell bei Markus gilt, liegt auf der Hand. Die rezeptionsästhetische Betrachtungsweise erschließt ohne Zweifel wichtige Dimensionen dieser Texte.

5.1.4 Die Vielzahl der Texte und die Intertextualität

In Aufnahme der Kuhnschen Terminologie[89] konnte Jauß beim
Übergang von der Werk- zur Rezeptionsästhetik von einem Paradigmenwechsel sprechen.[90] Ohne Zweifel hat die Konzentration auf die
Rezeption in der Literaturwissenschaft einen neuen methodischen
Zugang und dadurch insgesamt neue Aspekte in der Betrachtung von
Literatur eröffnet. Aber Paradigmenwechsel? Dies wird der Rezeptionsästhetik nun in der Tat bestritten, und zwar aus poststrukturali-
scher Sicht. Es handelt sich dabei um eine postmoderne Literaturdebatte, zu der auch das Lesemodell der Intertextualität gehört. Ich
stelle dieses Modell anhand einiger Äußerungen von Berg, Barthes
und Derrida vor, beschreibe im Anschluß daran kurz die Beziehungen
des Poststrukturalismus zur Postmoderne, gehe etwas näher auf den
Begriff von Intertextualität bei Pfister ein und wende mich schließlich
noch einmal Apg 8,26ff. zu.
   1. Als Ausgangspunkt kann die Kritik von Berg an Iser und anderen Rezeptionstheoretikern dienen. Sie hat ihren Kernpunkt darin,
daß auch im Konzept der Rezeptionsästhetik die Leserin ein Produkt
des Textes bleibe; nicht sie konstruiere den Text, sondern werde selbst

vom Text aus konstruiert. Dadurch aber bleibe die Rezeptionsästhetik demselben Strukturalismus verhaftet, den zu überwinden sie vorgebe. Umgekehrt:

"When I read Mark, I read as a post-structuralist, for I believe that structuralist models of reading invariably disempower the reader. They circumscribe and limit. They lead to variations on the idea of the implied, ideal, model reader. They lead to the idea that *the* reader is *in* the text, and that there is an inside and outside the text and that we can always know which side we are on."[91]

Was hier in Frage gestellt wird, ist das Gegenüber der Leserin zum Text, das kritische, untersuchende Gegenüber des autonomen Subjekts. Um mit Barthes zu sprechen:

Das „Ich ist kein unschuldiges Subjekt, das dem Text vorherginge und das danach von ihm Gebrauch machte wie von einem Objekt, das zu zerlegen, oder wie von einem Ort, der zu besetzen wäre. Dieses ‚Ich‘, das sich dem Text annähert, ist selber schon eine Pluralität anderer Texte, unendlicher Codes, oder genauer, verlorener Codes (deren Ursprung verlorengeht)."[92]

Dasselbe gilt nach Barthes in vergleichbarer Weise auch vom Text:

Im „idealen Text sind die Beziehungen im Textgewebe so vielfältig und treten so zueinander ins Spiel, daß keine von ihnen alle anderen abdecken könnte. Dieser Text ist eine Galaxie von Signifikanten und nicht Struktur von Signifikanten. Er hat keinen Anfang, ist umkehrbar."[93]

Es geht deshalb, so folgert Barthes, nicht um lesbare, sondern um schreibbare Texte. Lesbare Texte sind nach seiner Auffassung klassisch, insofern ihnen gegenüber nur die armselige Freiheit bestehe, sie anzunehmen oder zu verwerfen. Beim schreibbaren Text aber werde der Leser zum Schreiber und Sprecher:

„Daran läßt sich erkennen, daß das Schreiben nicht die Kommunikation einer *message* ist, die vom Autor ihren Ausgang nähme und zum Leser ginge; sie ist eigentümlich eben gerade die Stimme des Lesens: *im Text spricht allein der Leser.*"[94]

In Abgrenzung von einem weitverbreiteten (bereits auf Platon zurückführbaren) „Phonismus" und „Logozentrismus" versucht Derrida zu zeigen, daß es keinerlei Unmittelbarkeit von Zeichen und Sache, Signifikant und Signifikat gebe und daß deshalb das gesprochene Wort der bezeichneten Sache nicht näher sei als das Schriftzeichen. Es gebe also keinen Rekurs vom Skriptum auf das Diktum und schon gar nicht auf ein dahinterstehendes Faktum.[95] Vielmehr trage

Sprache in jeder Form bereits das Merkmal der Schrift in sich.[96] So verstanden ist jeder Leser tatsächlich Schreiber, indem er einem Text seinen je eigenen Text hinzufügt. Dadurch werde die Grenze von Text und Kontext aufgehoben,[97] und alle Texte gehörten in ein andauerndes Spiel von Verweisen hinein, ein dezentrierendes Spiel der Intertextualität. So verstanden ist ein Text keine in sich geschlossene Einheit (wie der Strukturalismus sagt), sondern überschreitet als Geschriebenes alle kontextuellen Grenzen. Die Grenzen zwischen Text, Leser und Kontexten, die Grenzen zwischen „innerhalb" und „außerhalb" des Textes sind deshalb nach Derrida aufzugeben. Im Lesemodell der Intertextualität[99] beziehen sich Texte deswegen unablässig aufeinander, zeitlich gesehen nach vorne und nach hinten,[98] semantisch betrachtet nach innen und nach außen und ebenso über eine Textualität im wörtlichen Sinn hinaus: jedes kulturelle System, ebenso Geschichte oder Gesellschaft sind in diesem Sinne „Text".[100] Dies hat Konsequenzen auch für den Leser: Die Grenze zwischen Autorin und Leser verschwindet hier im gleichen Maß wie die Grenze zwischen Texten, denn die Autorin ist ihrerseits Leserin und als solche in kontinuierlicher Beziehung und Interaktion mit anderen Texten und zugleich mit den institutionellen Strukturen, die den Lesevorgang und den gesellschaftlichen Wahrheitsfindungsprozeß bestimmen.[101] Deshalb ist jedes Lesen praxisorientiert, insofern Wahrheit darin weniger entdeckt als vielmehr in der sozialen Beziehung zwischen Leser und Text geschaffen wird.[102] Genauer noch müßte man formulieren: zwischen den Leserinnen und Lesern und den Texten. Denn den einen Leser gibt es nach dieser Auffassung nicht, ebensowenig den einen Text, auch nicht den Leser im Text oder die Leserin außerhalb des Textes. Um noch einmal mit Berg zu sprechen:

"Neither the reader nor the text has a single, stable center; both, the reader and the text may be endlessly exchanged."[103]

2. Dieses Konzept der Intertextualität und Dekonstruktion erweist sich als Teil der Postmoderne.[104] „Moderne" bezeichnet in diesem Zusammenhang den neuzeitlichen, konstruktiven Zugriff des autonomen Menschen auf die Welt mit den Mitteln der Wissenschaft,[105] ist also nicht in erster Linie eine Epochenbezeichnung, sondern ein ideologischer Begriff. Die Vorsilbe „post" wird überwiegend nicht in zeitlichem Sinn verstanden,[106] sondern im Sinne eines prinzipiellen Gegensatzes zur Moderne. Ihr Kennzeichen ist grundsätzliche Vielheit:

„Die Postmoderne entfernt sich von allen Formen des Monismus, der Unifizie-
rung und Totalisierung, von der einen, verbindlichen Utopie und den vielen
versteckten Despotismen und geht statt dessen zu einem Dispositiv der Multi-
plizität und Diversität, der Vielfalt und Konkurrenz der Paradigmen und der
Koexistenz des Heterogenen über."[107]

Dieser so eloquent beschriebene (man kann sich den Satz auf der
Zunge zergehen lassen!) Pluralismus wird als Chance begriffen, da in
der Abkehr von jedwedem monistischen Anspruch Unterdrückung
nun nicht mehr möglich sei.[108] Pluralität als „Herzwort der Postmoderne"[109] müsse deswegen in ihrer Radikalität wahrgenommen
werden.

„Konventionell pflegte man angesichts von Defiziten einer an Ganzheits-
idealen orientierten Realität zu sagen, es sei eben nicht ganz gelungen, diese
Idee zu realisieren oder ihren umfassenden Anspruch einzulösen. Das liege an
unserer – leider immer wieder hinderlichen – Endlichkeit. Die postmoderne
Reflexion sieht das gerade umgekehrt: Die Einlösung der Idee brächte das
vollendete Desaster. Das Nichtgelingen ist unser Glück. Denn die Heilsvor-
stellungen, die auf Ganzheit zielen, sind in Wahrheit Unheilsvorstellun-
gen."[110]

Worum es geht, ist also das „prinzipielle Recht des Differenten"[111]
und damit das Bewußtsein, daß alles mit gleicher Legitimität auf an-
dere Weise betrachtet werden kann. Dieses prinzipielle Recht des Differenten ist nach Welsch nicht die Verabschiedung von Politik und
Ethik, sondern begründet gerade eine neue Ethik, in der es um die
Anerkennung des Widerstreitenden geht. Nur wolle dies die „offizielle
Orientierungsrhetorik" noch nicht wahrhaben. Dabei gehe es der
Postmoderne allerdings nicht einfach um Globalität, Indifferenz oder
Singularität, sondern um die Verknüpfung unterschiedlicher Möglich-
keiten. Daß in diesem Zusammenhang auch die Stichworte „Transver-
salität"[112] und „Interreligiosität" zu nennen sind, liegt auf der Hand.
Das Diktum von der „offiziellen Orientierungsrhetorik" bezieht sich
jedenfalls ohne Zweifel auch auf die Religion und also auch auf Kirche
und Bibel. Vom NT her betrachtet steht damit auch die Kategorie des
Anspruchs in Frage, der in seinen Texten immer wieder erhoben wird.
In der literaturwissenschaftlichen Debatte sind die Entgrenzung
des Textbegriffes, die Dezentrierung des Subjekts und zusammenfas-
send die Dekonstruktion Merkmale des postmodernen Pluralismus[113]; für Derrida wird die Differenz zum Leitwort. Diese Begriff-
lichkeit macht aber deutlich, daß es sich hier nicht lediglich um ein lite-
raturwissenschaftliches Phänomen handelt, sondern daß sich darin
ein Grundverständnis von Mensch und Welt andeutet, ein ontologi-

scher Pluralismus. Bei einem so verstandenen Pluralismus ist aber
noch sehr die Frage, ob er sich tatsächlich postmodern oder vielleicht
doch eher „supermodern" verhält,[114] indem er den Autonomie-Ge-
danken der Moderne nicht überwindet, sondern faktisch übersteigert.
Mit Koslowski ist jedenfalls festzuhalten:

> „Wie gegen den Hegelschen Monismus eingewandt werden muß, daß es gute
> und schlechte Einheit, versöhnende und gewalthafte Aufhebung gibt, so muß
> gegen den postmodernen metaphysischen Pluralismus geltend gemacht wer-
> den, daß es gute und schlechte Vielheit, befreiende Vielheit und vergleichgülti-
> gende Zerstreuung beziehungsweise Vereinzelung gibt."[115]

Handelt es sich bei dieser Kritik nur um den Ausdruck eines meist
gespannten Verhältnisses von Philosophen (und Theologen) zum Pluralismus, der doch unausweichlich ist?[116] Ich denke eher: So gewiß es
Philosophie und Theologie nur im Plural gibt, wäre die Stilisierung der
Pluralität zum Wert an sich, zum Grundwort des Faktischen und zugleich Erstrebenswerten, verfehlt. Man soll Begriffe nicht mit mehr
belasten als sie tragen können.

Hieran will ich anfügen, daß die gerade erschienene empirische Untersuchung zur Religiosität der jungen Generation[117] meine Zweifel an der Pluralität als ethischem Prinzip durchaus verstärkt. Offensichtlich nimmt die Sub-
jektivierung der Normen in außerordentlichem Maß zu, und das eigene Ich
wird zum letzten Sinnhorizont,[118] keineswegs aber, wie es scheint, der „gekonnte Wechsel" und die „Anerkennung des Differenten". Hier zeigen sich
Konsequenzen postmodernen Denkens wie etwa des "anything goes"[119] oder
der „Struktur des Potpourris",[120] die zwar von den Theoretikern der Postmoderne abgelehnt werden, aber dennoch in der Konsequenz der allgemeinen
Rezeption postmodernen Denkens liegen (auch wenn das Stichwort Postmoderne dabei gar nicht zu fallen braucht).

3. Die Entgrenzung des Textverständnisses und die Dezentrierung
des Subjekts führen im postmodernen Verständnis der Intertextualität
zu einem unendlichen Gewebe von Texten. Daneben hat sich aber ein
begrenzteres und im spezifischen Sinn auf Texte bezogenes Verständnis von Intertextualität entwickelt,[121] und zwar notwendigerweise: für die konkrete Analyse intertextueller Beziehungen erweist
sich nämlich ein entgrenztes Textverständnis als unpraktikabel. Wenn
alles Intertext ist, werden die denkbaren Beziehungen sowohl unendlich als auch in gewisser Weise beliebig.[122] Demgegenüber bezeichnet
Intertextualität unter einem spezifischen Textverständnis solche Ana-
lyseverfahren, die die Bezüge von Texten auf andere Texte systema-
tisch zu erfassen versuchen.[123] Daß dies noch einmal anders geschehen kann als es im Sinne der Quellenkritik in Literaturwissen-

schaft und Exegese ohnehin üblich ist, hat Pfister deutlich gemacht. Er versucht, die Textbezüge nach dem Grad ihrer Intensität zu beschreiben. Dazu entwickelt er verschiedene Kriterien, von denen die sogenannte Referentialität,[124] die Strukturalität[125] und die Dialogizität[126] die wichtigsten sind. Mit ihrer Hilfe kann die Art der intertextuellen Bezüge erfaßt und differenziert werden. Auf diese Weise werde der Text aber gerade nicht „dezentriert" oder „dekonstruiert", sondern dies diene seiner Situierung[127]: die intertextuellen Beziehungen erweisen demnach nämlich gerade die Eigenheit dieses Textes und gewinnen nur im Blick auf diese ihre Bedeutung. Intertextualität ohne bestimmte Texte gibt es nicht.

4. Die Debatte um Dekonstruktion und Intertextualität hat sich auf die nt.liche Exegese bisher noch nicht allzu stark ausgewirkt.[128] Ich greife aber auch in diesem Zusammenhang noch einmal auf Apg 8, 26 ff. zurück und frage: Wie ist dieser Text aus intertextueller Perspektive zu bedenken?

Da die Intertextualität, ganz allgemein gesprochen, die Beziehungen zwischen Texten thematisiert, greife ich das Jesaja-Zitat in V. 32 f. heraus. Nun entspricht die Auffassung, daß Lukas in 8, 32 f. auf eine Quelle zurückgreift und in seinen Text integriert, allein allerdings noch nicht intertextuellem Denken.[129] Denn bei der Entgrenzung des Textbegriffs kommt es weder auf Kausalität noch auf die Intention eines Redaktors an. Die Wendung „ausgehend von diesem Text" (also Jes 53, 7 f.) muß deshalb hinterfragt werden. Denn keineswegs geht der Verfasser von Apg 8, 26 ff., unter intertextueller Perspektive betrachtet, von diesem Text aus und gibt ihm seinen „gemeinten, ursprünglichen, richtigen" Sinn. Vielmehr bringt er den Abschnitt des Jesaja mit seinem eigenen „Text" zusammen, seinen kulturellen Bindungen also, seinen Glaubensüberzeugungen, auch mit der „Verkündigung Jesu", schafft auf diese Weise einen neuen Text und ist so als Leser zugleich Schreiber.[130] Sein Text aber ist nicht neu im Gegensatz zu einem alten, nicht Interpretation des einen, ursprünglichen Sinnes, auch nicht Erfüllung einer Verheißung, sondern eine Variante im intertextuellen Spiel, zu der im weitergehenden Lese- und Schreibprozeß weitere Texte hinzutreten. Wenn es nun beim intertextuellen Austausch nicht darum gehen kann, die Intention eines Autors aufzuzeigen, sondern (zeitlich, semantisch und pragmatisch entgrenzt) die Beziehung zu anderen Texten,[131] kann der *eine* Text, Apg 8, 26 ff., keine besondere Position neben anderen behaupten. Wenn Leser und Text endlos austauschbar sind, ergibt sich daraus neben dem Aufgeben eines klassischen Kanons konsequenterweise auch das des bibli-

schen. Natürlich stellt sich dann die Frage, auf welche Weise biblische
Exegese noch begründet werden kann.

Unter der Perspektive eines spezifischen Verständnisses von Intertextualität kommt man allerdings zu anderen Ergebnissen. Wenn der
Verfasser der Apostelgeschichte seinen eigenen „Text" mit Jes 53 in
Verbindung bringt, so dient diese Relation nicht der Dezentrierung
des Textes, sondern macht gerade seine Identität aus. Mit dem Zitat
aus Jes 53

„wird der primäre Text auf ein Fragment reduziert, und dieses wird in den
neuen Kontext eines Werkes so integriert, daß es eine neue Funktion übernimmt ... Es verweist metonymisch auf den Kontext, dem es entspringt, aber
es erweist zugleich seine über den Kontext hinausreichende Potentialität,
indem es in den Funktionszusammenhang des neuen Textes eingeht, sich
diesem zugleich unterwirft und entzieht, einen fremden Text in den Blick
bringt und doch auch in diesem nicht aufgeht."[132]

So verstanden begibt sich Apg 8, 26 ff. durch das ausdrückliche Zitat
in eine intensive Intertextualität hinein, die zugleich als dialogische
Spannung verstanden werden kann. Als deutliches Merkmal hierfür
kann man die sich aus dem Prätext so gerade nicht ergebende Frage
nehmen, wen der Prophet meine; hierdurch kommt eine Potentialität
des Prätextes zum Vorschein, die über seinen Kontext hinausgeht. So
nimmt man mit Apg 8, 26 ff. auch einen anderen Text in den Blick und
tritt in einen Dialog ein, wobei das „man" ganz unterschiedlich bestimmt werden kann: Leser innerhalb der Interpretationsgemeinschaft einer christlichen Gemeinde sind ebenso denkbar wie andere,
die sich dem Text von einem jüdischen Hintergrund her nähern oder
möglicherweise ganz ohne Kenntnis des Jesaja. Und zu diesen poten-
tiellen Lesern aus der Zeit des Lukas treten alle möglichen Leserinnen, die bis heute diesen Text aufschlagen und möglicherweise
Jesaja und Lukas zu einer reicheren Potentialität verhelfen.

5.1.5 Literaturwissenschaft, Leseforschung und Exegese

Lesen ist also, wie der Überblick über die Werkästhetik, die Rezeptionsästhetik und die Intertextualitätsdebatte mit ihren jeweiligen Vorstellungen vom Lesen gezeigt hat, ein keineswegs selbstverständlicher
Vorgang. Am Ende des Kapitels ist nun nach dem Ertrag dieses Über-
blicks zu fragen, sowohl im Blick auf das Lesen, die Sinnfindung und
Bedeutungsgewinnung im Rahmen literaturwissenschaftlicher Disk-
kussion als auch darauf, welche Erkenntnisse hieraus für das Lesen

und Verstehen des NT zu gewinnen sind. Hierzu werde ich auf die Erkenntnisse zurückgreifen, die sich aus der Beschäftigung mit dem Lesen im NT ergeben haben.

1. Den Ausgangspunkt nehme ich noch einmal bei der Komplexität des Lesens. Der Lesevorgang ist gut dazu geeignet, die verschiedenen Textzugänge in der Literaturwissenschaft zu beschreiben und zu beurteilen. Er ereignet sich im Zusammenspiel der Elemente Autor, Text und Leserin. Jedes dieser Elemente kann einzeln herausgegriffen und in seinen jeweiligen Beziehungen untersucht werden. Sinnfindung, Bedeutungsgewinnung und Verstehen sind jedoch nicht an eines dieser Elemente gebunden, sondern ereignen sich im Zusammenspiel aller.

2. Die Werkästhetik hat sich mit einem Teilbereich des Lesevorgangs befaßt. Angeregt war diese Konzentration zum einen durch die äußere Objekthaftigkeit der Texte, zum anderen durch eine lange philosophische Tradition. Man sollte m. E. nicht übersehen, daß die Werkästhetik mit ihrem Lesemodell zu teilweise außerordentlich eindrucksvollen Textinterpretationen gekommen ist. Allerdings darf man auch nicht übersehen, daß sich diese Betrachtungsweise nur mit einem Teilbereich des Lesevorgangs beschäftigt, dem Text eben, und deshalb zur Objektivierung ihres Gegenstandes neigt.[133] Daß der Sinn des Geschriebenen in gleicher Objektivität im Text vorhanden sei und durch entsprechendes Bemühen immer mehr geborgen werden könne, muß deshalb als Engführung bezeichnet werden.

3. Die Betrachtung der Rezeption von Texten ist demgegenüber ein notwendiger Schritt in der Literaturwissenschaft gewesen. Sinn und Bedeutung, so läßt sich die neue Erkenntnis zusammenfassen, liegen nicht einfach im Text, sondern werden im Vorgang der Rezeption gewonnen. Auch wenn diese Erkenntnis in einer teilweise verwirrenden Terminologie zum Ausdruck gebracht wurde, ist die Hinwendung der Rezeptionsästhetik zum Leser doch ohne Zweifel ein wichtiger Schritt, weil hier ein konstitutives Element der Bedeutungsgewinnung hervorgehoben wird. Dies gilt besonders für die Arbeiten, die die Interdependenz von Text und Rezipientin herausarbeiten, weil hier der für den Lesevorgang wesentliche Bezug der einzelnen Elemente untereinander gewahrt ist. Die Theorie von Eco ist hierfür m. E. besonders aufschlußreich. Daß darüber hinaus das Element des Lesers weitere Untersuchungsschritte erfordert, liegt auf der Hand, neben der empirischen Leserforschung insbesondere die Frage nach den Interpretationsgemeinschaften, innerhalb deren Texte gelesen werden.

Daß dies auch für die nt.liche Exegese gilt, ist klar zu erkennen: Verschiedene Arbeiten über Gemeinde- oder Schulzugehörigkeiten einzelner nt.licher Autoren machen deutlich, daß auch sie in Interpretationsgemeinschaften hineingehören, die die Textwerdung der Schriften mit beeinflussen.[134] Die vorliegende Untersuchung hat dies beispielsweise an verschiedenen Matthäustexten hervorgehoben. Daß hinter der Leseanleitung des Philippus in Apg 8, 26 ff. eine Lese- und Verstehensgemeinschaft steht, ist deutlich geworden, wie auch Mk 13, 14 Leser voraussetzt, die mit Gedanken der apokalyptischen Rede in Mk 13 vertraut sind. „Leser schließen sich an Geschichten an, Leser schließen lesend eine Geschichte auf und bringen Leben und Lesen zusammen."[135] Wo allerdings die Rezeptionsästhetik vom Text abzusehen beginnt, wie dies etwa in den späteren Arbeiten von Fish der Fall ist, unterliegt sie einer vergleichbaren Engführung wie die Werkästhetik: sie befaßt sich nur noch mit einem Teilbereich des Lesevorgangs.[136]

4. Dies gilt in vergleichbarer Weise auch für das poststrukturalistische Leseverständnis. Allerdings ist hier ein anderes Element des Lesevorgangs betroffen, nämlich der Autor. Der Autor kommt bei einem entgrenzten Textverständnis primär als Leser in den Blick, der in einer kontinuierlichen Interaktion mit anderen Texten und institutionellen Strukturen steht. Damit ist zweifellos etwas Richtiges gesehen. Autoren sind in der Tat auch Leser und gehören in bestimmte Interpretationsgemeinschaften hinein. Das Literaturverzeichnis dieses Buches ist ein Beleg dafür. In gleicher Weise gilt dies für einen Roman und auch für das NT. Lukas weist in seinem Prolog (Lk 1, 1–4) ausdrücklich auf seine Lesetätigkeit hin. Und daß Apg 8, 26 ff. nur im Austausch mit Jes 53 zu verstehen ist, ist mehrfach deutlich geworden. So richtig nun der Hinweis auf den Autor als Leser auch ist, so unzureichend ist er doch. Erneut belegt dies die Erzählung vom Äthiopier. Wenn man dem Text Schritt für Schritt nachgeht, zeigt sich, daß der Autor eine Intention verfolgt, bei seinen Lesern eine Wirkung erreichen will. Daß dies nicht nur für Apg 8, 26 ff., sondern für die nt.lichen Texte überhaupt gilt, hat Weder mit der Kategorie des Anspruchs zutreffend herausgearbeitet.[137] Darauf komme ich gleich noch einmal zurück. Zunächst aber ist deutlich, daß der Autor innerhalb des Textgeflechtes, in dem er steht, (im Blick auf das Verständnis von Jes 53) einen Standpunkt vertritt. Mit diesem Standpunkt und seinem Anspruch wendet er sich an seine Leser. Wie sie damit umgehen, ist durchaus offen. Daß uns in Apg 8 aber nicht nur ein Leser im Text begegnet, sondern zugleich eine auktoriale Setzung, ein Autor, sein An-

spruch und seine Wirkabsicht, ist m. E. nicht zu bestreiten. Wenn ich *diesen* Text lese, „habe ich es mit jemandem zu tun".[138] Dies auszublenden würde bedeuten, ein wesentliches Element des Lesevorgangs unberücksichtigt zu lassen: Die Dekonstruktion nimmt den Selbstbehauptungswillen des Werkes nicht genügend wahr.[139] Sosehr ich die Aktivität des Lesers erkenne, kann ich es doch nicht als Intention des Lesens ansehen, von der Eigenheit einer Schrift und der Meinung eines Autors gänzlich freizukommen.[140]

Der intertextuelle Denkansatz macht allerdings noch auf eine andere Erkenntnis aufmerksam. Sinn ist demzufolge in einem Text nicht in einer Weise vorhanden, daß er durch weitergehendes Verstehen immer mehr geborgen werden kann und schließlich offen zutage liegt; und die Bedeutung, die ich als Leser einem Text beilege, schließt mögliche andere Bedeutungen nicht aus. Vielmehr weist die Fülle der intertextuellen Beziehungen darauf hin, daß auch nach wiederholten Deutungsversuchen Unentdecktes im Text bleibt und bleiben wird. Insbesondere gegenüber der Werkästhetik ist dies eine wichtige Erkenntnis. Interessanterweise gibt es von hier aus auch Querverbindungen zur theologischen Hermeneutik, auf die ich gleich zu sprechen komme.

5. Zunächst aber ist noch einmal festzuhalten, daß beim Lesen als einem Sinn und Bedeutung eröffnenden Geschehen alle Elemente des Lesevorgangs zu berücksichtigen sind. Die Betrachtung des Lesens kann dementsprechend zwar in unterschiedliche methodische Schritte aufgeteilt werden, deren Zusammenhang aber gewahrt werden muß. Von dieser grundlegenden Erkenntnis, die sich die Literaturwissenschaft und die Exegese teilen, komme ich auf einen wesentlichen Unterscheidungsfaktor zu sprechen. Die Literaturwissenschaft befaßt sich mit literarischen Werken vorwiegend des 18., 19. und 20. Jahrhunderts. Nun ist nicht nur die Literaturwissenschaft, sondern auch die Literatur dieser Zeit bis hin zur Gegenwart bestimmten Kunstverständnissen verpflichtet. Diese haben sich zwar verschiedentlich gewandelt, aber die Bezogenheit der in der Literaturwissenschaft faktisch behandelten Literatur auf ein jeweiliges Verständnis von Kunst ist nicht zu übersehen. Eine Konsequenz daraus war, daß sich die Literaturwissenschaft mit Alltagstexten so gut wie nicht befaßte und insgesamt mit einem relativ kleinen Kanon von Literatur auskam, ein Punkt, an dem die postmoderne Kritik mit Recht ansetzt.[141] Beim NT handelt es sich nun aber um antike Texte, die mit einem modernen Kunstverständnis nicht adäquat zu erfassen sind; und es handelt sich um religiöse Texte, wobei zu fragen ist, wie sich dieser Sachverhalt auf den Lesevorgang auswirkt.

6. Daß die nt.lichen Texte in ihren antiken Kontext einzuordnen sind, bedeutet, daß die verschiedenen Textgattungen berücksichtigt werden müssen. Ich nenne einige Beispiele. Wir haben es, etwa in Röm 12 oder im Jakobusbrief, mit Paränese zu tun, deren Absicht es ist, bei Leser und Leserin ein bestimmtes Verhalten zu bewirken oder zu ändern. Daneben finden wir Erzählungen, die ein Ereignis der Vergangenheit so auf ihre Gegenwart hin erzählen, daß diese davon beeinflußt wird. [142] Die Aufforderung „Wer liest, merke auf" in Mk 13, 14 spricht die Leser in einer apokalyptisch gespannten Situation ausdrücklich an. Daß der Verfasser des zweiten Evangeliums dies mit Anleihen an die Daniel-Apokalypse tut, sein Text also nur im Zusammenspiel mit anderen Texten gelesen werden kann und selbst wieder andere Texte hervorgerufen hat, ist in keiner Weise zu bestreiten; im Gegenteil, der apokalyptische Rahmen von Mk 13 ist für das Verständnis des Textes wesentlich. Diese Hinweise mögen genügen; sie machen deutlich, daß antike Texte zunächst im Rahmen ihrer eigenen Kontexte zu betrachten sind.

Als *religiöse* Texte aus der Antike unterscheiden sie sich noch einmal von literarischen Werken dieses oder des letzten Jahrhunderts, und zwar insofern, als sie sich selbst nicht als fiktionale Texte verstehen:

„Literarische Texte sind in ihrer Mehrzahl fiktional, sie erfinden, was nicht real ist, beziehungsweise in der Realität so nicht vorhanden ist, weiterhin freilich aus Realitätspartikeln, die sie umstellen und verdichten ... Und: religiöse Texte verstehen sich – im Unterschied zu den literarischen – als nichtfiktional. Sie übersetzen ihrem Selbstverständnis nach aus einer Transzendenz, die nicht nur Realität, sondern die wahre Realität und Wahrheit ist, in eine andere Realität, die gleichfalls nicht erfunden ist, sondern unsere Lebenswirklichkeit, die des Autors und des Lesers solcher Texte."[143]

Insofern handelt es sich bei religiösen Texten um absichtsvolle, „anspruchsvolle" Texte, um Texte, die Beziehungen stiften, zum Erkennen und Handeln führen wollen. Dies tun sie ganz offensichtlich über ihre eigene Zeit und ihren Entstehungsrahmen hinaus. Wahrheit enthalten sie dabei nicht in einem statischen, auf alle Wechselfälle des Lebens gleichermaßen anwendbaren Sinn, sondern so, daß sie mit ihrem Anspruch in verschiedenen Lesesituationen die Wahrheitsfrage neu anstoßen.[144] Von hier aus erklärt sich die Treue der Theologie zur Schrift und ebenso, daß deren Sinn in der Fülle der ihr zugeschriebenen Bedeutungen noch nicht aufgeht, sondern weitgehend dazu auffordert, Unentdecktes darin zu entdecken. Interessanterweise ergibt sich hier eine Verbindung zwischen dem Lesemodell der Intertextualität und der alten Einsicht, daß einer Bibelstelle nicht nur *eine* Bedeutung zugeschrieben werden, sondern daß sie verschiedene und neue Bedeutungen wecken kann. [145] Diese Unabgeschlossenheit zeigt sich innerbiblisch in dem außerordentlich dichten Gewebe und einer großen Vielfalt der Texte, über die biblischen Texte hinaus in ihrer andauernden und äußerst produktiven Verknüpfung mit anderen Texten. Die theologische Hermeneutik führt dies auf die Besonderheit eben dieser Schriften zurück und erkennt darin die bleibende Bedeutung ihres Anspruchs, die Intertextualität geradezu fordert, im Spiel der Texte aber als steter Bezugspunkt beibehalten wird. Hierin liegt eine Eigenart religiöser Texte, die gegenüber literarischen zu beachten ist. So geht es weniger darum, eine „bloße Pluralität von Sinngehalten, sondern die Fülle und Multidimensionalität *des Textes* zu entdecken". [146]

7. „Was aber, wenn die Leser Hörer waren?" – so fragt Moore im Blick auf das Neue Testament. [147] Die Frage stellt sich in der Tat, wie schon der laut lesende Äthiopier gezeigt hat. Und die „Anleitung", die Philippus innerhalb des Textes zum Verstehen von Jes 53 gibt, ist keine (literarisch zu konsumierende) Exegese, sondern Verkündigung. Die Analyse von Apg 8 hat gezeigt, daß Lukas durch verschiedene Strategien seine Leser hörend und lesend in den Text mit hineinnimmt. Das laute Lesen der Antike ist nicht bloß äußere, akzidentielle Form, sondern prägt, eingebettet in den Rahmen von Lese- und Interpretationsgemeinschaften, den Lesevorgang grundlegend mit. Lese- und Hörgemeinschaft werden zu Komplementärbegriffen, ein Sachverhalt, der gerade bei biblischen Texten bis in die gegenwärtige Gottesdienstpraxis der christlichen Kirchen hinein festzustellen ist. [148] Gesprochenes und geschriebenes Wort leihen sich gegenseitig ihr jeweils Eigenes: der geschriebene Text bringt, gelöst von seiner Ursprungssituation und seinem Verfasser, die dadurch gewonnene Universalität ein und der vorgelesene Text den Charakter des ansprechenden, zusprechenden oder fordernden Wortes. Das „gesprochene Wort ist nicht Ding, sondern Ereignis", [149] bleibt aber als solches bezogen auf die Universalität und die Geschichte des Geschriebenen. „Phonismus" und „Graphismus" erweisen sich deshalb, gerade auf dem Hintergrund biblischer Texte, durchaus nicht als der Gegensatz, als der sie in der postmodernen Literaturdebatte erscheinen. [150]

8. Ich komme schließlich noch einmal auf den Anspruchscharakter der Texte zurück. Er zeigt sich sowohl in Apg 8 als auch in der Paränese, im aktualisierenden Erzählen, im Gleichnis oder im Trostwort von Röm 8,38f. Ob ich mich als Leser diesem Anspruch stelle, steht

auf einem anderen Blatt; beim Entlanggehen an nt.lichen Texten
komme ich aber um die Erkenntnis nicht herum, daß sie Ansprüche erheben. Dieser Eigenart der Texte müssen die Lesemethoden entsprechen, um die Texte wirklich zu erfassen. Damit aber sind wir bei einem
Grundproblem zwischen postmoderner Literaturauffassung und nt.-
licher Exegese angelangt. Wenn Texte endlos untereinander austauschbar und umkehrbar sind, wenn also der Kanon des Klassischen
aufzulösen ist, in welcher Weise kann man dann „anspruchsvolle" religiöse Texte lesen? Im Zusammenhang der Postmoderne stellt sich
diese Frage unabweisbar. Ihr ist mit *Gelassenheit* zu begegnen. Die
Theologie hat es im Lauf ihrer Geschichte und nicht zuletzt aufgrund
der sehr vielgestaltigen biblischen Texte nun wirklich gelernt, viele
und immer neue Texte aufeinander zu beziehen, ihre Texte auf vielfältige Weise im Rahmen verschiedenster Kontexte zu lesen.[151] Daß
sie sich dabei auf die biblischen Texte als Grundtexte zurückbezieht,
ist unbestritten, aber gerade auch ihre *Eigenheit*. In das Gespräch
zwischen Literaturwissenschaft und Theologie sollten beide Seiten
ihr jeweils Eigenes einbringen,[152] damit es zu einem Dialog
kommen kann. Die grundlegenden biblischen Texte machen zugleich auf die Kanonproblematik[153] aufmerksam. In der sich im
frühen Christentum entfaltenden Debatte um den Kanon war der
faktische Gebrauch von Schriften ein wesentliches Argument. Im
ständigen und andauernden Gebrauch dieser Schriften ist ihr Anspruchscharakter immer wieder und auf neue Weise an- und aufgenommen worden. Die Kanonisierung hat den Schriften dazu
verholfen, auf vielfache Weise gelesen und in vielen Dimensionen
rezipiert zu werden, Bezugstexte zu bleiben. In diesem Sinn hat der
Kanon, obwohl er gleichzeitig andere Schriften ausschloß, die Intertextualität durchaus gefördert.[154]

Im übrigen gilt dies nicht nur für die biblischen Schriften. In einer
ganzen Reihe von Texten haben Menschen verschiedener Generationen und Epochen wesentliche Erkenntnisse, Wertvorstellungen
und Hoffnungen zum Ausdruck gebracht. Daß dies in bestimmten
Texten auf offenbar grundlegende Weise geschehen ist, bemißt sich an
dem andauernden Rückbezug auf sie. Denn bei allem Pluralismus: es
gibt zweifellos Texte, nicht nur die Bibel, auf die immer wieder Bezug
genommen wird, während andere im intertextuellen Spiel unbedeu-
tend bleiben. Welcher postmoderne französische Philosoph möchte
beispielsweise die Maxime „Freiheit, Gleichheit, Brüderlichkeit" nur
als eine Stimme im Chor der vielen ansehen? Das ›Handbüchlein der
Moral‹ von Epiktet könnte man als Beispiel ebenso erwähnen wie die

›Magna Charta‹, Goethes ›Faust‹ oder die Deklaration der Menschenrechte. Solche Texte und die in ihnen zum Ausdruck gebrachten Vorstellungen „unterliegen einer historisch gewachsenen Unbeliebigkeit, sie wollen unumkehrbar sein".[155] Auch wenn sie weitergedacht werden, bleiben sie beispielhaft. Sie gehören in eine Geschichte hinein, die sie hervorgebracht hat, die aber von diesen Schriften im weiteren Verlauf zugleich mit geprägt wurde. Diese Wirksamkeit bestimmter Texte gibt ihnen Besonderheit. Die Literaturwissenschaft wäre aus meiner Sicht gut beraten, wenn sie die Besonderheit ihrer Texte nicht aufgäbe.[156] Und die Theologie im Blick auf ihre Texte sowieso.[157]

5.2   Überlegungen zum gegenwärtigen Bibelgebrauch

Die folgenden Überlegungen beschäftigen sich mit dem faktischen Bibelgebrauch in der Gegenwart. Sie schließen sich aber an verschiedene Erkenntnisse an, die sich aus der Beschäftigung mit dem NT und dem Lesevorgang in der Literaturwissenschaft ergeben haben. Als Ausgangspunkt soll die Erkenntnis dienen, daß die frühen Christen die Schriften in zweierlei Bedeutung des Wortes „gebrauchten". Sie haben die Schriften in selbstverständlicher Weise benutzt und hatten sie zugleich in verschiedener Hinsicht nötig: als Gottes Weisung und Verheißung, zur Wahrung der Kontinuität mit der eigenen Herkunft, zugleich aber auch zur Formulierung eigener Standpunkte, die in neuen Schriften ihren Niederschlag fanden. Auf diesem Hintergrund frage ich zunächst nach Merkmalen des heutigen Bibelgebrauchs, die ich unter der Überschrift ›Zur Normalität des Bibelgebrauchs‹ zusammenfasse. In einem zweiten Abschnitt beschreibe ich verschiedene Beobachtungen zur ›Bedeutung von Bibelzitaten‹. Daß das Lesen im NT einen „Sitz im Leben" im Gottesdienst hat, ist im exegetischen Teil dieser Untersuchung verschiedentlich hervorgetreten. Bis heute sind die Schriftlesungen Bestandteil des Gottesdienstes geblieben. Die Bemerkungen des dritten Abschnitts zu den ›Lesungen im Gottesdienst‹ nehmen darauf Bezug.

5.2.1   Zur Normalität des Bibelgebrauchs

Im Blick auf den Bibelgebrauch[158] in unserer gegenwärtigen Gesellschaft ist es nicht möglich, einlinig zu formulieren. Die Bibel ist ohne Zweifel ein in selbstverständlicher Weise „bekanntes" Buch. Zugleich

wird häufig Klage darüber geführt, daß sie ein weithin „unbekanntes"
Buch sei. Beide Sätze sind im folgenden näher auszuführen.

   1. Daß man Bücher auf vielerlei Weise gebrauchen kann, hat Joa-
chim Ringelnatz in seinem Gedicht ›Der Bücherfreund‹ so zum Ausdruck gebracht:

> „Oh, ich mußte meine Bücherei,
> Wenn ich je verreiste, stets vermissen.
> Ob ein Stuhl zu hoch, zu niedrig sei,
> Sechzig Bücher sind wie sechzig Kissen.
> Ja natürlich auch vom künstlerischen
> Standpunkt. Denn ich weiß die Rücken
> So nach Gold und Lederton zu mischen,
> Daß sie wie ein Bild die Stube schmücken.
> Äußerlich? Mein Bester, Sie vergessen
> Meine ungeheure Leidenschaft,
> Pflanzen fürs Herbarium zu pressen.
> Bücher lasten, Bücher haben Kraft."[159]

   Daß sich für derlei praktische Zwecke neben der Prachtausgabe der
deutschen Klassiker auch die alte Familienbibel hervorragend eignet,
ist allgemein bekannt. Die Bedeutung der Bibel erschöpft sich indes in
solchen profanen Zweckbestimmungen nicht. Es ist sicher keine Ein-
zelerfahrung, wenn mir in meiner Gemeindepraxis bei Hausbesuchen
häufig und voller Stolz alte Bibelausgaben gezeigt werden, deren Wert
sich offenbar subjektiv erhöht, wenn (früher einmal) intensiv darin
gelesen wurde. Hierin zeigt sich das Phänomen, daß offenbar dem
Bibelbesitz (und zwar unabhängig vom Lesen in der Bibel) bereits eine
Bedeutung zukommt. Die jüngste empirische Untersuchung zum Bibelgebrauch von Daiber/Lukatis[160] bestätigt dieses Phänomen. In den
alten Bundesländern ist in rund 70% aller Haushalte mindestens eine
Bibel vorhanden.[161] Im Blick auf das Lesen der Bibel ergeben sich allerdings andere Zahlen. Hier bringt der Buchtitel ›Unbekannte Bibel‹ aus
dem Jahr 1969[162] den Sachverhalt auch 1993 noch zutreffend auf den
Begriff. Bei Daiber/Lukatis sind für die Jahre 1981 und 1987 folgende
Daten angegeben: auf die Frage nach der Häufigkeit des Bibellesens
geben 5% der Befragten an, sie läsen häufig (1981: 5%), 14% (1981:
13%) hin und wieder, 28% (1981: 26%) selten und 52% (1981: 55%) nie
in der Bibel.[163] In knapp zwei Dritteln aller Haushalte sind also Bibeln
vorhanden, aber es wird nur vergleichsweise selten darin gelesen. Ist
die Bibel also tatsächlich ein ›Bestseller ohne Leser‹?[164] Ebeling hat in
diesem Zusammenhang vom „einfachen Entschwinden" der Bibel[165]
gesprochen und kommt zu folgender Bestandsaufnahme:

„Der Bibelgebrauch ist weithin auf den kirchlichen institutionalisierten Umgang mit ihr reduziert. Ihre Rolle als Hausbuch und als privates Andachtmittel ist stark geschrumpft. Die Zahl derer, die keine oder nur eine ganz verzerrte Vorstellung von ihr haben, ist weiter im Wachsen. Die Bibelkenntnis ist bis in bibeltreue Kreise hinein, sogar bei Theologiestudenten, erschreckend gering. Und selbst bei gutem Willen fühlt man sich dem Dickicht dieses Buches gegenüber hilflos."[166]

Nun muß man allerdings berücksichtigen, daß Ebelings Bestandsaufnahme von „Bibelgebrauch" und „Bibelkenntnis" spricht, auf die Frage nach ihrem Besitz aber gar nicht eingeht. Auch wenn sie ihre Rolle als „Hausbuch" weitgehend verloren hat, ist sie doch in der überwiegenden Anzahl der Häuser vorhanden. Sie ist zugleich beliebter Geschenkartikel, und jede Buchhandlung hat verschiedene Bibelausgaben vorrätig, wobei sich die repräsentativen Ausgaben offenbar besonderer Beliebtheit erfreuen. Der Großteil der Bevölkerung kennt die Bibel als Buch der Kirche und der religiösen Tradition. Die Erinnerungsstücke, die aus Religions- und Konfirmandenunterricht im Gedächtnis blieben, bestärken diesen Eindruck der Bekanntheit. Ein übriges tun Zitate und Versatzstücke, die einem in der Werbung (etwa für die Praline „Mon Chéri": „Der Mensch lebt nicht vom Brot allein"), bei der Lektüre von Zeitungen und Zeitschriften oder überhaupt im allgemeinen Sprachgebrauch begegnen. Obwohl die Bibel (wie empirische Daten belegen) wenig gelesen wird, sind offenbar viele der Meinung, sie in einem gewissen Maß zu kennen. Wenn man so will: Man braucht sie gar nicht zu lesen, weil man sie ja schon kennt und (jedenfalls früher einmal) in ihr gelesen hat.[167]

2. Auf diesem Hintergrund ist ein auf den ersten Blick merkwürdiger Sachverhalt erklärbar, der bei der empirischen Untersuchung deutlich hervorgetreten ist. Hier wurde versucht, mit Hilfe eines „semantischen Differentials" ein Eigenschaftsbild zum Begriff „Bibel" zu erstellen.[168] Bei den Gegensatzpaaren „vertraut × fremd" und „verständlich × unverständlich" ist bei denjenigen der Befragten, die nie in der Bibel lesen (55%), ein Mittelwert angegeben. Er zeigt an, daß für das Nicht-Lesen mit einer doppelten Motivation zu rechnen ist: zum einen mit der (im einzelnen nuancierten) Auffassung, daß die Bibel unverständlich, altmodisch und nicht zeitgemäß sei, zum anderen mit der Überzeugung, daß man ja (ungefähr wenigstens) wisse, was in der Bibel steht. Diese Annahme prinzipieller Bekanntheit führt dazu, daß von einer neuerlichen Lektüre keine neue Erkenntnis erwartet wird. Nur auf diesem Hintergrund sind nun aber die erstaunlich

positiven Aussagen zur Bibel verständlich, die auch von Nicht-Lesern gemacht werden. So wird die Bibel im Rahmen weiterer Gegensatzpaare zwar überwiegend als ernst, alt, vergangen, konservativ, streng und abstrakt angesehen, ebenso überwiegend aber auch als tröstend, warm, einladend und sogar nötig.[169] Am erstaunlichsten ist freilich, daß Nicht-Leser die Aussagen „Die Bibel ist Gottes Wort", „Die Bibel hilft dazu, das Leben besser zu verstehen" oder „Die Bibel leitet dazu an, das Gute zu tun" keineswegs mehrheitlich ablehnen, sondern eine Mittelposition vertreten.[170] Natürlich wird von häufigen Leserinnen Hilfe in Lebensfragen von der Bibel eher erwartet als von Nicht-Lesern, aber auch diese verneinen positive Wirkungen der Bibel keineswegs mehrheitlich. Der Bibel und dem Bibelbesitz kommt offensichtlich eine Bedeutung *unabhängig vom Lesen* zu. Sie erweist sich

> „als ein heiliges Buch, möglicherweise gerade in einem nicht mehr genauer zu bestimmenden Sinn ... So gesehen bleibt die Bibel bis heute Symbol der christlichen Geschichte der gegenwärtigen Kultur. Darin ist sie nicht funktionslos, sondern höchst bedeutsam, auch wenn die entsprechende individuell geäußerte Auffassung nicht zu einer individuellen Aneignung der Bibel führt, wie sie kirchlichen Normen entspricht."[171]

Bei ihrem Besitz handelt es sich anscheinend um eine Symbolisierung des christlichen Erbes unserer Kultur.[172] Eine Bibel zu besitzen ist offenbar nicht vergleichbar mit dem Besitz eines Koch- oder Do-it-yourself-Buches. Der Satz Ebelings, daß man die Bibel „selbstverständlich hat, ohne jedoch zu realisieren, was man in Wahrheit daran hätte",[173] trifft den Sachverhalt im Blick auf den Bibelgebrauch also durchaus, im Blick auf den Bibelbesitz aber nicht ohne weiteres. Offenbar hat man (wenn auch unreflektiert) etwas an der Bibel schon allein dadurch, daß man sie hat.

3. Daß diese diffuse Wertschätzung der Bibel ihrem „normalen" Gebrauch nicht förderlich ist, liegt auf der Hand. Der normale Gebrauch ist (auch wenn Familienbibeln zum Pressen von Blütenblättern gut geeignet sein mögen) wie bei jedem anderen Buch ohne Zweifel das Lesen. Die empirische Auskunft, daß in Westeuropa nur etwa 15–20% der Gesamtbevölkerung überhaupt Bücher lesen,[174] während sich der große Rest der Lektüre von Illustrierten und Kleinschriften zuwendet („Hier verbergen sich die ungekrönten Bestseller-Autoren unserer Literatur"[175]), hebt diesen normalen Gebrauch ja keineswegs auf. Bücher sind in der Tat ein „anstrengendes Medium",[176] eben weil sie gelesen werden wollen. Daß der Bibelbesitz als solcher bereits einen gewissen Wert darstellt, erweist sich dabei im Blick auf das Lesen der Bibel zusätzlich als hinderlich.

Daß es andererseits bei der Bibel nicht nur auf ein lesendes Zur-Kenntnis-Nehmen ankommt, ist schon vom NT her eindeutig. Bereits bei dem Äthiopier in Apg 8, 26 ff. hat sich ein wesentlicher Zusammenhang von Lesen, Verstehen und Handeln gezeigt. Die Streitgespräche Jesu zeigen dies ebenfalls sehr deutlich; in ihnen geht es nicht nur darum, daß gelesen wird, sondern erneut darum, wie dies geschieht und wie das Gelesene zum eigenen Lebensvollzug in Beziehung gesetzt wird. Dabei bleiben offenbar auch Auseinandersetzungen nicht aus. Auch Markus, Lukas und Paulus sind in diesem Zusammenhang mit ihren Lesemodellen zu nennen. Die Texte belegen außerdem (und in Übereinstimmung mit der Rezeptionsforschung), daß Lesen ein aktiver Vorgang ist, bei dem Autor, Text und Leser auf kreative Weise zusammenwirken. Lesen ist keine lediglich reproduzierende Tätigkeit, schon gar keine mechanische, und das Bibellesen erst recht nicht, auch wenn dies verschiedentlich so praktiziert wurde:

„An jedem Tag war die erste Schulstunde dem Bibellesen gewidmet. Es wurde da angefangen, wo man am vorigen Tage stehengeblieben war, bis man mit der Bibel ,fertig' war. Dann wurde sofort mit dem ersten Wort des ersten Buches Mosis wieder angefangen ... Es wurde darin etwas geleistet; denn in etwa acht Monaten waren wir durch. Das ist viel; erklärt sich aber, wenn man weiß, daß durchaus nichts erläutert wurde und daß es zum guten Tone gehörte, ohne allen Ausdruck, so schnell wie möglich, ohne Anstoß wegzulesen. Wir freuten uns daher immer auf die Bücher der Chronica, in denen es so viele schwere Namen hintereinander gibt, bei denen man sich nichts denken konnte. Letzteres war aber auch anderweitig wenig der Fall, weil alles viel zu schnell vorüberbrauste ... Uns war die Bibel nichts als ein Leseübungsbuch, das nur dadurch Interesse für uns hatte, daß wir an ihm zeigen konnten, wie wir fertig und schnell zu lesen vermöchten."[177]

Lesen allein tut's offenbar wirklich nicht. Es kommt auf einen Bibelgebrauch an, bei dem das Lesen mit der Bemühung zum Verstehen (und zur Verbindung mit dem eigenen Leben) zusammengehört. Aber erst dies ist ohnehin ein dem Begriff des Lesens angemessenes Verständnis. Es geht also um einen Bibelgebrauch, der die Heilige Schrift gerade vom Sockel des Heiligen, des Unnahbaren oder auch des durch sich selbst schon Wirkenden herunterholt und als das gebraucht, was sie unter nt.licher Perspektive vom ersten Wort (Mt 1, 1) bis fast zum letzten (Offb 22, 18 f.) zu sein beansprucht: ein Buch, das gelesen werden will.

5.2.2 Zur Bedeutung von Bibelzitaten

In ihrer bereits mehrfach zitierten Untersuchung haben Daiber/
Lukatis herausgearbeitet, daß der Bibel im Protestantismus zwar bis
heute eine außerordentlich hohe Bedeutung und Autorität zukommt,
daß eine individuelle Bibellesepraxis

„innerhalb der gesamten Geschichte des Protestantismus" aber „eine Minder-
heitenfrömmigkeit, eine Gestalt gelebter Religion" war, „die überdies immer
nur dann Bestand hatte, wenn sie sozial in entsprechenden Gruppen abgesi-
chert war".[178]

Wenn es stimmt, daß intensive Bibelkenntnis in der evangelischen Kirche zwar hochgeschätzt, aber immer nur eine Sache von
Wenigen gewesen ist, ist die Frage unabweisbar, wo es abgesehen
von einer eigenen Bibellesepraxis zur Begegnung mit biblischen
Texten kommt.
    1. Ein eindeutiges Ergebnis der empirischen Forschung ist, daß
sich die Begegnung mit der Bibel „durch ein biblisches Wort bei Familienfeiern (Taufe, Konfirmation, Trauung, Beerdigung)" von allen
anderen Begegnungsweisen im Blick auf die Häufigkeit deutlich ab-
hebt.[179] Am anderen Ende der Skala rangieren das Bibellesen in
kirchlichen Gruppen und das private Lesen, etwa auch mit Hilfe der
Herrenhuther Losungen oder ähnlicher Lesehilfen. Auch wer die
Bibel selbst nicht liest, kann also im Rahmen von Familienfeiern und
damit verbundenen kirchlichen Feiern durchaus mit ihr in Berührung
kommen. Mit diesem Sachverhalt hängen bestimmte Konnotationen,
wie beispielsweise „tröstend", zusammen; denn bei christlichen Trau-
erfeiern werden Bibeltexte in einem auf Trost und Hoffnung zielenden
Kontext ausgelegt. Noch wichtiger scheint der Konfirmationsspruch
zu sein[180]; lediglich 16% derjenigen Befragten, die konfirmiert wurden, haben ihren Konfirmationsspruch vergessen, während zwei Drittel erklären, ihn auswendig zu können. Tauf- und Trauspruch spielen
demgegenüber sicher eine geringere Rolle, sind aber schon allein
durch ihr Eingetragen-Werden in eine Urkunde ebenfalls herausge-
hoben. Von wesentlicher Bedeutung ist hierbei, daß es sich bei diesen
Familienereignissen für die Betroffenen um außerordentliche Lebens-
situationen handelt, die mit großem (äußeren und inneren) Aufwand
und dementsprechend mit hoher Erinnerungsintensität verbunden
sind. Bibelsprüche, in solche Situationen hinein gesagt, werden, da
sie in der Regel die Situationen selbst ansprechen und zu deuten versuchen, auch als bedeutsam empfunden. Die „Hochschätzung des

Denkspruchs", der zu verschiedenen Gelegenheiten ergeht, stellt jedenfalls einen Sachverhalt dar, „in dem sich bibelorientierte Volkskirchlichkeit besonders deutlich spiegelt".[181]

2. Auch für diejenigen unter den Befragten, die in kirchlichen Gruppen aktiv sind, findet die intensivste Berührung mit der Bibel offenbar im Gottesdienst und bei Kasualien statt.[182] Mit Ausnahme von Teilnehmern an Haus- oder Bibelkreisen kommt hier das Lesen über einen Mittelwert nicht hinaus. Häufiger findet sich noch die Aussage „Ich lese die Bibel für mich allein". Ohne Zweifel hat die Bibel im Kreis der aktiven Kirchenmitglieder insgesamt einen hohen Stellenwert, und Möglichkeiten, die Bibel intensiver kennenzulernen, finden deutliches Interesse. Dennoch steht auch hier das Lesen der Bibel im Gottesdienst und bei Familienfeiern im Vordergrund. Selbst intensive Kirchenmitgliedschaft geht nicht notwendigerweise mit einem intensiven Lesen der Bibel, sei es privat oder in einer Gruppe, einher. Man kann diesen Sachverhalt zwar beklagen, kommt aber nicht umhin, ihn zunächst einmal zur Kenntnis zu nehmen. Im übrigen ist er, wie Daiber/Lukatis gezeigt haben, durchaus nicht neu; ausgesprochene Bibelfrömmigkeit erweist sich nicht als ein Hauptstrom innerhalb des Protestantismus, sondern als Frömmigkeitstyp von Minderheiten. „Protestantische Frömmigkeit als Bibelfrömmigkeit artikulierte sich ... in erster Linie über gottesdienstliche Rituale, Unterricht, Gesangbuch und Andachtsbuch."[183]

3. Auf diesem Hintergrund ist zu fragen, ob der Rolle des Bibelzitates mehr Aufmerksamkeit gewidmet werden kann.[184] Ich meine damit nicht lediglich „Geflügelte Worte" im Sinne des „Buchmann", sondern kurze Texte, die einerseits wesentliche Gedanken der biblischen Überlieferung ansprechen und andererseits prägnant und auf leicht zu erinnernde Weise formuliert sind. Als eine Aufgabe der heutigen „Schriftgelehrten", der Theologen sowohl als auch der intensiven Leser und Leserinnen in gemeindlichen Kreisen, sehe ich es an, aus dem Schatz der Texte diejenigen herauszufinden, zusammenzustellen und möglicherweise auch neu zu formulieren, die Menschen heute ansprechen – und dies theologisch verantwortet, möglichst wenig orakelhaft, aber offen für gegenwärtige Fragen. Bei Carlos Mesters lese ich über die Bibelauslegung in brasilianischen Basisgemeinden:

„Nach ihr ist die Auslegung der Schrift nicht eine ausschließlich Kenntnisse vermittelnde Tätigkeit des Exegeten, der dafür ausgebildet worden ist, sondern ein gemeinschaftliches Tun, zu dem alle beitragen sollen, jeder auf seine Art, einschließlich des Exegeten."[185]

Es ist interessant, wie sich hier nt.liche Leseweisen und heutige Erkenntnisse über das Lesen treffen. Die Formulierung neuer Texte ist
im übrigen in Anlehnung an die Lese- und Interpretationsgemeinschaft, wie sie (im Rahmen der antiken Lesegewohnheiten) bei den
nt.lichen Texten begegnete, bewußt mit aufgenommen. Das Lesen innerhalb einer Lesegemeinschaft hat immer auch das Entstehen neuer
Texte im Blick, die gemeinsam mit dem alten den „Schatz des Hausherrn" (Mt 13,52) ausmachen. Um den Rückgriff auf die Interpretationsgemeinschaften, wie sie im NT erkennbar werden, noch deutlicher zu machen, kann man auch auf die Zusammenstellung von Pro-
phetenabschnitten, auf Testimoniensammlungen und ganz allgemein
auf die Wichtigkeit von Zitaten und Anspielungen für die Entstehung
der nt.lichen Schriften hinweisen. Geeignete Publikationsorgane für
solche neuen Texte oder prägnante Zitate und Sammlungen biblischer
Texte sind bei der Vielzahl der Gemeindeveröffentlichungen zweifellos vorhanden. Wenn es einerseits stimmt, daß „der Verlust der
Bibelkenntnis ... den Protestantismus an entscheidender Stelle"
schwächt,[186] und andererseits, daß sich selbst Bibelleserinnen guten
Willens „dem Dickicht dieses Buches gegenüber hilflos" fühlen,[187]
dann muß dem bewußten Bibelzitat, dem kleinen Abschnitt, der sach-
bezogenen Sammlung abseits von dem nur innerkirchlich rezipierten
Schriftenmaterial herkömmlicher Prägung mehr Aufmerksamkeit gewidmet werden. Angesichts eines nicht zu übersehenden Bewußt-
seinsverlustes des Christlichen in der Gegenwart und zugleich angesichts einer vielgestaltigen und werbenden Medienlandschaft gewinnt
die Förderung der Lektüre überschaubarer, zugleich aber substan-
tieller und aktueller Bibelabschnitte an Bedeutung.

5.2.3   Zur gottesdienstlichen Lesung

Daß der Gottesdienst als ein wesentlicher „Sitz im Leben" des Bibellesens in den frühen christlichen Gemeinden zu gelten hat, ist im
nt.lichen Teil dieser Untersuchung wiederholt deutlich geworden.
Diesen Ort hat das Lesen der Bibel bis heute beibehalten. Die Kirchen stehen damit in einer langen Lesetradition. Zugleich haben wir
es bei der liturgischen Lesung bzw. der Lesung des Predigttextes, wie
die empirischen Daten zeigen, offenbar auch mit einer wesentlichen
Vermittlungsinstanz biblischer Texte zu tun. Dieser Sachverhalt lenkt
die Aufmerksamkeit auf die Bedeutung der gottesdienstlichen Lesung.

1. Die Lesung ist im normalen gottesdienstlichen Ablauf in einen festen liturgischen Ablauf eingebunden.

Auch Äußerlichkeiten verdienen dabei Interesse, wie ich sie im Gottesdienst erlebe. Ein Lektor kommt zur Lesung des Evangeliums ans Lesepult. Da er den Text vor dem Gottesdienst mehrmals durchlesen wollte (was ja bereits Rabbi Akiba schon empfahl), bringt er eine eigene Bibel mit. Nach der Lesung, einem sich anschließenden Spruch und dem gesungenen Halleluja der Gemeinde, schlägt er die Bibel zu und nimmt sie mit zurück auf seinen Platz. Die Bibel war aufgeschlagen, jetzt ist sie wieder zu. An meiner eigenen Praxis fällt mir etwas Ähnliches auf. Zum Lesen des Predigttextes benutze ich die Bibel, die auf der Kanzel liegt. Weil sie so groß ist, klappe ich sie nach dem Lesen zu, lege sie auf das Ablagebrett und beginne mit der Predigt. Kann man aber auf die Offenheit von Texten und das Sich-Öffnen der Gemeinde für Texte hoffen, wenn man die Bibel so sichtlich zumacht?[188]

Mit der Lesung beginnt eine Sequenz innerhalb des Gottesdienstes, in der „die Flut der Worte ... quantitativ und qualitativ beträchtlich gesteigert" wird[189]: eine oder zwei Lesungen, das Glaubensbekenntnis, die Predigt. Sie bilden zusammengenommen ein „kompaktes Sprachgeschehen", das den Eindruck der Wortlastigkeit des evangelischen Gottesdienstes fördert.[190] Während der Predigttext in der Predigt aufgenommen und bedacht wird, ist dies bei der Lesung nicht der Fall; sie steht als gelesener Text für sich. An diesen Sachverhalt schließen sich verschiedene Überlegungen an.

2. Zunächst ist der Aspekt der Verstehbarkeit zu nennen. Die Frage des Philippus an den Äthiopier „Verstehst du auch, was du liest?" bekommt im Blick auf das einmalige Hören des (durchaus nicht immer mit rhetorischem Geschick[191]) gelesenen Textes einen eigenen Akzent. Ohne Zweifel ist der unter protestantischer Perspektive formulierte Anspruch, alles was zu hören sei, müsse auch „verstanden" werden, überhöht.[192] Gelesenes und Gehörtes kann auch einen Raum des Ahnens und Fühlens aufschließen (die in einem weiteren Sinn aber durchaus in den Bereich des Verstehens hineingehören). Nun sind Lesungen allerdings sprachlich bisweilen so komprimiert und teilweise ohne den Kontext, in dem sie stehen, so wenig zugänglich, daß bei einmaligem Hören nur der Eindruck zurückbleibt, überhaupt nichts verstanden zu haben. Der Äthiopier aus der Apostelgeschichte kann zu dem Jesaja-Text, den er im übrigen selbst laut gelesen hat, immerhin eine Frage stellen. Im Anschluß an manche Schriftlesungen in heutigen Gottesdiensten dürfte bereits dies vielen Hörern schwerfallen. Nicht Simplizität, aber Verstehbarkeit in einem grundlegenden Sinn ist notwendig.

Im Rahmen reformatorischer Tradition wurde die Verstehbarkeit der Lesungen allerdings häufig mit dem Aspekt der Prädikabilität verbunden. So schreibt beispielsweise Kunze in seiner Arbeit über die gottesdienstlichen Lesungen:

„Die Lesung muß es sich nun auch gefallen lassen, daß sie jetzt nicht als einmal und aus unbegreiflichen Gründen festgesetzter Bibelabschnitt verwendet, sondern auf ihren Verkündigungswert hin betrachtet wird."[193]

Als Konsequenz aus dieser Auffassung ergibt sich, daß nur die durch die Predigt erklärte und verkündete Lesung ihrem eigenen Anspruch genüge, daß dagegen eine Lesung ohne Verkündigung letztlich ungenügend bleibe (wobei man fragen kann, ob sich mit diesem reformatorischen Prinzip nicht zugleich die alte Höherbewertung des gesprochenen vor dem geschriebenen und gelesenen Wort niederschlägt.) Als bloß gelesener Text bliebe die Schriftlesung also letztlich defizitär. In neueren Untersuchungen wird genau dies jedoch bestritten. McEvenue hat den Verlust der Relevanz von Lesungen in einer ganz anderen Richtung beispielhaft beschrieben.[194] Er bezieht sich auf die Tendenz, Textsegmente (der Länge oder der Verständlichkeit wegen) aus ihrem Zusammenhang herauszulösen oder Textungetüme wie etwa (das biblische Buch kann man beliebig wählen) Kapitel 20, Vers 13–17 a. 25–27. 33 b–34 (oder so ähnlich) zusammenzustellen, um auf diese Weise einen reduzierten, leicht eingängigen Text mit einem oder wenigen Hauptgedanken zu erhalten. Dies erreicht man allerdings um den Preis, daß die Fülle der Assoziationen, vielleicht auch die Widerständigkeit des Textes dabei verlorengehen. Wenn ein Hauptgedanke ganz klar ist, braucht man darüber auch nicht weiter nachzudenken. McEvenue fordert demgegenüber, den Text als Kunstwerk in seinem ursprünglichen Zusammenhang zu betrachten und als solchen auch in seiner Vielfältigkeit wirken zu lassen. Und Josuttis meint:

„Könnte nicht genau darin die Absicht und die Chance dieser Wörterflut liegen, daß man der hörenden Gemeinde ein breites Angebot an Identifikations-, aber auch an Abgrenzungsmöglichkeiten gewährt? ... Im Gewitter der Worte wird es da und dort blitzartig einschlagen. Die Atmosphäre des Göttlichen, die sich in sprachlicher Breite über den Hörer entfaltet, bahnt sich unverhofft an vielen Stellen ihren lebensverändernden Weg."[195]

Man muß in diesem Zusammenhang allerdings auch die Frage nach der Bekanntheit von Texten mit bedenken. So richtig es ist, daß ein einigermaßen regelmäßiger Besucher beispielsweise von Weihnachtsgottesdiensten nach einigen Jahren kaum eine der einschlägigen Lesungen noch nicht gehört hat,[196] so scheinen es doch gerade die bereits „gewußten" Texte zu sein, die besonders in dieser Zeit nicht nur erwartet, sondern geradezu gewünscht werden. Etwas Neues zu hören ist offensichtlich nicht der Beweggrund, der gerade diese Gottesdienste füllt; viel eher wohl die Erwartung, daß Altes, Bekanntes, Bewährtes in die Gegenwart hinein gesprochen und mit ihr verbunden wird. Auf diesem Hintergrund ist zu überlegen, wie die Absicht, die Gottesdienstbesucher im Rahmen von Perikopenordnungen mit einem möglichst breiten Spektrum von Bibeltexten bekannt zu machen, mit dem Wiedererkennungswert bereits bekannter Texte verbunden werden kann. Intertextuelle Verknüpfung und das Erinnern „gewußter" Texte ist ja nur möglich, wenn bereits Bekanntes mit ins Spiel gebracht werden kann. Der diffuse Eindruck, die Bibel bereits zu kennen, reicht dafür jedenfalls nicht aus. Angesichts des faktischen Bibelgebrauchs rückt damit erneut die sachlich begründete, mengenmäßig aber begrenzte Sammlung von Texten auch in bezug auf Perikopenreihen in den Blick. Außerdem gewinnt die Konsonanz von Lesung und Predigttext zunehmende Bedeutung. Wo, gefördert durch diese Konsonanz, Zusammenhänge auffallen und Verknüpfungen hergestellt werden können, wird ein verstehendes Hören des Gelesenen gefördert. Sind darüber hinaus „Lesegottesdienste" denkbar, in denen Bibeltexte für sich stehen, für sich sprechen und so mit ihren eigenen Ansprüchen hörbar werden? In diese Richtungen sollte man meines Erachtens weiterdenken.

3. In diesem Zusammenhang sind allerdings auch der liturgische Ort und die Rahmung der Lesung zu bedenken. Einmal gesetzt den Fall, die Lesung ist einigermaßen verständlich und auch nicht beschnitten, dafür jedoch widerborstig (etwa „Laß die Toten ihre Toten begraben", wenn frisch von der Trauer Betroffene im Gottesdienst anwesend sind) oder fordernd und „anspruchsvoll" („dem halte auch die rechte Backe hin"; „seid untereinander so gesinnt, wie auch Christus Jesus war") – so wird sie dennoch auf jeden Fall sogleich beendet und mit einem Halleluja der Gemeinde beantwortet.[197] Die Liturgie nimmt ihren Lauf. Ob aber jede Gottesdienst-Besucherin nach jeder Lesung ein Halleluja singen möchte oder kann? Daß liturgische Formeln einen Text hervorheben können, will ich nicht bestreiten; deutlich ist aber auch, daß sie ihn zudecken und seinen Anspruch nivellieren können. Von hier aus ist nun noch einmal auf die frühchristliche Lese- und Interpretationsgemeinschaft zurückzukommen. Gehen wir bei der gottesdienstlichen Lesung nicht zu stark von einer modernen, individuellen Leseerfahrung aus, die den Modus des lauten Lesens

und den gemeindeöffentlichen Charakter zu wenig berücksichtigt? Denn bei aller Sympathie für Wortgewitter und Blitze des Geistes (vor allem: Gottes): das Hören braucht als kreativer Vorgang auch eigene Zeit. Ist es also denkbar, dem Vorgang der Rezeption vorgelesener Texte durch Variationen der liturgischen Ordnung (wie etwa Stille oder ein Musikstück) mehr Raum zu geben? Und müßte in diesem Zusammenhang nicht auch der Gedanke der Interpretationsgemeinschaft wieder mehr Gewicht bekommen?[198]

4. Um schließlich noch einmal auf den Anspruch der Texte zurückzukommen: Sie sind in der Tat „anspruchsvoll". Zum Teil sprechen sie ihre Hörerinnen und Leser direkt an und formulieren Erwartungen an sie, oder sie erzählen Geschichten und nehmen die, die sie hören, mit hinein. Die Texte „laufen über ihren Schlußpunkt hinaus einem Leser entgegen. Das hinter dem Schreiben liegende Motiv ist nicht nur, Gedanken zu richten, sondern auch, sie einem andern auszurichten."[199] Die biblischen Texte werden vorgelesen unter dem Anspruch der Autorität. Autorität aber läßt sich nicht durch eine vorgängige Setzung sichern. Dies wäre nicht nur auf dem Hintergrund der postmodernen Diskussion obsolet, sondern (und das halte ich für wichtiger) den Texten selbst nicht angemessen. Ihre Kanonisierung ist ja eine spätere Zutat auf dem Hintergrund mit ihnen gemachter Erfahrungen. Die Texte bringen ihren Anspruch selbst zur Sprache und beziehen sich gerade nicht auf eine vorgängige Autorität.[200] Wie ihrem Anspruch auf Autorität aber zu begegnen ist,

„kann von niemandem sonst beantwortet werden ... als von den Empfängern. Welche Wahrheit ein Wort oder ein Tun beanspruchen kann, kann offenbar nur von den Adressaten und nur in der Begegnung mit dem Gesagten entschieden werden."[201]

5.2.4   Noch einmal: Die Vielfalt der Leseweisen

Daß es die *eine* Lese- und Verstehensweise der biblischen Schriften nicht gibt, hat sich als Erkenntnis bereits am Ende des dritten Kapitels über die Lesemodalitäten in der Antike ergeben. Große Aktualität hat diese Erkenntnis durch die Methodendiskussion der letzten fünfzehn Jahre bekommen. Man kann dies schlagartig an zwei Veröffentlichungen des Theologischen Ausschusses der „Arnoldshainer Konferenz"[202] verdeutlichen, an dem Büchlein ›Christen ohne Bibel?‹ aus dem Jahr 1981 und der jüngsten Veröffentlichung ›Das Buch Gottes. Elf Zugänge zur Bibel‹ aus dem Jahr 1992. Schon die Überschriften deuten den Wandel an, der zwischen beiden Schriften eingetreten ist. Stand 1981 die Bibelvergessenheit im Vordergrund, verbunden mit der Frage, wie man ihr begegnen könne, so ist der Ausgangspunkt der Schrift von 1992 „ein neues Interesse für die Bibel in Kirche und Öffentlichkeit",[203] dem nun eine Fülle von Zugangsweisen zur Schrift korrespondiert. Deutlich hat sich auch der Schwerpunkt in den Schriften selbst verlagert. „Die Bibel in der wissenschaftlichen Theologie" ist eine von insgesamt drei Kapitelüberschriften von 1981 (das Kapitel umfaßt etwa ein Drittel des Umfangs). Dies weist auf die grundlegende Bedeutung der historisch-kritischen Methode für das Lesen der Bibel hin. Allerdings:

„Offenbar ist es den an den Hochschulen für die theologische Lehre Verantwortlichen nicht immer gelungen, ausreichend sichtbar zu machen, daß wissenschaftlicher, d. h. in erster Linie historisch-kritischer Umgang mit der Bibel kein Selbstzweck ist und keinem anderen Ziel dienen kann, als die Glaubensbotschaft der Schrift für das heutige Verständnis zu erschließen."[204]

Aus diesem Zitat geht hervor, daß wissenschaftlicher Umgang mit der Bibel die historisch-kritische Methode sei, daß dieser Zugang dem Erschließen der Glaubensbotschaft diene und daß es so etwas gäbe wie ein „heutiges Verständnis des Glaubens". In dem Votum der Arnoldshainer Konferenz von 1992 sind diese Aussagen deutlich abgewandelt. Grundsätzlich wird ausgeführt:

„Bei ihrem Bemühen um ein richtiges Verständnis der Bibel sehen sich heute Theologen und Laien ... einer Vielzahl von Auslegungsgrundsätzen und Deutungsmethoden gegenüber, die sich von den gewohnten Zugängen unterscheiden. Indem diese Deutungsmethoden bisher weniger bekannte und z. T. auch vernachlässigte Seiten der Bibel beleuchten, üben sie vielfach geradezu eine Faszination aus ... Allerdings kann man auch beobachten, daß diese neuartigen Ansätze häufig einer schnell wechselnden Mode unterworfen sind: Bald diese bald jene steht in der öffentlichen Diskussion im Vordergrund."[205]

Trotz dieser am Ende angedeuteten Kritik ist die Vielfalt der Textzugänge (auf die ich hier nicht näher eingehen kann) prinzipiell positiv bewertet:

„Wer ein literarisches Werk in seiner ganzen Tiefe zum Sprechen bringen will, muß es auf möglichst vielfältige Weise untersuchen, muß eine möglichst große Zahl methodisch geleiteter Fragen stellen."[206]

Die Einsichten, die auf derart vielfältige Weise gewonnen werden, seien ebenfalls vielfältig, müßten aber daraufhin überprüft werden, ob sie bei der „eigentlichen Mitte der Schrift" blieben oder davon ablenkten.[207] Ob es allerdings mit zunehmender Diversifikation der

methodischen Zugänge leichter geworden ist, zu definieren, was denn
die „eigentliche Mitte der Schrift" ist? Und hat nicht Ebeling recht mit
dem Vorwurf, daß extrem unterschiedliche Weisen, die Bibel zu lesen,
auch eine Ursache für den Verlust der Bibel, für ihr „einfaches Entschwinden", seien,[208] vor allem dann, wenn sie jeweils als die einzig
richtigen dargestellt werden? Es geht nämlich m. E. gar nicht in erster
Linie um die Vielfalt der Methoden als solche; die Texte selbst sind ja
vielfältig, warum sollten es die Methoden nicht sein? Allerdings sind
sie *an den Texten* auf ihre Tragfähigkeit hin zu überprüfen. Worum es
vielmehr geht, ist der bisweilen vertretene Ausschließlichkeitsan-
spruch, aus dem heraus nicht nur andere Interpretationen, sondern
zugleich auch Interpretationsgemeinschaften in Frage gestellt werden. Eine solche Autorität aber kann keiner Methode zukommen. Ich
möchte sie lieber bei den Texten selbst belassen.

Und damit noch einmal zurück auf den Gedanken der Lese- und
Interpretationsgemeinschaft, in deren Rahmen sich das Verstehen der
biblischen Texte und ihre Applikation entfalten können.[209] Dem Gottesdienst kommt dabei sowohl im Blick auf die symbolische Repräsen-
tanz als auch auf die „Bekanntmachung" der Texte eine wichtige Bedeutung zu, ebenso aber auch dem Kreis von intensiven Leserinnen
und Lesern, die gemeinsam die Schriften studieren. Im Rahmen solcher Lese- und Interpretationsgemeinschaften kann auch die Autorität der Texte „bekannt" werden, nicht im Sinne einer Setzung, sondern
als Lesen, Hören und Diskutieren, als Erzählung von Beziehungen,
als Weitererzählen, als Bekanntmachung und Einladung.

ANMERKUNGEN

Bücher und Aufsätze sind in den Anmerkungen in der Regel mit dem Verfassernamen und dem ersten Substantiv des Titels zitiert. Kommentare zu biblischen Schriften, diese Schriften selbst und auch ihre Verfasser werden durchgehend nach den ›Loccumer Richtlinien‹ abgekürzt.

Vorwort

[1] Weigner, Ausgelesen?, S. 11
[2] Meyer, Anforderungen, S. 15. Der aktuelle Leser und die aktuelle Leserin sind – natürlich – ausgeschlossen.
[3] Schneidau, Reader, S. 39.
[4] Mann, Aufsätze, S. 360.
[5] Magaß, Thesen, S. 9.
[6] Walser, Erfahrungen, S. 124.
[7] Musil, Literat, S. 1212.
[8] Brecht, Gedichte, S. 387.
[9] Luther, WA 50; 659, 22f.
[10] Luther, WA 31, 1; 67, 24–27.

1. Einführung

[1] Im Deutschen kommt man ohne die Differenzierung zwischen Leserinnen und Lesern nicht aus. Daß die männliche Form die weibliche „immer mit einschließe", kann man nach der Diskussion der letzten Jahre wirklich nicht mehr sagen. Nun kommen in dieser Untersuchung die Leser bzw. die Leserinnen ziemlich häufig vor, wie man sich denken kann, und ich empfinde es als lästig, wie ein „ceterum censeo" ständig die jeweils andere Form hinzuzufügen. Die verschiedenen Versuche, das Problem durch die Schreibweise zu lösen, finde ich allerdings auch nicht überzeugend. Was im Plural noch angehen mag (die Leser/innen oder die LeserInnen), wirkt im Singular in einem fortlaufenden Text nur störend (der/die Leser/in), vor allem, wenn es auf jeder Seite dreimal vorkommt. Meine Lösung: Da es in der Realität beide gibt, Leserinnen und Leser, manchmal die einen und manchmal die anderen, will ich auch beide Wörter benutzen, manchmal das eine, manchmal das andere. Daß die Leser insgesamt etwas öfter vorkommen, liegt mit daran, daß Leserinnen in den übernommenen Zitaten so gut wie nicht zu finden sind.

[2] Bultmann, ThWNT I, S. 347.

[3] Balz, Artikel ἀναγινώσκω, Sp. 184.

[4] Blunck, Artikel ἀναγινώσκω, S. 153.

[5] Der erste ist von Seidel, der zweite von Khoury/Muth (QD 128) herausgegeben.

[6] Die Liste auf S. 129 ist noch etwas umfangreicher.

[7] Reception Theory, S. 153.

[8] Auf das Problem des sekundären Analphabetismus kann ich hier nicht eingehen; vgl. Walz, Leser, S. 134 ff.

[9] Aust, Lesen, S. X.

[10] Giehrl, Leser, S. 22.

[11] Vgl. Hofer, Lesenlernen: Theorie und Unterricht.

[12] Franzmann, Artikel Lesen, S. 468.

[13] Giehrl, Leser, S. 21.

[14] Vgl. exemplarisch Fritz/Suess, Lesen; Daiber/Lukatis, Bibelfrömmigkeit. Vgl. auch die Angaben unten, S. 127, zur Literatursoziologie.

[15] Vgl. hierzu Stephan, Lesen, S. 77.

[16] Vgl. etwa Martial, ep 1, 1 u. ö. Sehr interessant ist Pseudo-Longinus, sublim 26, 2. Dort geht es darum, wie eine Herodot-Stelle Wirkung auf die Leser ausübt: „Jede derartige persönliche Anrede stellt den Zuhörer direkt auf den Schauplatz der Handlung."

[17] Liber de causis, Prop 10 (vgl. Jauß, Theorie, S. 10).

[18] Essais I, XXIV.

[19] Lichtenberg, Pfennigs-Wahrheiten, S. 45.

[20] Vgl. die Belege bei Grimm, Rezeptionsgeschichte, S. 19 f.; Jauß, Theorie, S. 22; Naumann, Literatur, S. 128 f.

2. „Verstehst du auch, was du liest?" Apostelgeschichte 8, 26–40 und das Lesen

[1] Lk und Apg sind anonym überliefert. Nach altkirchlicher Tradition ist der Paulusmitarbeiter Lukas als Verfasser anzusehen (vgl. Phlm 24; 2 Tim 4, 11; nach Kol 4, 14 handelt es sich um einen Arzt). Nach Euseb, Hist Eccl III 4, 6, war er nicht nur Paulusbegleiter, sondern verkehrte eifrig mit den übrigen Aposteln (zur Kritik vgl. Schille, Apg, S. 26 ff.). Als Adressaten muß man sich Heidenchristen, aber auch nichtchristliche Leser vorstellen, denen sowohl zuverlässige Auskunft über die Anfänge der Kirche gegeben, das sich ausbreitende Evangelium aber auch als Einladung nahegebracht werden soll (vgl. Vielhauer, Geschichte, S. 405 f.).

[2] Pesch, Apg I, S. 287 ff., sieht den Apostel Philippus am Werk (1, 13).

[3] Vgl. zu Äthiopien Helck, Artikel Aithiopia; ders., Artikel Meroe.

[4] Plinius, hist. nat. VI, 186: regnare feminam Candacem, quod nomen multis iam annis ad reginas transiit; außerdem Helck, Artikel Kandake.

[5] Eunuch kann im Sinne von Hofbeamter (δυνάστης) titular gebraucht werden (vgl. Jer 52, 25 LXX und Grundmann, Artikel δύναμαι, S. 288). In

Apg 8, 26 ff. finden sich aber beide Wörter nebeneinander, außerdem ist Eunuch durch die mehrfache Nennung (V. 27. 34. 36. 38. 39) deutlich hervorgehoben und deshalb hier im eigentlichen Sinn verwendet (Petzke, Artikel εὐνοῦχος).

[6] Sie ist an Philippus gebunden und gehört mit 8, 4 ff. zu den Lk vorliegenden Überlieferungen über dessen Missionstätigkeit. Von 8, 4 aus ergibt sich eine Querverbindung zu dem Kreis der Hellenisten in 6, 1 ff.

[7] Conzelmann, Apg, S. 63; Haenchen, Apg, S. 163 f.

[8] Plümacher, Lukas, S. 12 f., meint deshalb, Lukas habe selbst den Titel Kandake in seine Tradition eingefügt.

[9] Vgl. zu dieser rhetorischen Figur Blaß/Debrunner/Rehkopf, § 488. Eine Paronomasie ist auch der Name der Stadt Gaza und die Verantwortung des Äthiopiers „über den Schatz" (ἐπὶ ... τῆς γάζης).

[10] ἀναγινώσκω ist eine Verstärkung von γινώσκω mit der Grundbedeutung „genau erkennen". Von hier aus kommt es zu der Bedeutung „wieder-erkennen". Dies wird im Blick auf Geschriebenes als „lesen" spezifiziert (vgl. Liddell-Scott, S. 100 f.). In diesem Sinn wird das Wort seit Thucydides vorwiegend gebraucht (Passow, Handwörterbuch I, 1, S. 166). Ein vergleichbares Wortspiel findet sich in 2 Kor 1, 13.

[11] Es paßt in das Bild des hohen Regierungsbeamten, daß er sich mit Hilfe des Optativ potentialis gewählt ausdrückt (vgl. Blaß/Debrunner/Rehkopf, § 385).

[12] Das Verb anleiten (ὁδηγέω) weist eine traditionsgeschichtliche Verbindung zu den Psalmen auf. Die Psalmsänger bitten darum, daß Gottes Geist sie auf ebenem Land (Ps 142, 10 LXX) oder auf seinem Weg führen möge (Ps 85, 11 LXX). Die Bitte in Ps 24, 5 LXX ist in Joh 16, 13 aufgenommen. Vgl. insgesamt Sauter, Kunst.

[13] Vgl. Pesch, Apg I, S. 292; Schneider, Apg I, S. 498.

[14] Wolff, Jes 53, S. 92: „Die Kämmererperikope belegt mit Apg 3 und 4 zusammen, daß Jes 53 die Urgemeinde in breiter Schicht beschäftigt hat. Vgl. zum Vorkommen des Abschnitts im NT S. 55–107.

[15] Vgl. hierzu Rese, Motive, S. 95 f.

[16] Die sühnende Kraft des Leidens des Gottesknechtes findet sich besonders in Jes 53, 5. 8. Daß Lukas diese Aussagen beiseite läßt, wird in der Regel auf dem Hintergrund der lukanischen Theologie erklärt (besonders ausgeprägt bei Schmithals, Apg, S. 85).

[17] περιοχή kann den Wortlaut und den Schriftabschnitt bezeichnen (Bauer, Wörterbuch, Sp. 1307 f.). Da in V. 35 die Schriftstelle mit dem Wort γραφή bezeichnet ist, ist hier der Wortlaut gemeint.

[18] Vgl. etwa Roloff, Apg, S. 141 f., und zur Interpretation von Jes 53 im palästinischen und hellenistischen Judentum Jeremias, Artikel παῖς θεοῦ S. 681 f.; Wolff, Jesaja 53, S. 55 f.; Fascher, Jesaja 53. Im palästinischen Judentum werden die kollektive Deutung, die Deutung auf Jesaja selbst oder auf den Messias diskutiert, nur selten jedoch die Deutung auf andere Personen.

[19] Dabei wird zunächst nachgewiesen, daß eine bestimmte Stelle sich nicht auf den Schreiber bezieht; danach wird der Bezug auf Christus festgestellt.

Dieses Verfahren ist in Apg 2,25–31.33–36; 13,35–37 zu erkennen (Roloff, Apg, S.141f.). Ausdrücklich formuliert diese Vorgehensweise Justin, Apol I,36: „Wenn ihr jedoch die Worte der Propheten einer Person in den Mund gelegt findet, so dürft ihr sie nicht als von den Inspirierten selbst gesprochen ansehen, sondern von dem sie bewegenden göttlichen Logos."

[20] Die Wendung „und er tat seinen Mund auf" weist auf die christliche Verkündigung hin (vgl. 8,4.12.25; 10,34).

[21] Deshalb ist die Formulierung Conzelmanns, Apg, S.63, der Eunuch frage, wie der nichtchristliche Leser fragen solle, aber erst der christliche fragen könne, nicht ganz zutreffend. Die Unbestimmtheit ist sowohl für die christliche Leserin wie für den unchristlichen Leser offen.

[22] V.37 ist eine Ergänzung zum Text, die den später empfundenen Anstoß zu beseitigen versucht, daß die Taufe hier ohne ein vorangehendes Bekenntnis vollzogen wird (vgl. Metzger, Commentary, S.359f.). Die Frage „Was hindert's, daß ich getauft werde?" ist aus dem Kontext hinreichend zu erklären. Die Annahme einer ausdrücklichen Taufhindernisformel (Cullmann, Tauflehre, S.65ff.) beruft sich darauf, daß auch in 10,47 und 11,17 vom „Hindern der Taufe" die Rede ist. Allerdings kann an den drei Stellen der Apg von einer Formel nicht wirklich die Rede sein (vgl. Müller, Mitte, S.65).

[23] In 9,2 ist der christliche Glaube insgesamt als „Weg" bezeichnet. Auch ist das Motiv der Freude wiederholt mit dem Glauben verbunden (8,8; 13,48; 15,3). Von hier und von Apg 1,8 aus könnte man deshalb am Ende dieses Abschnitts die christliche Botschaft auf dem Weg nach Äthiopien angedeutet finden. Ausdrücklich interpretieren in diese Richtung aber erst Irenäus, Haer IV 23,2, und Euseb, Hist Eccl II 1,13.

[24] Vom Evangelisten Philippus ist erst in 21,8 noch einmal die Rede.

3. Lesen in der griechisch-römischen Antike und im antiken Judentum

[1] Die älteren Monographien sind nach wie vor lesenswert, besonders Birt, Buchwesen; ders., Buchrolle; Dziatzko, Untersuchungen; Schubart, Buch; Kenyon, Books. Durch Handschriftenfunde konnten die Erkenntnisse zum antiken Buchwesen in den letzten Jahrzehnten allerdings präzisiert werden. Neuere Erkenntnisse sind in Aufsätzen zusammengetragen, vgl. Skeat, Book Production; Roberts, Books; Quinn, Poet, und die verschiedenen Arbeiten von Turner.

[2] Vgl. zu den Einzelheiten Skeat, ebd., S.61ff.

[3] Einzelheiten bei Turner, Papyri, S.8f.

[4] Vgl. hierzu unten, S.31f.

[5] Im Griechischen μάλλα (Wachs) und πίναξ (Wachstafel), im Lateinischen cera und tabula.

[6] Vgl. Büll, Wachs, S.854, und insgesamt S.785ff.

[7] Etwa bei Büll, ebd., S.828. Die junge Dame ist im übrigen häufig abgebildet und auf diese Weise posthum zum „Star" avanciert.

[8] Von caudex = Holzstamm, davon abgeleitet die Bedeutung Schreibtafel, Buch; vgl. Seneca, De brev. vitae XIII, 4.

[9] Roberts, Book, S. 159 f. Martial nennt Bücher in Kodexform membranae (ep XIV, 186), libelli (VI, 60) oder mulitplici (XIV, 184).

[10] Vgl. hierzu unten, S. 107 f.

[11] Kenyon, Books, S. 4 ff.; Cerný, Paper, S. 11. Vgl. zur Papyrus-Industrie in Ägypten Lewis, Papyrus, S. 115 ff.

[12] Dies gilt bereits für die homerische Zeit, vgl. Kenyon, ebd., S. 12 ff. Turner, Athenian Books, S. 13.

[13] Vgl. den Bildteil bei Hengstl, Papyri, S. 427 ff.

[14] Kostbare Rollen wickelte man um einen Stab aus Holz (umbilicus); vgl. Martial, ep. V 6, 15; Catull 22, 7 und Birt, Buchrolle, S. 228 ff.

[15] ὁ χάρτης (charta) bezeichnet das Papyrus-Blatt, zunehmend auch die ganze Rolle. Ein gebräuchliches Wort für die Rolle ist auch τόμος (tomus; von τέμνω, schneiden; der nicht mehr benutzte Teil der Rolle wurde abgeschnitten). Für die Buchrolle kann auch das Wort τεῦχος verwendet werden. War ein Werk auf mehrere Rollen aufgeteilt, sprach man eher von κύλινδρος (volumen). κόλλημα (pagina) bezeichnet die einzelne Seite, χαρτίον ein Blatt beliebiger Größe (Turner, Papyri, S. 4 f.; Lewis, Payrus, S. 70 f.).

[16] Birt, Buchrolle, S. 42. 124 ff.

[17] Ebd., S. 172. 175 ff.

[18] Abbildungen, S. 247. 252 ff.

[19] Vgl. Skeat, Book-Production, S. 57; Friedrich, Geschichte, S. 102.

[20] Etwa die bei Merkelbach/Thiel, Leseheft, oder Turner, Manuscripts, S. 40. 52. 102, abgedruckten Texte.

[21] Marquardt, Privatleben II, S. 814. 830 f., mit weiteren Angaben.

[22] Einen Eindruck von der Art der Korrekturen vermittelt die Abbildung des Bodmer-Papyrus zu Joh 11, 31–37 bei Turner, Manuscripts, S. 108; ders., Papyri, S. 93 f.

[23] Belege bei Birt, Buchrolle, S. 171 f. Der Anagnost konnte dem Lesenden auch einfach zur Hand gehen und die Buchrolle halten.

[24] Quinn, Poet, S. 86.

[25] Vgl. bereits Xenophon, Mem IV 2, 1; zur augusteischen Zeit Quinn, Poet, S. 88. 90; zum folgenden insgesamt besonders die Artikel von Dziatzko und Wendel über den Buchhandel und die Bibliotheken.

[26] Vgl. Wendel/Göber, Altertum, S. 59–61.

[27] Ebd., S. 119–121.

[28] Einzelheiten bei Marquardt, Privatleben II, S. 826 f.

[29] Vgl. hierzu Martial, ep I, 66; Plinius, ep I 8, 3; Quintilian, Inst Orat, Vorwort; Ciceros Briefe an Atticus; außerdem Dziatzko, Artikel Buchhandel; Diringer, Books, S. 236 f.; zum Mäzenatentum Quinn, Poet, S. 116 ff. 135 ff.

[30] Weitere Angaben bei Lentz, Orality, S. 159 f.

[31] Vgl. Birt, Kritik, S. 303, und als Beleg besonders Hermas, Vis II 1, 3.

[32] Auf diesen Brief gehe ich näher ein in meinem Aufsatz ›Der Glaube aus dem Hören‹ in der Festschrift für D. Georgi.

[33] Sie wirkt sich bis in die Werkästhetik hinein aus. Platon ist im übrigen der Meinung, daß die Schrift das Gedächtnis geradezu vernachlässige (Phaidr 274c–275b).

[34] Ähnlich Isokrates, Philip 25–27.

[35] Einzelheiten bei Quinn, Poets, S. 167ff.

[36] Vgl. etwa Platon, Ion 536c; Plutarch, Mor 104D; Dio v. Prusa, Or 2,11.18 u.ö. Das Epitheton wird wiederholt und auf Hesiod angewandt, daneben aber auch auf Platon, Lykurg und andere.

[37] Vgl. den Überblick bei Betz, Artikel Gottmensch II; vgl. zu den Dichtern besonders Sp. 253ff.

[38] Lentz, Orality, S. 149.

[39] Lentz, ebd.; vgl. Quinn, ebd., S. 90.

[40] Durch solche „gereizten und wechselreichen Gemütsstimmungen" (Polit X, 605a) können die Rezitationen nach Platon das Vernünftige aber gefährden und verderben (605b). Von hier aus ist sein Angriff auf die Dichtkunst am Ende der Politeia (X, 603c–608b) zu verstehen.

[41] Dihle, Literaturgeschichte, S. 234ff.; Lesky, Erbe.

[42] Mit seiner Verbindung von Philosophie und Ausrichtung auf die Aufgaben konkreter Lebensbewältigung ist Isokrates mit seiner Schule für die Folgezeit prägend und zum „Ahnherrn" abendländischer Bildungstradition geworden (vgl. Dihle, Literaturgeschichte, S. 238; Steidle, Redekunst; Cecchi, Pädagogik).

[43] Kißel, Kaiserzeit I, S. 11ff.

[44] Quintilian macht hierfür in seiner verlorengegangenen Schrift ›De causis corruptae eloquentiae‹ im wesentlichen den Verfall des stilistischen Könnens verantwortlich (Kißel, Kaiserzeit I, S. 37). Tacitus nennt darüber hinaus die gesellschaftliche Entwicklung als wichtigen Grund für die schwindende Bedeutung der Rhetorik (vgl. besonders die Schlußrede des Maternus, Dial 36ff.).

[45] Ich verweise hierzu auf Quinn, Poet, und meinen Aufsatz ›Der Glaube aus dem Hören. Über das gesprochene und das geschriebene Wort bei Paulus‹ in der Festschrift für D. Georgi.

[46] Vgl. Quinn, ebd., S. 145. 154. 156f.

[47] Vgl. die sehr kritische Stellungnahme von Horaz (epist I 19,35ff.): „Ich bin der Mann nicht, des wetterwendischen Pöbels Stimmen zu ködern mit dem Aufwand von Mählern und mit der Gabe abgetragener Kleidung; ich bin nicht der Mann, ‚berühmter‘ Verfasser Werke anzuhören und notfalls Rache zu nehmen, der Kunstrichter Scharen zu schmeicheln und den Professoren-Pulten. Daher diese Tränen."

[48] Quinn, ebd., S. 90.

[49] Das ist kein Wunder, wenn man bedenkt, daß das Publikum oft aus Freigelassenen und Klienten bestand, die zur Anwesenheit verpflichtet waren. Iuvenal, Sat VII, 37–41, beschreibt diese Gepflogenheiten bissig (vgl. auch Tacitus, Dial 9,3; dort muß der Dichter seine Zuhörer bezahlen). Offenbar gab es in einem solchen Literaturbetrieb aber auch aufdringliche Dichter, wie Mar-

tial, epigr III, 44, erkennen läßt: „Du liest mir vor im Stehen und im Sitzen; ich laufe – du liest vor; ich sitz am Lokus – auch dort liest du mir vor, ich flieh ins Schwitzbad – dort bist du auch und dröhnst mir in die Ohren ... Soll ich dir sagen, was du angerichtet? Du bist ein braver Kerl, bist hochanständig – und man hat Angst vor dir!"

[50] Blank, Einführung, S. 12f., hat mit Recht auf die oft einseitige Illustrierung in Werken zur antiken Kulturgeschichte hingewiesen. Nicht jedermann konnte sich mit kunsthandwerklichen Luxusgegenständen umgeben. Die Lebensbedingungen der armen römischen Stadtbevölkerung beschreibt Brunt, Mob, S. 285ff.

[51] Vgl. die Literaturangaben bei Müller, Mitte, S. 313f.

[52] Daß Papyrus als Naturprodukt nicht in stets gleicher Menge verfügbar war, wirkte sich auf den Preis aus (Turner, Papyri, S. 5f.), ebenso das Monopol Ägyptens bei der Papyrusherstellung. In der Kaiserzeit sorgte ein eigenes Verwaltungsressort (ratio chartaria) für die ständige Verfügbarkeit von Papyrus und die Preisregulierung (Birt, Kritik, S. 278).

[53] Vgl. Fouquet-Plümacher, Artikel Buch/Buchwesen III, S. 276; Lewis, Papyrus, S. 129ff.

[54] Dies ist beispielsweise mit Aristoteles' Schrift Ath Pol geschehen, die 1892 auf der Rückseite einer Papyrus-Rolle mit privaten Abrechnungen entdeckt wurde (vgl. Turner, ebd., S. 90). Zu den Homer-Papyri verweise ich auf Birt, ebd., S. 278.

[55] Papyrus, S. 133.

[56] S. 9; vgl. S. 5; realistischer Dziatzko, Artikel Buchhandel, Sp. 975.

[57] Angaben und Literatur bei Müller, Mitte, S. 107ff.

[58] Abrundung, S. 396ff.; vgl. auch Turner, Papyri, S. 82.

[59] Vgl. Ex 31, 18; 32, 15f.; 34, 1; Dtn 4, 13; Jos 8, 32. Nach Ex 32 zeigt bereits die ungewöhnliche doppelseitige Beschriftung, daß es sich bei diesen Steinen um ein Gotteswerk handelt.

[60] Von ḥārāṭ eingraben ist das Substantiv ḥeret abgeleitet im Sinne von „harter Griffel", „Schrift" (Gesenius, Handwörterbuch, S. 259; Krauss, Archäologie III, S. 143).

[61] Vgl. zu den Schreibmaterialien Blau, Studien, S. 9ff.; Demsky/Bar-Ilan, Artikel Writing, Sp. 654ff.; Wiseman, Books, S. 34f.

[62] Die Bemerkung über die „Saaten am Fluß" und die guten Ernten am Nil in Jes 23, 3 läßt aber an Papyrus denken. Auch der Bericht des Ägypters Un-Amun aus der Zeit um 1100 v. Chr. (AOT, S. 75–77; ANET, S. 25–29) zeigt, daß bereits beim Eindringen Israels nach Kanaan der Papyrus dort als Schreibmaterial bekannt gewesen ist.

[63] Die ägyptisch-aramäischen Papyri stammen aus dem 5. vorchristlichen Jahrhundert (Kraeling, Artikel Elephantine-Urkunden, Sp. 415f.).

[64] Vgl. Welten, Artikel Buch/Buchwesen II, S. 273; Demsky/Bar-Ilan, Writing, Sp. 659.

[65] Für die Rollenform gibt es etliche Belege im AT (etwa Jes 34, 4; Hes 2, 9f.; Jer 36; später 1 Makk 3, 48; Josephus, Bell VII, 5; Offb 5, 1). Vgl. auch

BM 29b und BB 14a: „Wenn man die Tora, die Propheten und die Hagiographen zusammenheften will, so darf man dies; man lasse am Anfang so viel frei, um die Walze umwickeln zu können, und am Ende so viel, um den Umfang umwickeln zu können."

[66] *sēp̄er* bezeichnet Briefe oder Urkunden verschiedener Art, *mᵉgilaṭ-sēp̄er* nur die Buchrolle. Zur Tinte vgl. Demsky/Bar-Ilan, ebd., Sp. 665.

[67] Demsky/Bar-Ilan, ebd., Sp. 660; Wiseman, Books, S. 32.

[68] Eissfeldt, Einleitung, S. 911, verweist auf Diodor II 32, 4, wo von „königlichen Tierhäuten" im Perserreich die Rede ist, aus dessen Zentrum Esra nach Jerusalem kommt. Verschiedentlich wird bei den Rabbinen auf Esra als Inaugurator der sogenannten assyrischen Schrift hingewiesen (vgl. Krauss, Archäologie III, S. 136f.).

[69] Nach Meg II, 2c darf die Estherrolle weder auf Papyrus noch auf „halbzubereitete Tierhaut" (vgl. zu den verschiedenen Arten der Pergamentherstellung Blau, Studien, S. 22f.; Demsky/Bar-Ilian, ebd., Sp. 659f.) noch mit irgendeiner Tinte angefertigt werden, sondern nur mit „dickflüssiger Tinte" (ebd., S. 151ff.) auf Pergament. Diese Bestimmung wird von der Estherrolle auf die biblischen Schriften insgesamt übertragen.

[70] Vgl. zur Abfassungszeit zwischen 127 und 118 v. Chr. Meisner, Aristeasbrief, S. 42f.

[71] Es handelt sich vermutlich um den Brauch, das Tetragramm mit einem Goldzusatz zu schreiben (vgl. Blau, Studien, S. 161f.). In der rabbinischen Diskussion wird dies ausdrücklich abgelehnt (vgl. Sof 1, 9).

[72] Labuschagne, Artikel *qārā'*, Sp. 672. Das Verb kann auch die Bedeutung des Diktierens haben (Jer 36, 18).

[73] Aus rabbinischer Zeit ist Meg 32a zu vergleichen: „Wer die Schrift ohne Melodie liest und ohne Sang studiert, über den spricht die Schrift: So gab ich ihnen Satzungen, die nicht ersprießlich waren."

[74] In Jos 24 geht es zunächst um das mündliche Bekenntnis (und seine Aufnahme durch das Volk), das anschließend erst (V. 26) aufgeschrieben wird. Aber auch hier ist der Zusammenhang von gesprochenem und geschriebenem Wort wichtig.

[75] Das Lesen eines Briefes hatte eher privaten Charakter (vgl. 2 Kön 5, 7; 19, 14; Jes 37, 14), ebenso auch die Lesesituation in 2 Kön 5, 7, möglicherweise auch in Hab 2, 2. Die weiteren Stellen bei Labuschagne, Artikel *qārā'*, Sp. 672, deuten bei genauerer Betrachtung aber auf ein gemeinschaftliches Lesen bzw. Vorlesen hin.

[76] Vgl. hierzu unten, S. 42f., und Gunneweg, Neh, S. 110.

[77] Hier läßt sich das Entstehen des Jeremiabuches ansatzweise erkennen.

[78] Vgl. Habicht, 2. Makkabäerbuch, S. 169ff. Der Text ist nach der Übersetzung von Habicht wiedergegeben. 2Makk stellt die Ereignisse im Stil der pathetischen Geschichtsschreibung und mit Hilfe der Vorstellung eines steten Eingreifens Gottes dar (ebd., S. 187f.). Die Schilderung der Ereignisse in 1Makk orientiert sich dagegen grundlegend an der Treue zur Tora (vgl. Stemberger, Geschichte, S. 33).

[79] Zur Textausgabe von Sauer, Jesus Sirach, ist die Kritik von Hahn, Bemerkungen, S. 64–67, zu beachten. Ich zitiere nach der leicht verständlichen Einheitsübersetzung. Zur Verfassungsproblematik vgl. Sauer, ebd., S. 483. Zum ersten Mal in der antiken jüdischen Literatur tritt hier ein Verfasser aus der Anonymität heraus und äußert sich als Autor (bzw. Übersetzer) über seine Absichten.

[80] Stemberger, Geschichte, S. 9.

[81] Die Quellen für die folgende Darstellung sind großenteils rabbinischer Art. Bei vorsichtiger Verwendung dieser späteren Aussagen sind aber Rückschlüsse auf die Zeit des Urchristentums möglich. Riessner, Jesus, S. 98–102, hat die methodische Problematik ausführlich behandelt. Vgl. auch unten, S. 41, und Safrai, Education.

[82] Weitere Belege, auch aus urchristlicher Zeit, bei Riessner, ebd., S. 107 f.

[83] Vgl. hierzu und zum folgenden besonders Stemberger, Judentum, S. 109 ff.; Müller, Mitte, S. 129 ff. 144 ff.

[84] Zu den Töchtern Riessner, ebd., S. 103–105.

[85] Vgl. Müller, ebd., S. 145–150; Riessner, ebd., S. 153 ff. Im Blick auf die Datierung von BB 21 a vertritt Riessner allerdings die Auffassung, der Text gehöre in die Mitte des ersten christlichen Jahrhunderts. M. E. gehören die verschiedenen Hinweise auf die pharisäisch geprägte Entwicklung zu einem allgemeinen Schulwesen am ehesten in die Mitte des ersten vorchristlichen Jahrhunderts.

[86] Vgl. zum Lesenlernen der Kinder TestL 13, 2; Josephus, Ap II, 204. Vereinzelte Bemerkungen und archäologische Belege deuten darauf hin, daß das Lesen möglicherweise bereits vorexilisch gelehrt wurde (Riessner, ebd., S. 112–114). Man muß aber zwischen Lesen und Schreiben unterscheiden: zum Erlernen des Schreibens gehörte die Vermittlung handwerklicher Fähigkeiten, die das Schreibmaterial betrafen, so daß nicht jeder, der lesen konnte, automatisch auch schrieb. Für das erste christliche Jahrhundert wird man aber davon ausgehen können, daß Lesen- und Schreiben-Lernen Hand in Hand gingen (vgl. Riessner, ebd., S. 191 f.).

[87] Die Vorstellung von der Reinheit der Kinder ist in rabbinischen Quellen nicht unbestritten, da sie in Widerspruch steht zu der von Gen 8, 21 ausgehenden Vorstellung vom bösen Trieb. Die Tora zu lernen wirkt aber auf jeden Fall dem bösen Trieb entgegen (vgl. BB 16 a).

[88] Nach Ab V, 21 beginnt diese Schulstufe im Alter von zehn Jahren.

[89] Schab 119 b; Weiteres bei Strack-Billerbeck, I, S. 80.

[90] Einzelheiten bei Riessner, ebd., S. 119 ff.

[91] Vgl. hierzu den Überblick bei Hegermann, Judentum, S. 294 ff.; Schürer, Geschichte III, S. 1 ff.

[92] Vgl. Schürer, ebd., S. 24–52; zu Alexandria vgl. S. 35 ff.

[93] Die verschiedenen Theorien über die Anfänge der Synagoge sind bei Stemberger, Judentum, S. 92 ff., zusammengefaßt. In der Diaspora ist in vorchristlicher Zeit eher von der προσευχή als von der συναγωγή die Rede (vgl. Philo, Leg ad Gai 132). Synagoge kann auch ein profanes Zentrum sein. Daß

sich viele jüdische Gemeinden in der Diaspora und in Palästina je ein Bethaus und eine profane Versammlungsstätte leisten konnten, ist aber eher unwahrscheinlich. Die Hinweise auf verschiedene Nebenräume bei den Synagogen (Stemberger, ebd., S. 197 f.) weisen ja deutlich auf die Multifunktionalität der Gebäude hin. In urchristlicher Zeit ist die Existenz von Synagogen im ganzen Römischen Reich belegt (vgl. im NT Apg 13, 14; 14, 1; 16, 13.16; 17, 1.10.17; 18, 4.7; 19.26; 19, 8). Zu den Synagogen in Israel vgl. Hüttenmeister/Reeg, Synagogen.

[94] Hengel, Judentum, S. 108 ff., hat gezeigt, in wie starkem Maß sich das Griechische selbst im palästinischen Judentum ausgewirkt hat.

[95] Hengel, ebd., S. 292; vgl. S. 186 ff. Im übrigen gab es eine lebhafte Verbindung zwischen der Diaspora und dem Mutterland bis hin zum Austausch von Schriften (2 Makk 2, 13 f.).

[96] Übersetzung nach Meisner, Aristeasbrief.

[97] Vgl. Eissfeldt, Einleitung, S. 818 f. Allerdings greift der Verfasser auf ältere Quellen zurück, besonders auf Angaben über die Ansiedlung von Juden in Alexandrien (vgl. epArist 12ß27) und eine Schrift ›Über das Königtum‹. Der Septuaginta waren im übrigen bereits andere Übersetzungsversuche und Transkriptionen des Hebräischen vorausgegangen. Zu den Angaben der 70 bzw. 72 Übersetzer vgl. Tov, Septuagint, S. 161.

[98] Dies schließt die Rücksicht auf die nichtjüdische Umwelt nicht aus; durch die Übersetzung konnte interessierten Nichtjuden der Zugang zur jüdischen Religion eröffnet werden (Stemberger, Geschichte, S. 51).

[99] Vgl. Meg I, 8 a.b. Wahrscheinlich wurde in der westlichen Diaspora ausschließlich der griechische Text gelesen, während die Praxis der hebräischen Lesung mit einer anschließenden Übersetzung in erster Linie für die jüdischen Gemeinden in Palästina und Babylonien galt (Stemberger, Judentum, S. 102 f.). Je stärker allerdings die Christen die LXX als „ihre" Bibel verwendeten, um so größer wurde die Distanz der jüdischen Gemeinden zu dieser Übersetzung. Die im zweiten Jahrhundert n. Chr. entstandenen Übersetzungen von Aquila, Theodotion und Symmachus sind in diesem Zusammenhang zu bewerten (vgl. Tov, Septuagint, S. 163).

[100] Auf den liturgischen Teil des Synagogengottesdienstes geht Hengel, Proseuche, S. 162 u. ö., ein.

[101] Vgl. hierzu unten, S. 45 f.

[102] Vgl. die Angaben bei Perrot, Lecture, S. 148 f., und unten S. 64.

[103] Hierzu verweise ich auf Heinemann, Prayer, S. 5–7; Trepp, Gottesdienst, S. 187 f.

[104] Vgl. auch V. 9 und Gunneweg, Neh, S. 111.

[105] Gunneweg, ebd., S. 110.

[106] Meg 3 a interpretiert Neh 8, 8 folgendermaßen: „Sie lasen in dem Buch der Lehre Gottes, deutlich mit Angabe des Sinnes, so daß sie das Gelesene verstanden. Sie lasen in dem Buche der Lehre, das ist die Schrift, deutlich, das ist die Übersetzung; mit Angabe des Sinnes, das sind die Verstrennungen; das Gelesene verstanden, das sind die Akzente, und wie manche sagen, die Überliefe-

rung." Andere Herleitungen der Lesung berufen sich auf Dtn 31,10–12. Sifre
Dtn 16,1 folgert aus Lev 23,44, „daß Moses anläßlich eines Festes jedesmal
die Israeliten die mit dem jeweiligen Text zusammenhängenden speziellen Gebote und Vorschriften gelehrt habe" (Tetzner, Meg, S. 97). Diese Auffassung
gehört in die rabbinische Tradition, derzufolge die Synagoge selbst auf Mose
zurückbezogen wird. Daß Israel jemals ohne Synagoge oder Lehrhaus gewesen sein könne, ist für die rabbinischen Gelehrten ausgeschlossen (Belege
bei Strack-Billerbeck IV, S. 116). Apg 15,21 bezeichnet die Toralesung in den
Synagogen als eine von alters her geübte Praxis.

[107] Vgl. hierzu unten, S. 45f.

[108] Vgl. Stemberger, Midrasch, S. 28; Strack-Billerbeck IV, S. 154f.

[109] Text nach Barrett, Umwelt, S. 61 (Abbildung bei Leipoldt/Grundmann,
Umwelt III, Abb. 179). Daß es bereits vor der Zerstörung des Tempels Synagogen in Palästina gegeben hat, belegen auch die Synagoge von Massada
(vgl. Hruby, Synagoge, S. 109) und Stellen wie Lk 4,16ff.

[110] Zu Josephus' Umgang mit der Schrift vgl. Anfang und Schluß der Anti-
quitates und Feldman, Use, S. 455ff.

[111] Vgl. zur Nazareth-Perikope ausführlich unten, S. 84ff.

[112] Das technische ἀναπτύσσω (Bauer, Wörterbuch, Sp. 118) ist gegenüber
dem allgemeinen ἀνοίξας die schwierigere Lesart.

[113] Schürmann, Lk I, S. 229.

[114] Vgl. hierzu neuerdings auch die Darstellung des Sabbatgottesdienstes
bei Trepp, Gottesdienst, S. 194ff.

[115] Vgl. neben Trepp auch Meg IV,5, den Exkurs zum Synagogengottesdienst bei Strack-Billerbeck, IV, S. 153ff., und Stemberger, Judentum,
S. 103f.

[116] Die Lesung wurde durch eine Benediktion eingeleitet und abgeschlossen (Tetzner, Meg, S. 113). Die bereits erwähnte Zitierung von Tora-Ab-
schnitten nach bestimmten Überschriften macht wahrscheinlich, daß die Tora
bereits in vormischnischer Zeit in Perikopen-Abschnitten gelesen wurde.
Strittig ist allerdings, ob man in dieser Zeit bereits von einem festen Lesezy-
klus sprechen kann. Ich gehe davon aus, daß sich Leseordnungen erst nach
und nach (Elbogen, Gottesdienst, S. 158ff.) und regional unterschiedlich entwickelt haben und in urchristlicher Zeit noch nicht (und keinesfalls definitiv)
festlagen (vgl. Safrai/Stern, People II, S. 298; anders Perrot, Lecture,
S. 141ff.). Die regionalen Unterschiede führen ab der Zeit der Mischna zu
einem dreijährigen palästinischen und einem einjährigen babylonischen Zyklus (Meg 29b). In Babylonien las man in 54 Abschnitten (Parascha), in Palästina schwankte die Zahl der Lesungen (Seder) zwischen 141 und 167 (Stemberger, Midrasch, S. 30; Navè Levinson, Einführung, S. 129).

[117] Strack-Billerbeck IV, S. 153ff. Auch die Haphthara ist nach Lk 4,17;
Apg 13,15 bereits als allgemein anerkannte Einrichtung bekannt.

[118] Elbogen, Gottesdienst, S. 175.

[119] Das Aramäische, vorexilisch nur als Diplomatensprache benutzt (vgl. 2
Kön 18,26; Jes 36,11, und Sperber, Bible, S. 1), wurde während des Exils als

persische Reichssprache von den Exilanten übernommen. Seine Vorherrschaft als Umgangssprache war auch nach der Rückkehr aus dem Exil nicht mehr aufzuhalten. Neh 13,23 f. macht die veränderte Situation schlaglichtartig deutlich: „Damals sah ich auch Juden, die Frauen von Aschdod, Ammon und Moab geheiratet hatten. Die Hälfte ihrer Kinder redete in der Sprache eines der anderen Völker, konnten aber nicht mehr Jüdisch", womit das Hebräische gemeint ist (vgl. Gunneweg, Neh, S. 172 f.). Zu einem weiteren Rückgang des Hebräischen führte auch in Palästina das Vordringen des Griechischen. Allerdings ist das Wissen immer lebendig geblieben, daß das Hebräische die Sprache der Offenbarung war (Bowker, Targums, S. 3 ff.).

[120] Die gottesdienstliche Lesung ist als ursprünglicher Sitz im Leben des Targums anzusehen (Alexander, Translations, S. 238 ff.). Allerdings darf man den privaten Gebrauch und die Verwendung im Unterricht daneben nicht unerwähnt lassen (vgl. ebd., S. 240 und Ber 8 a).

[121] Vgl. Meg IV 4 a (und Tetzner, Meg, S. 122 f.). Nach Meg IV 6 a–c konnte (nahezu) jeder Jude zum Übersetzen herangezogen werden. In der Diaspora dürfte es wegen der Sprachschwierigkeiten oft aber nicht möglich gewesen sein, die Anzahl der für die Lesungen vorgesehenen Personen (vgl. Meg IV 2 a–c) zu erreichen; j Meg 75 a sieht in solchen Fällen nur einen einzigen Leser vor.

[122] Der Targum zu Hiob und die Fragmente eines Targums zu Lev aus Qumran belegen ebenso wie die Vatikan-Handschrift Neophyti 1 die Existenz schriftlicher Targumim in früher Zeit (Alexander, Translations, S. 247 f.; zur Unsicherheit einzelner Datierungsvorschläge ebd., S. 243 ff.; Bowker, Targums, S. 12 ff. 16 ff.; Patte, Hermeneutic, S. 49 ff.). Es hat also nicht lediglich einen aramäischen Targum gegeben, sondern eine Targum-Tradition, die sich in verschiedenen Ausformungen niedergeschlagen hat (vgl. Bowker, Targums, S. 15; Sperber, Bible, S. 2, unterscheidet den Targum als „Institution" und als „literarisches Dokument"). Auf jeden Fall ist davon auszugehen, daß in den Targumim sehr frühe Überlieferungen aufbewahrt sind.

[123] Safrai/Stern, People, S. 931.

[124] Zitiert nach Strack-Billerbeck IV, S. 158.

[125] Demsky/Bar-Ilan, Writing, S. 36; vgl. in diesem Zusammenhang auch den Brauch, nicht mehr benutzte Tora-Rollen in einem Nebenraum der Synagoge, der Geniza, zu „bestatten".

[126] Strack-Billerbeck IV, S. 162 (und S. 160 f.). In j Meg 74 d, 50–57 wird berichtet, wie Rabbi Meir eine Estherrolle aus dem Gedächtnis aufschrieb. Aufschlußreich für das Lesen des *geschriebenen* Textes ist besonders die Schlußbemerkung: „Andere sagen: Er hat zwei (Rollen) geschrieben; die erste schrieb er auswendig, und dann schrieb er die zweite von der ersten ab, verbarg die erste und las die zweite vor."

[127] In j Meg 74 d, 39–47, wird die Frage erörtert, ob eine fehlerhafte Übersetzung die Lesung ungültig macht. Als Lösung wird vorgeschlagen: Der Übersetzer soll wiederholen, die Lesung wird aber nicht ungültig.

[128] Die Methoden für die Paraphrasierung sind bei Patte, Hermeneutics,

S. 55 ff., zusammengefaßt. Den Hintergrund bildet eine Auffassung der Schrift, derzufolge alles in ihr, also auch jede Kleinigkeit, eine Bedeutung hat. Hieraus folgt weiter der Grundsatz, daß die Schrift mit Hilfe der Schrift auszulegen ist (ebd., S. 65 ff.).

[129] Es hat aber offenbar schon früh unterschiedliche Typen von Targumim gegeben, nämlich textgetreue, durch Erläuterungen ergänzte Übersetzungen (besonders Targum Onqelos; vgl. Bowker, Targums, S. 22 ff.) auf der einen, paraphrasierende Übertragungen auf der anderen Seite (vgl. Alexander, Translations, S. 228 ff.). Je freier die Übersetzung wurde, um so mehr näherte sich der Targum dem Midrasch an, wobei bisweilen, wie etwa in Tg Ester, die Grenze zum Midrasch kaum noch zu ziehen ist (Stemberger, Geschichte, S. 81). Der Midrasch geht, wie auch der Targum, von der Grundüberzeugung aus, daß in der Bibel die umfassende und für alle Zeiten gültige Offenbarung Gottes an Israel vorliegt. Die Aussagen Ab V 22 „Wende und wende sie (die Tora), denn alles ist in ihr", Pes 6 b „Es gibt kein Vorher und Nachher in der Tora" und Sanh 34 a „Eine Bibelstelle hat mehrere Bedeutungen" geben dieser Grundüberzeugung Ausdruck. Im Midrasch können deshalb verschiedene, gleichberechtigte Auslegungen nebeneinandergestellt werden (vgl. Stemberger, ebd., S. 26). Der Midrasch ist vom Bibeltext formal deutlich abgehoben. Auch hat er seinen Ort nicht in erster Linie in der gottesdienstlichen Liturgie, sondern im Lehrhaus und der privaten Lektüre: „er liefert die Grundlagen für Targum und Synagogenpredigt, ohne deren formalen Bedingungen zu unterliegen" (Stemberger, Midrasch, S. 26). Dies gilt auch für die sogenannten Predigt- oder Homilienmidraschim, die in der Regel keine tatsächlich gehaltenen Predigten sind, sondern Material für die Synagogenpredigten bieten.

[130] Die Abschnitte der Tora und der Propheten sind bei Navè-Levinson, Einführung, S. 129 f., zusammengestellt. Zur Zuordnung einzelner Texte zu verschiedenen Sabbaten vgl. Meg III. IV.

[131] „D. h. der Vorleser muß die neue Stelle gefunden haben, bevor der Dolmetscher mit der Übersetzung der zuletzt gelesenen Verse fertig ist, da man es als Unhöflichkeit ansah, die Gottesdienstbesucher warten zu lassen" (Tetzner, Meg, S. 123 zu IV 4 b).

[132] Perrot, Lecture, S. 178 ff.; vgl. die auch im NT wiederholt zu findende Wendung vom Gesetz und den Propheten.

[133] Ebd., S. 185 f.

[134] Ebd., S. 187 ff.; Navè-Levinson, Einführung, S. 129 f.

[135] Elbogen, Gottesdienst, S. 176 f.; Safrai/Stern, People II, S. 928.

[136] Die übrigen Schriften werden im Synagogengottesdienst nicht regelmäßig gelesen, mit Ausnahme des Buches Esther, für das bereits in der Mischna detaillierte Vorschriften existieren (vgl. Meg 19 a). Der außertalmudische Traktat Soferim erwähnt in XIV,3 die (vorwiegend private) Lesung von Ruth, dem Hohenlied und den Klageliedern.

[137] Vgl. hierzu Elbogen, Gottesdienst, S. 178 f.

[138] Jes 61 wurde einerseits mit dem Anfang des Jobeljahres am Kippur verbunden (vgl. 11Q Melch mit der Hoffnung auf einen priesterlichen Messias),

andererseits wahrscheinlich als Haphtara mit dem Seder Gen 35, 9 ff. (Segen Gottes über Jakob; vgl. Bovon, Lk I, S. 211).

[139] Stemberger, Geschichte, S. 81.

[140] Vgl. Demsky/Bar-Ilan, Writing, S. 35 f.

[141] Vgl. den Überblick über den Gottesdienst zur Zeit des zweiten Tempels bei Trepp, Gottesdienst, S. 178 ff.

[142] Man kann aber verschiedene Arten von Pescharim unterscheiden: solche, die einen Text kontinuierlich auslegen (wie etwa 1Qp Hab); solche, die verschiedene Texte unter einem thematischen Gesichtspunkt zusammenstellen (wie 4Q Flor), und „isolierte" Pescharim, die in anderen Textzusammenhängen zu finden sind (etwa CD 19, 3–5; 7, 14–19; vgl. Dimant, Literatur, S. 504). Fishbane, Use, S. 373, weist darauf hin, daß die Auslegungsmethoden der „prophetischen Exegese" nicht nur in den Pescharim selbst, sondern in ähnlicher Weise auch in anderen Qumran-Schriften festzustellen sind und außerdem auch auf die Tora Anwendung finden (4Q Flor).

[143] Nach Elliger, Studien, S. 156 f., handelt es sich bei der Traumdeutung bei Daniel jeweils „um eine Anfangsoffenbarung, die erst durch eine weitere, die eigentliche Schlüsseloffenbarung ausgelegt wird", die mit dem Terminus technicus *pēšer* in Zusammenhang steht. Silberman, Riddle, S. 227 ff., verweist darauf, daß im zeitgenössischen palästinischen Judentum die prophetischen Schriften als Träume und Visionen der Propheten verstanden werden konnten. Dies wiederum macht die detaillierte Auslegungsmethode verständlich, bei der jede Einzelheit a priori eine besondere Bedeutung in sich tragen kann (Patte, Hermeneutic, S. 304). Zu den Beziehungen der Pescher-Literatur in Qumran zu anderen Literaturgattungen innerhalb und außerhalb des Judentums vgl. Fishbane, Interpretation, S. 447 ff.

[144] Daniels Deutung übersteigt offenbar die Möglichkeiten menschlicher Weisheit (vgl. Bruce, Artikel Pesher, Sp. 331). Die einzige Stelle, an der *pēšer* im hebräischen Text des AT begegnet, ist Pred 8, 1. Auch hier ist aber die Vorstellung eines besonderen Wissens impliziert.

[145] Vgl. Dimant, Literatur, S. 506 f.

[146] Charakteristisch ist der Habakuk-Pescher (vgl. Dimant, ebd., S. 508 ff.).

[147] Dimant, ebd.; Fishbane, Use, S. 360. 375 f.

[148] Fishbane, ebd., S. 376, weist darauf hin, daß hierin im zeitgenössischen Judentum Übereinstimmung bestand: "There is only the Mikra through its legitimate and proper interpretation." Fraglich war aber natürlich, welche Interpretation die richtige sei.

[149] Vgl. hierzu Meyer, Artikel Σαδδουκαῖος, S. 43 ff.

[150] CD I, 18–20 (Übersetzung nach Maier); vgl. dazu Meyer, Artikel φαρισαῖος, S. 28–31.

[151] Stemberger, Midrasch, S. 26.

4. Lesen im Neuen Testament

[1] Vgl. oben, S. 33 ff.

[2] Vgl. hierzu oben, S. 40 f.

[3] Hierauf gehe ich unten, S. 84 ff., näher ein.

[4] πίναξ bezeichnet sonst im NT Tablett oder Teller.

[5] Vgl. auch 2 Kor 3, 3.

[6] Vgl. zur Terminologie Pelz, Linguistik, S. 101 f.

[7] Die methodischen Schritte sind ausführlich dargestellt bei Müller, Mitte, S. 163–198. Eine gute Hilfe bietet das von Louw/Nida herausgegebene ›Greek-English Lexicon‹, das die Wörter in ihre semantischen Beziehungen einordnet.

[8] Vgl. im einzelnen Müller, ebd., S. 166 ff.

[9] Ebd., S. 175–178. 179 ff.

[10] Ebd., S. 192 ff. Es geht nicht darum, ein möglichst lückenloses Mosaik darzustellen, sondern inhaltliche Schwerpunkte im Wortfeld und ihr Verhältnis zueinander zu ermitteln.

[11] Louw/Nida, Lexicon, S. 397, Anm. 15. Von den Lexemen, die an γράφω anzugliedern wären, wähle ich allerdings nur diejenigen aus, die im Zusammenhang mit dem Lesen begegnen.

[12] Vgl. Louw/Nida, Lexicon, Nr. 27. 1 ff.

[13] Lk 10, 26 ist sachlich mit der Wendung vergleichbar und wird deshalb hier mitbehandelt. Nicht hierher gehören Mt 24, 15 par Mk 13, 14 und Lk 4, 16.

[14] Die Zäsur nach V. 9 ist allgemein akzeptiert (vgl. Gnilka, Mk II, S. 142; Lukas verbindet in 20, 16 das Gleichnis stärker mit dem Zitat). Allgemein akzeptiert ist weiterhin, daß V. 1 a und V. 12 eine von Markus geschaffene Rahmung darstellen. Mk 12, 1 nimmt Jes 5, 2. 5 in freier Anlehnung auf. Allerdings ist beim Weinberglied des Jes eine andere Ausrichtung zu beobachten. In Jes 5 geht es um das „Versagen" des Weinbergs, in Mk 12 um die Rebellion der Pächter. Daß der uns vorliegende Markus-Text (mit dem Zitat) aus der frühchristlichen Überlieferung stammt, ist wegen der intensiven christologischen Diskussion um das „Steinwort" anzunehmen. Zum sozialen und wirtschaftlichen Hintergrund der Perikope vgl. Hengel, Gleichnis, S. 19 ff.

[15] Jes 8, 14 und 28, 16 sind auch in Röm 9, 32 f. verbunden (vgl. Eph 2, 20 ff.). Die nt. lichen Stellen zeigen, wie beim Stein-Motiv verschiedene Einzelzitate zu einer Zitatkette verbunden werden. 1 Petr 2, 6 ff. ist das ausgeführteste Beispiel dafür. Zur Frage einer Testimoniensammlung vgl. unten, S. 74 ff.

[16] Die Jesaja-Stelle wird später auch bei den Rabbinen ausführlich diskutiert (Belege bei Strack-Billerbeck I, S. 875 f.; III, S. 593).

[17] Wegen der „formelhaften Einleitung" geht Gnilka, Mk II, S. 142, davon aus, daß das Schriftzitat bereits in der vormarkinischen Überlieferung an das Gleichnis angefügt gewesen sei.

[18] τὸ γεγραμμένον bzw. γεγραμμένα sind für Lukas charakteristische Bezeichnungen für ein Schriftwort oder die Schrift überhaupt (Lk 18, 31; 20, 17; 21, 22). Besonders deutlich ist 24, 44: „Es muß erfüllt werden alles über mich Geschriebene (πάντα τὰ γεγραμμένα) im Gesetz des Mose und in den Pro-

pheten und Psalmen." Hier wird gut erkennbar, wie sich das einzelne Schriftwort über die Bezeichnung „das Geschriebene" ausweitet auf die Schrift insgesamt.

[19] Dies gilt etwa für Jes 40; 53 und überhaupt für Jes, auch Ps 110,1 ist ein
besonders wichtiger Beleg. Neben inhaltlichen Gründen spielt dabei eine
Rolle, daß Synagogen keineswegs immer alle biblischen Schriften zur Verfügung
hatten (vgl. oben, S. 48, und unten, S. 75 f.). Neben der Tora waren offensichtlich
besonders Jesaja, das Zwölfprophetenbuch und der Psalter verbreitet.

[20] Vgl. hierzu Berger, Formgeschichte, S. 89.

[21] Dies ist beispielsweise bei der biblischen Begründung in Mk 2,25 der
Fall; vgl. dazu Haenchen, Weg, S. 120 f., und unten, S. 64 f.

[22] Die Auffassungen der Sadduzäer sind bei Meyer, Artikel Σαδδουκαῖος,
zusammengefaßt. Für Mk 12,18 ff. ist besonders ihre Leugnung der Auferstehung von Bedeutung (vgl. Schwankl, Sadduzäerfrage, S. 332 ff.). Die Auseinandersetzungen Jesu mit dem sadduzäischen Priesteradel waren vermutlich
stärker als das singuläre Streitgespräch vermuten läßt (vgl. Müller, Jesus,
S. 6 f.).

[23] Die „Schriften" sind hier umfassend gemeint (gegen Lührmann, Mk,
S. 204: nur die Propheten und die „übrigen Schriften"). Das Exoduszitat soll
die Auferstehung gerade aus der Tora belegen. Zur Ablehnung der „mündlichen Tora" durch die Sadduzäer und der alleinigen Gültigkeit der Tora vgl.
Meyer, ebd., S. 49 ff.

[24] Der Bezug zur Auferstehung ergibt sich daraus, daß Abraham, Isaak und
Jakob zur Zeit des Mose bereits gestorben waren. Wenn aber der lebendige
Gott sich an die Namen der Patriarchen bindet, so können sie nicht im Tod
sein, auch wenn sie einst gestorben sind. Gnilka, Mt II, S. 254, nennt diese
Argumentation „etwas änigmatisch".

[25] V. 25 argumentiert mit der Engelsgleichheit der Auferstandenen. Im
Hintergrund steht ein apokalyptischer Gedanke (syr Bar 51,10; äth Hen 4,6:
„Ihr sollt Genossen der himmlischen Heerscharen werden"; nach äth Hen 15,7
kennen die Engel kein eheliches Leben). Die Sadduzäer lehnten allerdings
auch die Existenz von Engeln ab.

[26] Vgl. hierzu oben, S. 45. Ganz ähnlich auch sl Hen 1,1.

[27] Eine Übersicht über die Perikopen der Tora nach dem babylonischen
Zyklus findet sich bei Navè-Levinson, Einführung, S. 129 f.

[28] Vgl. Strack-Billerbeck I, S. 892–897.

[29] Bei der Einleitungswendung „Habt ihr nicht gelesen, was gesagt ist (τὸ
ῥηθέν) von Gott, der spricht" in Mt 22,31 ist tendenziell wiederum die gesamte Schrift angesprochen, deren Botschaft sich in einem bestimmten Schriftwort zuspitzen kann.

[30] Ich betrachte V. 25 f. als ursprünglichen Bestandteil des Textabschnitts
(vgl. zur literarkritischen Diskussion Gnilka, Mk I, S. 121 f.; Lindemann,
Sabbat, S. 84 ff.; Thissen, Erzählung, S. 70 ff.). Die Parallelität der Pharisäer-
frage „Siehe, was sie tun am Sabbat, was nicht erlaubt ist" mit dem Hinweis,
daß David „die Brote ... aß, die nicht erlaubt sind zu essen", spricht für den ur-

sprünglichen Zusammenhang von V. 25 f. mit der Sabbatproblematik. Zwar ist er in 1 Sam 21 nicht gegeben; es läßt sich aber eine rabbinische Auslegungstradition aufzeigen, die 1 Sam 21 mit dem Sabbat in Verbindung bringt, wenn auch meist mit der Absicht, das Verhalten Davids zu rechtfertigen (Strack-Billerbeck I, S. 618 f.).

[31] Goppelt, Theologie I, S. 145.

[32] Daß der Sabbat um des Menschen willen gemacht sei (V. 27), ist mit seinem grundsätzlichen Geltungsanspruch wohl schon früh beanstandet und durch V. 28 abgeändert worden (vgl. Hahn, Hoheitstitel, S. 43; Lindemann, Sabbat, S. 98).

[33] Vgl. hierzu ausführlicher Lindemann, Sabbat, S. 88 f.

[34] Vgl. dagegen die strenge Sabbatgesetzgebung, wie sie in Qumran in CD XI, 11 ff. zum Ausdruck kommt.

[35] Nach Schottroff/Stegemann, Jesus, S. 50 f., sind die Pharisäer hier nicht in erster Linie als Gegner, sondern als Diskussionspartner eingeführt. Zweifellos richtig daran ist, daß die Pharisäer-Polemik anderer Stellen den Gesamtrahmen der Diskussion zwischen Jesusbewegung und Pharisäismus nicht vollständig beschreibt. Gerade die Wendung „Habt ihr nicht gelesen?" macht aber deutlich, daß es offenbar schon früh in grundsätzlichen Fragen unterschiedliche Auffassungen gab.

[36] Vgl. hierzu besonders Lindemann, Sabbat, S. 94 ff.

[37] Anders Lukas: Er streicht in 6, 3 sogar noch den markinischen Hinweis auf die Bedürftigkeit bei David.

[38] Die Frage, welche Pflichtgebote den Sabbat verdrängen, spielt auch später in der rabbinischen Diskussion eine große Rolle (Belege bei Strack-Billerbeck I, S. 620 ff.). Auch Num 28, 19 f. gehört also in eine breitere Diskussion hinein, an der die Evangelientexte Anteil haben.

[39] Matthäus hat Hos 6, 6 bereits in 9, 13 im Zusammenhang des Zöllnergastmahls zitiert. Das Zitat ist dort mit dem Schulausdruck „geht und lernt" als Lebensregel, als Halacha, angeführt.

[40] Anders Lindemann, Sabbat, S. 94.

[41] Vgl. hierzu ausführlich Müller, Mitte, S. 221 ff.

[42] Der Titel zeigt, daß das Geschehen im Tempel als Zeichen der eschatologischen Heilszeit verstanden sein will. Die typischen Formmerkmale des Streitgesprächs (vgl. Müller, ebd., S. 224) unterstreichen den Charakter der Auseinandersetzung.

[43] Gegenüber Mk 10, 2 fragen die Pharisäer hier danach, ob der Mann seine Frau *aus jedem Grund* entlassen kann. Ein Anklang an die entsprechende Auseinandersetzung zwischen den Schulen Schammais und Hillels ist denkbar (vgl. Strack-Billerbeck I, S. 312 ff.). Im wesentlichen aber geht es um den Nachweis, daß die Pharisäer an dem Sinn der Schrift vorbeigehen, wenn sie die Bedeutung der Schöpfungsordnung mißachten. Mt ordnet die beiden Gesprächsgänge in sich stimmiger an als Mk.

[44] Auch in Qumran wird im Blick auf das Verhältnis von Mann und Frau auf „den Anfang" zurückgegriffen; vgl. CD 4, 20–5, 2, besonders 4, 21 (... „aber

die Grundlage der Schöpfung ist . . .“). Es wird erkennbar, wie sich der nt.liche
Text im Rahmen zeitgenössischer jüdischer Auslegung bewegt. Der Qumran-
text verbietet aber generell, mehr als einmal zu heiraten.
    45 Mk 10, 3 f. verteilt Gebot und Erlaubnis gerade umgekehrt.
    46 Auf die Unzuchtsklausel in V. 9 gehe ich hier nicht ein, vgl. dazu Baltens-
weiler, Ehe, S. 87 ff.
    47 Vgl. hierzu den entsprechenden Exkurs bei Strack-Billerbeck IV,
S. 189 ff.; Goppelt, Theologie I, S. 153.
    48 An Lev 19, 18 schließt eine ausführliche rabbinische Diskussion mit
der Frage an, wer genau unter dem „Nächsten“ zu verstehen sei (Strack-
Billerbeck I, S. 353 ff.). Sie wurde vermutlich in pharisäischen Kreisen
auch schon zur Zeit Jesu geführt. Schmithals, Lk, S. 127, formuliert tref-
fend, daß Jesus nach Auffassung des Gesetzeskundigen zu schnell von der
Theorie zur Praxis übergehen wolle. Ich verweise insgesamt auf Eichholz,
Gleichnisse, S. 159 ff.; seine Auslegungen sind immer wieder hervorragende
Beispiele sowohl sachlich fundierter als auch verständlich vorgetragener
Exegese.
    49 Die oft beobachtete Akzentverschiebung zwischen V. 29 und V. 36 ist ein
wichtiger Hinweis darauf, daß hier nicht der Nächste als Objekt des Helfens in
Frage steht (über das sich dann diskutieren läßt), sondern der Fragende selbst
als Subjekt des Handelns (vgl. Schneider, Antworten, S. 137).
    50 Bei dem Lob der Kinder im Tempel ist dies ja bereits angeklungen. Das
Verhältnis der Gemeinden zu Kindern, Frauen, Kranken und Behinderten ist
auf diesem Hintergrund zu bedenken. Vgl. hierzu Müller, Mitte, S. 225 ff.
    51 In Lk 20, 17 ist das Volk als Adressat genannt; dort fehlen aber die charak-
teristischen Bestandteile der „Lese-Wendung“.
    52 Die Formulierung οὐκ ἀνέγνωτε bestätigt dies. Wenn bei einem nega-
tiven Fragesatz eine positive Antwort nahegelegt ist, wird die Partikel οὐ verwendet (vgl. Blaß/Debrunner/Rehkopf, § 440). Unterstützt wird dies durch Lk
10, 26, wo der Gesetzeslehrer auf die Frage Jesu natürlich mit den entsprechenden Schriftstellen antworten kann.
    53 Bultmann, Geschichte, S. 14 f.
    54 Bultmann, ebd., S. 25 f. 56; Schwankl, Sadduzäerfrage, S. 26 ff. 434 ff.
    55 Müller, Mitte, S. 221 ff.
    56 Bultmann, ebd., S. 39–58; das Zitat S. 42.
    57 Vgl. zum Begriff Theon, Progymnasmata 201, 16–18; ausführlich Laus-
berg, Handbuch, § 1118.
    58 Varieties, S. 117.
    59 Tannehill, Types, S. 1794 (vgl. ders., Types and Functions, in: ANRW II
25.2, S. 1792 ff.). Er unterscheidet fünf Typen von pronouncement stories: cor-
rections, commendations, quests, objections und inquiries. Bei der Abgrenzung der einzelnen Kategorien und der Zuordnung von Perikopen kann man
natürlich streiten; zwischen correction und objection sind durchaus Querverbindungen denkbar, und daß quest und inquiry auch korrigierenden Charakter haben, sollte man nicht bestreiten. Im übrigen ordnet Tannehill Mk

2,23–28 den objection stories zu, Mk 12,28–34 den quest stories und Mk 10,2–9; Lk 10,25–37 den inquiries.

[60] Entwicklungsgeschichte, S. 45.

[61] Ebd., S. 47.

[62] Ebd., S. 49. 50.

[63] Bei Mk 3,1–6 kann man durchaus auf die paradoxe Argumentation aufmerksam machen. Die eigentliche Intention liegt aber nicht darin, in der Paradoxie die Pfiffigkeit Jesu hervortreten zu lassen (ebd., S. 52). Die Bemerkung über das Schweigen der Pharisäer und Herodianer am Ende von V. 4 fordert vielmehr ein eigenes Urteil der Leser heraus. Außerdem wird der Tötungsbeschluß in V. 6 von Vouga nicht hinreichend beachtet. Im übrigen darf bei einer entwicklungsgeschichtlichen Betrachtungsweise (die Vouga mit Recht betont) der jüdische Hintergrund der hier behandelten Chrien nicht übersehen werden. Strecker, Literaturgeschichte, S. 204, fragt grundsätzlich, „inwieweit an der gegenwärtigen Literaturwissenschaft entwickelte Fragestellungen und Methodik auf antike Texte angewendet werden können".

[64] Vgl. hierzu auch oben, S. 51 f.

[65] Vgl. ausführlicher Sand, „Wie geschrieben steht", S. 334 f.; Hanson, New Testament, S. 13 f.

[66] Vgl. auch Schenke, Urgemeinde, S. 174. Schenke weist zum „Sitz im Leben" der Streitgespräche auf Apg 6,9 f. hin, wo sich eine Auseinandersetzung zwischen Mitgliedern der hellenistischen Synagoge und dem Stephanuskreis andeutet.

[67] Daß die Gemeinden hierbei verschiedene Verbindungsmöglichkeiten angewandt haben, ist mehrfach herausgearbeitet worden. Ich kann dies hier nur andeuten. Vgl. zum Schriftbeweis, zum Schema von Weissagung und Erfüllung und zur Typologie den Überblick bei Roloff, Neues Testament, S. 167 ff.

[68] Samuel gehört nach Josephus, Ap I,38–41, und BB 14. 15 a zu den nachmosaischen Propheten.

[69] Vgl. Plümacher, Bibel II, S. 12, mit Literaturangaben.

[70] Während „das Gesetz und die Propheten" als Termini bereits feststehen, kennt das NT eine einheitliche Terminologie für die „Schriften" noch nicht. Diese waren auch hinsichtlich des Umfangs noch nicht festgelegt (vgl. Maier, Frage, S. 137; zu den Etappen der Kanonisierung des AT Rüger, Werden, S. 176 ff.; zur rabbinischen Terminologie Stemberger, Jabne).

[71] Zenger, Testament, S. 149 ff.

[72] Ebd., S. 152 ff.

[73] Plümacher, Bibel II, S. 12 f.

[74] Gen 6–11 und 27–50 beispielsweise werden im NT nicht zitiert, und obwohl Jes 53 eine wesentliche Rolle spielt, finden sich keine Hinweise auf Jes 1–5. 12–21 und 30–39.

[75] Vgl. oben, S. 40 f.

[76] Die Verweise auf 1 Sam 21, 1 ff. und Num 28, 9 in Mt 12, 1–8 sind nicht als wörtliche Zitate ausgeführt.

[77] Paulus, Lk, Hebr., ebenso Mk und Joh verwenden die Septuaginta in

ganz hervorragendem Maß. Es ist sogar erkennbar, daß sie überwiegend in der Rezension des Alexandrinus (LXX$_A$) herangezogen wird (Literaturangaben bei Plümacher, Bibel II, S. 13). Hübner, Vetus Testamentum, hebt den Beitrag der Septuaginta für das frühe Christentum in besonderer Weise hervor und spricht von einer auch „theologischen Prädominanz des griechischen vor dem hebräischen Text" (S. 155).

[78] Ich verweise exemplarisch auf die Erfüllungszitate bei Mt; vgl. hierzu den Überblick bei Luz, Mt I, S. 137 ff.

[79] Dies ist in Mk 1, 2 f. und Mt 27, 9 f. der Fall.

[80] Dies wird etwa für Mk 4, 12 erwogen.

[81] Evangelienüberschriften, S. 40. Die Belege, die Hengel anführt, gehören aber überwiegend ins zweite Jahrhundert. Die ntl.lichen Schriften selbst weisen Bekanntheit jeweils mit bestimmten at.lichen Schriften auf.

[82] Vgl. hierzu oben, S. 48.

[83] Wengst, Barnabasbrief, S. 125 ff., hat gezeigt, „daß der hinter dem Barnabasbrief stehenden Schule der biblische Text für die verschiedenen Bücher der Bibel in sehr verschiedener Gestalt vorlag. Nur für vier Bücher, Jesaja, Psalmen, Genesis und Deuteronomium, läßt sich die Existenz von Abschriften bzw. Exzerpten wahrscheinlich machen."

[84] Die Texte finden sich bei Lohse, Texte, S. 250 ff. 256 ff.

[85] Siehe oben, S. 48 ff.

[86] Lohse, ebd., S. 255. In der eschatologischen Ausrichtung zeigt sich das Bewußtsein der Qumran-Gemeinde, in der Endzeit zu leben und für das Kommen Gottes auserwählt zu sein.

[87] Vgl. zur Geschichte der Testimonien-Hypothese Rese, Motive, S. 217–223 (Literatur!). Durch die Qumran-Funde ist die Hypothese wesentlich gestützt worden. Kritisch dagegen Koch, Schrift, S. 247–256.

[88] Siehe oben, S. 62.

[89] Ps 118, 22 f. kann auf Abraham und auf David gedeutet werden (vgl. Strack-Billerbeck I, S. 875 f. 849). Auch die messianische Deutung ist nicht unbekannt und lehnt sich außer an Ps 118, 22 f. und Jes 8, 14; 28, 16 auch an Dan 2, 34 f. 44 f. an; vgl. Jeremias, Artikel λίθος, S. 276 f.

[90] Wengst, Barnabasbrief, S. 123 f.

[91] Dafür sprechen die Bekanntheit der „Stein-Worte" in verschiedenen Bereichen nt.licher Überlieferung und das Anwachsen der Belege in 1 Petr und Barn. Man muß sich allerdings von dem Gedanken freimachen, diese und ähnliche Sammlungen hätten bereits in vorpaulinischer Zeit fertig vorgelegen. Es ist vielmehr davon auszugehen, daß sie in einem längeren Traditionsprozeß anwachsen. Ihre Existenz kann also von einem gewissen Endpunkt aus erschlossen, aber nicht für einen Anfangspunkt postuliert werden.

[92] Wengst, Barnabasbrief, S. 129; Plümacher, Bibel II, S. 16.

[93] So mit Recht Gnilka, Mt I, S. 511.

[94] Vgl. hierzu 2 Kor 3, 16 und unten, S. 96 ff.

[95] Daß Matthäus in das Q-Logion Lk 11, 49 (dort sind die Propheten und die Apostel genannt) die Schriftgelehrten einfügt, „kann kaum anders als ein

konkreter Hinweis auf diese Gruppe verstanden werden" (Gnilka, Mt II, S. 532 f.).

[96] So besonders Strecker, Weg, S. 49 f. 82–85.

[97] Luz, Mt I, S. 138 (vgl. auch S. 61. 71 f.); Rothfuchs, Erfüllungszitate, S. 104 ff.

[98] Mt 24, 15 hat die Vorlage bei Mk in verschiedener Weise geändert (Gnilka, Mt II, S. 320). Besonders wichtig ist dabei der zugefügte Hinweis auf Daniel. Dadurch bezieht sich die folgende Parenthese „Wer liest, begreife" nun auf den Propheten, während bei Mk von vornherein nicht so klar ist, was gelesen werden soll. Bei Mt haben wir es also mit einer früheren Exegese der Mk-Stelle zu tun (Marxsen, Evangelist, S. 110).

[99] Vgl. die Beiträge in Hahn/Breytenbach, Erzähler.

[100] Hölscher, Ursprung.

[101] Daniel spielt damit auf die Errichtung eines Zeusaltars im Tempel durch Antiochus IV. im Jahr 167 v. Chr. an.

[102] Vgl. die Angaben bei Daube, New Testament, S. 424 ff.

[103] Lührmann, Mk, S. 215.

[104] Der Aufbau des Abschnitts ist kompliziert und setzt eine längere Überlieferungsgeschichte voraus (Gnilka, Mk I, S. 125 f.).

[105] Vgl. hierzu ausführlicher oben, S. 65 f.

[106] Nach rabbinischer Auffassung war es durchaus erlaubt, bei Lebensgefahr auch am Sabbat helfend einzugreifen (vgl. Strack-Billerbeck I, S. 623 ff.). Indem Jesus aber Gutes tun und Leben retten, Leben töten und Böses tun parallelisiert, kommt er zu einer Auslegung des Sabbatgebotes, die die schriftgelehrte Position deutlich radikalisiert (vgl. hierzu Gnilka, Mk I, S. 127).

[107] Die rezeptionsästhetische Frage (siehe unten, S. 128 ff.) ist im NT vornehmlich am Markusevangelium verhandelt worden. Dies ist nicht verwunderlich, da die Erzählkonzeption des Mk für die Frage der Rezeptionsästhetik besonders offen ist (vgl. Petersen, Reader; van Iersel, Reading Mark).

[108] Die Wendung „des Sohnes Gottes" in 1, 1 halte ich aufgrund der markinischen Gesamtkonzeption für ursprünglich, so daß bereits im ersten Vers, gleichsam in einer Überschrift, mit den Titeln Christus und Gottessohn grundlegende Signale für das Verständnis gesetzt werden.

[109] Mt 3, 13–17 ändert gegenüber Markus. Das zweimalige „siehe" und die Wendung „*dieser* ist mein geliebter Sohn" in V. 16 f. heben die „Objektivität" des Geschehens stärker hervor.

[110] Lührmann, Mk, S. 38, spricht deshalb mit Recht von einer Proklamation Jesu für die Leser.

[111] Im Rahmen des Gesamtwerkes hat es zentrale Bedeutung. Die folgenden Episoden (bis 10, 52) zeigen allerdings, daß die Jünger ihr Unverständnis noch nicht überwunden haben.

[112] Vgl. hierzu Eco, Lector, S. 5 ff. (ausführlicher unten, S. 130 ff.).

[113] Der Abschluß mit 16, 8 ist textkritisch völlig unstrittig.

[114] Vgl. van Iersel, Reading Mark, S. 207–209.

[115] „Anfang des Evangeliums" in 1, 1 bezieht sich m. E. nicht nur auf die

Zeit bis zur Taufe Jesu oder die Zeitspanne zwischen Jesaja und dem Auftreten des Täufers (1, 2 ff.). Gemeint ist vielmehr das Handeln und Reden Jesu, sein irdisches Wirken insgesamt, alles also, was Markus in seinem Werk erzählt hat. Dies findet seine Bestätigung im griechischen Wort αρχή selbst, bei dem die Bedeutung „Ursache", „Grundlage" mitklingt.

[116] Van Iersel, ebd., S. 211 f.

[117] Auf weitere Einzelheiten kann ich hier nicht eingehen. Nur erwähnen will ich noch, daß die Annahme des „eigentlichen Markusschlusses" in 13, 24–27 (also die Parusie des Menschensohnes, vgl. Breytenbach, Nachfolge, S. 281 ff.) viel für sich hat. 16, 8 ist jedenfalls nicht das „Ende des Evangeliums".

[118] Darin herrscht trotz unterschiedlichster Auffassungen zu dieser Perikope unter den Exegeten Einigkeit (Busse, Nazareth-Manifest, S. 28; Bovon, Lk I, S. 204 ff.).

[119] Die literarische Vorgeschichte der Perikope ist kompliziert (besonders bei V. 22. 23. 25 ff.) und unterschiedlich analysiert worden (vgl. Bovon, ebd., I, S. 206 ff.; Busse, ebd., S. 24 ff.). V. 14 f. ist m. E. lukanische Redaktion (anders Schürmann, Untersuchungen, S. 69 ff.). V. 16–22 a sehe ich als eigenständiges Stück an (mit Hahn, Hoheitstitel, S. 394 f.), während V. 22 b–24 auf Mk 6, 1 ff. hinweisen (anders Bultmann, Geschichte, S. 31); eigenständigen Charakter haben auch die at.lichen Reminiszenzen in V. 25–27.

[120] Gegenüber dem allgemeineren ἀνοίξας ist diese Lesart vorzuziehen. Das „Öffnen" der Schrift in Lk 24 hat eine anders akzentuierte Bedeutung (vgl. hierzu unten).

[121] Daß Jesus die Prophetenstelle „findet", weist darauf hin, daß er selbst die Schriftstelle auswählt, aus lk Sicht unter der Führung des Geistes (vgl. Busse, ebd., S. 33).

[122] Tannehill, Unity, S. 61, weist darauf hin, daß 4, 16 ff. und besonders das Zitat charakteristische Merkmale enthalten, die an für Lk zentralen Textstellen zu finden sind: "major Old Testament quotations, statements of the commission which an important character has received from God, previews and reviews of the course of the narrative, and disclosure of God's purpose by characters as reliable" (vgl. ausführlich ebd., S. 21 f.; zur Struktur des Zitats S. 61 f.). Der Hinweis auf die Machttaten (vgl. Mt 11, 5 f.) verweist auf 6, 20–22; 7, 22; 14, 13. 21. Offenbar hat Lk an der Hinwendung Jesu zu den Armen und seinen Machttaten an Kranken und Behinderten ein besonderes Interesse. Zur textkritischen Problematik des Zitats vgl. Reicke, Jesus, S. 48 f.

[123] Das Wort καλέσαι in Jes 61, 2 ist in Lk 4, 19 durch κηρύξαι ersetzt. Ob diese Textform auf eine Lukas vorliegende Text-Tradition zurückweist, ist kaum genau herauszuarbeiten; vgl. zur Diskussion Bock, Proclamation, S. 105 ff.

[124] Nach Perrot, Lecture, S. 197 ff., haben sich Jes 61, 1–11 und 57, 15–58, 14 als Lesungen zum Kippur-Fest einander angenähert. Von hier aus ist denkbar, daß die beiden Texte als Prophetenlesungen für den gottesdienstlichen Ge-

brauch in einer eigenen Rolle nebeneinander standen. Dies würde allerdings noch nicht die Einfügung von Jes 58,6 in den Zusammenhang von Jes 61,1f. erklären. Hier liegt in der Tat eine bewußte Textgestaltung vor.

[125] So formuliert Westermann, Jes III, S. 290. 293.

[126] Bock, Proclamation, S.109f.: "The prophetic picture (Isa. 61) is joined to a liberation portrait (Isa. 58). The insertion points us to the messianic christology." Der Hinweis auf den endzeitlichen Propheten wird auch durch die Hinweise auf Elia und Elisa (V. 24–27) bestätigt.

[127] Vgl. Tannehill, Unity, S. 78ff.; ders., Mission, S. 68ff.

[128] Bovon, Lk I, S. 213, hat auf die Beziehung zwischen dem Jobeljahr (als Jahr der Vergebung, Lev 25,10 LXX, und des Segens, Lev 21,1 LXX) und dem Zurückkehren in die Heimat (Lev 25,10) aufmerksam gemacht: „Es ist also schriftgemäß, wenn Jesus die Predigt des Gnadenjahres in seiner Stadt beginnt."

[129] Während die Hörer zunächst Beifall spenden und über Jesu Worte voller Gnade staunen (V. 22a), melden sie unmittelbar danach Zweifel an („Ist das nicht Josephs Sohn?"), der sich bis zur Wut (V. 28) und sogar zur Tötungsabsicht (V. 29) steigert. Eingeordnet in diese Reaktion der Hörer sind die Hinweise auf die Schrift in V. 25–27, in denen „das ganze Land" der Weisung zum Jobeljahr (Lev 25,9f.) in einem umfassenden, die Grenzen Israels überschreitenden Sinn verstanden wird. So wird hier zum einen ein Signal für die Heidenmission gesetzt, ebenso aber auch ein Hinweis auf das Geschick, das Jesus zu erwarten hat.

[130] Lk I, S. 211.

[131] Schneider, Lk I, S. 108; Bovon, Lk I, S. 212f.; anders Conzelmann, Mitte, S. 30f.

[132] Vgl. Völkel, Artikel σήμερον, Sp. 576.

[133] Vgl. hierzu oben, S. 12.

[134] Bock, Proclamation, S. 272f.

[135] Vgl. oben, S. 57ff., zum Wortfeld „Lesen".

[136] Sie stammt aus dem Sondergut des Lk, weist aber in Einzelheiten auf vorausliegende Tradition hin (vgl. die Orts- und Jüngernamen; Ehrhardt, Disciples, S. 182f.; Wanke, Brotbrechen, S. 181ff.). Ganz lk sind V. 33–35, mit denen der Evangelist die Einbindung der Perikope in seinen Kontext herstellt, ebenso das Gespräch auf dem Weg (vgl. Hahn, Hoheitstitel, S. 387f.; Schmithals, Lk, S. 233f.). V. 13–16 erzählt die Begegnung der Jünger mit Jesus, V. 17–27 das Gespräch auf dem Weg; hieran sind die Mahlszene (V. 28–31) und ein Schlußabschnitt angefügt (V. 32–35; Rückbindung der Szene an das Weggespräch und Rückkehr der beiden Jünger nach Jerusalem). Die Mahlszene (die durchaus einen eigenen Akzent trägt, vgl. Roloff, Kerygma, S. 256ff.) ist durch V. 32 „wie er uns die Schriften öffnete" mit dem Weggespräch verbunden; vgl. insgesamt Schubert, Structure.

[137] Tannehill, Unity, S. 280. 286ff.; Rese, Motive, S. 206; Hahn, Hoheitstitel, S. 388f. Zur Vorstellung der Erlösung Israels vgl. Hahn, ebd.; Tannehill, ebd., S. 281.

¹³⁸ Daß hier eine traditionelle „Prophetenchristologie" den Jüngern in den Mund geschoben und nachträglich durch den Christustitel korrigiert werde (Wanke, Brotbrechen, S. 189), ist m. E. nicht zu halten. Die verschiedenen Hinweise auf den Propheten Jesus zeigen ja, daß Lk diesen Titel in positivem Sinn aufgreift. Das Leiden des Christus ist weniger eine Korrektur als eine für Lukas wesentliche Ergänzung des Propheten-Titels.

¹³⁹ In ihrer Strukturanalyse der Perikope haben Schneider/Stenger, Beobachtung, S. 110 f., ebenfalls die Opposition von Nichterkennen × Erkennen herausgearbeitet. Dem zugeordnet ist die Opposition von Nichtgemeinschaft × Gemeinschaft.

¹⁴⁰ Lukas kennt zur Bezeichnung für die biblischen Schriften verschiedene Wendungen (die Propheten, Mose und die Propheten, das Gesetz und die Propheten, die Schriften). In Lk 24,44 ff. ist allerdings das einzige Mal die Dreiteilung des sich ausbildenden Kanons genannt.

¹⁴¹ „Das Organ des Verstehens"; zum bildhaften Gebrauch vgl. Delling, Schrift, S. 76. Er weist besonders auf Hos 2,17 LXX hin, wo ebenfalls vom „Aufschließen" der Erkenntnis (διανοῖξαι σύνεσιν αὐτῆς) die Rede ist. Das Eröffnen solcher Erkenntnis ist verschiedenen at.lichen Belegen zufolge (Jes 48,8; 50,5 u. ö.) als Gottes eigene Tat dargestellt. Vor diesem Hintergrund trifft die Zuordnung des Verbs διανοίγω zum Wortfeld „Lernen" (Louw/Nida, Lexicon I, 27. 49) den hier gemeinten Sachverhalt nicht wirklich. Es geht nicht um eine Bereitschaft zum Lernen, sondern darum, daß Gott selbst das Verständnis erschließt.

¹⁴² Zur Wiederholung als Merkmal lk Komposition vgl. Delling, Schrift, S. 78.

¹⁴³ Lk kennt zwar das einfache Kompositum ἀνοίγω, benutzt es aber in Lk 24 nicht (vgl. Delling, Schrift, S. 75). Dies weist auf die spezielle Bedeutung hin, die der Evangelist dem doppelten Kompositum zuweist.

¹⁴⁴ Schubert, Structure, hat eine "proof-from-prophecy"-Hermeneutik für Lk 24 darzustellen versucht (vgl. hierzu auch den Überblick bei Bock, Proclamation, S. 27 ff.).

¹⁴⁵ Dies bringt Bock mit seinem Begriff "proclamation from prophecy" (S. 274 u. ö.) zutreffend zum Ausdruck. Der Begriff der „hermeneutischen Schriftverwendung" (Rese, Motive, S. 209) ist eher für Lk 24 brauchbar, braucht aber noch eine genauere Erläuterung.

¹⁴⁶ Vgl. zu diesem Begriff unten, S. 130.

¹⁴⁷ Vgl. den knappen Überblick bei Koch, Schrift, S. 5 ff.

¹⁴⁸ Das Verb findet sich in 2 Kor 1,3; 3,2. 15, das Substantiv in 2 Kor 3,14. In den nachpaulinischen Briefen kommt das Verb einmal in Eph 3,3, das Substantiv in 1 Tim 4,13 vor.

¹⁴⁹ Der Briefwechsel geht zurück auf die Gründung der Gemeinde durch den Apostel und den sogenannten „Zwischenbesuch". Vertieft wurde die Beziehung durch Briefe (vgl. 1 Kor 5,9; 1 Kor insgesamt und den „Tränenbrief", 2 Kor 2,4). Auf die Teilungshypothesen zu 2 Kor gehe ich hier nicht ein. Bemerken will ich aber, daß neuerdings Wolff, 2 Kor, S. 2, das Schreiben wieder

als literarische Einheit verstehen will, dessen Abfassung sich über einen längeren Zeitraum erstreckt habe.

[150] „Ruhm" und stammverwandte Wörter begegnen in 2 Kor als Kernwörter der Auseinandersetzung. Angeregt wurde Paulus dazu anscheinend durch die die eigenen Verdienste hervorhebenden Gegner (5, 12; 11, 18).

[151] Vgl. hierzu 1 Kor 1, 31 und das „Rühmen im Herrn".

[152] Bauer, Wörterbuch, Sp. 589 f.

[153] Ausführlicher nehme ich hierzu Stellung in meinem Aufsatz ›Der Glaube aus dem Hören. Über das gesprochene und das geschriebene Wort bei Paulus‹ in der Festschrift für D. Georgi.

[154] Zu καπηλεύω („verhökern, ein Geschäft aus etwas machen") vgl. den Exkurs bei Wolff, 2 Kor, S. 57 f.

[155] Briefe, die als Bevollmächtigung dienten, sind aus der rabbinischen Literatur bekannt (vgl. Strack-Billerbeck III, S. 689). Bei den hier vorausgesetzten Briefen scheinen die Machttaten der Verkündiger eine besondere Rolle gespielt zu haben (vgl. Georgi, Gegner, S. 241 ff.).

[156] Im Zusammenhang mit V. 3 ist die Lesart ἡμῶν hier vorzuziehen (anders Bultmann, 2 Kor, S. 75). Zur Vorstellung des Eingeprägt-Seins im Herzen vgl. auch 2 Kor 7, 3.

[157] Es ist wohl richtig, daß sich der Gedankengang ab V. 12 verselbständigt (Koch, Schrift, S. 332). Dennoch sind Beziehungen zwischen V. 7 ff. und V. 12 ff. deutlich zu erkennen. Deshalb erübrigt sich die Annahme, Paulus habe seine Ausführungen unabhängig von diesem Kontext erarbeitet und greife nun darauf zurück.

[158] Vgl. hierzu ausführlich Wolff, 2 Kor, S. 65 f.

[159] So jedenfalls in den Targumim und der rabbinischen Literatur (vgl. Targ Fragm Ex 34, 29; Targ N Ex 34, 29. 30. 35; weitere Belege bei Hofius, Gesetz, S. 88 f.; rabbinische Belege ebd., S. 91 f.; vgl. insgesamt auch Liebers, Gesetz, S. 115). Im Midrasch zu Ps 8, 6 wird auch der Begriff der Herrlichkeit bzw. Hoheit auf Mose gedeutet. Zur „Herrlichkeit Gottes" und zur Rolle des Mose in der Priesterschaft vgl. v. Rad, Theologie I, S. 252 ff. 308.

[160] Nicht sicher ist, ob AntBibl 19, 16 von einem vorübergehenden Glanz ausgeht, der Mose erst kurz vor dem Tod wieder zugekommen sei (vgl. Hofius, ebd., S. 100 f.). Selbst wenn dies so wäre, stünden dem allerdings immer noch eine Fülle von Belegen für den andauernden Glanz entgegen.

[161] Weitere Belege bei Hofius, ebd., S. 93 f.

[162] Vgl. hierzu Wolff, 2 Kor, S. 66 f.

[163] Testament, S. 38 ff.

[164] Ebd., S. 43 f.

[165] Belege bei Strack-Billerbeck III, S. 704. Nach Koch greift 2 Kor 3, 6 f. nicht unmittelbar auf Jer 31, 31 zurück (Schrift, S. 45 f.). M. E. aber sind das in Stein gemeißelte Gesetz und im Gegensatz dazu der Dienst des Geistes und der Freiheit (V. 8. 17) deutliche Hinweise auf Jer 31.

[166] Auf den Gegensatzpaaren in V. 7–11 liegt argumentativ der wesentliche Akzent: Dienst des Todes × Dienst des Geistes (bereits in V. 6 tötender Buch-

stabe × lebendig machender Geist), Dienst der Verurteilung × Dienst der Gerechtigkeit, das Vergängliche × das Bleibende. In V. 12 ff. sind dann Mose und
Paulus, die Synagogengemeinde und die christliche Gemeinde gegenübergestellt. Besonders in V. 7–11 verwendet Paulus den rabbinischen Schluß a minori ad maius.

[167] Vgl. Hofius, ebd., S. 101. Auch ein argumentum e silentio wäre denkbar;
da die Schrift sonst nicht mehr von diesem Glanz spricht, könne er nicht von
Dauer gewesen sein.

[168] Die Wendung πρὸς τὸ μὴ ἀτενίσαι ist eher final als konsekutiv zu interpretieren (vgl. Wolff, 2 Kor, S. 71).

[169] Diese eigene Akzentuierung der Auslegungstradition von Ex 34,29 ff.
reicht zur Interpretation von 2 Kor 3,7 ff. aus; die Annahme eines hellenis-
tisch-judenchristlichen Midraschs oder einer Vorlage der Gegner, die Paulus
polemisch interpretiere, ist nicht notwendig (vgl. zur Diskussion Wolff, 2 Kor,
S. 63–65). Deutlich ist aber, daß sich die gegnerischen Empfehlungsschreiben
und der Rückgriff auf die Moseerzählung assoziativ verbinden lassen (ähnlich
Luz, Bund, S. 325; Ulonska, Doxa, S. 378 ff.).

[170] Vgl. die syntaktische Analyse bei Hofius, Gesetz, S. 114.

[171] Das Hapaxlogomenon κατοπτρίζω bedeutet im Medium nicht „wider-
spiegeln", sondern „etwas für sich wie in einem Spiegel auffangen, sehen"
(Bauer, Wörterbuch, Sp. 863 f.).

[172] Diese Übersetzung von ἡ παλαιὰ διαθήκη bezeichnet nicht „das alte
Testament", wie im Anschluß an diese Stelle gerne übersetzt wurde (ausgehend von der Vetus Latina, die mit „vetus testamentum" übersetzt), dem dann
die nt.lichen Schriften als „novum testamentum" gegenübergestellt wurden
(ausführlich Kutsch, Testament, S. 146–152). Aus der Argumentation geht vielmehr eindeutig hervor, daß die Tora gemeint ist, die „alte Setzung", die Mose
am Sinai empfing. Als alt kann sie erst von einer neuen her betrachtet werden,
wie Paulus im Rückgriff auf Jer 31,31–34 formuliert. Innerhalb der jüdischen
Auslegungstradition wird aus dem Jeremia-Text allerdings nicht die Konsequenz gezogen, daß die Tora eine „alte Setzung" sei. Erst Paulus unterscheidet
die alte und die neue Setzung qualitativ (vgl. Hofius, ebd., S. 75 ff.), wobei
aber zu beachten ist, daß eine ausdrückliche Gegenüberstellung von alter und
neuer Diatheke unterbleibt (Koch, Schrift, S. 335). Dies ist erst in Hebr 8,7
der Fall, aber in anderer Terminologie: nicht von der alten, sondern von der
„ersten" Diatheke ist dort die Rede.

[173] Koch, ebd., S. 335, interpretiert im Blick auf die schützende Torahülle,
die bei der Verlesung im Synagogengottesdienst abgenommen wurde. Diese
Deutung aber ist unwahrscheinlich; es wäre ein leichtes gewesen, Paulus in
dieser Hinsicht zu widerlegen. Die Interpretation des Paulus zielt von Anfang
an auf die „Decke auf den Herzen".

[174] Vgl. zum Herzen als dem Sitz des Verstehens beispielsweise 1 Kön 3,12;
5,9; insgesamt Baumgärtel/Behm, Artikel καρδία.

[175] Dies geht aus V. 14b eindeutig hervor: Die Decke auf der Verlesung der
alten Setzung ist in Christus außer Kraft gesetzt. Die Hinwendung zum Herrn

ist ebenfalls dem Exodus-Text entnommen und hat also Zitat-Charakter (vgl.
Koch, ebd., S. 338). Aus diesem Grund kann Paulus die Hinwendung zu Chri-
stus (dem Herrn) als dem Schrifttext angemessen ansehen. Insofern geht die
Hinwendung zu Christus aus der Schrift selbst hervor.

[176] Vgl. Wolff, 2 Kor, S. 79–82; Rebell, Erfüllung.

[177] Die temporale und kausale Bedeutung des ἐξ schließen sich nicht gegenseitig aus, sondern ergänzen einander.

[178] Vgl. den Zusatz „in Kraft" (ἐν δυνάμει) in Röm 1, 4.

[179] Insofern ist nach Röm 7, 12 das Gesetz geistlich.

[180] Vgl. Röm 8, 1 f.; Gal 5, 1. 13.

[181] Vgl. hierzu Müller, Anfänge, S. 284 ff.

[182] Nach Dibelius, Thess. Phil, S. 32, haben Spannungen in der Gemeinde
zu dieser Mahnung geführt. Dafür ergibt sich allerdings kein wirklicher
Anhaltspunkt (vgl. v. Dobschütz, 1. 2 Thess, S. 233). Marxsen, 1 Thess, S. 73,
meint, daß nur wenige lesen konnten und deshalb das Vorlesen so dringend
empfohlen werde. Dieser Grund mag mit eine Rolle gespielt haben.

[183] Zur Deutung im einzelnen Müller, ebd., S. 299 f.

[184] Diese Auffassung ist gegenüber der ebenfalls denkbaren Deutung auf
Jesus Christus als „Schlußstein" vorzuziehen; zur Begründung verweise ich
auf die Diskussion der einzelnen Argumente bei Schnackenburg, Eph, S. 122–
125.

[185] Bei diesem sogenannten „Revelationsschema" ist Eph abhängig von
Kol 1, 26 f. Ansätze finden sich bereits bei Paulus (1 Kor 2, 6 f. 10); vgl. außerdem Röm 16, 25 f.; 2 Tim 2, 9–11; Tit 1, 2 f.

[186] Die (besonders von Goodspeed vertretene) Auffassung, der Epheserbrief habe eine Sammlung von Paulusbriefen eingeleitet und deswegen die
Hauptgedanken der Briefe zusammengestellt, hat sich auf diesen Vers berufen.

[187] Vgl. ausführlich Roloff, 1 Tim, S. 254 f.

[188] Vgl. hierzu oben, S. 16. 32.

[189] Abbildung bei Aland/Aland, Text, S. 115.

[190] Ebd., S. 106 ff. 111–113.

[191] Ebd., S. 111.

[192] Vgl. ebd., S. 67 f.

[193] Vgl. hierzu neuerdings Thiede, Evangelienhandschrift, S. 11 f.

[194] Euseb, vit const 4, 36, 2 (vgl. Kenyon, Buch, S. 113).

[195] Vgl. hierzu ausführlich Roberts/Skeat, Birth, S. 45 ff. Sie zählen als
Gründe auf: Compactness, comprehensiveness, convenience of use.

[196] Man darf diesen ökonomischen Grund sicher nicht verabsolutieren.
Der Preis für Papyrus und Pergament war aber vergleichsweise hoch (siehe
oben, S. 28 f.), so daß die bessere Nutzbarkeit des Pergaments vermutlich doch
mit eine Rolle gespielt hat.

[197] Vgl. hierzu Trummer, Mantel.

[198] Wilckens, Röm III, S. 150.

[199] Ich verweise zur Begründung auf Luz, Mt I, S. 59 f. 334 f.

[200] Luz, Mt I, S. 60.

[201] Luz, Mt I, S. 60; dort auch das im Text folgende Zitat.

[202] Luz, Mt I, S. 60.

[203] Einzelheiten bei Luz, Mt I, S. 88; Gnilka, Mt I, S. 6f.

[204] Bultmann, Joh, S. 518.

[205] Vgl. zu den liturgischen Stücken in der Offenbarung den kurzen Überblick bei Lohse, Offb, S. 54f.

[206] Vgl. ähnlich auch ep Arist 311; äth Hen 104, 11–13.

[207] Das Wort vom Hören und Bewahren ist mit Lk 11,28 verwandt, wo ebenfalls ein Makarismus vorliegt. Er gehört gleichfalls in den gottesdienstlichen Rahmen hinein und ist bis heute als Einführung oder Beendigung von Schriftlesungen in Gebrauch.

[208] Vgl. hierzu Karrer, Johannesoffenbarung, S. 41–83. 220ff. 301ff. (und insgesamt seinen rezeptionsorientierten Ansatz in der Auslegung der Offb); Müller, Offb, S. 69.

[209] Siehe oben, S. 25ff.

[210] Siehe oben, S. 37ff. 41ff.

[211] Vgl. hierzu oben, S. 62ff. 74f.

[212] Siehe oben, S. 72f.

[213] Vgl. hierzu etwa S. 96ff.

[214] Vgl. ausführlich oben, S. 101f.

[215] Joh 5,39 (vgl. Apg 17,11) gesteht dieses Suchen auch den Juden zu (zur indikativischen Deutung vgl. Schnackenburg, Joh II, S. 176). Allerdings erkennen sie nach christlicher Überzeugung nicht, daß es gerade die Schriften sind, die für Jesus Zeugnis ablegen.

[216] Metz, Apologie, S. 336, betont dies allerdings zu stark, wenn er sagt, das Christentum sei primär keine Argumentations- oder Interpretationsgemeinschaft, sondern eine Erzählgemeinschaft gewesen. Dazu ist die Kritik von Knigge, Erzählend predigen?, S. 9, zu vergleichen. Man darf beides in der Tat nicht voneinander trennen. Im Erzählvorgang wird zugleich argumentiert und Argumente oder Interpretationen können in eine Erzählung integriert sein. Die synoptischen Streitgespräche als kleine Erzähleinheiten belegen diesen Zusammenhang sehr deutlich.

[217] Was Fish im Hinblick auf die Einbindung der Rezeption in eine Interpretationsgemeinschaft herausgearbeitet hat (vgl. unten, S. 132f.), ist unter den antiken Lesebedingungen m. E. fast noch eher brauchbar als für die gegenwärtige Lesekultur.

[218] Unter diesem Gesichtspunkt ist Hübner, Vetus Testamentum, S. 159 (vgl. ders., Theologie, S. 62ff.), darin zuzustimmen, daß das „Vetus Testamentum in Novo receptum" zu einer neuen theologischen Größe wird. Unabhängig davon bleibt aber die Frage bestehen, inwieweit die Rezeption des AT im NT dessen ursprüngliche Intention sachgemäß aufnimmt. Daß diese Frage nur in Richtung auf eine „spannungsvolle Einheit" (so Zenger, Testament, S. 185ff.) beantwortet werden kann, dürfte heute allerdings deutlich sein.

5. Vom Lesen des Neuen Testaments

[1] Vgl. Hahn, Exegese, S. 29 ff.

[2] So Schroer, Bibelauslegung, S. 506.

[3] Vgl. hierzu den Hinweis von Giehrl, oben S. 3.

[4] Aust, Lesen, S. 50. Vgl. beispielsweise Klein, Lesen, S. 11: „Einen Text lesen, heißt Sinn entnehmen."

[5] Iser, Akt, S. 178: „Als wandernder Blickpunkt innerhalb dessen zu sein, was es aufzufassen gilt, bedingt die Eigenart der Erfassung ästhetischer Gegenständlichkeit fiktionaler Texte."

[6] Vgl. zu dieser Unterscheidung von Sinn und Bedeutung Behrmann, Einführung, S. 3 ff.

[7] Ausführlicher Stephan, Lesen, S. 47 ff.

[8] Vgl. hierzu oben, S. 3 ff.

[9] Vgl. hierzu Ong, Oralität, S. 132 f.

[10] Der Begriff geht zurück auf Baumgarten, Aesthetica (erschienen 1750–1758; vgl. Kuhn, Artikel Ästhetik, S. 48 f.). In der Ausgabe von Schweitzer sind die wichtigsten Teile zusammengefaßt.

[11] Allerdings liegt im Angewiesensein auf das Sinnenhafte zugleich das Unvollkommene begründet; denn die Wahrnehmung des Schönen neigt dazu, sich mit dem sinnlichen Schein zu begnügen. Da auch die abbildende Kunst relativ weit von der Idee entfernt ist, kommt Platon stellenweise zu recht negativen Urteilen (vgl. zur Dichtung besonders das 10. Buch der Politeia).

[12] Kuhn, ebd., S. 54 f.

[13] Janke, Artikel Das Schöne, S. 1271.

[14] Der Neuplatoniker Plotin versteht sich gerade auch im Blick auf das Schöne als Ausleger Platons (besonders in seiner Schrift ›Das Schöne‹). Die Verbindung des Schönen mit dem Sein beeinflußt aber auch Augustin (vgl. Adam, Lehrbuch I, S. 263; zum anagogischen Sinn des Schönen Perpeet, Ästhetik, S. 57 ff.), ebenso Dionysius Areopagita (De div nominibus IV, 7; vgl. ausführlich Perpeet, ebd., S. 72 ff.), bei dem das Schöne ausdrücklich mit dem Guten identifiziert wird. Der Gedanke der Teilhabe des Geschaffenen an der Schönheit des Schöpfers ist maßgeblich für die scholastische Theorie vom Schönen (Perpeet, ebd., S. 83 ff.).

[15] Eine Übersicht über Baumgartens ästhetische Theorie gibt Paetzold, Profile, S. 36 ff.

[16] Vgl. den Überblick bei Hirschberger, Geschichte II, S. 355. Für Kant ist dasjenige schön, „was ohne Begriffe als Objekt eines allgemeinen Wohlgefallens vorgestellt wird" (Kritik der Urteilskraft, S. 298). Das Wohlgefallen muß interesselos sein, darf sich also nicht auf einen Gegenstand beziehen, sondern einzig auf die Vorstellungsform. Der wirkliche Gegenstand steht dagegen immer in einer Beziehung zu den Interessen des betrachtenden Subjekts.

[17] Vorlesungen über die Ästhetik I, S. 22. Die ästhetische Erfahrung realisiert sich nach Hegel nur in der Betrachtung von Kunstwerken; das Naturschöne gehört nicht zum Bereich der Ästhetik.

[18] Werke, 3. Hauptband, S. 384; vgl. S. 390.

[19] Ebd., S. 392.

[20] Hirschberger, Geschichte II, S. 383. Da alle Kunst im Absoluten gründet, ist Gott ihre unmittelbare Ursache. Er setzt Ideen aus sich heraus, die wiederum auf dem Weg der Betrachtung und Erfassung zu ihm als dem Absoluten zurückführen.

[21] Mörike, Gedichte, S. 79; vgl. dazu Jeziorkowski, Verhältnis, S. 187 f.

[22] Jeziorkowski, ebd., geht auf die Diskussion um das „scheint" zwischen Staiger und Heidegger ein und interpretiert das Wort im Sinne von „lucet" (nicht „videtur"). Diese Interpretation hat m. E. für sich, daß Mörike mit den Worten „Wer achtet sein?" die Frage der Wirkung selbst anspricht. Vgl. zur Wirkungsästhetik auch die knappen Hinweise bei Weinrich, Literatur, S. 24 f.

[23] Müller, Vorlesungen, S. 117 (aus dem Jahr 1806). Allerdings ist bei Müller die Aktivität des Beschauers nicht einfach unterdrückt. Er fährt fort: „In diesem Sinn erweitert jeder die Bedeutung, die Sphäre des Werkes, das er betrachtet."

[24] Kunst, S. 11 ff.

[25] Ebd., S. 10 f.

[26] Staiger, Zeit, S. 15.

[27] Ebd., S. 9.

[28] Hoffmann, Literatur, S. 38.

[29] Vgl. den Überblick bei Rusterholz, Verfahrensweisen, S. 347 ff. Kayser, Kunstwerk, hat besonders das Wesen eines sprachlichen Kunstwerkes innerhalb seines geschlossenen sprachlichen Gefüges hervorgehoben (vgl. Vorwort). In den Vereinigten Staaten ist der New Criticism zu vergleichen, der das vom Autor losgelöste Kunstwerk betrachtet (vgl. Ong, Oralität, S. 159 ff.). Sowohl die künstlerische Sprache als auch das Kunstwerk selbst sind Erkenntnisgegenstände eigener Art und von sonstigen wissenschaftlichen Erkenntniswegen geschieden (vgl. Schramm, New Criticism, und Tompkins, Reader, S. 221 ff.).
Die Wirkung dieser Auffassung ist, wenn auch gebrochen, bis hin zur ästhetischen Theorie Adornos zu spüren. Zwar wehrt er den platonischen Gedanken vom zeitlos Schönen vehement ab (Theorie, S. 49). Indem die Kunst sich aber aller gesellschaftlichen Dienstbarkeit begibt und alle sozialen Bindungen negiert (deshalb Ästhetik der Negativität; vgl. ebd., S. 264. 334), um gerade dadurch soziale Kraft zu gewinnen (ebd., S. 339), ist Adorno in seiner ästhetischen Theorie nicht wirklich in der Lage, den Prozeß zwischen Werk, Publikum und Autor und damit das Wechselverhältnis dieser verschiedenen Elemente des Lese- und Verstehensprozesses zu würdigen (vgl. Jauß, Erfahrung, S. 52.).

[30] Vgl. hierzu auch Behrmann, Einführung, S. 16 ff.

[31] Jesus wirkt weiter, S. 15 f.

[32] Dabei zeigen sich oft überraschende Perspektiven, beispielsweise wenn Flender, Ende, S. 36, den Kontrast von Reichtum und Armut in dieser Erzählung in die Gegenwart transportiert.

[33] Vgl. hierzu im einzelnen Jaeggi, Literatursoziologie, S. 400 ff.

[34] Vgl. Greven, Grundzüge, S. 149.

[35] Buch, S. 21.

[36] Vgl. hierzu die Arbeiten Freuds über den ›Dichter und das Phantasieren‹ und über ›Psychopathische Personen auf der Bühne‹.

[37] Jung, Psychologie, S. 325.

[38] Vgl. Schmidt, Grundriß I, Kapitel 4 ff.; sehr knapp, aber gut verständlich Pelz, Linguistik, S. 48 ff.

[39] Maren-Grisebach, Methoden, S. 103 ff. Zu den Anfängen des Strukturalismus in der Literaturwissenschaft vgl. Gallas, Strukturalismus, S. 374 ff.

[40] Wichtige Anstöße sind hier von Mukařovský, Kapitel, ausgegangen. Er unterscheidet zwischen dem Werk als Artefakt aus materiell gegebenen Zeichen und dem Werk als ästhetischem Objekt, dem Bedeutungskorrelat des Artefakts im kollektiven Bewußtsein. Das ästhetische Objekt ist dabei gegenüber dem invariablen Charakter des Artefakts sowohl veränderlich als auch überindividuell. Die Hauptthesen Mukařovskýs sind bei Vodička, Konkretisation, S. 88 f., kurz zusammengefaßt.

[41] Austin hat in ›How to do things with words‹ die Sprechakte eher beschrieben; Searle, Sprechakte, hat sie systematisiert.

[42] Um der Bedeutung des Strukturalismus für die Sprachwissenschaft gerecht zu werden, müßte man hier im Grunde ein eigenes Kapitel einschieben. Deutlich ist jedenfalls, daß der Strukturalismus von den Rezeptionstheoretikern unterschiedlich beurteilt wird: einerseits als Hilfe zur Darstellung der Strategien des Lesermodells, andererseits als der Werkästhetik verwandte Orientierung am Text.

[43] Wahrheit, S. 275.

[44] Ebd., S. 289 f.

[45] Ebd., Nachwort zur dritten Auflage 1973, S. 539 f.

[46] Ebd., S. 274. Sosehr sich Jauß, Literaturgeschichte, S. 140, mit seiner Rezeptionsästhetik auch an Gadamer orientiert, wendet er sich von dessen Verständnis des „klassischen Textes" doch ausdrücklich ab.

[47] Vgl. zur Entwicklung in den Vereinigten Staaten die Hinweise bei Tompkins, Criticism, S. IX ff., daneben besonders Booth, Rhetoric, und die dort bis 1961 verarbeitete Literatur.

[48] Iphigenie, S. 384.

[49] Jauß, Literaturgeschichte, S. 127.

[50] Vgl. Link, Rezeptionsforschung, S. 25 f.; Iser, Akt, S. 50 ff.

[51] Wolff, Leser, S. 141 ff.

[52] Gibson, Authors; Prince, Introduction.

[53] Eco, Lector, S. 61 ff.

[54] Riffaterre, Kriterien, S. 176.

[55] Link, Rezeptionsforschung, S. 28.

[56] Fish, Literatur, S. 215. Dort sind außerdem noch Wardhaugs „erwachsener" und Miltons „tauglicher" Leser erwähnt.

[57] Holub, Reception Theory, S. 153.

[58] Appellstruktur, S. 229.
[59] Ebd., S. 230. Vgl. Stephan, Lesen, S. 79: Die Rezeptionslenkung geht vom Text aus, die Quelle der Aktivität aber ist der Leser.
[60] Ebd., S. 233.
[61] Akt, S. 38 (in Anlehnung an Mukařovský).
[62] Ebd., S. 61.
[63] Ebd., S. 60.
[64] Appellstruktur, S. 236.
[65] So Warning, Rezeptionsästhetik, S. 32.
[66] Vgl. besonders Eco, Lector, S. 61 ff.
[67] Ebd., S. 61.
[68] Ebd., S. 62; vgl. auch Eco, Nachschrift, S. 11. 14.
[69] Ebd., S. 64.
[70] Ebd., S. 65 f., und bereits Eco, Kunstwerk, S. 29 f.
[71] Ebd., S. 67 f.
[72] Ebd., S. 76.
[73] Ebd., S. 78.
[74] Ebd., S. 83.
[75] Eco ist im übrigen einer der wenigen Autoren, die sich nicht nur theoretisch mit Literatur befassen, sondern selbst Literatur schaffen. Es ist ein großer Vorteil, daß Eco als *Romanautor* weiß: „Wer schreibt, denkt an den Leser", und daß er als *Theoretiker* weiß: „Ist die Arbeit getan, so entspinnt sich ein Dialog zwischen dem fertigen Text und seinen Lesern." Auf diese Weise kann er in seinen Arbeiten verbinden, was allzuoft auseinanderfällt.
[76] Literatur, S. 201.
[77] Ebd., S. 200.
[78] Ebd., S. 198.
[79] Interpreting the Variorum, S. 172.
[80] Ebd., S. 173. Zur Entwicklung in Fishs Theorie vgl. ausführlicher Moore, Criticism, S. 112 ff.
[81] Ebd., S. 180 f. Das folgende Zitat ebd.
[82] Ebd., S. 182 f.; vgl. Culler, Prolegomena, S. 52.
[83] Vgl. Tompkins, Criticism, S. X: "The objectivity of the text is the concept that these essays ... eventually destroy."
[84] Ebd., S. XXII.
[85] So Burnett, Exegesis, S. 56.
[86] Siehe oben, S. 9 ff.
[87] Vgl. Stephan, Lesen, S. 22: „Die Unbestimmtheit des Textes veranlaßt die Aktualisierung der dem Leser verfügbaren Weltbezüge. Durch die Hinzufügungen aus dem eigenen Sinnhorizont wird der Leser zum Mitautor."
[88] Vgl. Eco, Lector, S. 166, aber auch seine Ausführungen zur Enzyklopädie, S. 94 ff.
[89] Vgl. Kuhn, Struktur (zum Paradigma besonders S. 28 ff. 44 ff. 68 ff.; zur Wirkung der Kuhnschen Theorie vgl. den Sammelband von Gutting).
[90] Theorie, S. 5. Ich habe allerdings zunehmend den Eindruck, daß heute

jeder neue Aspekt bei der Betrachtung alter Probleme sogleich als neues Paradigma gilt. Ein wenig mehr Gelassenheit wäre angebracht. Vgl. hierzu bereits Naumann, Dilemma, S. 175.

[91] Berg, Reading, S. 197.

[92] S/Z, S. 14.

[93] Ebd., S. 9f. Vgl. auch Lyotard, Philosophie, S. 79: Man kann alles und auf alle Weise lesen; hieraus folgt nicht, „daß das Werk der Bestimmung der Sinngebung entgeht; vielmehr folgt daraus, daß diese Bestimmung, die bei jedem Lesen unvermeidlich ist, nur über den Preis einer unaufhörlichen Imagination in der Ausarbeitung und im Gebrauch der Alphabete, Lexiken und Syntaxen, die die Lektüre ermöglichen, erlangt werden kann". Die Arbeiten Lyotards sind für das postmoderne Denken richtungweisend gewesen.

[94] Ebd., S. 8f.; das Zitat S. 152.

[95] Vgl. zur Formulierung Timm, Jahrzehnt, S. 173.

[96] Vgl. Grammatologie, passim (etwa S. 17. 24. 49ff. 99).

[97] Vgl. hierzu Phillips, Exegesis, S. 29. Ong, Oralität, S. 166f., weist demgegenüber mit Recht darauf hin, daß „Logozentrismus" und Textualität aufeinander einwirken und ohne das jeweils Andere nicht wirklich verständlich sind.

[98] In diesem Sinn geht der Begriff auf die Arbeiten von Kristeva zurück (vgl. Semiotiké, S. 146).

[99] Hier liege ein wichtiger Unterschied zur traditionellen „komparativen" Texterklärung, die den früheren Text als normativ für den folgenden ansehe (van Wolde, Intertextuality, S. 45). Selbst wenn man die Frage der Normativität aber einmal außer acht läßt, wird man die Bemerkung Behrmanns gründlich überlegen müssen (Einführung, S. 32): „Nicht alles Mögliche ist zu berücksichtigen, sondern alles Belangvolle, und zwar nach Maßgabe seiner Erhellungskraft."

[100] Vgl. auch Voelz, Signs, S. 31: "The reader must be seen as a text, or, perhaps more accurately, the states, actions, hopes, fears, and knowledge of his life-experience comprise a text."

[101] Vgl. hierzu besonders Foucault, Autor.

[102] Vgl. Fisher, Exegesis, S. 31.

[103] Berg, Reading, S. 202. Kritisch dagegen Stierle, Dimensionen, S. 20: „In der Dekonstruktion treibt das Verstehen den Text in seine Unverständlichkeit. Jeder feste Sinn zerfällt als referentielle Illusion, die ohnmächtig hinter der Wirklichkeit des Textes zurückbleibt."

[104] Welsch, „Postmoderne", S. 11ff., bietet eine Begriffsklärung. Man beachte aber Daecke, Glaube: „Einen Konsens über das, was unter Postmoderne und Moderne zu verstehen ist, gibt es nicht – es sei denn, man macht wie Welsch aus der Not eine Tugend und aus dem Defizit ein Programm: Das Charakteristikum der Postmoderne sei die Vielheit, der Pluralismus, die Uneinigkeit und Uneinheitlichkeit."

[105] Vgl. hierzu das „Projekt der Moderne" bei Habermas, Moderne. Zur Kritik verweise ich auf Koslowski, Prüfungen, S. 68ff.

[106] Man sollte aber nicht verkennen, daß der Begriff selbst eine zeitliche

Kategorie impliziert und auch inhaltlich erst „nach" der Moderne verstehbar ist (vgl. Regn, Postmoderne, S. 52 f.).

[107] Welsch, Postmoderne, S. 33.

[108] Lyotard, Moderne, S. 214 f. Für Lyotard ist das Kennzeichen der Postmoderne, daß man den großen „Meta-Erzählungen" der Neuzeit (Emanzipation der Menschheit, Teleologie des Geistes und Hermeneutik des Sinns) keinen Glauben mehr schenkt (Wissen, S. 14). Vgl. auch Welsch, ebd., S. 30: „Ein forcierter Pluralismus – der nicht als lästiges Zugeständnis empfunden, sondern als positive Aufgabe angesehen und offensiv vertreten wird – macht den Kern der postmodernen Phänomene und Bestrebungen aus."

[109] Welsch, Wege, S. 13.

[110] Ebd., S. 16.

[111] Ebd., S. 37.

[112] Vgl. Welsch, ebd., S. 40: „Der Blick über das Gatter, der gekonnte Wechsel, das Bedenken auch anderer Möglichkeiten gehören zu den notwendigen Kompetenzen postmoderner Subjekte." Im übrigen ist interessant, daß Welsch sich von Entwürfen aus dem "New-Age"-Spektrum deutlich abgrenzt (ebd., S. 18 f.) und ihre holistische Denkweise eher dem prämodernen als dem postmodernen Denken zuweist.

[113] Koslowski, Prüfungen, S. 84 f., macht interessanterweise auf die mystische Tradition des Begriffes Dekonstruktion („Entbildung") aufmerksam. Wichtig ist auch sein kritischer Einwand, daß hier die Dekonstruktion und in ihrem Gefolge Vielfalt und Pluralität eine geradezu ontologische Bedeutung bekommen.

[114] Vgl. Koslowski, ebd., S. 16. 66 ff.

[115] Ebd., S. 82 f. (vgl. auch S. 16 f.). Gabriel, Christentum, S. 134, spricht angesichts der postmodernen Pluralisierung auch die „Verluste an identitätssichernden Orientierungen" an und beschreibt die Gefahr einer überfordernden „Modernisierungsfalle". Im übrigen entwickelt er die Vorstellung von einer „reflexiven Modernität" (vgl. etwa S. 193), die ich für bedenkenswert halte.

[116] Vgl. Rendtorff, Theologie, S. 319.

[117] Barz, Postmoderne Religion, passim, besonders S. 247 ff.

[118] Barz, ebd., S. 251.

[119] Barz, ebd., S. 134, hat den Subjektivierungsprozeß der Wahrheit deutlich herausgestellt. Er zitiert diesen Sachverhalt mit den Worten: „Die eine Autorität gibt es nicht. Ich picke mir die Sachen raus, die für mich Wahrheit sind und die ich gebrauchen kann."

[120] Müller, Postmoderne, S. 373.

[121] Vgl. die bei Pfister, Kontexte, S. 14 ff., genannten Autoren.

[122] Vgl. Stierle, Rezeption, S. 370.

[123] Daß diese (vor allem in Deutschland vertretene) Auffassung von Intertextualität dem Strukturalismus verpflichtet bleibt, hat Pfister, Konzepte, S. 18, hervorgehoben. Darin liegt m. E. auch ihre Stärke, daß sie nämlich über den Strukturalismus hinausgeht, ohne jedoch seinen für die Analyse von Texten wesentlichen Beitrag aufzugeben.

[124] Konzepte, S. 26: „Eine Beziehung zwischen Texten" ist „um so intensiver intertextuell, je mehr der eine Text den anderen thematisiert".

[125] Ebd., S. 28; die Frage ist hier, in welchem Maß ein „Prätext zur strukturellen Folie eines ganzen Textes wird".

[126] Die Intertextualität ist um so intensiver, „je stärker der ursprüngliche und der neue Zusammenhang in semantischer und ideologischer Spannung zueinander stehen"; es geht nicht um ein kausales, sondern ein dialogisches Verhältnis zwischen Texten.

[127] Stierle, Werk, S. 16 f.

[128] Ich kann nur auf die Festschrift für van Iersel verweisen: Intertextuality in Biblical Writings (hrsg. von Draisma). Dort wird zwar häufig auf die französische Diskussion zurückgegriffen, die Textanalysen selbst erweisen sich aber stärker einem spezifischen Intertextualitäts-Begriff verpflichtet.

[129] Vgl. Vorster, Intertextuality, S. 18 ff. Van Wolde, Intertextuality, S. 43: "With the help of theories about intertextuality it is possible to challenge the idea of causality between texts, which is the basis of comparative study of texts. It can also become clear that it is not the chronology of texts that should occupy the centre of attention, but the logical and analogical reasoning of the reader in interaction with the text."

[130] Van Wolde, Intertextuality, S. 45 f.: "The genotext is not the pretext that already existed before the phenotext, but the genotext only becomes a text or only achieves significance through what the phenotext makes of it ... Thus the cronological or diachronic approach of comparative exegesis is replaced with the synchronic approach of the intertextual exegesis."

[131] Vorster, ebd., S. 22.

[132] Stierle, Werk, S. 19.

[133] Stempel, Intertextualität, S. 92 f., spricht neuerdings wieder von der „Autonomie des literarischen Kunstwerks" oder von seiner Zentralität, „von der aus gesehen Intertextualität nicht mehr als ein untergeordneter Charakter zugebilligt werden kann".

[134] Vgl. etwa meine Arbeit über die › Anfänge der Paulusschule ‹.

[135] Magaß, Thesen, S. 6.

[136] Vgl. hierzu auch Meyer, Anforderungen, S. 10.

[137] Hermeneutik, S. 211 ff.

[138] Vgl. das Diktum Grillparzers: „Ich will mit jemandem zu tun haben, wenn ich ein Buch lese" (zitiert nach Gamper, Person, S. 122). Vgl. auch Stempel, Intertextualität, S. 92 f. Zur voluntas auctoris als wichtigem Element des Verstehens vgl. Behrmann, Einführung, S. 3 ff.

[139] Vgl. zur „Rehabilitierung des Subjekts" sowohl des Autors wie des Lesers Berger, Hermeneutik, S. 241 ff. Zum Problem der Suffizienz der Schrift schreibt Körtner, Lector, S. 233: „Für das Problem der Suffizienz der Schrift folgt ..., daß ihre Texte zwar im Sinne einer allgemeinen Texttheorie unvollständig sind, sich aber selbst den Leser schaffen, dessen sie zu ihrer Vervollständigung bedürfen."

[140] Sauter, Kunst, S. 354, fragt mit Recht, ob es nicht wenigstens zu einer „paritätischen Mitbestimmung" zwischen Autor, Text und Leser kommen muß.

[141] Der „Kanon" der Dekonstruktivisten ist allerdings auch nicht sehr groß. Die Werke von James Joyce sind vor allem zu nennen (besonders Ulysses und Finnegan's Wake). Ein nicht unerheblicher Teil der theoretischen Literatur geht darüber auch nicht allzuweit hinaus. Das muß man berücksichtigen, wenn man über die Kanonproblematik bei der biblischen Literatur urteilt.

[142] Ich verweise auf Mk 10, 13–16 und den Interpretationsversuch, den ich dazu gegeben habe (Mitte, besonders S. 57 ff.).

[143] Jeziorkowski, Verhältnis, S. 192 f. Vgl. zum fiktionalen Text auch Stierle, Rezeption, S. 356.

[144] Zur Wahrheitsfrage in der neutestamentlichen Hermeneutik verweise ich auf Berger, Hermeneutik, S. 203 ff.

[145] Vgl. im rabbinischen Judentum etwa Sanh 34 a: „Eine Bibelstelle hat mehrere Bedeutungen"; Ab V. 22: „Wende und wende sie (die Tora), denn alles ist in ihr." Diese Vorstellung prägt bereits den aktualisierenden Midrasch, denn Aktualisierung fügt dem Text „nicht eine neue Bedeutung hinzu, liest nicht etwas in den Text hinein, sondern findet einfach aus der dem Text innewohnenden Bedeutungsfülle die für die Gegenwart besonders relevanten Gesichtspunkte heraus" (Stemberger, Midrasch, S. 26). In der christlichen Hermeneutik kann man etwa auf die Lehre vom vierfachen Schriftsinn verweisen (Stuhlmacher, Hermeneutik, S. 69–86), ebenso auch auf die vielfältige Auslegung von Bibeltexten in der Verkündigung der Kirche.

[146] Meyer, Anforderungen, S. 15.

[147] Criticism, S. 84.

[148] Vgl. hierzu ausführlicher unten, S. 154 ff.

[149] Moore, ebd., S. 86.

[150] Vgl. Japp, Hermeneutik, S. 95: Es geht nicht darum, „nachdem so lange die Rede gegen die Schrift ausgespielt worden ist, jetzt das Blatt umzudrehen und die Schrift gegen die Rede auszuspielen".

[151] Zahrnt, Gotteswende, S. 115: „Die variable Auslegung des Bibelbuches bildet die Konstante in der Geschichte des Christentums." Vgl. mit Recht auch Timm, Jahrzehnt, S. 110: „Der Verdacht, daß Theologie monologen Uniformismus betreibe, ist unbegründet."

[152] Küng, Theologie, S. 27.

[153] Ich verweise hierzu exemplarisch auf den Sammelband von Baldermann u. a.: Zum Problem des biblischen Kanons.

[154] Der Aspekt der Beschränkung darf natürlich nicht vergessen werden. „Kanonisierung ist Bildung durch Fortlassen. Am Kanon wird durch Verzicht und Vergessen gebaut" (Mattenklott, Kanon, S. 359). Der exkludierende Charakter der Kanonbildung müßte auch mit seinen negativen Auswirkungen für Theologie und Kirche stärker bedacht werden.

[155] Türk, Postmoderne, S. 123.

[156] Vgl. Griesheimer, Unmut, S. 31: Aus der Besonderheit der geisteswissenschaftlichen Gegenstände „ergeben sich für die Paradigmenwahl speziell

unserer Wissenschaft einige Zumutungen (keine leidigen eigentlich, sondern kostbare)". Muschg schreibt: „Der Vergleich von Kirche und Germanistik einerseits, Bergpredigt und Gedicht andererseits mag frivol und unpassend erscheinen. Aber es ist mir ernst mit der Überzeugung, daß das Spielpotential, das Menschheitsgedächtnis, die sinnliche Intelligenz, die Anleitung zum Handeln und zum Widerstehen, die in literarischen Texten zu finden sind –: daß diese Möglichkeiten des Menschen ebenso lebenswichtig und nicht weniger bedroht sind als Wälder und Flüsse." Oder sollte es tatsächlich zu einer „vollendeten Marginalisierung der Literatur" in der Literaturwissenschaft kommen (so der Untertitel von Gamper, Person)?

[157] Als postmoderne Gegenstimme noch einmal Foucault, Schriften, S. 102: „Heute ist der Raum für Sprache nicht durch die Rhetorik, sondern durch die Bibliothek bestimmt: durch den unendlichen Schutzwall fragmentarischer Sprachen, die den zweistimmigen Kanal der Rhetorik durch die einfache, kontinuierliche, eintönige Linie einer sich selbst ausgelieferten Sprache ersetzen, einer Sprache, die zum Unendlichen bestimmt ist, weil sie sich nicht mehr auf das Wort aus dem Unendlichen beziehen kann. Aber sie hat in sich die Möglichkeit, sich zu verdoppeln, sich zu wiederholen, das vertikale System von Spiegeln erstehen zu lassen, von Selbst-Bildern und Analogien." Nun ja; ich selbst bleibe lieber dabei, mich von einem Text ansprechen zu lassen.

[158] Ich beziehe mich mit dieser Formulierung auf Schroer, Bibelauslegung durch Bibelgebrauch.

[159] Ringelnatz, Gedichte I, S. 293f.

[160] Daiber/Lukatis, Bibelfrömmigkeit. Zu älteren Untersuchungen seit 1958 vgl. Franzmann, Buchmarkt- und Leserforschung, S. 152 ff.

[161] Daiber/Lukatis, ebd., S. 84.

[162] Herausgegeben von W. Immel.

[163] Daiber/Lukatis, ebd., S. 80.

[164] So der Titel des von Meuerer herausgegebenen Sammelbandes.

[165] Wiederentdeckung, S. 6.

[166] Ebd., S. 7.

[167] Damit hängt zusammen, daß neuere Bibelausgaben, Übersetzungen und die diversen Hilfsmittel zum Bibellesen von einem größeren Leserpublikum nur wenig zur Kenntnis genommen werden (vgl. Velten, Bibelstreit, S. 70). Auch wenn „Das kennen wir ja schon" ohne Zweifel die „Empfindung der Ahnungslosen" ist (Hirschler, Biblisch predigen, S. 24), ist doch davon auszugehen, daß von einer Lektüre der Bibel keine neue Einsicht erwartet wird.

[168] Vgl. hierzu Daiber/Lukatis, ebd., S. 118f.

[169] Ebd., S. 123.

[170] Ebd., S. 103 ff.

[171] Ebd., S. 191.

[172] Ebd., S. 190. Beachten muß man allerdings die Ergebnisse des Forschungsberichtes ›Jugend und Religion‹. Barz, Postmoderne Religion, S. 194. 200, kommt darin zu dem Ergebnis, daß unter Jugendlichen die geringe Kenntnis der Bibel begleitet wird von einer schwachen Symbolwirkung. Zwar

ist die Bibel als Kulturgut anerkannt, sie tendiert im Hinblick auf die Begriffe Symbolstärke und Sympathie/Akzeptanz aber zur negativen Seite. Hier deuten sich Entwicklungen an, die sehr bald gesamtgesellschaftliche Bedeutung gewinnen können.

[173] Wiederentdeckung, S. 10.

[174] Meurer, Bibelverbreitung, S. 35. Die angegebenen Zahlen schwanken allerdings sehr stark. Franzmann, Buchmarkt- und Leseforschung, S. 154 f., weist auf die EMNID-Untersuchung von 1958 hin, die 58% Buchleser nennt, eine vermutlich unrealistische Zahl, die aber die Bandbreite der Angaben zeigt (Franzmann selbst geht S. 167 von zwei Dritteln der erwachsenen Bevölkerung aus, die zumindest gelegentlich Bücher lesen). Öffentliche Bibliotheken rechnen durchschnittlich mit etwa 10% der Bevölkerung (Beaujean, Leser, S. 228); Muth gibt (optimistisch?) eine Zahl zwischen 4,5 und 6 Millionen Bundesbürger an, die den „Kern des religiösen Buchmarktes" bildeten (Kirche, S. 128). Zur Kritik an der Buchmarkt- und Leserdemoskopie vgl. Franzmann, ebd., S. 163 ff. Dahrendorf, Leseerziehung, S. 152, weist darauf hin, daß schulische Leseerziehung überwiegend den „gebildeten Leser" zum Ziel habe, während natürliche Leseantriebe wie Spaß, Neugier und Spannung verdächtig seien.

[175] Beaujean, Leser, S. 231.

[176] Franzmann, Plädoyer, S. 176 f.

[177] Von Klöden, Jugenderinnerungen; zitiert nach Stoodt, Arbeitsbuch, S. 368.

[178] Daiber/Lukatis, Bibelfrömmigkeit, S. 44, und überhaupt S. 30 ff.

[179] Ebd., S. 86 ff.

[180] Ebd., S. 94 ff.

[181] Ebd., S. 195.

[182] Ebd., S. 89 ff.

[183] Ebd., S. 40.

[184] Vgl. auch Schroer, Bibelauslegung, S. 513.

[185] Geist, S. 73; vgl. auch S. 77 (Interpretieren als Gemeinschaftsarbeit).

[186] Honecker, Kirche, S. 481 f. Vgl. ebd.: „Eine vordringliche Aufgabe evangelischen Religionsunterrichts und darüber hinaus aller protestantischen Bildungsbemühungen müßte daher darauf gehen, Bibelkenntnis zu vermitteln."

[187] Ebeling, Wiederentdeckung, S. 7.

[188] Vgl. Herrenbrück, Wirkung, S. 275; Martin, Ausverkauf, Sp. 32, spricht in ähnlichem Zusammenhang von „absurden Selbstrücknahmen".

[189] Josuttis, Weg, S. 238.

[190] Ebd.

[191] In den von der Ev. Kirche in Hessen und Nassau 1982 herausgegebenen ›Liturgieentwürfen‹ heißt es zwar: „Die Darbietung einer ‚Lesung' ... verlangt rhetorische Fähigkeit; eine biblische Geschichte, sei sie Gesetz, Propheten, Episteln oder Evangelium, um die klassische Einteilung aufzugreifen, ist in jedem Fall mehr als ein bloß zu verlesender Text; sie hat symbolische

Kraft. Man muß in sie eingestiegen sein, um ihre Würde verkündigen zu können." In der Praxis kann einem die Würde der Verkündigung allerdings leicht zur Steifheit geraten.

[192] Josuttis, Weg, S. 238.

[193] Lesungen, S. 162. Ebd.: „Nehmen wir Luthers Prinzip als auch für uns geltend an, daß eine Perikope sich lediglich an ihrer Verkündigungskraft und nicht an irgendwelchen anderen Gesichtspunkten prüfen lassen muß . . ." Vgl. auch S. 169; zur Frage nach den Kriterien der Perikopenordnung auch Bloth, Instrumentarium.

[194] Gebrauch, S. 66 ff.

[195] Weg, S. 238.

[196] Vgl. Hirschler, Biblisch predigen, S. 23, mit Hinweis auf D. Bastian.

[197] Bieritz, Lehre, S. 204, hat auf den ambivalenten Charakter der „Verfeierlichung" von Lesungen aufmerksam gemacht. Sie bedeutet Verfremdung und führt dazu, daß die Lesepraxis „zum Symbol ihrer selbst" wird, bringt aber auch den Charakter des gelesenen Wortes als „Anruf, Lobpreis, Danksagung" zum Ausdruck. Diesem zweiten Anliegen darf jedoch der normale Gebrauch der Bibel als Buch zum Lesen nicht einfach untergeordnet werden.

[198] Vgl. Volp, Liturgie I, S. 539: „Es wird viel zuwenig beachtet, daß die Fülle der gewachsenen Texte Anlaß dazu bieten, für jede Gemeinde ganzjährige Planungen in Eigenverantwortung so vorzunehmen, daß zunächst die Charaktere der Feste (auch lokale!), sodann die mit den vorhandenen Gruppen planbaren Projekte – insbesondere Motettenreihen u. ä., musikalische Syntagmen – und schließlich die Abstimmung der ganzen Folge im Blick auf Lieder . . . sinnvolle Folgen ergeben."

[199] Flusser, Schrift, S. 10.

[200] Ich nenne beispielsweise die Antithesen der Bergpredigt oder auch den Apostelanspruch des Paulus im Gegenüber zu den Jerusalemer Aposteln in Gal 1. Weder, Zugänge, S. 16 f., bezieht sich auf Mk 11, 27 ff. Dort verweigert Jesus gerade die Antwort auf die Frage nach seiner Vollmacht. „Ist das bloßer Zufall? Oder gibt es vielleicht gar keine Antwort auf die Frage nach der Autorität? Jedenfalls nicht eine Antwort, die Jesus anstelle der Fragenden geben könnte?"

[201] Weder, Zugänge, S. 17.

[202] Es muß allerdings auch das gemeinsame Lesen der biblischen Schriften außerhalb dieser Lese- und Hörgemeinschaft bedacht werden, besonders im Rahmen des schulischen Religionsunterrichts. Daß sich hier die Diskussionslage seit der Frage Kaufmanns aus dem Jahre 1966: „Muß die Bibel im Mittelpunkt des Religionsunterrichts stehen?" verändert hat, ist inzwischen mehrfach festgestellt worden (vgl. Sauter, Revision, S. 127, mit Hinweis auf Schroer). Es hat sich gezeigt, daß das Verhältnis von biblischen und problemorientiertem Unterricht nicht als Alternative verstanden werden kann. Nun ist allerdings beim Religionsunterricht an öffentlichen Schulen darauf zu achten, daß er insgesamt und daß damit auch der Bibelgebrauch pädagogisch zu begründen ist. Verschiedene Versuche auf diesem Gebiet, neuerdings etwa die

Symbol- oder die Korrelationsdidaktik, aber auch die bei Ebeling mit Hilfe
der Stichworte „Bildungsverlust, Sprachverlust und Lebensverlust" angespro-
chenen Sachverhalte (Wiederentdeckung, S. 11 ff.), zeigen, daß die hier gewonnenen Begründungszusammenhänge eine wichtige Rückwirkung auf den
innerkirchlichen Bibelgebrauch haben können.

[203] Buch, S. 15.
[204] Christen, S. 43.
[205] Buch, S. 19 f.
[206] Ebd., S. 22.
[207] Ebd., S. 23.
[208] Wiederentdeckung, S. 6.
[209] Vgl. oben, S. 144 ff.

LITERATUR

1. Quellen und Hilfsmittel

Bei den Quellentexten gebe ich für etliche Titel zunächst in eckigen Klammern die Bezeichnung des jeweiligen Textes an, um das Auffinden zu erleichtern. Angesichts der Vielzahl der in dieser Untersuchung verarbeiteten Stellen sind aus der antiken Literatur nur diejenigen Schriften angegeben, aus denen ausdrücklich zitiert wird.

Aland, K.: Vollständige Konkordanz zum griechischen Neuen Testament unter Zugrundelegung aller modernen kritischen Textausgaben und des Textus receptus, Bd. 1, Teil 1.2 (in Verbindung mit H. Riesenfeld, H. U. Rosenbaum, C. Mannik, B. Bonsak), Berlin/New York 1983; Bd. 3 (in Verbindung mit H. Bachmann, W. A. Slaby), Berlin/New York 1978.

Altorientalische Texte zum Alten Testament, hrsg. v. H. Gressmann, Berlin/Leipzig 1926 (2).

Ancient Near Eastern Texts Relating to the Old Testament, ed. by J. B. Pritchard, Princeton 1955 (2).

[Apostolische Väter] Siehe bei Fischer, A.; Wengst, K.

[Aristeasbrief] Meisner, N.: Aristeasbrief (JSHRZ II), Gütersloh 1973.

Aristophanes: Frösche. Einleitung, Text und Kommentar von L. Radermacher (Akademie der Wissenschaften Wien, Phil.-hist. Klasse 198,4), Wien 1921.

Aristophanes: Antike Komödien, Darmstadt 1968.

Aristoteles: Poetik. Griechisch/Deutsch, übersetzt und herausgegeben von Manfred Fuhrmann, Stuttgart 1991.

Augustinus: Bekenntnisse. Confessiones. Übertragen und eingeleitet von H. Endrös, München 1963.

[Baruch-Apokalypse, griechisch] Hage, W.: Die griechische Baruch-Apokalypse (JSHRZ V), Gütersloh 1974, S. 15–44.

[Baruch-Apokalypse, syrisch] Klijn, A. F. J.: Die syrische Baruch-Apokalypse (JSHRZ V), Gütersloh 1974, S. 103–191.

Bauer, W.: Griechisch-Deutsches Wörterbuch zu den Schriften des Neuen Testaments und der frühchristlichen Literatur, hrsg. v. K. und B. Aland, Berlin/New York 1988 (6., völlig neu bearbeitete Auflage).

Becker, Jürgen: Die Testamente der zwölf Patriarchen (JSHRZ III), Gütersloh 1974, S. 15–163.

[Bibel] Einheitsübersetzung Altes und Neues Testament, Aschaffenburg 1980.

Die Bibel nach der Übersetzung Martin Luthers. Mit Apokryphen, Berlin/ Altenburg 1989 (revidierter Luthertext von 1984).

Biblia Hebraica Stuttgartensia, editio funditus renovata, hrsg. v. H. P. Rüger, Stuttgart 1990 (4).

Blass, F./Debrunner, A.: Grammatik des neutestamentlichen Griechisch, bearbeitet von R. Rehkopf, Göttingen 1990 (17).

Catull. Lateinisch-deutsch, hrsg. v. W. Eisenhut, München 1960 (5).

Diogenes Laertius: Leben und Meinungen berühmter Philosophen, Bd. I. II, übersetzt aus dem Griechischen von O. Apelt, Berlin 1955.

Eusebius von Caesarea: Kirchengeschichte, herausgegeben und eingeleitet von Heinrich Kraft, Darmstadt 1967.

Fischer, J. A.: Die Apostolischen Väter (Schriften des Urchristentums, erster Teil), Darmstadt 1970 (6).

Gesenius, W.: Hebräisches und aramäisches Handwörterbuch über das Alte Testament (in Verbindung mit H. Zimmern, M. Müller, O. Weber bearbeitet von F. Buhl), Berlin/Göttingen/Heidelberg 1962 (unveränderter Neudruck der 17. Auflage 1915).

Hengstl, J.: Griechische Papyri aus Ägypten als Zeugnisse des öffentlichen und privaten Lebens. Griechisch-deutsch, München 1978.

Hennecke, E./Schneemelcher, W.: Neutestamentliche Apokryphen in deutscher Übersetzung, hrsg. v. W. Schneemelcher, Bd. I. Tübingen 1987 (5), Bd. II Tübingen 1971 (4).

[Henoch, äthiopisch] Uhlig, Siegbert: Das äthiopische Henochbuch (JSHRZ V), Gütersloh 1984, S. 459–780.

[Hermas] Brox, N.: Der Hirt des Hermas (Kommentar zu den Apostolischen Vätern 7), Göttingen 1991.

Homer. Odyssee. Griechisch und deutsch, übertragen von A. Weiher, Darmstadt 1990 (9).

Horaz: Ars Poetica. Die Dichtkunst. Lateinisch/Deutsch, übersetzt und mit einem Nachwort hrsg. v. E. Schäfer, Stuttgart 1989.

–: Epistulae. Briefe. Lateinisch/deutsch, übersetzt und hrsg. v. B. Kytzler, Stuttgart 1986.

–: Sermones. Satiren. Lateinisch und Deutsch, übertragen und hrsg. v. K. Büchner, Stuttgart 1986.

Isokrates: De pace and Philippus, ed. by M. L. W. Laister, New York 1927.

Iuvenal: Satiren, übertragen von U. Knoche (Das Wort der Antike II), München 1951.

Josephus, with an English Translation by H. S. J. Thackeray, in Nine Volumes, London/Cambridge (Mass.) 1956ff.

Josephus, Flavius: Jüdische Altertümer. Übersetzt und mit Einleitung und Anmerkungen versehen von H. Clementz, Wiesbaden 1990 (10).

–: Selbstbiographie. Gegen Apion. Über die Makkabäer, übersetzt und mit Einleitung und Anmerkungen versehen v. H. Clementz, Wiesbaden 1993.

Justinus Martyr: Die beiden Apologien Justins des Märtyrers, in: Bibliothek der Kirchenväter, Bd. 1, Kempten/München 1932, S. 55–155.

Kautzsch, E.: Die Apokryphen und Pseudepigraphen des Alten Testaments, Bd. I. II, Darmstadt 1975 (unveränderter Nachdruck der Ausgabe Tübingen 1900).

Liddell, H. G./Scott, R.: A Greek-English Lexicon, Oxford 1961 (Nachdruck der 9. Auflage 1940, revised and augmented throughout by H. S. Jones).

Louw, J. P./Nida, E. A. (Ed.): Greek-English Lexicon of the New Testament Based on Semantic Domains, Vol. I. II, New York 1988/1989 (2).

[2. Makkabäer] Habicht, C.: 2. Makkabäerbuch (JSHRZ I), Gütersloh 1976, S. 165–285.

Martial: Epigramme, ausgewählt, übersetzt und erläutert von H. C. Schnur, Stuttgart 1991.

–: Epigrams, With An English Translation by W. C. A. Ker, in Two Volumes, Cambridge (Mass.)/London 1978.

[Megilla] Hüttenmeister, Frowald G.: Megilla. Schriftrolle (Übersetzung des Talmud Yeruschalmi II/10), Tübingen 1987.

[Megilla) Tetzner, Lothar: Megilla (Esther-Rolle) (Die Mischna, II. Seder, 10. Traktat), Berlin 1968.

Metzger, B. M.: Textual Commentary on The Greek New Testament, London/New York 1971.

[Midrasch] Siehe auch bei Wünsche, A.

Midrasch Debarim Rabba. Das ist die haggadische Auslegung des fünften Buches Mose, übertragen von A. Wünsche (Bibliotheca Rabbinica), Leipzig 1882.

Midrasch Kohelet, übertragen von A. Wünsche (Bibliotheca Rabbinica), Leipzig 1880.

Midrash Rabba, Translated into English with Notes, Glossary and Indices, in Ten Volumes, ed. by H. Freedman/M. Simon, London/Bournemouth 1961 (3).

Midrasch Schir Ha-Schirim, übertragen von A. Wünsche (Bibliotheca Rabbinica), Leipzig 1880.

[Midrasch Tanhuma B] Bietenhard, H.: Midrasch Tanhuma B, Bd. 1.2, Bern 1980/1982.

[Mischna] Beer, G./Holtzmann, O. (Hrsg.): Die Mischna. Text, Übersetzung und ausführliche Erklärung, Gießen 1912 ff. (seit 1950 hrsg. v. K. H. Rengstorf und L. Rost).

Novum Testamentum Graece, ed. K. Aland, M. Black, C. M. Martini, A. Wikgren, Stuttgart 1985 (26).

Ovid, with an English Translation by A. L. Wheeler, Cambridge (Mass.)/London 1959.

Passow, F.: Handwörterbuch der griechischen Sprache, neu bearbeitet von V. C. F. Rost und F. Palm, Bd. 1.1–2.2, Leipzig 1841–1857.

Pesikta Rabbati. Discourses for Feasts, Fasts and Special Sabbaths, Vol. I/II, translated from the Hebrew by W. G. Brande, New Haven/London 1968.

Philo. Die Werke in deutscher Übersetzung, hrsg. v. L. Cohn, I. Heinemann, M. Adler und W. Theiler, Bd. I–VI, Berlin 1962 ff.

Philonis Alexandrini opera quae supersunt I–VII, hrsg. v. L. Cohn/P. Wendland, Berlin 1962/63 (Nachdruck der Ausgabe Berlin 1896–1930).

Platon: Werke in acht Bänden, Griechisch und Deutsch (hrsg. v. G. Eigler), Darmstadt 1990 (Nachdruck der 2. Auflage Darmstadt 1977).

[Plinius d. Ältere] C. Plinius Secundus d. Ä.: Naturkunde, hrsg. und übersetzt v. R. König, München 1973 ff.

[Plinius d. Jüngere] Gaius Plinius Caecilius Secundus: Briefe. Lateinisch–deutsch, hrsg. v. H. Kasten, München 1990 (6).

Plotin: Das Schöne, in: Ders., Ausgewählte Einzelschriften. Griechischer Lesetext und deutsche Übersetzung, hrsg. v. R. Harder, Heft 1, Hamburg 1986 (Nachdruck der Ausgabe Hamburg 1956), S. 4–27.

Properz und Tibull: Liebeselegien. Elegiae. Lateinisch und deutsch, hrsg. v. G. Luck, Zürich/Stuttgart 1964.

Pseudo-Longinos: Vom Erhabenen. Griechisch und Deutsch (Texte zur Forschung, 37), hrsg. von R. Brandt, Darmstadt 1983.

Quintilianus, Marcus Fabius: Ausbildung des Redners. Zwölf Bücher, hrsg. und übersetzt von H. Rahn, Erster Teil, Buch I–VI, Darmstadt 1972.

[Qumran] Lohse, E.: Die Texte aus Qumran. Hebräisch und deutsch, Darmstadt 1971.

[Qumran] Maier, J./K. Schubert: Die Qumran-Essener. Texte der Schriftrolle und Lebensbild der Gemeinde (Uni-TB 224), München/Basel 1992 (3).

Septuaginta, id est Vetus Testamentum graece iuxta LXX interpres, ed. A. Rahlfs, Stuttgart 1971 (9).

[Sifre Dtn] Bietenhard, H.: Der tannaitische ›Midrasch Sifre Deuteronomium‹, Bern 1984.

[Sifre Num] Der tannaitische Midrasch Sifre zu Numeri, übersetzt und erklärt v. K. G. Kuhn, Stuttgart 1959.

[Sirach] Sauer, G.: Jesus Sirach (Ben Sira) (JSHRZ III), Gütersloh 1981.

Seneca: De brevitate vitae. Von der Kürze des Lebens. Lateinisch und Deutsch, übersetzt und herausgegeben von J. Feix, Stuttgart 1977.

[Soferim] Higger, M.: Massekhet Sofrim, New York 1937.

[Soferim] Müller, J.: Masechet Soferim. Der thalmudische Traktat der Schreiber, Leipzig 1878.

Suetonius, in Two Volumes, With an English Translation by J. C. Rolfe, London/Cambridge (Mass.), Vol. I 1970 (9), Vol. II 1950 (6).

Tacitus, P. Cornelius: Dialogus de oratoribus. Dialog über die Redner. Lateinisch/Deutsch, nach der Ausgabe von A. Gugel hrsg. v. D. Klose, Stuttgart 1981.

[Talmud] Goldschmidt, L. (Hrsg.): Der babylonische Talmud, Bd. 1–12, Berlin 1929–36.

[Talmud] Der Jerusalemer Talmud in deutscher Übersetzung, Tübingen 1975 ff.

Targum Neofiti 1: Genesis, Translated, with Apparatus and Notes by M. McNamara (The Aramaic Bible, Vol. 1 A), Edinburgh 1992.

Targum Onqelos, ed. by B. Grossfeld (Targum Qnqelos to Genesis, Exodus, Leviticus, Numbers, Deuteronomy; The Aramaic Bible, Vol. 6–9), Edinburgh 1988.

Targum Pseudo Jonathan: Genesis, Translated, with Introduction and Notes by M. Maher (The Aramaic Bible, Vol. 1 B), Edinburgh 1992.

Theon von Alexandria: Progymnasmata, in: Rhetores graeci, ex recognitione L. Spengel, Vol. II, Leipzig 1854, S. 57–130.

Die Tosefta. Übersetzung und Erklärung, in: Rabbinische Texte, begründet von G. Kittel und K. H. Rengstorf, Erste Reihe, Stuttgart/Berlin/Köln/ Mainz 1966 ff.

Vergil: Sämtliche Werke, München 1972.

Wengst, K. (Hrsg.): Didache (Apostellehre, Barnabasbrief, Zweiter Klemensbrief, Schrift an Diognet, Schriften des Urchristentums, Zweiter Teil), Darmstadt 1984.

Wünsche, A.: Bibliotheca Rabbinica. Eine Sammlung alter Midraschim. Deutsch von A. Wünsche, Bd. 1–5, Hildesheim 1967 (= Nachdruck der Ausgabe Leipzig 1883–1885).

Xenophon: Memorabilia and Oeconomicus, with an English Translation by E. C. Marchant, London/Cambridge (Mass.) 1959.

2. Übrige Literatur

Adam, A.: Lehrbuch der Dogmengeschichte, Bd. I, Gütersloh 1965.

Adorno, T. W.: Ästhetische Theorie, Frankfurt a. M. 1970.

Aland, K./B. Aland: Der Text des Neuen Testaments. Einführung in die wissenschaftlichen Ausgaben sowie in Theorie und Praxis der modernen Textkritik, Stuttgart 1989 (2).

Albertz, M.: Die synoptischen Streitgespräche. Ein Beitrag zur Formengeschichte des Urchristentums, 1921.

Alexander, P. S.: Jewish Aramaic Translations of Hebrew Scriptures, in: Mulder, M. J. (Ed.), Mikra. Text, Translation, Reading and Interpretation of the Hebrew Bible in Ancient Judaism and Early Christianity, Assen/Philadelphia 1988, S. 217–253.

Anderson, J. C.: Double and Triple Stories. The Implied Reader, and Redundancy in Matthew, in: Semeia 31, S. 71–89.

Arnoldshainer Konferenz/Deutsche Bibelgesellschaft (Hrsg.): Christen ohne Bibel? Eine Stellungnahme der Arnoldshainer Konferenz, Berlin/Stuttgart 1981.

Arnoldshainer Konferenz/Theologischer Ausschuß (Hrsg.): Das Buch Gottes. Elf Zugänge zur Bibel, Neukirchen-Vluyn 1992.

Aust, H.: Lesen. Überlegungen zum sprachlichen Verstehen (Konzepte der Sprach- und Literaturwissenschaft 31), Tübingen 1983.

Austin, J. L.: Zur Theorie der Sprechakte (How to do things with Words), Stuttgart 1989 (2).

Baldermann, I., u.a.: Zum Problem des Biblischen Kanons (Jahrbuch für Biblische Theologie 3), Neukirchen-Vluyn 1988.

Baltensweiler, H.: Die Ehe im Neuen Testament. Exegetische Untersuchungen über Ehe, Ehelosigkeit und Ehescheidung (AThANT 52), Zürich/Stuttgart 1967.

Balz, H.: Artikel ἀναγινώσκω, in: EWNT I, Sp. 184.

Barrett, C.K.: Die Umwelt des Neuen Testaments. Ausgewählte Quellen (WUNT 4), Tübingen 1959.

Barthes, R.: Die Lust am Text, Frankfurt a.M. 1990 (6).

–: S/Z, Frankfurt a.M. 1976.

Barz, H.: Religion ohne Institution? Eine Bilanz der sozialwissenschaftlichen Jugendforschung (Jugend und Religion, 1), Opladen 1992.

–: Postmoderne Religion am Beispiel der jungen Generation in den alten Bundesländern (Jugend und Religion, 2), Opladen 1992.

Baumbach, G.: Jesus von Nazareth im Lichte der jüdischen Gruppenbildung (Aufsätze und Vorträge zur Theologie und Religionswissenschaft, 54), Berlin 1971.

Baumgärtel, F./J. Behm: Artikel καρδία κτλ, in: ThWNT III, S. 609–616.

Baumgarten, A.G.: Theoretische Ästhetik. Die grundlegenden Abschnitte aus den ›Aesthetica‹ (1750/1758). Lateinisch/Deutsch, übersetzt und herausgegeben von H.R. Schweitzer (Philosophische Bibliothek 355), Hamburg 1988 (2).

Beaujean, Marion: Leser und Lektüre in der Bundesrepublik/Anmerkungen zu einem wichtigen Thema, in: Literaturunterricht, hrsg. v. G. Wilkending, München 1972, S. 226–237.

Behm, J.: Artikel ἑρμηνεύω κτλ, in: ThWNT II, S. 659–662.

Behrmann, A.: Einführung in die Analyse von Prosatexten (Sammlung Metzler M 59), Stuttgart 1982 (5).

Beinlich, A.: Die Entwicklung des Lesers, in: C.A. Baumgärtner (Hrsg.), Lesen – ein Handbuch, Hamburg 1973, S. 172–210.

–: Zu einer Typologie des Lesers, in: C.A. Baumgärtner (Hrsg.), Lesen – ein Handbuch, Hamburg 1973, S. 211–227.

Berg, T.F.: Reading In/To Mark, in: Semeia 48 (1989), S. 187–206.

Berger, K.: Formgeschichte des Neuen Testaments, Heidelberg 1984.

–: Hermeneutik des Neuen Testaments, Gütersloh 1988.

Betz, H.D.: Ursprung und Wesen christlichen Glaubens nach der Emmauslegende (Lk 24,13–32), in: ZThK 66 (1969), S. 7–21.

Beuken, W./S. Freyne/A. Weiler: Die Bibel und ihre Leser, in: Conc 27 (1991), S. 7–8.

Beutel, A.: Erfahrene Bibel. Verständnis und Gebrauch des verbum dei scriptum bei Luther, in: ZThK 89 (1992), S. 302–339.

Bieritz, K.-H.: Gottesdienst als offenes Kunstwerk. Zur Dramaturgie des Gottesdienstes, in: Pastoraltheologie 75 (1986), S. 358–373.

–: Zur Lehre vom Gottesdienst. Beiträge zur Aufgabe, zum Gegenstand und zu den Verfahren der Liturgik als einer Disziplin der Praktischen Theologie, Berlin 1988.

Birt, T.: Die Buchrolle in der Kunst. Archäologisch-Antiquarische Untersuchungen zum antiken Buchwesen, Leipzig 1907.

–: Das antike Buchwesen in seinem Verhältnis zur Litteratur, Aalen 1959 (unveränderter Nachdruck der Auflage Berlin 1882).

–: Kritik und Hermeneutik nebst Abriß des antiken Buchwesens (Handbuch der klassischen Altertumswissenschaft I, 3), München 1913.

Blanck, H.: Einführung in das Privatleben der Griechen und Römer (Die Altertumswissenschaft), Darmstadt 1976.

Blau, L.: Studien zum althebräischen Buchwesen und zur hebräischen Literaturgeschichte, Budapest 1902.

Bloch, E.: Subjekt – Objekt. Erläuterungen zu Hegel (suhrkamp taschenbuch 12), Frankfurt a. M. 1971.

Bloth, P. C.: Das Instrumentarium volkskirchlicher Rituale. Perikopen im Kirchenjahr, in: Handbuch der Praktischen Theologie, hrsg. v. P. C. Bloth/ K. F. Daiber/J. Kleemann/C.-J. Roepke/H. Schroer/T. Stählin/K. Wegenast, Bd. 4, Gütersloh 1987, S. 43–51.

Blunck, J.: Artikel ἀναγινώσκω, in: Theologisches Begriffslexikon, Bd. I, S. 153.

Bock, D. L.: Proclamation from Prophecy and Pattern. Lucan Old Testament Christology (Journal for the Study of the New Testament, Supplement Series, 12), Sheffield 1987.

Boetius, H.: Ästhetik, in: H. L. Arnold/V. Sinemus, Grundzüge der Literatur- und Sprachwissenschaft, München 1992 (10), S. 105–114.

Booth, W. C.: The Rhetoric of Fiction, Chicago 1961.

Bovon, F.: Das Evangelium nach Lukas (EKK III/1), Zürich/Neukirchen-Vluyn 1989.

Bowker, J.: The Targums and Rabbinic Literature. An Introduction to Jewish Interpretations of Scripture, Cambridge 1969.

Brecht, B.: Gesammelte Gedichte (Werke, Bd. I), Frankfurt a. M. 1976.

Breytenbach, C.: Nachfolge und Zukunftserwartung nach Markus. Eine methodenkritische Studie (AThANT 71), Zürich 1984.

–: Das Problem des Übergangs von mündlicher zu schriftlicher Überlieferung, in: Neotestamentica 20 (1986), S. 47–58.

Brooke, G.: Qumran Pescher. Towards the Redefinition of a Genre, in: RQ 10 (1981), S. 483–503.

Brox, N.: Der erste Petrusbrief (EKK XXI), Zürich/Einsiedeln/Köln und Neukirchen-Vluyn 1979.

Bruce, F. F.: Biblical Exegesis in the Qumran-Texts, Den Haag 1959.

–: The Book of Daniel and the Qumran Community, in: Neotestamentica et Semitica, in Honour of M. Black, ed. by E. Ellis and M. Wilcox, Edinburgh 1969, S. 221–235.

Büll, R.: Vom Wachs (Höchster Beiträge zur Kenntnis der Wachse, I, 9), Frankfurt-Höchst 1968.

Bultmann, R.: Artikel ἀναγινώσκω κτλ, in: ThWNT I, S. 347.

–: Der zweite Brief an die Korinther, hrsg. von E. Dinkler (KEK, Sonderband), Göttingen 1976.

–: Das Evangelium des Johannes (KEK, Zweite Abteilung), Göttingen 1968 (10).

–: Die Geschichte der synoptischen Tradition (FRLANT 29), Göttingen 1967 (7).

Burnett, F. W.: Postmodern Biblical Exegesis: The Eve of Historical Criticsm, in: Semeia 51 (1990), S. 51–80.

–: Prolegomenon to Reading Matthew's Eschatological Discourse: Redundancy and the Education of the Reader in Matthew, in: Semeia 31, S. 91–109.

Busse, U.: Das Nazareth-Manifest Jesu. Eine Einführung in das lukanische Jesusbild nach Lk 4, 16–30 (SBS 91), Stuttgart 1978.

Campenhausen, H. von: Die Entstehung der christlichen Bibel (BhTh 39), Tübingen 1968.

Cecchi, S.: Die Pädagogik des Isokrates, in: Johann, H.-T. (Hrsg.), Erziehung und Bildung in der heidnischen und christlichen Antike (WdF 377), Darmstadt 1976, S. 227–251.

Cerný, J.: Paper and Books in Ancient Egypt, London 1952.

Chartier, R.: Ist eine Geschichte des Lesens möglich? Vom Buch zum Lesen: einige Hypothesen, in: LiLi 57/58, Göttingen 1985, S. 250–273.

Combrink, H. J. B.: Multiple meaning and/or multiple interpretation of a text, in: NTSSA 18 (1984), S. 26–37.

Conzelmann, H.: Die Apostelgeschichte (HNT 7), Tübingen 1972 (2).

–: Die Mitte der Zeit. Studien zur Theologie des Lukas (BHTh 17), Tübingen 1964 (5).

Coseriu, E.: Einführung in die allgemeine Sprachwissenschaft (UTB 1372), Tübingen 1988.

Croatto, J. S.: Die Bibel gehört den Armen. Perspektiven einer befreiungstheologischen Hermeneutik (Ökumenische Existenz heute, 5), München 1989.

Crosman, R.: Do Readers Make Meaning?, in: S. R. Suleiman/I. Crosman, The Reader in the Text, Princeton 1980, S. 149–164.

Crossan, J. D.: The Parable of the Wicked Husbandmen, in: JBL 90 (1971), S. 461–465.

Culler, J.: Prolegomena to a Theory of Reading, in: S. R. Suleiman/I. Crosman (Hrsg.), The Reader in the Text, Princeton 1980, S. 46–66.

Cullmann, O.: Die Tauflehre des Neuen Testaments. Erwachsenen- und Kindertaufe (AThANT 12), Zürich 1958.

Daecke, S. M.: Glaube im Pluralismus. Gibt es eine postmoderne Theologie?, in: EvKomm 21 (1988), S. 629–632.

Dahrendorf, M.: Leseerziehung oder literarästhetische Bildung?, in: Literaturunterricht, hrsg. v. G. Wilkending, München 1972, S. 150–169.

Daiber, K.-F./I. Lukatis: Bibelfrömmigkeit als Gestalt gelebter Religion (Texte und Arbeiten zur Bibel, 6), Bielefeld 1991.

Daube, D.: The New Testament and Rabbinic Judaism, London 1956.

Dauber, K.: The Bible as Literature: Reading Like the Rabbis, in: Semeia 31, S. 27–48.

Delling, G.: „... als er uns die Schrift aufschloß." Zur lukanischen Terminologie der Auslegung des Alten Testaments, in: R. Balz/S. Schulz (Hrsg.), Das Wort und die Wörter. Festschrift Gerhard Friedrich zum 65. Geburtstag, Stuttgart/Berlin/Köln/Mainz 1973, S. 75–84.

–: Wort Gottes und Verkündigung im Neuen Testament (SBS 53), Stuttgart 1971.

Delorme, J.: Intertextualities about Mark, in: S. Draisma (Ed.), Intertextuality in Biblical Writings. Studies in Honour of Bas van Iersel, Kampen 1989, S. 35–42.

Demsky, A./M. Bar-Ilan: Writing in Ancient Israel and Early Judaism, in: M. J. Mulder (Ed.), Mikra. Text, Translation, Reading and Interpretation of the Hebrew Bible in Ancient Judaism and Early Christianity, Assen/Philadelphia 1988, S. 1–38.

Derrida, J.: Grammatologie, Frankfurt a. M. 1988 (2).

–: Die Schrift und die Differenz, Frankfurt a. M. 1992 (5).

Deselaers, P.: „Wichtiger als tausend Lesemeister wäre ein Lebemeister" (Meister Eckhart). Zur Spiritualität des Lesens, in: A. T. Khoury/L. Muth (Hrsg.), Glauben durch Lesen? Für eine christliche Lesekultur (QD 128), Freiburg/Basel/Wien 1990, S. 98–112.

Detweiler, R.: Story, Sign and Self. Phenomenology and Structuralism as Literary Critical Methods, Philadelphia/Missoula 1978.

Dibelius, M.: An die Thessalonicher I. II. An die Philipper (HNT 11), Tübingen 1937 (3).

Dihle, Albrecht: Griechische Literaturgeschichte, Darmstadt 1991 (2).

Dijk, T. A. van: Textwissenschaft. Eine interdisziplinäre Einführung, Tübingen 1980.

Dilthey, W.: Die geistige Welt. Einleitung in die Philosophie des Lebens. Zweite Hälfte (Gesammelte Schriften, Bd. VI), Leipzig/Berlin 1926.

Dimant, D.: Qumran Sectarian Literature, in: M. E. Stone (Ed.), Jewish Writings of the Second Temple (Compendia Rerum Iudaicarum ad Novum Testamentum, Section 2), Assen/Philadelphia 1984, S. 483–550.

Diringer, D.: The Hand-Produced Book, London 1953.

Dobschütz, E. von: Die Thessalonicherbriefe, hrsg. von F. Hahn (KEK), Göttingen 1974 (Nachdruck der Ausgabe von 1909).

Dodd, C. H.: The Parables of the Kingdom, 1961 (2).

Draisma, S. (Hrsg.): Intertextuality in Biblical Writings. Essays in Honour of B. van Iersel, Kampen 1989.

Dziatzko, K.: Artikel Buch, in: RE 5, Sp. 939–971.

–: Artikel Buchhandel, in: RE 5, Sp. 973–985.

Ebeling, G.: Wiederentdeckung der Bibel in der Reformation – Verlust der Bibel heute?, in: ZThK Beiheft 5 (1981), S. 1–19.

Eckert, W. P./G. Rohrmoser/H. Schroer: Artikel Ästhetik, in: TRE I, S. 544–572.

Eco, U.: Einführung in die Semiotik (UBT 105), München 1991 (7).

Eco, U.: Das offene Kunstwerk, Frankfurt a. M. 1990 (5).

–: Lector in fabula. Die Mitarbeit der Interpretation in erzählenden Texten, München 1990.

–: Nachschrift zum ›Namen der Rose‹, München/Wien 1984 (5).

–: The Role of the Reader. Explorations in the Semiotics of Texts, Bloomington/London 1979.

Ehrhardt, A.: The Disciples of Emmaus, in: NTS 10 (1963–64), S. 182–201.

Eichholz, G.: Gleichnisse der Evangelien. Form, Überlieferung, Auslegung, Neukirchen 1984 (4).

Eisinger, W.: Neue Bibelfrömmigkeit in der jungen Generation, in: Pastoraltheologie 74 (1985), S. 311–322.

Eissfeldt, O.: Einleitung in das Alte Testament, Tübingen 1976 (4).

Elbogen, I.: Der jüdische Gottesdienst in seiner geschichtlichen Entwicklung (Grundriß der Gesamtwissenschaft des Judentums, 6), Leipzig 1913.

Elliger, K.: Studien zum Habakukkommentar vom Toten Meer (BhTh 15), Tübingen 1953.

Ellis, E. E.: Prophecy and Hermeneutic in Early Christianity (WUNT, 18), Tübingen 1978.

–: The Old Testament in Early Christianity. Canon and Interpretation in the Light of Modern Research (WUNT 54), Tübingen 1991.

–: Paul's Use of the Old Testament, Edinburgh/London 1957.

Eltester, W.: Israel im lukanischen Werk und die Nazarethperikope, in: BZNW 40 (1972), S. 76–145.

Ernst, J.: Schriftauslegung und Auferstehungsglaube bei Lukas, in: Ders. (Hrsg.), Schriftauslegung. Beiträge zur Hermeneutik des Neuen Testaments und im Neuen Testament, München/Paderborn/Wien 1972, S. 177–192.

Escarpit, R.: Das Buch und der Leser. Entwurf einer Literatursoziologie, Köln/Opladen 1961.

–: Die Revolution des Buches (Schriften zur Buchmarktforschung, 10), Gütersloh 1961.

Fascher, E.: Jesaja 53 in christlicher und jüdischer Sicht (Aufsätze und Vorträge zu Theologie und Religionswissenschaft, 4), Berlin 1958.

Feldman, L. H.: Use, Authority and Exegesis of Mikra in the Writings of Josephus, in: M. J. Mulder (Ed.), Mikra. Text, Translation, Reading and Interpretation of the Hebrew Bible in Ancient Judaism and Early Christianity, Assen/Philadelphia 1988, S. 455–518.

Fish, S.: Interpreting the Variorum, in: J. P. Tompkins (Hrsg.), Reader Response Criticism. From Formalism to Post-Structuralism, Baltimore/London, 1980, S. 164–184.

–: Literatur im Leser: Affektive Stilistik, in: R. Warning (Hrsg.), Rezeptionsästhetik (UTB 303), München 1988 (3), S. 196–227.

Fishbane, M.: Use, Authority and Interpretation of Mikra at Qumran, in: M. J. Mulder (Ed.), Mikra. Text, Translation, Reading and Interpretation of the Hebrew Bible in Ancient Judaism and Early Christianity, Assen/Philadelphia 1988, S. 339–377.

Fisher, D. H.: Self in Text, Text in Self, in: Semeia 51 (1990), S. 137–154.

Flender, H.: Bis ans Ende der Erde. Exegese und Meditationen zu sieben Abschnitten aus der Apostelgeschichte, Arbeitsheft zur 47. Bibelwoche 1984/1985, Neukirchen-Vluyn 1984, S. 8–82.

Flusser, V.: Die Schrift. Hat Schreiben Zukunft?, Frankfurt a. M. 1992.

Foucault, M.: Schriften zur Literatur, Frankfurt a. M. 1991 (6).

Fouquet-Plümacher, D.: Siehe bei Lanczkowski.

Fowler, R. M.: Who is "The Reader" in Reader Response Criticism?, in: Semeia 31, S. 5–23.

Franzmann, B.: Artikel Lesen, in: W. R. Langenbucher/R. Rytlewski/B. Weyergraf (Hrsg.), Kulturpolitisches Wörterbuch. BRD/DDR im Vergleich, Stuttgart 1983, S. 468–470.

–: Buchmarkt- und Leserforschung in Deutschland, in: Buch und Leser (Bertelsmann Texte 7), S. 147–173.

–: Plädoyer für Buch und Lesen, in: Buch und Lesen (Bertelsmann Texte 7), Gütersloh 1978, S. 175–191.

Freud, S.: Der Dichter und das Phantasieren, in: Ders., Studienausgabe, Bd. X, Bildende Kunst und Literatur, Frankfurt a. M. 1969, S. 171–179.

–: Psychopathische Personen auf der Bühne, in: Ders., Studienausgabe, Bd. X, Bildende Kunst und Literatur, Frankfurt a. M. 1969, S. 162–168.

Fritz, A./A. Suess: Lesen. Die Bedeutung der Kulturtechnik Lesen für den gesellschaftlichen Kommunikationsprozeß (Schriften der Deutschen Gesellschaft für Comnet, Bd. 6), Konstanz 1986.

Fröhner, R.: Das Buch in der Gegenwart. Eine empirisch-sozialwissenschaftliche Untersuchung (Veröffentlichungen für den Buchhandel), Gütersloh 1961.

Fügen, H. N.: Die Hauptrichtungen der Literatursoziologie und ihre Methoden (Abhandlungen zur Kunst-, Musik- und Literaturwissenschaft, 21), Bonn 1964.

Fuhrmann, M.: Einführung in die antike Dichtungstheorie, Darmstadt 1973.

Furger, F.: Lesekultur im Dienst christlicher Gesellschaftsgestaltung, in: A. T. Khoury/L. Muth (Hrsg.), Glauben durch Lesen? Für eine christliche Lesekultur (QD 128), Freiburg/Basel/Wien 1990, S. 138–150.

Gabriel, K.: Christentum zwischen Tradition und Postmoderne (QD 141), Freiburg/Basel/Wien 1992.

Gärtner, B.: Der Habakuk-Kommentar (1 QpHab) und das Matthäus-Evangelium, in: J. Lange (Hrsg.), Das Matthäus-Evangelium (WdF 525), Darmstadt 1980.

Gadamer, H.-G.: Wahrheit und Methode, Tübingen 1975 (4).

Gallas, H.: Strukturalismus in der Literaturwissenschaft, in: H. L. Arnold/V. Sinemus (Hrsg.), Grundzüge der Literatur- und Sprachwissenschaft, Bd. 1, München 1992 (10), S. 374–388.

Galling, K.: Artikel Buch. Buch im Altertum, in: RGG I, Sp. 1410–1412.

Gamper, H.: „Keiner wagt mehr seine Person daran." Zur Situation der Literaturwissenschaft nach vollendeter Marginalisierung der Literatur, in:

F. Griesheimer/A. Prinz (Hrsg.), Wozu Literaturwissenschaft? Kritik und Perspektiven (UTB 1640), Tübingen 1991, S. 102–126.

Geier, M.: Die Schrift und die Tradition. Studien zur Intertextualität, München 1985.

Genette, G.: Strukturalismus und Literaturwissenschaft, in: H. Blumensath (Hrsg.), Strukturalismus in der Literaturwissenschaft, Köln 1972, S. 71–88.

Georgi, D.: Die Gegner des Paulus im 2. Korintherbrief (WMANT 11), Neukirchen-Vluyn 1964.

Gercke, A./E. Norden (Hrsg.): Einleitung in die Altertumswissenschaft, 1. Bd., Leipzig/Berlin 1910.

Gerhardsson, B.: Memory and Manuscript. Oral Tradition and Written Transmission in Rabbinic Judaism and Early Christianity, Uppsala 1961.

Gibson, W.: Authors, Speakers, Readers, and Mock Readers, in: J. R. Tompkins (Hrsg.), Reader Response Criticism, Baltimore/London 1980, S. 1–6.

Giehrl, H. E.: Der junge Leser. Einführung in die Grundfragen der Jungleserkunde und der literarischen Erziehung, Donauwörth 1968.

Girardi, M.-R./L. K. Neffe/H. Steiner: Buch und Leser in Deutschland (Schriften zur Buchmarkt-Forschung, 4), Gütersloh 1965.

Gnilka, J.: Das Evangelium nach Markus (EKK II/1.2), Zürich/Einsiedeln/Köln und Neukirchen-Vluyn 1978/1979.

–: Das Evangelium nach Matthäus. (HThK I/1.2), Freiburg/Basel/Wien 1988 (2).

Grethlein, C.: Abriß der Liturgik. Ein Studienbuch zur Gottesdienstgestaltung, Gütersloh 1991 (2).

Greven, J.: Grundzüge einer Soziologie des heutigen Lesers, in: C. A. Baumgärtner (Hrsg.), Lesen – ein Handbuch, Hamburg 1973, S. 149–171.

–: Grundzüge einer Sozialgeschichte des Lesers und der Lesekultur, in: C. A. Baumgärtner (Hrsg.), Lesen – ein Handbuch, Hamburg 1973, S. 117–133.

Griesheimer, F.: Begreifen, was uns betrifft. Über personales und existentiales Verstehen in der Literaturwissenschaft, in: F. Griesheimer/A. Prinz (Hrsg.), Wozu Literaturwissenschaft? Kritik und Perspektiven (UTB 1640), Tübingen 1991, S. 365–382.

–: Unmut nach innen. Ein Abriß über das Enttäuschende an der gegenwärtigen Literaturwissenschaft, in: F. Griesheimer/A. Prinz (Hrsg.), Wozu Literaturwissenschaft? Kritik und Perspektiven (UTB 1640), Tübingen 1991, S. 11–43.

Grimm, G.: Rezeptionsgeschichte. Grundlegung einer Theorie (UTB 691), München 1977.

Groeben, N.: Literaturpsychologie, in: H. L. Arnold/V. Sinemus (Hrsg.), Grundzüge der Literatur- und Sprachwissenschaft, Bd. 1, München 1992 (10), S. 388–397.

–: Rezeptionsforschung als empirische Literaturwissenschaft. Paradigma- und Methodendiskussion an Untersuchungsbeispielen (Empirische Literaturwissenschaft, Bd. 1), Kronberg 1977.

Grundmann, W.: Artikel δύναμαι κτλ, in: ThWNT II, S. 286–318.

–: Das palästinensische Judentum im Zeitraum zwischen der Erhebung der Makkabäer und dem Ende des jüdischen Krieges, in: J. Leipoldt/W. Grundmann (Hrsg.), Umwelt des Urchristentums, Bd. I, Berlin 1982 (6), S. 143–291.

Gunneweg, A. H. J.: Nehemia. Mit einer Zeittafel von A. Jepsen und einem Exkurs zur Topographie und Archäologie Jerusalems von M. Oeming (KAT), Berlin 1987.

–: Vom Verstehen des Alten Testaments. Eine Hermeneutik (Grundrisse zum Alten Testament. ATD Ergänzungsreihe, 5), Göttingen 1977.

Gutting, G. (Hrsg.): Paradigms and Revolutions. Appraisals and Applications of Thomas Kuhn's Philosophy of Science, Notre Dame 1980.

Haarbeck, A.: Jesus wirkt weiter. Sieben Abschnitte aus der Apostelgeschichte. Der Gemeinde zur Bibelwoche 1984/85, Neukirchen-Vluyn 1984.

Habermas, J.: Die Moderne – ein unvollendetes Projekt, in: W. Welsch (Hrsg.), Wege aus der Moderne. Schlüsseltexte der Postmoderne-Diskussion, Weinheim 1988, S. 191 f.

Haenchen, E.: Die Apostelgeschichte (KEK, Dritte Abteilung), Göttingen 1968 (15).

–: Der Weg Jesu. Eine Erklärung des Markusevangeliums und der kanonischen Parallelen, Berlin 1968 (2).

Hahn, F.: Der urchristliche Gottesdienst (SBS 41), Stuttgart 1970.

–: Einige notwendige Bemerkungen zu zwei Texteditionen, in: VuF 36 (1991), S. 64–69.

–: Exegese, Theologie und Kirche, in: ZThK 74 (1977), S. 25–37.

–: Christologische Hoheitstitel. Ihre Geschichte im frühen Christentum (FRLANT 83), Göttingen 1966 (3).

–: Verschriftlichung mündlicher Tradition in der Bibel, in: ZRG 39 (1987), S. 307–318.

Hahn, F./C. Breytenbach (Hrsg.): Der Erzähler des Evangeliums. Methodische Neuansätze in der Markusforschung (SBS 118/119), Stuttgart 1985.

Hanson, A. T.: The New Testament Interpretation of Scripture, London 1980.

Harris, J. R.: Testimonies, Vol. I. II, Cambridge 1916. 1920.

Hegel, G. W. F.: Vorlesungen über die Ästhetik I (Werke, Bd. 13), Frankfurt a. M. 1970.

Hegele, G.: Argumente zum Glauben. Ein Arbeitsbuch über Funktionswert und Praxis des christlichen Glaubens, Gelnhausen/Berlin 1973.

Hegermann, H.: Das hellenistische Judentum, in: J. Leipoldt/W. Grundmann (Hrsg.), Umwelt des Urchristentums, Bd. I, Berlin 1982 (6), S. 292–345.

Heide, A. van der: Die Berufung Abrahams, wie sie von Juden und Christen gedeutet wird, in: Conc 27 (1991), S. 17–24.

Heinemann, J.: Prayer in the Talmud, Berlin/New York 1977.

Helck, W.: Artikel Aithiopia, in: Der Kleine Pauly I, Sp. 201–203.

–: Artikel Kandake, in: Der Kleine Pauly III, Sp. 106.

–: Artikel Meroe, in: Der Kleine Pauly III, Sp. 1232–1233.

Hengel, M.: Die Evangelienüberschriften, Heidelberg 1984.

Hengel, M.: Das Gleichnis von den Weingärtnern. Mc 12, 1–12 im Lichte der Zenonpapyri und der rabbinischen Gleichnisse, in: ZNW 59 (1968), S. 1–39.

–: Judentum und Hellenismus. Studien zu ihrer Begegnung unter besonderer Berücksichtigung Palästinas bis zur Mitte des 2. Jhs. v. Chr. (WUNT 10), Tübingen 1972 (2).

–: Proseuche und Synagoge. Jüdische Gemeinde, Gotteshaus und Gottesdienst in der Diaspora und in Palästina, in: G. Jeremias/H.-W. Kuhn/H. Stegemann (Hrsg.), Tradition und Glaube. Das frühe Christentum in seiner Umwelt. Festgabe für Karl Georg Kuhn zum 65. Geburtstag, Göttingen 1971, S. 157–184.

Herder, J. G.: Ideen zur Philosophie der Geschichte der Menschheit. Mit einem Vorwort von H. Schmidt, Wiesbaden o. J.

Herrenbrück, R.: Riskiert, wer predigt, Wirkung?, in: WuD 21 (1991), S. 257–284.

Hesse, F.: Das Alte Testament als Buch der Kirche, Gütersloh 1966.

Hild, H. (Hrsg.): Wie stabil ist die Kirche. Bestand und Erneuerung. Ergebnisse einer Meinungsbefragung, Gelnhausen/Berlin 1975 (2).

Hildesheimer, E.: Artikel Buchwesen, jüdisches, in: Jüdisches Lexikon, Bd. I, Sp. 1204–1216.

Hirschberger, J.: Geschichte der Philosophie, Bd. I/II, Freiburg/Basel/Wien 1965 (8); 1969 (8).

Hirschler, H.: Biblisch predigen, Hannover 1988.

Hirschler, H./G. Linnenbrink (Hrsg.): Die Bibel weckt Gemeinde, Hannover 1984.

Hölscher, G.: Der Ursprung der Apokalypse Mrk 13, in: ThBl 12 (1933), S. 193–202.

Hof, R.: La fete est finie? Literaturwissenschaft und (Post-)Feminismus, in: F. Griesheimer/A. Prinz (Hrsg.), Wozu Literaturwissenschaft. Kritik und Perspektiven (UTB 1640), Tübingen 1991, S. 277–296.

Hofer, A. (Hrsg.): Lesenlernen: Theorie und Unterricht (Sprache und Lernen, 44), Düsseldorf 1976.

Hoffmann, W.: Literatur in Wissenschaft und Unterricht. Eine didaktische Untersuchung, Braunschweig 1969.

Hofius, O.: Paulusstudien (WUNT 51), Tübingen 1989.

Holland, N. N.: The Dynamics of Literary Response, New York 1968.

–: Poems in Persons: An Introduction to the Psychoanalysis of Literature, New York 1973.

Holtz, T.: Untersuchungen über die alttestamentlichen Zitate bei Lukas (Texte und Untersuchungen zur Geschichte der altchristlichen Literatur, 104), Berlin 1968.

Holub, R. C.: Reception Theory. A Critical Introduction, London/New York 1984.

Honecker, M.: Kirche ohne Protestanten? Evangelisch in der Zivilgesellschaft, in: EvKomm 26 (1993), S. 479–483.

Hossfeld, F. L./E. Reuter: Artikel סֵפֶר, in: ThWAT V, Sp. 929–944.

Hosterey, I.: Verschlungene Schriftzeichen. Intertextualität von Literatur und Kunst in der Moderne/Postmoderne (Athenäum Monographien Literaturwissenschaft, 92), Frankfurt a. M. 1988.

Hruby, K.: Die Synagoge. Geschichtliche Entwicklung einer Institution (Schriften zur Judentumskunde, 3), Zürich 1971.

Hübner, H.: Artikel γραφή, γράφω, in: EWNT I, Sp. 628–638.

–: Biblische Theologie des Neuen Testaments, Bd. 1, Prolegomena, Göttingen 1990.

–: Vetus Testamentum und Vetus Testamentum in Novo Receptum. Die Frage nach dem Kanon des Alten Testaments aus neutestamentlicher Sicht, in: Zum Problem des biblischen Kanons (JBTh 3), Neukirchen-Vluyn 1988, S. 147–162.

Hüttenmeister, F.: Die jüdischen Synagogen, Lehrhäuser und Gerichtshöfe, in: F. Hüttenmeister/G. Reeg: Die antiken Synagogen in Israel, Bd. 1 (Beihefte zum Tübinger Atlas des Vorderen Orients, Reihe B. 12), Wiesbaden 1977.

Hultgren, A. J.: Jesus and His Adversaries. The Form and Function of the Conflict Stories in the Synoptic Tradition, Minneapolis 1979.

Hummel, R.: Die Auseinandersetzung zwischen Kirche und Judentum im Matthäusevangelium (BevTh 33), München 1966.

Hussein, M. A.: Vom Papyrus zum Codex. Der Beitrag Ägyptens zur Buchkultur, Leipzig 1970.

Huyssen, A./K. R. Scherpe (Hrsg.): Postmoderne. Zeichen eines kulturellen Wandels, Frankfurt a. M. 1989.

Iersel, B. van: Reading Mark, Edinburgh 1989.

Iser, W.: Der Akt des Lesens (UTB 636), München 1990 (3).

–: Die Appellstruktur der Texte, in: R. Warning (Hrsg.), Rezeptionsästhetik (UTB 303), München 1988 (3), S. 228–252.

–: Der Lesevorgang, in: R. Warning (Hrsg.), Rezeptionsästhetik (UTB 303), München 1988 (3), S. 253–276.

–: Im Lichte der Kritik, in: R. Warning (Hrsg.), Rezeptionsästhetik (UTB 303), München 1988 (3), S. 325–342.

–: Die Wirklichkeit der Fiktion, in: R. Warning (Hrsg.), Rezeptionsästhetik (UTB 303), München 1988 (3), S. 277–324.

Jaeggi, U.: Lesen und Schreiben. Thesen zur Literatursoziologie, in: J. Bark (Hrsg.), Literatursoziologie, Bd. I, Stuttgart/Berlin/Köln/Mainz 1974, S. 69–84.

–: Literatursoziologie, in: H. L. Arnold/V. Sinemus (Hrsg.), Grundzüge der Literatur- und Sprachwissenschaft, Bd. 1, München 1992 (10), S. 397–413.

Janke, W.: Das Schöne, in: Handbuch philosophischer Grundbegriffe, Bd. 5, hrsg. v. H. Krings, H. M. Baumgartner und C. Wild, München 1974, S. 1260–1276.

Japp, U.: Beziehungssinn. Ein Konzept der Literaturgeschichte, Frankfurt a. M. 1980.

Japp, U.: Hermeneutik (Theorie und Geschichte der Literatur und der schönen Künste, Bd. 47), München 1977.

Jauß, H. R.: Ästhetische Erfahrung und literarische Hermeneutik, Frankfurt a. M. 1984 (4).

–: Racines und Goethes Iphigenie, in: R. Warning (Hrsg.), Rezeptionsästhetik (UTB 303), München 1988 (3), S. 353–400.

–: Literaturgeschichte als Provokation der Literaturwissenschaft (Konstanzer Universitätsreden, 3), Konstanz 1967.

–: Die Theorie der Rezeption – Rückschau auf ihre unerkannte Vorgeschichte, Konstanz 1987.

Jeremias, G.: Der Lehrer der Gerechtigkeit (StUNT 2), Göttingen 1963.

Jeremias, J.: Artikel λίθος κτλ, in: ThWNT IV, S. 272–283.

–: Artikel παῖς θεοῦ, in: ThWNT V, S. 653–713.

Jetter, W.: Auf der Suche nach dem geneigten Leser, in: Pastoraltheologie 74 (1985), S. 46–51.

Jeziorkowski, K.: Zum Verhältnis von Theologie und Literaturwissenschaft, in: W. Jens/H. Küng/K.-J. Kuschel (Hrsg.), Theologie und Literatur. Zum Stand des Dialogs, München 1986, S. 186–198.

Josuttis, M.: Religion – Gefahr der Postmoderne. Anmerkungen zur Lage der Praktischen Theologie, in: EvKomm 21 (1988), S. 16–19.

–: Der Weg in das Leben. Eine Einführung in den Gottesdienst auf verhaltenswissenschaftlicher Grundlage, München 1991.

Jülicher, A.: Die Gleichnisreden Jesu, Bd. I/II, Darmstadt 1963 (Nachdruck der Ausgabe Tübingen 1910).

Jung, C. G.: Psychologie und Dichtung, in: E. Ermatinger (Hrsg.), Philosophie der Literaturwissenschaft, Berlin 1930, S. 315–330.

Kaiser, W. C.: The Uses of the Old Testament in the New, Chicago 1985.

Kallis, A.: Ikone und Buch. Ansätze zu einer Ästhetik des Lesens, in: A. T. Khoury/L. Muth (Hrsg.), Glauben durch Lesen? Für eine christliche Lesekultur (QD 128), Freiburg/Basel/Wien 1990, S. 66–81.

Kannengießer, C.: Die Bibel, wie sie in der frühen Kirche gelesen wurde. Die patristische Exegese und ihre Voraussetzungen, in: Conc 27 (1991), S. 25–30.

Kant, I.: Kritik der reinen Vernunft. Erster Teil (Werke in 10 Bänden, Bd. 3), Darmstadt 1983.

Karpp, H.: Artikel Bibel IV: Die Funktion der Bibel in der Kirche, in: TRE VI, S. 48–93.

Karrer, M.: Die Johannesoffenbarung als Brief. Studien zu ihrem literarischen, historischen und theologischen Ort (FRLANT 140), Göttingen 1986.

Kayser, W.: Das sprachliche Kunstwerk. Eine Einführung in die Literaturwissenschaft, München 1973 (16).

Kemper, P. (Hrsg.): „Postmoderne" oder Der Kampf um die Zukunft. Die Kontroverse in Wissenschaft, Kunst und Gesellschaft, Frankfurt a. M. 1991 (9).

Kenney, E. J.: Books and Readers in the Roman World, in: The Cambridge

History of Classical Literature, Vol. II, ed. by E. J. Kenney/W. V. Clausen, Cambridge 1982, S. 3–32.

Kenyon, F. G.: Books and Readers in Ancient Greece and Rome, Oxford 1951 (2).

Kertelge, K.: „Verstehst du auch, was du liest?" (Apg 8, 30), in: A. T. Khoury/ L. Muth (Hrsg.), Glauben durch Lesen. Für eine christliche Lesekultur (QD 128), Freiburg/Basel/Wien 1990, S. 14–22.

Kleberg, T.: Buchhandel und Verlagswesen in der Antike, Darmstadt 1967.

Klein, U.: Entdeckendes Lesen. Offenheit und Planung in der Literaturbetrachtung, Hannover 1971.

Kliesch, K.: Apostelgeschichte (SKK NT 5), Stuttgart 1986.

Knigge, H. D.: Erzählend Predigen?, in: Erzählende Predigten, hrsg. v. H. Nitschke, Gütersloh 1976, S. 8–16.

Koch, D.-A.: Die Schrift als Zeuge des Evangeliums. Untersuchungen zur Verwendung und zum Verständnis der Schrift bei Paulus (BhTh 69), Tübingen 1986.

Köhler, J.: Sprachkritik statt Ideologiekritik. Die Konjunktur der Zeichen in Strukturalismus und Poststrukturalismus, in: P. Kemper (Hrsg.), „Postmoderne" oder Der Kampf um die Zukunft, Frankfurt a. M. 1991 (9), S. 37–58.

Koep, L./T. Klauser: Artikel Buch I. II, in: RAC II, Sp. 664–732.

Körtner, U. H. J.: Lector in Biblia. Schriftauslegung zwischen Rezeptionsästhetik und vierfachem Schriftsinn, in: WuD 21 (1991), S. 215–233.

Köster, H.: Artikel Formgeschichte/Formenkritik II. Neues Testament, in: TRE XI, S. 286–299.

Koslowski, P.: Supermoderne oder Postmoderne? Dekonstruktion und Mystik in den zwei Postmodernen, in: G. Eifler/O. Saame (Hrsg.), Postmoderne – Anbruch einer neuen Epoche? Eine interdisziplinäre Erörterung, Düsseldorf 1989, S. 73–99.

Kraeling, E. G.: Elephantine-Urkunden, in: RGG, Bd. II, Sp. 415–418.

Krauss, S.: Talmudische Archäologie (Grundriß der Gesamtwirtschaft des Judentums, 5), Leipzig 1912.

Kremer, J.: 2. Korintherbrief (SKK NT 8), Stuttgart 1990.

Kretschmar, G.: Die Reformation und das Buch. Evangelische Erfahrungen, in: W. Seidel (Hrsg.), Offenbarung durch Bücher? Impulse zu einer „Theologie des Lesens", Freiburg/Basel/Wien 1987, S. 34–61.

Kretzer, A.: Die Frage: Ehe auf Dauer und ihre mögliche Trennung nach Mt 19, 3–12, in: H. Merklein/J. Lange (Hrsg.), Biblische Randbemerkungen. Schülerfestschrift für R. Schnackenburg zum 60. Geburtstag, Würzburg 1974 (2), S. 3–24.

Kreutzer, L.: Germanistik und "Midlife-Crisis", oder: Wie meine endgültige Literaturwissenschaft zu einer interkulturellen Entwicklungsforschung wurde, in: F. Griesheimer/A. Prinz (Hrsg.), Wozu Literaturwissenschaft? Kritik und Perspektiven (UTB 1640), Tübingen 1991, S. 260–276.

Kristeva, J.: Die Revolution der poetischen Sprache, Frankfurt a. M. 1978.

–: Semiotiké. Recherches pur une semanalyse, Paris 1969.

Krusche, D.: Kommunikation im Erzähltext. 1. Analysen. Zur Anwendung wirkästhetischer Theorie (UTB 744), München 1978.

Kügler, H.: Literatur und Kommunikation. Ein Beitrag zur didaktischen Theorie und methodischen Praxis, Stuttgart 1971.

Küng, H.: Theologie und Literatur: Gegenseitige Herausforderung, in: W. Jens/H. Küng/K.-J. Kuschel (Hrsg.), Theologie und Literatur. Zum Stand des Dialogs, München 1986, S. 24–29.

Kugel, J. L./R. A. Greer: Early Biblical Interpretation (Library of Early Christianity, 3), Philadelphia 1986.

Kuhn, H.: Artikel Ästhetik, in: Das Fischer Lexikon. Literatur II, Erster Teil, hrsg. von W.-H. Friedrich und W. Killy, Frankfurt a. M. 1965, S. 48–58.

Kuhn, H. W.: Ältere Sammlungen im Markusevangelium (STUNT 8), Göttingen 1971.

Kuhn, T. S.: Die Struktur wissenschaftlicher Revolutionen, Frankfurt a. M. 1967.

Kunze, G.: Die Lesungen, in: Leiturgia, Bd. II, Kassel 1955, S. 87–179.

Kutsch, E.: Neues Testament – Neuer Bund? Eine Fehlübersetzung wird korrigiert, Neukirchen 1978.

Labuschagne, C. J.: Artikel qārā', in: Theologisches Handwörterbuch zum Alten Testament, Bd. II, Sp. 666–674.

Lanczkowski, G./P. Welten/D. Fouquet-Plümacher: Artikel Buch/Buchwesen, in: TRE VII, S. 270–290.

Lang, F.: Die Briefe an die Korinther (NTD, 7), Göttingen 1986.

Lategan, B. C.: Introduction. Coming to Grips with the Reader, in: Semeia 48 (1989), S. 3–17.

–: Current issues in the hermeneutical debate, in: NTSSA 18 (1984), S. 1–17.

–: Reference: Reception, Redescription and Reality, in: B. C. Lategan/W. S. Vorster, Text and Reality. Aspects of Reference in Biblical Texts, Atlanta/Georgia, S. 67–93.

Lausberg, H.: Handbuch der literarischen Rhetorik, Bd. 1.2, München 1960.

Leenhardt, J.: Das „Lesen-Können" oder: Über die sozio-historischen Modalitäten des Lesens, in: LiLi 57/58, Göttingen 1985, S. 238–249.

Leipholdt, J./W. Grundmann (Hrsg.), Umwelt des Urchristentums, Bd. 1: Darstellung des neutestamentlichen Zeitalters, Berlin 1982 (6).

Lenz, T. M.: Orality and Literacy in Hellenic Greece, Carbondale/Edwardsville 1989.

Lesky, A.: Erbe und Erziehung im griechischen Denken des fünften Jahrhunderts, in: H.-T. Johann (Hrsg.), Erziehung und Bildung in der heidnischen und christlichen Antike (WdF 377), Darmstadt 1976, S. 66–92.

Lessing, G. E.: Schriften I. Schriften zur Poetik, Dramaturgie, Literaturkritik (Lessings Werke, Zweiter Band, hrsg. von K. Wölfel), Frankfurt a. M. 1967.

Lettmann, R.: Das Buch – Lehrer des Lebens, in: A. T. Khoury/L. Muth (Hrsg.), Glauben durch Lesen? Für eine christliche Lesekultur (QD 128), S. 9–13.

Lewis, N.: Papyrus in Classical Antiquity, Oxford 1974.

Lichtenberg, G. C.: Pfennigs-Wahrheiten. Ein Lichtenberg-Brevier, hrsg. v. R. Baasner, München 1992.

Lichtenberger, H.: Lesen und Lernen im Judentum, in: A. T. Khoury/ L. Muth, Glauben durch Lesen? Für eine christliche Lesekultur (QD 128), Freiburg/Basel/Wien 1990, S. 23–38.

Liebers, R.: Gesetz als Evangelium. Untersuchungen zur Gesetzeskritik des Paulus (AThANT 75), Zürich 1989.

Lindars, B.: The New Testament Apologetic. The Doctrinal Significance of the Old Testament Quotations, London 1961.

Lindemann, A.: Der Epheserbrief (Zürcher Bibelkommentare, NT 8), Zürich 1985.

–: „Der Sabbat ist um des Menschen willen geworden . . .“ Historische und theologische Erwägungen zur Traditionsgeschichte der Sabbatperikope Mk 2, 23–28 parr, in: WuD NF 15 (1979), S. 79–105.

Link, H.: Rezeptionsforschung. Eine Einführung in Methoden und Probleme (Urban-TB 215), Stuttgart/Berlin/Köln/Mainz 1980 (2).

Liturgieentwürfe für das Kirchenjahr (Materialhefte der Beratungsstelle für Gestaltung von Gottesdiensten und anderen Gemeindeveranstaltungen, Heft 36), Frankfurt a. M. 1982.

Lohse, E.: Die Offenbarung des Johannes (NTD 11), Göttingen 1971.

Louw, J. P.: Primary and Secondary Reading of a Text, in: NTS SA 18 (1984), S. 18–25.

Lüdemann, G.: Das frühe Christentum nach den Traditionen der Apostelgeschichte. Ein Kommentar, Göttingen 1987.

Lührmann, D.: Das Markusevangelium (HNT 3), Tübingen 1987.

Luther, M.: Werke. Kritische Gesamtausgabe, Weimar 1883 ff.

Luz, U.: Das Evangelium nach Matthäus (EKK I/1.2), Zürich/Einsiedeln/ Köln und Neukirchen-Vluyn 1985/1990.

–: Der alte und der neue Bund bei Paulus und im Hebräerbrief, in: EvTh 27 (1967), S. 318–336.

–: Das Geschichtsverständnis des Paulus (BevTh 49), München 1968.

Lyons, J.: Einführung in die moderne Linguistik, München 1975 (4).

Lyons, J. I.: Allgemeine Grundlagen. General Foundations, in: A. v. Stechow/ D. Wunderlich (Hrsg.), Semantik. Ein internationales Handbuch der zeitgenössischen Forschung (Handbücher zur Sprach- und Kommunikationswissenschaft, Bd. 6), Berlin/New York 1991, S. 1–24.

Lyotard, J.-F.: Die Moderne redigieren, in: W. Welsch (Hrsg.), Wege aus der Moderne. Schlüsseltexte der Postmoderne-Diskussion, Weinheim 1988, S. 204–214.

–: Philosophie und Malerei im Zeitalter ihres Experimentierens, Berlin 1986.

–: Das postmoderne Wissen. Ein Bericht, Bremen 1982.

Magaß, W.: Elf Thesen zum Bibellesen und zum „Suchen“ in der Schrift (Joh 5, 39), in: Ling Bibl 47 (1980), S. 5–20.

Maier, J.: Zur Frage des biblischen Kanons im Frühjudentum im Licht der

Qumranfunde, in: Zum Problem des biblischen Kanons (JBTh 3), Neukirchen-Vluyn 1988, S. 135–146.

Maletzke, G.: Psychologie der Massenkommunikation. Theorie und Systematik, Hamburg 1972 (2).

Mann, G.: Wir alle sind, was wir gelesen. Aufsätze und Reden zur Literatur, Frankfurt a. M. 1989.

Maren-Grisebach, M.: Methoden der Literaturwissenschaft (UTB 121), Tübingen 1992 (10).

Maron, G.: „Verstehst du auch, was du liest?" Predigt über Apostelgeschichte 8, 26–39, in: Unsere Bibel. Im Lichte der Reformation (Jahrbuch des Evangelischen Bundes, 35), Göttingen 1992, S. 5–11.

Marquardt, J.: Das Privatleben der Römer, Bd. I.II, Darmstadt 1980 (Nachdruck der 2. Auflage 1886).

Martin, G. M.: Predigt als „offenes Kunstwerk". Zum Dialog zwischen Homiletik und Rezeptionsästhetik, in: EvTh 44 (1984), S. 46–63.

Marxsen, W.: Der erste Brief an die Thessalonicher (Zürcher Bibelkommentare, NT 11.1), Zürich 1979.

–: Der Evangelist Markus. Studien zur Redaktionsgeschichte des Evangeliums (FRLANT 67), Göttingen 1959 (2).

Mattenklott, G.: Kanon und Neugier, in: F. Griesheimer/A. Prinz (Hrsg.), Wozu Literaturwissenschaft? (UTB 1640), Tübingen 1991, S. 353–364.

McEvenue, S.: Gebrauch und Mißbrauch der Bibel in Liturgie und Verkündigung, in: Conc 27 (1991), S. 65–71.

McKnight, E. V.: Postmodern Use of the Bible. The Emergence of Reader-Oriented Criticism, Nashville 1988.

Merkelbach, R./H. van Thiel: Griechisches Leseheft zur Einführung in Paläographie und Textkritik, Göttingen 1965.

Messerer, W./H. Künzl: Artikel Buchmalerei, in: TRE VII, S. 290–304.

Mesters, C.: „Hören, was der Geist den Gemeinden sagt." Die Bibelauslegung des Volkes in Brasilien, in: Conc 27 (1991), S. 72–79.

Metz, J. B.: Kleine Apologie des Erzählens, in: Conc 9 (1973), S. 334–341.

Meurer, S. (Hrsg.): Der Bestseller ohne Leser. Kritisches und Anregendes zur Bibelverbreitung (Die Bibel in der Welt, 16), Stuttgart 1976.

–: Warum überhaupt Bibelverbreitung?, in: Ders., Der Bestseller ohne Leser. Kritisches und Anregendes zur Bibelverbreitung (Die Bibel in der Welt, 16), Stuttgart 1976, S. 33–67.

Meyer, B. F.: Die Anforderungen, die Text und Leser an die historisch-kritische Methode stellen, in: Conc 27 (1991), S. 9–16.

Meyer, R.: Artikel Σαδδουκαῖος, in: ThWNT VII, S. 35–54.

Meyer, R./H. F. Weiß: Artikel Φαρισαῖος, in: ThWNT IX, S. 11–51.

Mörike, E.: Gedichte, ausgewählt von H. E. Holthusen, Frankfurt a. M./ Hamburg 1968.

Montaigne, Michel de: Versuche, übersetzt von W. Vollgraff, Berlin 1907.

Moore, S. D.: Literary Criticism and the Gospels. The Theoretical Challenge, New Haven/London 1989.

Müller, A.: Vorlesungen über die deutsche Wissenschaft und Literatur, in: Ders., Kritische/ästhetische und philosophische Schriften, Bd. I, Neuwied/Berlin 1967.

Müller, H. M.: Die Postmoderne und die Konfessionen, in: ZThK 87 (1990), S. 359–375.

Müller, K.: Jesus und die Sadduzäer, in: H. Merklein/J. Lange (Hrsg.), Biblische Randbemerkungen. Schülerfestschrift für R. Schnackenburg zum 60. Geburtstag, Würzburg 1974 (2), S. 3–24.

Müller, P.: Anfänge der Paulusschule (AThANT 74), Zürich 1988.

–: Der Glaube aus dem Hören. Über das gesprochene und das geschriebene Wort bei Paulus, in: L. Bormann/K. Del Tredici/A. Standhartinger (Hrsg.), Religious Propaganda and Missionary Competition in the New Testament world. Essays in Honour of Dieter Georgi, Leiden 1994.

–: In der Mitte der Gemeinde. Kinder im Neuen Testament, Neukirchen-Vluyn 1992.

Müller, P.-G.: Artikel ἀνοίγω, in: EWNT I, Sp. 252–253.

–: Einführung in die Praktische Bibelarbeit (SKK NT, 20), Stuttgart 1990.

Müller, U. B.: Die Offenbarung des Johannes (ÖTK 19), Gütersloh/Würzburg 1984.

Mukařovský, J. V.: Kapitel aus der Ästhetik, Frankfurt a. M. 1970.

Muschg, Adolf: Erlaubt ist, was gelingt. Der Literaturwissenschaftler als Autor, in: F. Griesheimer/A. Prinz (Hrsg.), Wozu Literaturwissenschaft? Kritik und Perspektiven (UTB 1640), Tübingen 1991, S. 161–179.

Musil, R.: Literat und Literatur, in: Gesammelte Werke, Bd. 8, Reinbek 1978, S. 1203–1225.

Mussner, F.: Apostelgeschichte (Die Neue Echter Bibel, 5), Würzburg 1984.

Muth, L.: Glück, das sich entziffern läßt. Vom Urmedium des Glaubens, Freiburg/Basel/Wien 1992.

–: Was fängt die Kirche mit dem Leser an?, in: W. Seidel (Hrsg.), Offenbarung durch Bücher? Impulse zu einer „Theologie des Lesens", Freiburg/Basel/Wien 1987, S. 13–33.

–: Die „lesende Kirche" im Spiegel der Leserschaftsforschung, in: A. T. Khoury/L. Muth (Hrsg.), Glauben durch Lesen? Für eine christliche Lesekultur (QD 128), Freiburg/Basel/Wien 1990, S. 123–137.

Naumann, M.: Autor – Adressat – Leser, in: Ders., Blickpunkt Leser. Literaturtheoretische Aufsätze, Leipzig 1984, S. 139–148.

–: Das Dilemma der „Rezeptionsästhetik", in: Ders., Blickpunkt Leser. Literaturtheoretische Aufsätze, Leipzig 1984, S. 171–190.

–: Literatur und Probleme ihrer Rezeption, in: Ders., Blickpunkt Leser. Literaturtheoretische Aufsätze, Leipzig 1984, S. 111–138.

–: Zum Problem der „Wirkungsästhetik" in der Literaturtheorie, in: Ders., Blickpunkt Leser. Literaturtheoretische Aufsätze, Leipzig 1984, S. 149–170.

Navè Levinson, Pnina: Einführung in die rabbinische Theologie, Darmstadt 1982.

Nemec, F.: Kommunikationswissenschaften, in: F. Nemec/W. Solms (Hrsg.), Literaturwissenschaft heute (UTB 741), München 1979, S. 197–217.

Nies, F.: Bahn und Bett und Blütenduft. Eine Reise durch die Welt der Lese-bilder, Darmstadt 1991.

Norden, E.: Die antike Kunstprosa vom VI. Jahrhundert v. Chr. bis in die Zeit der Renaissance, Erster Band, Darmstadt 1971 (6).

Ong, W. J.: Oralität und Literalität. Die Technologisierung des Wortes, Opladen 1987.

Paetzold, H.: Profile der Ästhetik. Der Status von Kunst und Architektur in der Postmoderne, Wien 1990.

Patte, D.: Early Jewish Hermeneutic in Palestine, Missoula 1975.

Pelz, H.: Linguistik für Anfänger, Hamburg 1975.

Perpeet, W.: Ästhetik im Mittelalter, Freiburg/München 1977.

Perrot, C.: La lecture de la bible dans la synagogue. Les anciennes lectures pa-listiniennes du Shabbat et des fêtes (Publications de l'Institut de Recherche et d'Histoire des Textes. Section Biblique et Massoretique, I, 1), Hildes-heim 1973.

–: The Reading of the Bible in the Ancient Synagogue, in: M. J. Mulder (Ed.), Mikra. Text, Translation, Reading and Interpretation in Ancient Judaism and Early Christianity, Assen/Philadelphia 1988, S. 137–188.

Pesch, R.: Die Buchwerdung der neutestamentlichen Offenbarung, in: Offen-barung durch Bücher? Impulse zu einer „Theologie des Lesens", hrsg. v. W. Seidel, Freiburg/Basel/Wien 1987, S. 83–107.

–: Die Apostelgeschichte (EKK V/1.2), Neukirchen-Vluyn und Zürich/Einsie-deln/Köln 1986.

–: Das Markusevangelium I. II (HThK II), Freiburg/Basel/Wien 1976/1977.

Petersen, N. R.: The reader in the gospel, in: NTSSA 18 (1984), S. 38–51.

Petzke, G.: Artikel εὐνοῦχος, in: EWNT II, Sp. 202–204.

Pfister, M.: Konzepte der Intertextualität, in: U. Broich/M. Pfister (Hrsg.), Intertextualität. Formen, Funktionen, anglistische Fallstudien, unter Mitar-beit von B. Schulte-Middelich, Tübingen 1985, S. 1–30.

Phillips, G. A.: Exegesis as Critical Praxis: Reclaming History and Text from a Postmodern Perspective, in: Semeia 51 (1990), S. 7–49.

Plessis, J. G. du: Some Aspects of Extralingual Reality and the Interpretation of Texts, in: NTS SA 18 (1984), S. 80–93.

Plett, H. F.: Textwissenschaft und Textanalyse (UTB 328), Heidelberg 1975.

Plümacher, E.: Lukas als hellenistischer Schriftsteller. Studien zur Apostel-geschichte (StUNT 9), Göttingen 1972.

–: Bibel II. Die heiligen Schriften des Judentums im Urchristentum, in: TRE VI, S. 8–22.

Porton, G. G.: Pronouncement Story in Tannaitic Literature: A Review of Bultman's Theory, in: Semeia 20 (1981), S. 81–99.

Prince, G.: Notes on the Text as Reader, in: S. R. Suleimann/I. Crosman (Hrsg.), The Reader in the Text, Princeton 1980, S. 225–240.

Proust, M.: Tage des Lesens. Drei Essays, Frankfurt a. M. 1963.

Quinn, K.: The Poet and His Audience in the Augustan Age, in: ANRW 30, 1, Berlin/New York 1982, S. 75–180.

Rad, G. von: Theologie des Alten Testaments, Bd. I, München 1969 (6); Bd. II 1968 (5).

Rebell, W.: Erfüllung und Erwartung. Erfahrungen mit dem Geist im Urchristentum, München 1991.

Regn, G.: Postmoderne und Poetik der Oberfläche, in: K. W. Hempfer (Hrsg.), Poststrukturalismus – Dekonstruktion – Postmoderne (Text und Kontext, 9), Stuttgart 1992, S. 52–74.

Reicke, B.: Jesus in Nazareth – Lk 4, 14–30, in: H. Balz/S. Schulz (Hrsg.), Das Wort und die Wörter. Festschrift G. Friedrich zum 65. Geburtstag, Stuttgart/Berlin/Köln/Mainz 1973, S. 47–55.

Renner, R. G.: Die postmoderne Konstellation. Theorie, Text und Kunst im Ausgang der Moderne, Freiburg 1988.

Rendtorff, T.: Theologie in der Moderne. Über Religion im Prozeß der Aufklärung (Troeltsch-Studien, 5), Gütersloh 1991.

Rese, M.: Alttestamentliche Motive in der Christologie des Lukas (StNT 1), Gütersloh 1969.

Richter, K.: Die Messe lesen? Gottesdienst in der Spannung von frei gesprochenem und gelesenem Wort, in: A. T. Khoury/L. Muth (Hrsg.), Glauben durch Lesen? Für eine christliche Lesekultur (QD 128), Freiburg/Basel/Wien 1990, S. 39–65.

Riessner, R.: Jesus als Lehrer. Eine Untersuchung zum Ursprung der Evangelien-Überlieferung (WUNT, 2. Reihe, Bd. 7), Tübingen 1988.

Riffaterre, M.: Kriterien für die Stilanalyse, in: R. Warning (Hrsg.), Rezeptionsästhetik. Theorie und Praxis, München 1988 (3).

Rimmon-Kenan, S.: Narrative Fiction: Contemporary Poetics, London/New York.

Ringelnatz, J.: Gedichte I (Gesamtwerk in sieben Bänden, Bd. 1), hrsg. v. W. Pape, Berlin 1984.

Roberts, C. H.: Books in the Graeco-Roman World and in the New Testament, in: CHB I, Cambridge 1970, S. 48–66.

–: The Christian Book and the Greek Papyri, in: JThSt L, S. 155–168.

Roberts, C. H./T. C. Skeat: The Birth of the Codex, London 1983.

Roloff, J.: Die Apostelgeschichte (NTD 5), Göttingen 1981 (17).

–: Der erste Brief an Timotheus (EKK XV), Zürich/Einsiedeln/Köln und Neukirchen-Vluyn 1988.

–: Das Kerygma und der irdische Jesus. Historische Motive in den Erzählungen der Evangelien, Göttingen 1970.

–: Neues Testament (Neukirchener Arbeitsbücher), Neukirchen-Vluyn 1977.

–: Die Offenbarung des Johannes (Zürcher Bibelkommentare, NT 18), Zürich 1987 (2).

Rothfuchs, W.: Die Erfüllungszitate des Matthäusevangeliums (BWANT 88), Stuttgart/Berlin/Köln/Mainz 1969.

Rüger, H. P.: Das Werden des christlichen Alten Testaments, in: I. Baldermann u. a, Zum Problem des biblischen Kanons (Jahrbuch für biblische Theologie, 3), Neukirchen-Vluyn 1988, S. 175–189.

Rusterholz, P.: Hermeneutik, in: H.L. Arnold/V. Sinemus (Hrsg.), Grundzüge der Literatur- und Sprachwissenschaft, Bd.1, München 1992 (10),
S.89–105.

–: Verfahrensweisen der Werkinterpretation, in: H. L. Arnold/V. Sinemus
(Hrsg.), Grundzüge der Literatur- und Sprachwissenschaft, Bd.1, München 1992 (10), S.341–357.

Safrai, S.: Education and the Study of the Torah, in: The Jewish People in the
First Century, ed. by S.Safrai/M.Stern, Assen/Philadelphia 1987, S.945–
970.

–: The Synagogue, in: The Jewish People in The First Century, ed. by S.Safrai/
M.Stern, Assen/Philadelphia 1987, S.908–944.

–: Das jüdische Volk im Zeitalter des Zweiten Tempels (Information Judentum, 1), Neukirchen-Vluyn 1978.

Safrai, S./M.Stern: The Jewish People in the First Century, Historical Ge-
ography, Political History, Social, Cultural and Religious Life and Institu-
tions (Compendia Rerum Iudaicarum ad Novum Testamentum, Section
One), Vol. II, Assen/Amsterdam 1976.

Sand, A.: „Wie geschrieben steht ...“ Zur Auslegung der jüdischen Schriften
in den urchristlichen Gemeinden, in: J.Ernst (Hrsg.), Schriftauslegung.
Beiträge zur Hermeneutik des Neuen Testaments und im Neuen Testament,
München/Paderborn/Wien 1972, S.331–357.

Sauter, G.: Die Kunst des Bibellesens, in: EvTh 52/1992, S.347–359.

–: Zur theologischen Revision religionspädagogischer Theorien, in: EvTh 46/
1986, S.127–148.

Schabert, I.: Creative Reading. Vom Erkenntniswert des kreativen Lesens, in:
F.Griesheimer/A.Prinz (Hrsg.), Wozu Literaturwissenschaft? Kritik und
Perspektiven (UTB 1640), Tübingen 1991, S.233–259.

Schäfer, P.: Der synagogale Gottesdienst, in: J.Maier/J.Schreiner (Hrsg.),
Literatur und Religion des Frühjudentums. Eine Einführung, Würzburg/
Gütersloh 1973, S.391–413.

Schauer, G.K.: Der wohltemperierte Leser. Zehn Plaudereien über die Kunst
des Lesens, Frankfurt a.M. o.J.

Schelling, F.W.: Werke, nach der Originalausgabe in neuer Anordnung herausgegeben von M.Schröter, Dritter Hauptband: Schriften zur Identitätsphilosophie, München 1927.

Schenk, W.: The Roles of the Readers Or the Myth of The Reader, in: Semeia
48 (1989), S.55–80; deutsch: Die Rollen der Leser oder der Mythos des
Lesers?, in: Ling Bibl 60 (1988), S.61–84.

Schenke, L.: Die Urgemeinde. Geschichtliche und theologische Entwicklung,
Stuttgart/Berlin/Köln 1990.

Schille, G.: Die Apostelgeschichte des Lukas (ThHK V), Berlin 1983.

Schlieben-Lange, B. (Hrsg.): Lesen – historisch (LiLi 57/58), Göttingen 1985.

Schmidt, S.J. (Hrsg.): Grundriß der empirischen Literaturwissenschaft,
Bd.1.2 (Konzeption Empirische Literaturwissenschaft, Bd.1), Braun-
schweig/Wiesbaden 1980/1982.

–: Text und Bedeutung, in: Ders., Text, Bedeutung, Ästhetik, Grundfragen der Literaturwissenschaft, Bd. 1, München 1970 (2), S. 43–79.

Schmithals, W.: Die Apostelgeschichte des Lukas (Zürcher Bibelkommentare, 3.2), Zürich 1982.

–: Das Evangelium nach Lukas (Zürcher Bibelkommentare, NT, 3.1), Zürich 1980.

–: Das Evangelium nach Markus, Bd. 1/2 (ÖTK 2/1.2), Gütersloh/Würzburg 1979.

Schnackenburg, R.: Der Brief an die Epheser (EKK X), Zürich/Einsiedeln/ Köln und Neukirchen-Vluyn 1982.

–: Das Johannesevangelium (HThK IV/1–3), Freiburg/Basel/Wien 1972, Bd. I 1972 (3), Bd. II 1971, Bd. III 1975.

Schneemelcher, W.: Bibel III. Die Entstehung des Kanons des Neuen Testaments und der christlichen Bibel, in: TRE VI, S. 22–48.

Schneidau, H. N.: Let The Reader Understand, in: Semeia 39 (1987), S. 135.

Schneider, G.: Jesu überraschende Antworten. Beobachtungen zu den Apophthegmen des dritten Evangeliums, in: Ders., Lukas, Theologe der Heilsgeschichte. Aufsätze zum lukanischen Doppelwerk (BBB 59), Königstein/Bonn 1985, S. 130–145.

–: Das Evangelium nach Lukas (ÖTK 3/1.2), Gütersloh/Würzburg 1977.

Schnetter, O. (Hrsg.): Christ + Buch. Ökumenische Erfahrungen der Kirche mit dem Buch in aller Welt, Wuppertal/Stuttgart 1972.

Schnider, F./W. Stenger: Beobachtungen zur Struktur der Emmausperikope (Lk 24, 13–35), in: BZ 16 (1972), S. 94–114.

Schopenhauer, A.: Urwille und Welterlösung. Ausgewählte Schriften, hrsg. von G. Stenzel (keine weiteren Angaben).

Schottroff, L./W. Stegemann: Jesus von Nazareth, Hoffnung der Armen (Urban-TB 639), Stuttgart/Berlin/Köln/Mainz 1978.

Schramm, G.: New Criticism, in: H. L. Arnold/V. Sinemus (Hrsg.), Grundzüge der Literatur- und Sprachwissenschaft, Bd. 1, München 1992 (10), S. 367–371.

Schreiner, J.: Interpretation innerhalb der schriftlichen Überlieferung, in: J. Maier/J. Schreiner (Hrsg.), Literatur und Religion des Frühjudentums. Eine Einführung, Würzburg/Gütersloh 1973, S. 19–30.

Schrenk, G.: Artikel γράφω κτλ, in: ThWNT I, S. 742–773.

Schroer, H.: Bibelauslegung durch Bibelgebrauch. Neue Wege „praktischer Exegese", in: EvTh 45 (1985), S. 500–515.

Schubart, W.: Das Buch bei den Griechen und Römern, Heidelberg 1961 (3).

Schubert, P.: The Structure and Significance of Luke 24, in: BZNW 21 (1957), S. 165–186.

Schürer, E.: Geschichte des jüdischen Volkes im Zeitalter Jesu Christi, Hildesheim/New York 1970 (2. Nachdruck der Ausgabe Leipzig 1901).

Schürmann, H.: Das Lukasevangelium, Erster Teil (HThK III/1), Leipzig 1970.

Schürmann, H.: Traditionsgeschichtliche Untersuchungen zu den synoptischen Evangelien. Beiträge, Düsseldorf 1968.

Schütz, P.: Die Kunst des Bibellesens. Verlust und Wiedergewinnung des biblischen Maßstabes (Stundenbuch 38), Hamburg 1964.

Schulz, S.: Die Decke des Mose, in: ZNW 49 (1958), S. 1–30.

Schwankl, O.: Die Sadduzäerperikope (Mk. 12, 18–27 parr). Eine exegetischtheologische Studie zur Auferstehungserwartung (BBB 66), Frankfurt a. M. 1987.

Schweizer, E.: Theologische Einleitung in das Neue Testament (Grundrisse zum Neuen Testament, NTD Ergänzungsreihe, 2), Göttingen 1989.

–: Matthäus und seine Gemeinde (SBS 71), Stuttgart 1974.

Searle, J. R.: Sprechakte. Ein sprachphilosophischer Essay, Frankfurt a. M. 1979 (13).

Shires, H. M.: Finding the Old Testament in the New, Philadelphia 1974.

Silberman, L. H.: Unriddling the Riddle: A Study in the Structure and Language of the Habakkuk-Pesher 1 QpHab, in: RQ 3 (1961), S. 323–364.

Skeat, T. C.: Early Christian Book Production: Papyri and Manuscripts, in: CHB 2, Cambridge 1969, S. 54–79.

Solms, W.: Die Methodologisierung der Literaturwissenschaft, in: F. Nemec/ W. Solms (Hrsg.), Literaturwissenschaft heute (UTB 741), München 1979, S. 9–50.

Solms, W./N. Schöll: Rezeptionsästhetik, in: F. Nemec/W. Solms (Hrsg.), Literaturwissenschaft heute (UTB 741), München 1979, S. 154–196.

Sontag, S.: Against Interpretation, and other Essays, New York 1964 (4).

Sperber, A. (Hrsg.): The Bible in Aramaic. Based on Old Manuscripts and Printed Texts, Vol. IV B, Leiden 1973.

Staiger, E.: Die Kunst der Interpretation. Studien zur deutschen Literaturgeschichte, Zürich 1957 (2).

–: Die Zeit als Einbildungskraft des Dichters. Untersuchungen zu Gedichten von Brentano, Goethe und Keller, Zürich 1953.

Steidle, W.: Redekunst und Bildung bei Isokrates, in: H.-T. Johann (Hrsg.), Erziehung und Bildung in der heidnischen und christlichen Antike (WdF 377), Darmstadt 1976, S. 170–226.

Stemberger, G.: Geschichte der jüdischen Literatur. Eine Einführung, München 1977.

–: Jabne und der Kanon, in: I. Baldermann u. a., Zum Problem des biblischen Kanons (Jahrbuch für biblische Theologie, 3), Neukirchen-Vluyn 1988, S. 163–174.

–: Das klassische Judentum. Kultur und Geschichte der rabbinischen Zeit (70 n. Chr. bis 1040 n. Chr.), München 1979.

–: Midrasch. Vom Umgang der Rabbinen mit der Bibel. Einführung – Texte – Erläuterungen, München 1989.

–: Vom Umgang mit der Bibel im Judentum, in: Conc 27 (1991), S. 31–36.

Stempel, W.-D.: Intertextualität und Rezeption, in: W. Schmid/W.-D. Stempel

(Hrsg.), Dialog der Texte. Hamburger Kolloquium zur Intertextualität (Wiener Slawistischer Almanach, 11), Wien 1983, S. 85–109.

Stendahl, K.: The School of St. Matthew and its Use of the Old Testament (ASNU XX), Lund 1954.

Stephan, J.: Lesen und Verstehen: Eine Anleitung zum besseren Umgang mit fiktionaler Literatur, Darmstadt 1985.

Stierle, K.: Dimensionen des Verstehens. Der Ort der Literaturwissenschaft (Konstanzer Universitätsreden 174), Konstanz 1990.

–: Was heißt Rezeption bei fiktionalen Texten, in: Poetica 7 (1975), S. 345–387.

–: Werk und Intertextualität, in: W. Schmid/W.-D. Stempel (Hrsg.), Dialog der Texte. Hamburger Kolloquium zur Intertextualität (Wiener Slawistischer Almanach, 11), Wien 1983, S. 7–26.

Strack, H. L.: Einleitung in Talmud und Midrasch, München 1976 (6; hrsg. von G. Stemberger).

Strack, H. L./P. Billerbeck: Kommentar zum Neuen Testament aus Talmud und Midrasch, Bd. I–IV, München 1964 (5), Bd. V und VI München 1964 (3).

Strecker, G.: Literaturgeschichte des Neuen Testaments (UTB 1682), Göttingen 1992.

–: Der Weg der Gerechtigkeit. Untersuchung zur Theologie des Matthäus (FRLANT 82), Göttingen 1962.

Strobel, A.: Die Ausrufung des Jobeljahres in der Nazarethpredigt Jesu; zur apokalyptischen Tradition Lc 4,16–30, in: BZNW 40 (1972), S. 38–50.

Stuhlmacher, P.: Vom Verstehen des Neuen Testaments. Eine Hermeneutik (NTD Ergänzungsreihe 6), Göttingen 1979.

Suhrkamp, P.: Über das Lesen, in: Ders., Der Leser. Reden und Aufsätze, hrsg. von H. Kasack, Berlin/Frankfurt a. M. 1986 (11).

Suleiman, S./I. Crosman: The Reader in the Text. Essays on Audience and Interpretation, Princeton 1980.

Taeger, J.-W.: Der Mensch und sein Heil. Studien zum Bild des Menschen und zur Sicht der Bekehrung bei Lukas (StNT 14), Gütersloh 1982.

Tannehill, R. C.: The Mission of Jesus According to Lk IV 16–30, in: BZNW 40, S. 51–75.

–: Types and Functions of Apophthegms in The Synoptic Gospels, in: ANRW 25/2, Berlin/New York 1984, S. 1792–1829.

–: The Narrative Unitiy of Luke-Acts. A Literary Interpretation, Vol. 1: The Gospel According to Luke (Foundations and Facets. New Testament), Philadelphia 1986.

–: Varieties of Synoptic Pronouncement Stories, in: Semeia 20 (1981), S. 101–119.

Taylor, M. C.: The Eventuality of Texts, in: Semeia 51 (1990), S. 215–240.

Theißen, G.: Die Bibel an der Schwelle zum dritten Jahrtausend nach Chr. Überlegungen zu einer Bibeldidaktik für das „Jahr mit der Bibel 1992", in: ThP 27 (1992), S. 4–23.

Thiede, C. P.: Die älteste Evangelienhandschrift? Das Markus-Fragment von

Qumran und die Anfänge der schriftlichen Überlieferung des Neuen Testaments, Wuppertal/Zürich 1992 (3).

Thiselton, A. C.: Reader Response Hermeneutics, Action Models, and the Parables of Jesus, in: R. Lundin/A. C. Thiselton/C. Walhout (Hrsg.), The Responsibility of Hermeneutics, Grand Rapids 1985, S. 79–126.

Thissen, W.: Erzählung der Befreiung. Eine exegetische Untersuchung zu Mk 2, 1–3, 6 (fzb), Würzburg 1976.

Thyen, H.: Jesu Leiden, Sterben und Auferstehen nach Texten des Johannesevangeliums, in: Seht euer Gott. Sieben Auslegungen zu Passions- und Ostergeschichten aus dem Johannesevangelium (Texte zur Bibel 4), Neukirchen-Vluyn 1988, S. 8–49.

Timm, H.: Wie modern ist die Welt? Ein theologischer Rückblick von außerhalb, in: G. Eifler/O. Saame (Hrsg.), Postmoderne – Anbruch einer neuen Epoche? Eine interdisziplinäre Erörterung, Düsseldorf 1989, S. 199–217.

–: Das ästhetische Jahrzehnt. Zur Postmodernisierung der Religion, Gütersloh 1990.

Todorov, T.: Reading as Construction, in: S. R. Suleiman/I. Crosman (Hrsg.), The Reader in the Text, Princeton 1980, S. 67–82.

Toit, H. C. du: Presuppositions of Source and Receptor, in: NTS SA 18 (1984), S. 52–65.

Tompkins, J. P.: The Reader in History: The Changing Shape of Literary Response, in: Dies. (Hrsg.), Reader Response Criticism, Baltimore/London 1980, S. 201–232.

– (Hrsg.): Reader-Response Criticism. From Formalism to Post-Structuralism, Baltimore/London 1980.

Tov, Emanuel: The Septuagint, in: M. J. Mulder (Ed.), Mikra. Text, Translation, Reading and Interpretation of the Hebrew Bible in Ancient Judaism and Early Christianity, Assen/Philadelphia 1988, S. 161–188.

Tracy, D.: Eine vielfältige Verschiedenheit von Lesern und eine Möglichkeit gemeinsamer Sicht, in: Conc 27 (1991), S. 80–86.

Trepp, L.: Der jüdische Gottesdienst. Gestalt und Entwicklung, Stuttgart/Berlin/Köln 1992.

Trummer, P.: ›Mantel und Schriften‹ (2 Tim 4, 13). Zur Interpretation einer persönlichen Notiz in den Pastoralbriefen, in: BZ NF 18 (1974), S. 193–207.

Türk, H. J.: Postmoderne, Mainz/Stuttgart 1990.

Turner, E. G.: Athenian Books in the Fifth and Fourth Centuries B. C., London 1952.

–: Greek Manuscripts of the Ancient World, Oxford 1971.

–: Greek Papyri. An Introduction, Oxford 1980 (2).

Ulonska, H.: Die Doxa des Mose, in: EvTh 26 (1966), S. 378–388.

Velten, R.: Zwischen Bibelstreit und Bibelheimweh, in: S. Meurer (Hrsg.), Bestseller ohne Leser. Kritisches und Anregendes zur Bibelverbreitung (Die Bibel in der Welt, 16), Stuttgart 1976, S. 68–73.

Vermes, G.: Bible and Midrash: Early Old Testament Exegesis, in: CHB I, Cambridge 1970, S. 199–231.

Vielhauer, P.: Geschichte der urchristlichen Literatur. Einleitung in das Neue Testament, die Apokryphen und die Apostolischen Väter, Berlin/New York 1975.

Villiers, P. G. R. de: The Interpretation of a Text in the Light of its Socio-cultural Setting, in: NTS SA 18 (1984), S. 66–79.

Vodička, F. V.: Die Konkretisation des literarischen Werkes, in: R. Warning (Hrsg.), Rezeptionsästhetik (UTB 303), München 1988 (3), S. 84–112.

Völkel, M.: Artikel σήμερον, in: EWNT III, Sp. 575–576.

Voelz, J. W.: Multiple Signs and Double Texts: Elements of Intertextuality, in: S. Draisma (Ed.), Intertextuality in Biblical Writings. Essays in Honour of B. van Iersel, Kampen 1989, S. 27–34.

Volp, R.: Liturgik. Die Kunst, Gott zu feiern, Bd. 1, Gütersloh 1992.

Vorgrimler, H.: Lesen durch die „Augen des Herzens". Überlegungen aus systematischer Theologie und Spiritualität, in: A. T. Khoury/L. Muth (Hrsg.), Glauben durch Lesen? Für eine christliche Lesekultur (QD 128), Freiburg/Basel/Wien 1990, S. 82–97.

Vorster, W. S.: Intertextuality and Redaktionsgeschichte, in: S. Draisma (Ed.), Intertextuality in Biblical Writings. Essays in Honour of B. van Iersel, Kampen 1989, S. 15–26.

–: The Historical Paradigm – Its Possibilities and Limitations, in: NTS SA 18 (1984), S. 104–123.

–: The Reader in the Text: Narrative Material, in: Semeia 48 (1989), S. 21–39.

–: Reader-Response, Redescription, and Reference: "You are the Man" (2 Sam 12,7), in: B. C. Lategan/W. S. Vorster (Hrsg.), Text and Reality. Aspects of Reference in Biblical Texts (Semeia Studies 14), Atlanta (Ga) 1985.

Vouga, F.: Die Entwicklungsgeschichte der jesuanischen Chrien und didaktischen Dialoge des Markusevangeliums, in: D.-A. Koch/G. Sellin/A. Lindemann, Jesu Rede von Gott und ihre Nachgeschichte im frühen Christentum. Beiträge zur Verkündigung Jesu und zum Kerygma der Kirche. Festschrift für W. Marxsen zum 70. Geburtstag, Gütersloh 1989, S. 45–56.

Walser, M.: Erfahrungen und Lesererfahrungen, Frankfurt a. M. 1977 (4), S. 124.

Walter, N.: Artikel ἑρμηνεύω κτλ, in: EWNT II, Sp. 133–137.

Walz, U.: Leser, Nichtleser, Analphabeten heute, in: C. A. Baumgärtner (Hrsg.), Lesen – ein Handbuch, Hamburg 1973, S. 134–148.

Wanke, G.: Artikel Bibel I. Die Entstehung des Alten Testaments als Kanon, in: TRE VI, S. 1–8.

Wanke, J.: „... Wie sie ihn beim Brotbrechen erkannten." Zur Auslegung der Emmausperikope in Lk 24,13–35, in: BZ 18 (1974), S. 180–192.

–: Die Emmauserzählung. Eine redaktionsgeschichtliche Untersuchung zu Lk 24,13–35 (Erfurter theologische Studien, 31), Leipzig 1973.

Warning, R. (Hrsg.): Rezeptionsästhetik. Theorie und Praxis (UTB 303), München 1988 (3).

Weder, H.: Neutestamentliche Hermeneutik (Zürcher Grundrisse zur Bibel), Zürich 1989 (2).

–: Zugänge zur Schrift. Neutestamentlich-theologische Überlegungen zur Methodik der Schriftauslegung, Karlsruhe 1990.

Wegenast, K.: Bibel V. Praktisch-Theologisch, in: TRE VI, S. 93–109.

Weigner, F.: Ausgelesen? Das Buch im Umfeld von Kultur und Kulturindustrie, Münsingen–Bern 1989.

Weinrich, H.: Literatur für Leser. Essays und Aufsätze zur Literaturwissenschaft, Stuttgart/Berlin/Köln/Mainz 1971.

–: Kommunikative Literaturwissenschaft, in: Ders., Literatur für Leser. Essays und Aufsätze zur Literaturwissenschaft, Stuttgart/Berlin/Köln/Mainz 1971, S. 7–11.

Weinrich, M.: Das Schriftprinzip und der Unterricht. Systematisch-theologische Überlegungen zu einer didaktischen Verlegenheit, in: Pastoraltheologie 77 (1988), S. 292–306.

Weiser, A.: Die Apostelgeschichte (ÖTK 5/1.2), Gütersloh/Würzburg 1981/1985.

Welsch, W.: „Postmoderne". Genealogie und Bedeutung eines umstrittenen Begriffs, in: P. Kemper (Hrsg.), „Postmoderne" oder Der Kampf um die Zukunft, Frankfurt a. M. 1991 (9), S. 9–36.

– (Hrsg.): Wege aus der Moderne. Schlüsseltexte der Postmoderne-Diskussion, Weinheim 1988.

Welten, P.: Siehe bei Lanczkowski.

Wendel, C./W. Göber: Das griechisch-römische Altertum, in: Handbuch der Bibliothekswissenschaft, hrsg. v. G. Leyh, Bd. III, 1, Wiesbaden 1955, S. 51–145.

Westermann, C.: Jeremia, Stuttgart 1967.

Widmann, H.: Geschichte des Buchhandels vom Altertum bis zur Gegenwart, Teil I, Wiesbaden 1975 (völlige Neubearbeitung der Auflage 1952).

Wieder, N.: The Habakuk-Scroll and the Targum, in: JJS 4 (1953), S. 14–18.

Wiefel, W.: Das Evangelium nach Lukas (ThHK 3), Berlin 1988.

Wilckens, U.: Der Brief an die Römer (EKK VI/1–3), Zürich/Einsiedeln/Köln und Neukirchen-Vluyn 1978/1980/1982.

Wildberger, H.: Jesaja (BK AT X/1–3), Bd. I, Neukirchen-Vluyn 1972; Bd. II 1982.

Wiseman, D. J.: Books in the Ancient Near East and in the Old Testament, in: CHB I, Cambridge 1970, S. 30–48.

Wolde, E. van: Trendy Intertextuality?, in: S. Draisma (Ed.), Intertextuality in Biblical Writings. Essays in honour of B. van Iersel, Kampen 1989, S. 43–49.

Wolff, C.: Der zweite Brief des Paulus an die Korinther (ThHK 8), Berlin 1989.

Wolff, E.: „Der intendierte Leser", in: Poetica 4 (1971), S. 141–166.

Wolff, H. W.: Jesaja 53 im Urchristentum, Gießen 1984 (4).

Wunderlich, D.: Grundlagen der Linguistik (WV-Studium, Bd. 17), Hamburg 1981 (2).

Young, R. (Ed.), Untying the Text. A Post-Structuralist Reader, Boston/ London/Henley 1981.

Zahrnt, H.: Gotteswende. Christsein zwischen Atheismus und Neuer Religiosität, München/Zürich 1992 (3).

Zenger, E.: Das erste Testament. Die jüdische Bibel und die Christen, Düsseldorf 1991.

Ziolkowski, T.: Theologie und Literatur. Eine polemische Stellungnahme zu literaturwissenschaftlichen Problemen, in: W. Jens/H. Küng/K.-J. Kuschel (Hrsg.), Theologie und Literatur. Zum Stand des Dialogs, München 1986, S. 113–128.

Zunz, L.: Die gottesdienstlichen Vorträge der Juden, historisch entwickelt, Frankfurt a. M. 1892 (2).

STELLENREGISTER

Im Register sind diejenigen Stellen angegeben, die im Text zitiert sind. Die Stellenangaben in den Anmerkungen können aus Platzgründen nicht berücksichtigt werden.

Antike Autoren

Jüdische Schriften außerhalb der Bibel

Altes Testament (mit Septuaginta)

Neues Testament

Christliche Schriften außerhalb der Bibel

SACHREGISTER